Karen Monson

Alma Mahler-Werfel
Die unbezähmbare Muse

WILHELM HEYNE VERLAG
MÜNCHEN

HEYNE SACHBUCH
Nr. 19/830

Titel der englischen Originalausgabe
ALMA MAHLER – MUSE TO THE GENIUS
Erschienen bei Collins, London

Dieser Titel erschien bereits in der Reihe
Heyne Biographien unter der Bandnummer 12/129
und in der Reihe
Sachbuch unter der Bandnummer 19/418.

Umwelthinweis:
Dieses Buch wurde auf chlor- und säurefreiem
Papier gedruckt.

8. Auflage
1. Auflage dieser Ausgabe

Ungekürzte Taschenbuchausgabe 05/2002
Copyright © 1983 by Karen Monson
Copyright © der deutschsprachigen Ausgabe 1985
by Wilhelm Heyne Verlag GmbH & Co. KG, München
http://www.heyne.de
Printed in Germany 2002
Umschlagillustration: Archiv für Kunst und Geschichte, Berlin
Umschlaggestaltung: Hauptmann und Kampa Werbeagentur, CH-Zug
Innenillustrationen: Süddeutscher Verlag, Bilderdienst, München (2)
Archiv für Kunst und Geschichte, Berlin (5)
Bildarchiv Preußischer Kulturbesitz, Berlin (3)
Zeittafel und Bibliographie: Dr. Hubert Fritz, München
Druck und Verarbeitung: RMO-Druck, München

ISBN 3-453-21689-X

Inhaltsverzeichnis

Vorwort 9

1. Alma Maria Schindler 13
2. Das schönste Mädchen von ganz Wien 33
3. Alma Schindler-Mahler 57
4. New York – Die Metropolitan Opera 84
5. Zeit der Krise – Walter Gropius 110
6. Gustavs Tod 129
7. Ein neuer Genius 143
8. Alma Schindler-Mahler-Gropius 172
9. Franzl – Dichter und Revolutionär 189
10. Die komplizierte Familie 210
11. Der Inbegriff eines Priesters 235
12. Flucht 249
13. In Amerika – dankbar und unglücklich 273
14. Jahre der Ungewißheit 294
15. Die letzten Jahre 302

Nachwort 322
ANHANG 329

Anmerkungen 331
Zeittafel 343
Bibliographie 374
Ausgewähltes Literaturverzeichnis 376
Personenregister 379

Danksagung

Mein Dank geht zuallererst an Anna Mahler und ihren Ehemann Albrecht Joseph, an Lady Isolde Radzinowicz, Lyman W. Riley und all die anderen freundlichen und geduldigen Mitarbeiter der Bibliothek der University of Pennsylvania in Philadelphia. Ein aufrichtiger Dank auch an Robert Cornfield, meinen Agenten, und an Anita McClellan, meine umsichtige Lektorin beim Houghton Mifflin Verlag. Durch die Arbeit an diesem Buch lernte ich Kathe Berl kennen und schätze mich glücklich, sie zu meinem Freundeskreis zu zählen. Anna Marie Maier-Graefe, Luise Rainer, Anatole Fistoulari, Georg Solti, Leonard Bernstein und Ernst Křenek, nur um einige Namen zu nennen, nahmen sich Zeit für mich und teilten ihre Erinnerungen an Alma mit mir. Darüber hinaus möchte ich Louise Zemlinsky, Jessica Place, Hugh Iltis und Olda Kokoschka nicht unerwähnt lassen, die mir großzügigerweise erlaubten, aus ihnen liebgewordenen Dokumenten zu zitieren.

Ich widme dieses Buch Nora, die noch nicht lesen kann, ja noch nicht einmal weiß, was ein Buch ist, es aber bald lernen wird. Und David, ohne dessen Unterstützung und Ermutigung dieses Buch ganz gewiß nicht hätte geschrieben werden können.

Vorwort

»Meine Mutter Alma war eine Legende, und Legenden sind sehr schwer zu zerstören.«

So warnte mich Anna Mahler, als ich mit der Arbeit an dieser Biographie begann. Gustav Mahlers Tochter sollte recht behalten: Alma war tatsächlich eine Legende, und sie war es sowohl durch ihre eigenen Bemühungen als auch durch die von Freunden geworden, ebenso aber auch durch fehlgeleitete Versuche von Leuten, die sie gerne in Mißkredit brachten und sie für Ereignisse verantwortlich machten, die mit ihrer Person und ihrem Leben ganz und gar nichts zu tun hatten.

Nichts liegt mir ferner, als die Legende Alma zerstören zu wollen. Mein Ziel ist es, Einblicke in das Leben und die Geisteswelt einer Frau zu geben, die eine der bemerkenswertesten Persönlichkeiten unseres Jahrhunderts war. In den fünfundachtzig Jahren ihres Daseins erlebte sie zwei Weltkriege und zivilisatorische Veränderungen, wie sie noch nie dagewesen waren.

›Das schönste Mädchen von ganz Wien‹ heiratete mit 22 Jahren Gustav Mahler, den Komponisten und Dirigenten, der in der Musikwelt des Jahres 1902 eine der mächtigsten Positionen innehatte. Nach Mahlers Tod heiratete sie Walter Gropius und blieb während all der Jahre, in denen er das Bauhaus gründete und die Welt des Design revolutionierte, an seiner Seite. Mit fünfzig Jahren heiratete sie Franz Werfel, den Autor von ›*Das Lied von Bernadette*‹, ›*Die vierzig Tage des Musa Dagh*‹, ›*Jacobowsky und der Oberst*‹ und vieler anderer Werke. Alma hatte platonische oder auch körperliche Beziehungen zu Alexander von Zemlinsky, ihrem Musiklehrer und dem einzigen Mentor, den Arnold Schönberg anerkannte; zu Ossip Gabrilowitsch, dem Pianisten und Dirigenten; zu Gerhart Hauptmann, dem Dramatiker; und vor allem zu dem Maler Oskar Kokoschka, der sie an ihrem siebzigsten Geburtstag ein ›wildes Geschöpf‹ nannte und die gemeinsame Liebesbeziehung für die Nachwelt unsterblich machen wollte.

Alma wuchs als Tochter eines berühmten Wiener Landschaftsmalers unter privilegierten Bedingungen auf. Nicht immer hatte sie jedoch die nötigen finanziellen Mittel zur Verfügung, um ihrem Hang zum Luxus frönen zu können. Im Laufe der Jahre erwarb sie mehrere Landhäuser, ein architektonisch wertvolles Gebäude an einem venezianischen Kanal und ein großes Haus in Wien. Sie hatte die Voraussetzungen zu einer bedeutenden Komponistin. Wäre sie ein Jahrhundert später auf die Welt gekommen, hätte sie Dirigentin werden können. Es ergab sich, daß sie ihr Leben Männern widmete, die sie für Genies hielt. Sie war eine beliebte Gastgeberin, aber Salons spielten nie eine wichtige Rolle in ihrem Leben. Ein Freund, der ihr in Liebe verbunden war, sagte, er wünsche jedem jungen Mädchen, bei Alma in die Schule zu gehen und von ihr zu lernen, wie man das männliche Ego verwöhne. Freunde, Liebhaber und Ehegatten hatten bei ihr das Gefühl, sie allein wären der Mittelpunkt ihres Lebens. Sie fühlten sich verpflichtet, sie ständig zu umwerben, um zu beweisen, daß sie ihre Zuneigung auch verdienten.

Frauen wie Alma gibt es in unserer Gesellschaft nicht mehr. Deshalb war es trotz der erstaunlichen Materialfülle und der Erinnerungen, an denen ich großzügigerweise teilhaben durfte, schwer für mich, diese Frau zu verstehen. Legende hin, Legende her – Alma war kein Engel. »Der Himmel war nicht ihr Reich«, erklärte ihre Tochter. Ihren Faschismus und ihren Antisemitismus kann man weder übersehen noch erklären. Sie ging zweimal Ehen mit Juden ein und konnte ihrer eigenen Aussage nach ›weder mit noch ohne sie‹ leben.

Eine weitere Schwierigkeit war die Unzuverlässigkeit der

gedruckten Quellen. Zwei der unter Almas Namen erschienenen Bücher – ›*Mein Leben*‹ und ›*And the Bridge Is Love*‹ – sind angeblich Autobiographien. Zweifellos hat Alma diese Bücher nicht selbst geschrieben, aber es sei dahingestellt, wieviel Arbeit sie daran geleistet oder ob sie in ihren späteren Lebensjahren überhaupt Interesse an diesen Werken hatte. Ihr erstes Buch der Erinnerungen mit dem Titel ›*Gustav Mahler*‹ ist nach Meinung Annas noch die beste Darstellung der Persönlichkeit ihrer Mutter. Doch wenn man bedenkt, daß das Buch angeblich zu der Zeit geschrieben wurde, als Alma und Franz Werfel auf dem Weg ins Exil waren, fragt man sich, wieviel von dem, was schließlich schwarz auf weiß gedruckt erschien, wirklich aus Almas Feder stammte.

Der Biograph kann nicht umhin, Zugeständnisse hinsichtlich Zeitangaben und geringfügiger Einzelheiten zu machen. Alma war bereits eine alte Dame, als ihre angeblichen Autobiographien veröffentlicht wurden. Doch abgesehen vom Alter, hätte sich auch kein Mensch so lückenlos an Situationen erinnern können, an denen so viele Orte, so viele Menschen und so viele Gefühle beteiligt waren. Alma kritzelte ihre Gedanken oftmals auf Untersetzer und Streichholzschachteln, die sie auf ihren zahlreichen Reisen in den diversen Gasthäusern und Hotels mitnahm. Im Archiv der Universitätsbibliothek von Pennsylvania sind die Briefe ihrer Ehegatten und Liebhaber aufbewahrt. Sie sind mit der Schreibmaschine transkribiert worden. Da Alma nie etwas mit der Schreibmaschine geschrieben hat, habe ich die transkribierten Texte sorgfältig mit den in der Sammlung vorhandenen Originalen verglichen. Obgleich die Texte gewissenhaft kopiert sind, wurden einige zweifellos bearbeitet.

Ich habe mich nicht gescheut, Informationen oder Situationen, die ganz offensichtlich nicht der Wahrheit entsprechen konnten, wegzulassen. Ebenso habe ich mich bei Anekdoten verhalten, die ganz eindeutig aus der trügerischen Weisheit der späten Einsicht heraus erzählt wurden. Doch habe ich mich zugegebenermaßen gelegentlich auch auf ein höchst unwissenschaftliches Kriterium eingelassen, nämlich auf meine feste Überzeugung, daß etwas stimmen müsse, einfach weil Alma diese Geschichte oder die Situation nicht so ohne weiteres erfinden konnte. Ein Beispiel dafür ist ihre Bekanntschaft und die erste Zeit der Beziehung mit Walter Gropius. Obgleich einige Handlungen des jungen Architekten so ganz und gar nicht in das Bild passen, das wir über die Jahre hinweg von diesem vornehmen, ja erhabenen Mann gewonnen haben, kann andererseits diese Geschichte nicht nur in Almas Fantasievorstellungen existiert haben.

Karen Monson
Phoenix, Arizona

1
Alma Maria Schindler

Als Alma Maria Schindler am 31. August 1879 geboren wurde, hatten ihre Eltern für sie kein richtiges Bettchen. Sie wurde auf feinstes weiches Leinen in eine offene Sekretärschublade gelegt. Doch schon wenige Tage später brachte Hans Makart, ein Künstler, der sich das Atelier mit dem Vater des Kindes teilte, eine Wiege aus Holz mit einem Daunenkissen und Überzügen aus rosa Satin. Alma trennte sich nie mehr von dieser Wiege und bewahrte schließlich darin ihre Lieblingsmusik und ihre Lieblingsbücher auf.

Jakob Emil Schindler, Almas Vater, war Künstler und Träumer. Der berühmteste österreichische Landschaftsmaler seiner Zeit war im Habsburger-Kaiserreich für seine detailgetreuen Ölgemälde bekannt und hatte ein Auge dafür, welche Motive dem wohlhabenden Adel gefallen könnten. Er stammte aus einer Wiener Industriellenfamilie, aus der in fast jeder Generation ein Künstler oder ein Wissenschaftler hervorging. Seine Eltern förderten das künstlerische Interesse des Jungen auf Kosten von eher praktischen Bereichen. So wuchs Jakob Emil auf und konnte seiner Fantasie und seinem Geschmack an den schöneren Dingen des Lebens freien Lauf lassen, ohne sich um finanzielle Probleme kümmern zu müssen. Als er bei Albert Zimmermann zu studieren begann, brachte er es noch nicht einmal fertig, sich sein Taschengeld so einzuteilen, daß er seine abgetretenen Schuhe neu besohlen lassen konnte. In ihrem Atelier gaben er und Makart Feste, die nur von den schönsten und gutaussehendsten jungen Leuten aus Wien besucht wurden. Hie und da schaute auch der Komponist und Pianist Franz

Liszt vorbei und spielte bis zum Morgengrauen Walzer und Tanzmusik.[1]

Anna von Bergen kam aus ihrer Heimatstadt Hamburg nach Wien, um Musik und Theater zu studieren und hoffentlich einmal am strahlenden Opernleben Wiens teilhaben zu können. Ein Bühnenerfolg in Wien bedeutete nämlich nicht nur offene Türen in Mittel- und Osteuropa, sondern auf dem ganzen Kontinent und eventuell auch in Amerika. Anna hatte einen angenehmen Sopran, und sie entzückte als Soubrette das Publikum mit ihrem mädchenhaften Charme. Kurz nach ihrer Ankunft in Wien bekam sie eine kleine Rolle in einer eher unbedeutenden Operette. Ihre Fröhlichkeit und Schönheit fielen dem geschulten Auge von Emil Schindler sofort auf. Mit der Eheschließung waren Annas Musikkarriere und Emils Bummelei im Theater beendet.

Die Verbindung schien eine glückliche zu sein. Jeder Extravaganz, die Emil sich erlaubte, begegnete Anna mit Klugheit und praktischem Menschenverstand. Routiniert und geduldig führte sie den Haushalt und kümmerte sich um Freunde, Verwandte, Studenten und Schmarotzer, die mit Emils wachsendem Ruhm als Landschaftsmaler immer öfter zu Besuch kamen. Zwei sehr häufige Gäste waren Emils weißhaarige elegante Mutter und Carl Moll, ein aufstrebender Künstler mit ausgeprägtem Geschäftssinn, der im Hause Schindler eine Sonderstellung als Emils Lieblingsschüler und Assistent innehatte. Sowohl Carl als auch Großmutter Schindler nahmen sich gerne Almas an. Und so hing das Kind ganz besonders an seiner Großmutter väterlicherseits und genoß die Aufmerksamkeit, die ihm von der älteren Frau zuteil wurde, wenn Anna sich um den Haushalt kümmerte, in dem die Wünsche meist die finanziellen Mittel überstiegen. Das Haus, am Stadtrand von Wien gelegen, war sparsam, aber gemütlich möbliert, mehr im ländlichen Stil als im typischen Samt-und-Fransen-Stil des österreichischen Großbürgertums.

Nach außen hin war Anna von Bergen Schindler die treueste aller Ehefrauen und eine äußerst besorgte Mutter. Als

Alma zwei Jahre alt war, gebar Anna jedoch eine Tochter, die nicht das Kind Emil Schindlers war, sondern das eines syphilitischen Vaters. Alma und ihre Stiefschwester Grete verstanden sich in ihrer Kindheit recht gut, verloren sich jedoch als junge Frauen aus den Augen. Grete heiratete und bekam einen Sohn. Erst dann wurde ihre geistige Behinderung so richtig erkennbar. Sie wurde in eine geschlossene Anstalt eingeliefert. Alma, die die Wahrheit ahnte, nötigte ihre Mutter, das Geheimnis um Gretes Vater zu lüften. Das Naziregime stempelte sie als ›lebensunwert‹ ab und setzte ihrem Leben etwa um das Jahr 1940 ein Ende. Alma berührte das Schicksal ihrer Schwester nie.

Im Jahre 1881 kam Anna Schindler die praktische und disziplinarische Aufgabe zu, zwei kleine Mädchen zu erziehen. Emil hingegen sorgte dafür, daß Alma und Grete auch von Fantasie und Liebe umgeben aufwuchsen. Offensichtlich akzeptierte er beide Töchter als seine eigenen, doch wurde es in zunehmendem Maße offenkundig, daß Alma seine Lieblingstochter, seine Prinzessin war. Leider konnte er ihr nicht die Liebe zur Natur vermitteln, die ihn zu seinen meisterlichen Landschaftsmalereien inspirierte.

Als Erwachsene hielt sich Alma mit ihrer Familie und Freunden immer sehr gerne auf dem Lande auf, aber sie konnte mit der Natur an sich nicht viel anfangen. Städte übten Anziehungskraft auf sie aus, die Anforderungen und Verantwortlichkeiten des ländlichen Lebens hingegen interessierten sie kaum. Im Haus gab es immer Tiere – Katzen und Hunde, meist Irish Setter –, und Alma ließ sich von der Erhabenheit einer Landschaft durchaus beeindrucken, am liebsten jedoch von einem gepflegten Weg aus oder durch ein Autofenster. Das unverfälschte Landleben zu entdecken, konnte sie gar nicht reizen. Nie kümmerte sie sich um einen Garten, und in späteren Jahren konnte sie sich nicht einmal dazu aufraffen, die Zitrusfrüchte und Avocados, die in ihrem kalifornischen Garten von den Bäumen fielen, aufzuheben.

Emil Schindler schätzte die Schönheit der Wiesen und Wälder um Wien sehr und machte auch keinen Hehl aus seinem

Hang zum Luxus, einer Vorliebe, die seiner Frau bei den begrenzten finanziellen Mitteln, die ihr zur Verfügung standen, oftmals großes Kopfzerbrechen machte. Alma erbte diese Vorliebe für schöne und teure Dinge, und ihr Vater sah dies nicht ungern. Emil Schindler konnte wunderbare Geschichten von Königen und Prinzen in fernen Ländern erzählen, und seine Töchter hingen an seinen Lippen, wenn er das tat. Zu Almas und Gretes Entzücken hielten Anna und Emil nicht viel von traditioneller Schulbildung und ließen ihre Kinder zu Hause unterrichten.

Alma verehrte ihren Vater. Als er zu Beginn des Jahres 1884 einen Besitz in Plankenburg in der Nähe von Tulln, einer Stadt, die wegen ihrer Blumengärten bekannt war, kaufte, kam sich Alma wie eine Prinzessin vor, der der König ein Schloß geschenkt hatte. Die Gegend zählt heute zu den Wiener Vororten und ist nur eine Stunde vom Stadtzentrum entfernt. Vor der Jahrhundertwende war der Besitz weit ab im Wienerwald. Das Haus stand inmitten eines großen Grundstücks, hatte zwei Stockwerke und ein Zwiebeltürmchen. Auf ein fünfjähriges Mädchen muß es wie ein Märchenschloß gewirkt haben. Der Vater erzählte seinen beiden Mädchen von dem Geist, der sich nachts in ihrem Wald herumtreibe, und so hatten Alma und Grete Angst, nach Einbruch der Dunkelheit alleine draußen zu sein. Aber tagsüber genossen sie die Freiheit und Abgeschiedenheit ihres neuen Domizils.

Ihre Mutter war im protestantischen Glauben erzogen worden, doch Alma und Grete waren wie ihr Vater römisch-katholisch. Im Stiegenhaus gab es sogar einen kleinen Altar, den Emil Schindler mit einer Madonnenstatue ausstattete. Sie wurde mit Blumen und brennenden Kerzen geschmückt. Alma war gleichzeitig fasziniert und erschrocken. Sie fürchtete sich vor der geheimnisvollen Aura, die die Statue umgab, wenn die Sonne untergegangen war und die Kerzen zu flackern begannen. Bei Tag hingegen war sie von der stillen Heiterkeit und Schönheit der Madonna bezaubert.

Für Alma und Grete war die Märchenstunde mit dem Vater

die aufregendste Zeit des Tages. Als die Mädchen lesen konnten, erzählte ihnen der Vater die Geschichte von Faust und gab ihnen eine Ausgabe von Goethes Faust. Das Buch, erklärte er, sei etwas ganz Besonderes, eine Geschichte, die für ihr ganzes Leben von großer Bedeutung sein werde. Anna wollte nicht einsehen, warum ihre sensiblen Töchter mit der so komplexen und schrecklichen Vorstellung, ihre Seele an den Teufel zu verkaufen, belastet werden sollten, zumal sie in einer so abgelegenen Gegend wohnten. Sie ließ das Buch verschwinden und schalt ihren Mann so heftig, daß Alma sich zeitlebens an diesen Streit ihrer Eltern erinnerte. Natürlich war nun die Neugierde der Mädchen auf dieses Buch erst recht geweckt. Alma setzte alles dran, Goethes Faust wieder herbeizuschaffen.

Alma war noch nicht ganz zehn Jahre alt, als Kronprinz Rudolf sein Interesse an Bildern von Emil Schindler von der Adriaküste, von Dalmatien bis Spizza, bekundete. Sofort machte sich Familie Schindler auf den Weg. Carl Moll begleitete sie, war er doch sowohl für praktische als auch für künstlerische Dinge vielseitig einsetzbar und eigentlich fast ein Familienmitglied. Carls Hilfe erwies sich dann auch in einem ganz konkreten Fall als sehr nützlich. In Korfu verhöhnten einige einheimische Jugendliche, die Fremden mißtrauten, die beiden Mädchen, wann immer sie sich aus dem für den Aufenthalt angemieteten Haus trauten. Diese erste größere Reise weckte in Alma eine lebenslange Lust an fremden Ländern, doch war sie am glücklichsten, wenn sie im Haus bleiben und auf dem Klavier spielen konnte, das ihre Eltern für die Dauer des Aufenthalts gemietet hatten. Hier begann sie zum ersten Mal zu spüren, wieviel ihr an der Musik lag.

Im Sommer des Jahres 1892 waren die Schulden der Schindlers so weit abbezahlt, daß sie etwas planen konnten, was vorher undenkbar gewesen war – eine Vergnügungsreise. Sie fuhren – und wieder war Moll mit dabei – auf die Nordseeinsel Sylt und mieteten dort ein bescheidenes Häuschen, von dem aus sie an den Strand gehen oder Wanderungen unternehmen konnten.

Vater Schindler fühlte sich nicht besonders wohl, aber er malte ein bißchen, während Anna und Carl sich um den Haushalt kümmerten. Am 9. August verkündeten die zwölfjährige Alma und die zehnjährige Grete ihren Eltern, sie wollten in der Stadt Mittagessen gehen. Sie bekamen die Erlaubnis, weil Anna ihnen auch einmal einen Ausflug gönnen wollte, den sie von dem abgelegenen Zuhause in Österreich nicht machen konnten. Die beiden jungen Damen kamen sich sehr erwachsen vor, als sie im Restaurant an einem Tisch Platz genommen hatten. Plötzlich stürzte Carl in das Restaurant. In höchster Aufregung forderte er Alma und Grete auf, mit ihm zu kommen. Noch bevor er etwas gesagt hatte, berichtete Alma später, wußte sie, daß ihr Vater gestorben war.

Anna und Carl wollten verhindern, daß die Kinder ihren toten Vater sahen, und sperrten sie in das Zimmer neben dem, in dem Emil Schindler aufgebahrt lag. Doch Alma ließ sich das nicht gefallen. Während ihre Mutter und Carl Moll Vorkehrungen für das Begräbnis trafen, stahl sie sich in das Zimmer, in dem sich ihr Vater befand. Er war ihr immer so groß und mächtig erschienen. Jetzt sah er auf einmal klein und zerbrechlich aus. Eben dieser Gegensatz zwischen Leben und Tod würde ihr kaum zwanzig Jahre später wieder beim Tod ihres Mannes Gustav Mahler auffallen.

Trotz ihres jugendlichen Alters und des behüteten Lebens, das sie geführt hatte, erkannte Alma, als sie ihren toten Vater anstarrte, wie wichtig er für sie gewesen war und immer sein würde. Emil Schindler wurde in Wien beigesetzt. Schon bald ließ man ihm zu Ehren im Stadtpark ein Denkmal errichten, nicht weit entfernt von den Statuen der für das Musikleben der Stadt so wichtigen Persönlichkeiten Schubert, Mozart und Johann Strauß. Mit dem Vollbart und dem weitgeschnittenen Gehrock wirkte die Statue Emil Schindlers gleichzeitig gewaltig und fantastisch, so als ob er über jemanden zu Gericht sitze oder Kindern Geschichten erzählte und Landschaften malte, in denen sich Feen, Elfen und Kobolde tummelten. Ihr ganzes Leben lang schickte Alma immer wieder Postkarten, die das Denkmal ihres Vaters zeigten, an

Freunde, oft mit dem Hinweis, wie treffend doch die Statue die Persönlichkeit ihres Vaters widerspiegle.

Nach dem Tod ihres Vaters widmete sich Alma intensiver der Musik. Sie spielte nun, nachdem die erste kindliche Faszination vorüber war, wirklich ernsthaft Klavier. Die Opern und Operetten, die ihre Mutter so liebte, interessierten sie weniger. Statt dessen beschäftigte sie sich intensiv mit dem Lieblingskomponisten ihres verstorbenen Vaters, Robert Schumann. Sie wollte nur für ihren Vater spielen. Die Vorstellungen ihres Privatlehrers ließen sie unberührt, keine Schule zwang ihr irgendwelche strengen Verordnungen auf, und so konnte sich Alma in ihrer Freizeit ganz der Musikkunst widmen. Sie lernte ausgezeichnet vom Blatt zu lesen und übte sich in der Kunst der Improvisation. Nur einmal ließ sie sich überreden, an einem Schülerkonzert teilzunehmen. Danach erklärte sie, so etwas nie wieder zu tun und weigerte sich fortan, irgend etwas irgend jemandem vorzuspielen.

Alma lernte Kontrapunkt bei dem blinden Organisten Josef Labor. Er machte sie mit einschlägiger Literatur und auch mit den Opern Richard Wagners bekannt, die sie über alles liebte. Sie spielte und sang sich durch alle Wagner-Partien, was ihrer Stimme, die ein guter Mezzosopran hätte werden können, nicht gerade guttat. Jedoch erwarb sie sich sehr genaue Kenntnisse von Wagners Musik und den Sagen.

Mit etwa fünfzehn Jahren wurde Alma in die Schule geschickt. Ab und zu hatte sie sich in ihren Tagträumen ausgemalt, wie aufregend es sein müßte, mit gleichaltrigen Mädchen in die Schule zu gehen, hübsche Kleider zu tragen und im Unterricht auf das Eheleben vorbereitet zu werden. In der Praxis sah das alles anders aus. Deshalb blieb sie auch nur einige Monate in der Schule.

Alma war davon überzeugt, daß sie zu Hause sehr wohl alleine zurechtkäme. Jedoch war der Einfluß von Carl Moll, dem ehemaligen Schüler ihres Vaters, sehr groß geworden. Alma mißfiel die Aufmerksamkeit, die ihre Mutter dem Mann zollte, der früher der Familie nur helfend zur Seite stand. In ihrer Jugend war Alma meist allein. Zeitgenossen erinnerten sich an gesellschaftliche Ereignisse in Wien. Wann immer die Prinzessin Schindler den Ort des Geschehens betrat, war sie sofort Mittelpunkt des Interesses, nicht nur wegen ihrer Schönheit, die sich mit den Jahren noch vertiefte, sondern auch wegen der Aura, die sie zu umgeben schien und mittels derer sie sich auf bezaubernde Weise Achtung verschaffte. Als man Alma Jahrzehnte später auf diese Gesellschaften hin ansprach, winkte sie ab und erzählte, wie linkisch und häßlich sie sich gefühlt hatte. Sie trug Kleider, die ihre Mutter selbst genäht hatte, und beneidete die reicheren Mädchen, die ihre Kleider natürlich in teuren Geschäften kauften. Nein, nein, es gab viel hübschere und begehrenswertere Mädchen in Wien als sie.

Alma wurde sich auch in zunehmendem Maße einer Behinderung bewußt, die ihr unüberwindlich und unfair erschien. Die Masern hatten ihr Gehör geschädigt. Zuerst bemerkte man das verminderte Hörvermögen kaum, aber als sie heranwuchs, verschlechterte sich der Zustand so weit, daß sie in fast all ihren Lebensbereichen eingeschränkt war. Wie man das oft beobachtet, blieb jedoch ihr musikalisches Gehör davon unbetroffen. In Gesellschaft hatte sie sich eine Methode angeeignet, ihre Behinderung zu kompensieren. Mit gespannter Aufmerksamkeit lauschte sie den Worten dessen, der ihr am nächsten stand oder saß – meistens einem männlichen Wesen –, und ließ ihn dadurch glauben, er sei der einzige auf der ganzen Welt. Diese Angewohnheit schmeichelte den Betroffenen natürlich ungemein. Das Problem war nur, daß Alma dann häufig von Männern angeschwärmt wurde, die sie nicht im geringsten interessierten. Sie hatte Hemmungen und vermied es, auf Gesellschaften zu gehen, wo man ihr Handikap eventuell entdecken könnte.

Max Burckhard, der Kritiker, Autor, Gelehrte und Regisseur, damals Direktor des Wiener Burgtheaters, war gleichermaßen exzentrisch wie intelligent und talentiert. Aber als Freund Emil Schindlers besaß er genug Einfühlungsvermögen und Verständnis, um zu erkennen, daß Alma nach dem Tod ihres Vaters einen Mentor brauchte. Eines Tages stand Burckhard vor dem Hause Schindler und bot sich an, Alma von nun an mit Rat und Tat zur Seite zu stehen. Er führte sie an das Werk Friedrich Nietzsches heran zu einer Zeit, da sie die tiefere Bedeutung der Worte dieses Philosophen noch kaum verstehen konnte. Burckhard schickte Alma Karten für Vorstellungen im Burgtheater und diskutierte mit ihr über die Stücke wie auch über die Bühnenbearbeitungen, damit sie den Unterschied zwischen dem geschriebenen und dem gespielten Wort erkennen lerne. Er brachte ihr die Gedichte Richard Dehmels und Rainer Maria Rilkes näher. Als Alma etwa siebzehn Jahre alt war, standen Weihnachten zwei Bedienstete vor dem Hause Schindler und brachten Waschkörbe voll mit Büchern für Alma, fast alle in wunderschönen klassischen Ausgaben.

Der damals zweiundvierzigjährige Burckhard war von der Schönheit dieser jungen Frau, der seine Freundschaft so viel bedeutete, überwältigt. Nichts deutet jedoch darauf hin, daß es irgendeine romantische Beziehung zwischen den beiden gegeben hätte. Alma liebte und schätzte den großen berühmten Theatermann auf ihre unschuldige Weise und erinnerte sich zeitlebens daran, wie gut ihr Burckhards Aufmerksamkeit getan hatte.

Im Jahre 1897 heiratete Anna Schindler Carl Moll. Ihr Stiefvater war ihr zwar vertraut, aber Alma konnte trotzdem nicht verstehen, warum ihre Mutter nun Carl an Stelle des geliebten Vaters an ihrer Seite haben wollte. Sie reagierte auf Moll mit einer Art Haßliebe. Er behandelte Alma und Grete wie seine eigenen Töchter, obwohl Alma wahrscheinlich sein Liebling war, bis sie sich durch politische Umstände entfremdeten.

Anna und Carl Moll bekamen eine Tochter, Maria, und die Familie zog aus Almas Märchenschloß in die Theresianumgasse Nr. 6, wo man näher am Kulturgeschehen und Wirtschaftsleben der Stadt Wien war. Carl Moll verdiente seinen Lebensunterhalt mehr und mehr damit, mit Kunst zu handeln, anstatt sie zu schaffen. Zu diesem Zeitpunkt trat Gustav Klimt in Almas Leben. Der fünfunddreißigjährige Künstler war mit Moll ein Gründungsmitglied der Sezession, jener Künstlergruppe, die sich vom traditionellen Künstlerhaus losgesagt hatte. Klimt wurde zu ihrem ersten Präsidenten gewählt. Im Jahre 1899 entwarf Josef Olbrich mit Mitteln des Industriellen Karl Wittgenstein, dem Vater des Philosophen Ludwig, einen Museumspalast mit einer Kuppel aus vergoldetem Blattwerk [im Volksmund sofort ›der goldene Kohlkopf‹ genannt] mitten im teuren Zentrum Wiens am Karlsplatz. Dort zeigte die Künstlergruppe der Sezession ihre Arbeit. Die ›Abtrünnigen‹ wurden so populär, daß sie in kurzer Zeit richtungweisend für die Kunst dieser Epoche wurden und eine Einladung bekamen, an der Pariser Weltausstellung im Jahre 1900 teilzunehmen. Heute läßt die Stadt das Sezessionsmuseum eher links liegen und führt das dort stattfindende Programm nicht in den Informationsbroschüren für Touristen auf.

Klimt war rasch bekannt geworden und gewann im Jahre 1890 den begehrten Kaiserpreis mit seinem Gemälde vom Burgtheater, Burckhards Reich. Der Auftrag an Klimt und seinen Partner Franz Matsch hatte keinen Zweifel daran gelassen, daß das Bild nicht nur die Bühne mit den Schauspielern zeigen sollte. Klimt beschloß, das Theater aus der Perspektive der Darsteller zu zeigen, weil er ganz richtig annahm, daß die Theaterbesucher sich darum reißen würden, in seinem Bild vom Publikum dabei zu sein. Unter den Porträtierten waren der Chirurg Theodor Billroth, der zukünftige Bürgermeister der Stadt Karl Lueger und die Schauspielerin Katharina Schratt, die auch die Geliebte des Kaisers war.[2]

Diesen und sehr vielen anderen Wienern war es wichtig, als Teil der alten Ära porträtiert zu werden. Sie wollten zu der Welt der schönen Sissi gehören, die das Herz des vielgeliebten Kaisers Franz Josef gewonnen hatte und Kaiserin Elisabeth geworden war. Franz Xaver Winterhalter malte sie in einem prachtvollen goldbestickten Kleid aus mehreren Schichten feinster, bester Seide. In ihr langes braunes Haar waren Diamantsterne eingeflochten. Die Männer mußten fesch aussehen in ihren teuren und gutgeschnittenen Uniformen. Mit höflichem Lächeln baten sie bei perfekt frisierten, schmuckbehängten jungen Damen um die Ehre des nächsten Walzers von Johann Strauß. Anmutig schwebte dann das Paar über die auf Hochglanz polierten Böden der von Kerzenschimmer erleuchteten Ballsäle.

Die Normen für die weibliche Schönheit im damaligen Wien waren hochgesteckt und vieldiskutiert. Nur die Frauen aus dem nahe gelegenen Budapest konnten da noch mithalten. Die ungarischen Frauen waren elegant, die Wienerinnen süß und ausgeglichen. Darüber hinaus konnten die Wienerinnen mit Stolz auf die Stadt als das Zentrum der europäischen Kultur schauen, worum sie die Bewohner von Paris und London sicherlich in vieler Hinsicht zu Recht beneideten.

Aber niemand konnte die Anzeichen der Veränderung übersehen. In den Reihen derjenigen, die sich von Klimt als Förderer des Burgtheaters porträtieren ließen, waren einige, die die vielsprossige gesellschaftliche Leiter mit ihren goldverzierten Röcken, Wänden und Kutschen hinaufgestiegen waren. Sie waren es auch, die das Gefühl, das immer noch in der Stadt vorherrschte, am stärksten spürten – ein unnachgiebiges Festhalten am Althergebrachten, selbst wenn das Neue nicht nur unvermeidlich ist, sondern bereits hinter der nächsten Ecke lauert. Das alte freundliche neunzehnte Jahrhundert würde bald das unbekannte zwanzigste werden. Auf der neuen Ringstraße, die den klassischen Abschluß der alten Innenstadt bildete, traf die Jahrhundertwendeangst auf einige viel rationalere Befürchtungen. Die Ära des Habsburgerreiches schien sich dem Ende zuzuneigen, und in ganz Europa schwelten politische Unruhen. Es war unvermeidlich in einem konservativen, ja sogar reaktionären Wien, daß sich die Intellektuellen der radikalen Seite zuschlugen. Etwas überraschend waren die Künstler bei den letzten, die mit den historischen Formen brachen. Wahrscheinlich lag es daran, daß die Wiener auf dieses Erbe besonders stolz waren und auf eine Tradition zurückblicken konnten, die auf einigen Gebieten auch heute noch überwältigend erscheint. Allein auf dem Gebiet der Musik sind die Namen Mozart, Beethoven, Schubert, Brahms, Bruckner, die Familie Strauß und viele andere eng mit Wien verbunden. Die Oper, der Musikverein und die Theater und Veranstaltungssäle gehörten unverbrüchlich zum Leben in Wien, und es gab kaum jemanden, egal ob arm oder reich, der nicht wußte, was an einem bestimmten Abend gegeben wurde, wie die Aufführung einzustufen war und was für gesellschaftliche Auswirkungen sie hatte. Der Kulturklatsch war in Wien ebenso wichtig wie die politischen Spekulationen – und beides wurde hauptsächlich in den nur von Männern frequentierten Kaffeehäusern diskutiert. Jeder Mann hatte in Wien sein Stammkaffeehaus, in dem man ihn beim Namen kannte und ihm unaufgefordert seine Bestellung und seine Zeitung an den Tisch brachte. Diese Kaffeehäuser waren nicht nur ein Zeitvertreib. Waren die Wohnungen knapp, dann wohnten die Menschen fast in diesen zwanglosen Kaffeehäusern und warteten auf Wohnungsangebote. Für die Begüterten waren die Kaffeehäuser der Ort, an dem man den Puls der Zeit fühlte.

Wenn in einer Gruppe junger Männer über junge Mädchen gesprochen wurde, dann fiel der Name Alma Schindler sehr häufig. Gemessen an den Normen der zeitgenössischen Zeichnungen und Fotografien, war sie nicht eigentlich als außergewöhnlich schön zu bezeichnen. Ihre Beine waren wohlgeformt, doch fast immer unter langen, voluminösen Röcken verborgen. Ihre Taille wirkte schmal, aber nur weil sie durch ein Korsett eingeschnürt war. Eigentlich war Alma von kräftiger Statur. Sie hatte ein sehr ausgeprägtes Kinn, war sich jedoch dieser Tatsache nie so recht bewußt und beklagte es, als dieser Gesichtszug sich auf ihre Tochter und auf ihre Enkelin weitervererbte. Sie hatte wunderbares langes braunes Haar. Am schönsten waren jedoch ihre strahlendblauen Augen, deren Glanz und Ausdrucksstärke jeden faszinieren mußten.

Alma nahm Unterricht in Zeichnen und Malen. Ganz besonders lag ihr die Bildhauerei, und sie bekam sogar einige Auszeichnungen für die kleinen Tonskulpturen, die sie im Unterricht gemacht hatte. Bei ihrer Herkunft war es allerdings auch nicht erstaunlich, daß sie den bildenden Künsten ein tieferes und kultivierteres Verständnis entgegenbrachte als die meisten ihrer Zeitgenossen. Außerdem nahm sie natürlich auch die Gelegenheit wahr, sich etwas von den vielen Künstlern abzuschauen, die im Hause Moll verkehrten. Ihre wahre Liebe gehörte jedoch der Musik. In der Anfangsphase der Sezession war Alma ganz vom Denken und Fühlen dieser Gruppe gefangen, die sich mit hochfliegenden Plänen vom gängigen Kunstbegriff der Wiener Kunstwelt abhob. Mit Feuereifer nahm sie an allen Sitzungen teil und versuchte, sich mit den Zielen der Gruppe zu identifizieren.

Klimt hatte sich Hals über Kopf in Alma verliebt. Er fand sie wunderschön, interessiert und engagiert. Wahrscheinlich zum ersten Mal in ihrem Leben fühlte auch Alma sich zu einem Mann hingezogen. Es kam zu einem ersten Kuß, und Anna Moll erfuhr davon, als sie das Tagebuch ihrer Tochter las. Sofort schritt die besorgte Mutter ein, um etwaigen Ungehörigkeiten ein Ende zu bereiten. Anna wußte, wie jeder in Wien, um Klimts Lebenswandel und seinen schlechten Ruf. Er lebte auf damals höchst unorthodoxe Weise, nämlich in einer Ehe ohne Trauschein, mit einer Schneiderin namens Emilie Floege zusammen. Mit seinen wallenden Gewändern provozierte er allein schon durch sein Aussehen Skandale. Seine Kunst und seine Lebensweise taten das ihrige dazu. Was noch schlimmer war, ihm schien es zu gefallen, daß über ihn geklatscht und gelacht wurde. Alma wußte sicher genausogut wie ihre Mutter, daß Klimt nicht gerade ein verläßlicher Bewerber war, aber sie fühlte sich nichtsdestotrotz künstlerisch wie auch körperlich zu ihm hingezogen. Entgegen den Ratschlägen ihrer Mutter ließ sie es weiterhin zu, daß Klimt sie umwarb. Er fuhr ihr sogar nach, als sie mit ihrer Familie nach Italien reiste. Mehrmals entkam Alma dort den gestrengen Augen der Mutter und konnte sich mit ihrem Verehrer treffen. Dann wieder schworen sich die beiden auf den betriebsamen Plätzen Venedigs ewige Liebe. Obgleich Alma Gustav versprach, mit ihm durchzubrennen, machte sie keine ernsthaften Zugeständnisse. Als der Maler ihr auch in Wien weiter nachstellte, distanzierte sie sich, und ihre Leidenschaft kühlte ab. Kurz darauf perfektionierte Klimt seinen ornamentalen Malstil. Weibliche Wesen erschienen auf seinen Bildern unnahbar, ja sogar abstrakt. Alma, die eines seiner frühen Landschaftsbilder besaß, mochte diesen dekorativen Stil nicht, aber die beiden blieben bis zum Tod des Malers gute Freunde.

Im Herbst des Jahres 1897 hatte Alma begonnen, bei Alexander von Zemlinsky Kompositionslehre zu studieren. Die Werke dieses Komponisten werden derzeit nach vielen Jahren des Schattendaseins neu entdeckt. Zemlinsky war als einer der besten Musikpädagogen seiner Zeit anerkannt. Arnold Schönberg, der große bahnbrechende Komponist des zwanzigsten Jahrhunderts, war sein Lieblingsschüler, und er beeinflußte die Musik von Alban Berg, Anton von Webern, Ernst Křenek, Egon Wellesz und einer ganzen Reihe anderer Mitglieder der ›neuen‹ Generation von Wiener Komponisten. Zemlinsky, acht Jahre älter als Alma, war in seiner Arbeit von Johannes Brahms, den er hoch schätzte, ermutigt worden. Mit einem solchen Empfehlungsschreiben bestens versorgt, hatte er Zugang zu den Wiener Musikkreisen, wo man ihm trotz seiner Jugend mit großem Respekt begegnete.

Alma fühlte sich sowohl zu Zemlinsky als auch zu den Personen in seinem Umkreis hingezogen. Normalerweise kam der Lehrer in das Haus Moll, um Alma Stunden zu geben, aber gelegentlich ging sie auch zu ihm und traf dort andere Schüler. Einer von ihnen war der junge Schönberg, der damals schon der Lieblingsschüler seines Lehrers war. Zuerst war sie entsetzt über Schönbergs schäbiges, schmuddeliges Aussehen. Seine Musik brach mit jeder Tradition, und sie tat es, wie sich herausstellen sollte, auf intelligente und fantasievolle Weise. In den nächsten Jahren sollten sich ihre Wege immer wieder kreuzen, und so entstand zwischen Alma und

Arnold eine Freundschaft, die mehr als ein halbes Jahrhundert überdauerte.[3]

Almas erste Stunden bei Alexander von Zemlinsky befaßten sich hauptsächlich mit dem traditionellen Erlernen der Kompositionskunst. Doch fand sie dadurch auch Zugang zu der umstrittenen innovativen Gruppe, die als Neue Wiener Schule zu einem Begriff wurde. Diese Komponistengruppe stand im Gegensatz zur Alten Wiener Schule, der Haydn, Mozart und Beethoven angehörten. Die Studienzeit und deren Intensität verstärkten Almas Zuneigung zur Musik. Klimt und seine Artgenossen traten immer mehr in den Hintergrund. Sie nahm ihre Kompositionsübungen sehr ernst. Als einer der wenigen weiblichen Vertreter in Zemlinskys Klasse wollte sie beweisen, daß das weibliche Geschlecht durchaus mithalten konnte. Darüber hinaus gefiel ihr die intellektuelle Herausforderung, und es begann ihr bewußt zu werden, daß sie mehr leisten konnte, als bisher von ihr gefordert worden war. Zemlinsky ließ sie Sonatensätze und Lieder bearbeiten und lenkte ihren ungestümen Tatendrang in ernste Bahnen. Er klärte sie ganz ehrlich darüber auf, welche ihrer Ideen machbar waren und von welchen sie besser noch die Finger lassen sollte. Alma hatte beachtliches Talent – ihre Energie war noch größer. In den letzten Jahren des neunzehnten Jahrhunderts, nachdem sich ihre Mutter mit Moll verheiratet hatte, komponierte Alma mehr als hundert Lieder [die fast alle in den beiden Weltkriegen verlorengingen], verschiedene Instrumentalstücke und den Anfang einer Oper. Damals riet ihr Zemlinsky von der Oper eher ab. Ihre Tage waren von der Musik bestimmt, sie spielte Klavier, komponierte, studierte Musik und besuchte Konzerte.

Nach der Premiere von Zemlinskys Oper ›*Es war einmal*‹ am 22. Januar 1900 in der Wiener Hofoper ging Alma mit einigen Mitschülern aus, um den Lehrer zu feiern. Die kleine Gesellschaft – zumeist junge, freimütige und diskussionsfreudige Leute – wollte einen Toast auf irgend jemanden oder irgend etwas ausbringen. Man konnte sich nicht einigen, auf wen. Alma und Zemlinsky sahen einander an, dachten an die bemerkenswerte Aufführung desselben Abends und riefen wie aus einem Munde: »Auf Gustav Mahler.« Der große Maestro, Direktor der Wiener Hofoper, hatte an diesem Abend am Dirigentenpult gestanden.

In diesem Augenblick wurde sich Alma dessen bewußt, daß sie mit Alex mehr Gemeinsames hatte als die Musikstunden. Einigen Leuten kam diese Liaison seltsam, ja unerklärlich vor. Sie war in privilegierten Kreisen aufgewachsen, wirkte imposant und königlich [obwohl ihre Größe später mit 1,57 Meter und ihr Gewicht mit 63 Kilogramm angegeben wurde], wohingegen Alex nur aufgrund seiner geistigen Fähigkeiten und seines Talents attraktiv war. Alma fragte sich, ob er wohl mehr beim Publikum angekommen wäre, wenn er besser ausgesehen hätte. Sie beschrieb ihn einmal als »scheußlichen Gnom. Klein, kinnlos, zahnlos, immer nach Kaffeehaus riechend, ungewaschen«.[4] Er war alles andere als der junge Mann, den man sich so an der Seite einer der schönsten jungen Frauen Wiens vorstellte.

Alma beschreibt eine Begegnung mit Alex in sehr romantischer und melodramatischer Weise: »Er spielte mir einmal ›Tristan‹ vor [die Klavierfassung von Richard Wagners Oper ›Tristan und Isolde‹], ich lehnte am Klavier, meine Knie zitterten... Trotzdem verhinderte meine Feigheit schon das Vorletzte. Ich dumme Gans glaubte an eine jungfräuliche Reinheit, die zu bewahren sei. Es lag nicht nur in der Zeit, es lag in mir. Meine altmodische Erziehung und die täglichen Strafpredigten meiner Mutter hatten mir eine Art geistigen Keuschheitsgürtel aufgebürdet. Zemlinsky und ich umarmten uns, das war alles. Ich bin immer noch froh, daß wir nicht weiter gegangen sind. Diese Zeit war vielleicht die glücklichste und unbeschwerteste meines Lebens.«[5]

Alma tat offensichtlich nichts, um Alex von seiner Liebe und Zuneigung abzubringen. Zemlinsky hatte ihr Bild auf seinem Schreibtisch stehen, noch ehe sie vom formellen ›Sie‹ auf das vertraute ›Du‹ wechselten. Ihr Leben drehte sich um Musik. Sie sprachen über die geliebte Kunst und ihre Interpreten, spielten gemeinsam vierhändig am Klavier und erzählten sich gegenseitig von Konzerten und Opernaufführungen, die einer gesehen und der andere versäumt hatte. Selten gingen sie gemeinsam aus und wurden fast nie zusammen in der Öffentlichkeit gesehen. Alma kannte die Vorliebe der Wiener für Klatsch und wollte sich ihren ehrenhaften Ruf bewahren. Zemlinskys frühe Briefe an sie deuten darauf hin, daß sie sich ihm gegenüber reserviert gab. Er schrieb: »Meine Achtung für Sie ist stark und so von Grund auf tief empfunden, daß ich meine Zweifel habe, ob sich das je ändern wird... Ich kann nicht mehr so sein wie ich war... Natürlich sind Sie vollkommen frei. Aber glauben Sie mir, ich werde ewig dankbar sein für jene wenigen glücklichen Stunden, die Sie mir geschenkt haben, und Sie werden von mir *nie* etwas hören, was Sie nicht hören möchten.«[6]

Kurze Zeit später, als sie sich bereits duzten, schrieb er: »Niemand kommt Dir gleich! Wie kann ich Dir je danken?... Aber versprich mir, Liebes, daß Du mich wissen läßt, wenn Du mich nicht mehr magst. Und dieser Zeitpunkt wird kommen – *muß* kommen... Weißt Du, was ich mir am meisten wünsche?... Ich möchte, daß Du für mich ein kleines Lied schreibst! Nur für mich! Ich werde es immer bei mir tragen.«[7]

Ihre Leidenschaft zueinander wuchs zwei Jahre lang und wurde nur unterbrochen vom Aufenthalt der Molls in der Sommerfrische in St. Gilgen am Wolfgangsee, diesem einst malerischen Fleck Erde in der Nähe von Salzburg, wo Wolfgang Amadeus Mozarts Mutter geboren wurde. Die Briefe, die Alex in diesen Sommermonaten an Alma schrieb, sind besonders aufschlußreich für die Beziehung der beiden zueinander. Neben den eigentlichen Liebesbriefen, die von den Schmerzen der Einsamkeit und von Sehnsucht berichteten, lagen sorgfältig erdachte Mitteilungen mit der Anrede ›Sie‹, die wie ein ganz harmloser Briefwechsel zwischen Lehrer und Schüler aussahen und dazu gedacht waren, von Anna und Carl Moll gesehen zu werden. Sie sollten sie daran erinnern, daß die beiden jungen Leute ihre Unterrichtsstunden brav fortsetzten, und Beweis dafür sein, daß die beiden Musikliebhaber gut miteinander auskamen – alles im Rahmen der Kunst und der Pädagogik natürlich.

Alex hoffte auf eine Einladung der Familie Moll, um Alma in ihrer Sommerfrische besuchen zu können. In den formellen Briefen sprach er allgemeine und spezifische Themen der Musik an und belehrte Alma, sie müsse immer die Grundtendenz ihrer Musik im Auge behalten. Auch schlug er ganz konkrete Änderungen vor, die dort einzufügen waren, wo er Lücken empfand. Diese Briefe müssen mit der größten Sorgfalt geschrieben worden sein, denn sie deuten in keiner Weise darauf hin, daß da mehr war zwischen Schülerin und Lehrer als nur eine freundliche Arbeitsbeziehung.

In den privaten Briefen machte sich Alex selbst Vorwürfe wegen seines unattraktiven Aussehens. Er fühlte sich Almas Zuneigung nicht würdig, wollte jedoch andererseits nicht mehr ohne sie leben. Er wußte, daß er sie mehr liebte als sie ihn, und er fühlte auch, daß sich das nicht ändern würde. Aber damit wollte er sich abfinden, wenn er nur mit ihr zusammenleben konnte. Alma blieb zurückhaltend, und er schrieb: »Du glaubst immer noch, daß eines Tages die große Liebe vor der Tür stehen wird. Das wird sicher nicht der Fall sein... Aber ich muß Dir sagen: Niemand könnte Dich mehr lieben als ich Dich! Das ist das Wichtigste in meinem Leben.«[8]

Leidenschaftliche Briefe gingen hin und her, und das nicht nur, wenn Alma und Alex viele Kilometer getrennt waren, sondern auch noch in Wien zwischen den einzelnen Unterrichtsstunden. Manchmal las er ihr die Leviten, so beispielsweise, als er ihr schrieb, ihr mangle es an »Empfindsamkeit und bedingungsloser Hingabe«, die sie für ihre Arbeit brauchte. Er glaubte, sie würde niemals so diszipliniert sein, daß sie nicht mehr auf fremde Hilfe angewiesen wäre. Sie würde es nie fertigbringen, das Geld, das sie für ein Projekt bekommen hatte, in die Vollendung des nächsten zu stecken, sondern es sicherlich für irgendeinen Tand ausgeben.

Alma hatte sich noch nicht ernsthaft mit dem Gedanken befaßt, sich um Arbeit umschauen zu müssen. Allerdings hatte sie auch nicht vor, wie ihre Mutter einen Haushalt zu führen. Eigentlich wollte sie Dirigentin werden, aber das war um diese Zeit für eine Frau absolut ausgeschlossen. Oder aber liebäugelte sie mit der Vorstellung, Komponistin oder Pianistin zu werden. Richtig intensiv hat sie sich jedoch nie um einen Beruf gekümmert. Einen Sommer lang machte ihr ein reicher Arzt in St. Gilgen den Hof, und Alex warf ihr und ihrer Mutter vor, sie würden zuerst bei einem Mann auf das Geld schauen, dann auf sein Aussehen und erst zuletzt darauf, was er sonst noch Außergewöhnliches oder Bemerkenswertes zu bieten hatte. Alex wußte sehr wohl, daß er bei den ersten beiden Dingen verlieren würde, schrieb aber: »Ich bin ein Mensch und kein Sklave.«[9] Alma beschuldigte ihn, sie wie ein Spielzeug zu behandeln.

Alex fügte ein ganz spezielles Motiv nur für Alma in eine seiner Ballettmusiken ein. Sie schickte ihm dafür das nur für ihn komponierte Lied, um das er gebeten hatte. Dieses Geschenk würde er keinem von seinen Freunden zeigen können, wollte er nicht seine wahre Beziehung zu Alma verraten. Der Lehrer ließ seine geliebte Schülerin wissen, sie habe etwas Dramatisches in ihrer Musik, solle sich jedoch weiterhin nicht zu viel zumuten und sich nur an Projekte heranwagen, die sie auch wirklich fertigzustellen vermochte. Alma antwortete auf diese Aufforderung mit ähnlich offenen Worten: Sie habe bei einigen seiner neuen Musikstücke nicht verstanden, was sie gehört hatte. Die Art, wie sie es sagte, bedeutete ihm, daß sie sehr wohl verstand, ihr die Musik aber nicht gefiel.

Alma quälte Alex mit der Frage, ob er sexuelle Beziehungen zu einer Frau gehabt hatte, mit der er befreundet war, ehe sie sich kennengelernt hatten. Er konnte sich nicht so recht vorstellen, warum sie das wissen wollte, gestand aber schließlich, daß ihre Vermutung richtig war. »Ich begehre Dich so sehr! Deinen wunderschönen Körper: Ich brenne darauf, ihn zu besitzen!! Aber ich weiß, daß es so sein muß, wie es ist. Du hast vielleicht noch nie diese Begierde empfunden.«[10]

Alma warf Alex vor, er würde seine Musik mehr als sie lieben. Er antwortete, sie sei einfach bitterböse. »Ich wäre glücklich, wenn Du mich ein wenig mehr liebtest. Weißt Du, ich glaube nicht an Liebe auf den ersten Blick. Und vielleicht verstehst Du meine Musik ein wenig besser, weil Du mich doch ein wenig liebst.«[11] Einige Tage später fragte ihn Alma in einem Brief, ob er sie wirklich liebe oder nur in sie verliebt wäre. Er versicherte ihr, daß beides zutreffe.

Sie konnte sehr provozierend sein. Ununterbrochen bekniete sie Alex, er müsse Nietzsche lesen, an dessen Werk sie von Burckhard herangeführt wurde. Als ihr Alex schließlich zurückschrieb, daß er ihren Rat befolgte, schrieb er versehentlich den Namen Nietzsche falsch. Alma belehrte ihn sofort, daß Nietzsche seinen Namen mit einem ›e‹ schrieb. In seiner typischen Gutmütigkeit antwortete er: »Ich danke Dir für die interessanten Enthüllungen über die Philosophie Nietzsches. Zemlinszky [sic] schreibt sich mit ›sz‹!«[12]

Wenn Alma absichtlich versuchte, Alex zu verunsichern, so gelang ihr das vorzüglich. Sie ließ ihn wissen, daß sie nie heiraten wolle. Er antwortete, ihm ginge es genauso. Es wurde von Verlobung und Hochzeitsplänen gesprochen. Sie entwickelte das, was Alex ihre »warm/kalt«-Seite nannte. »Ich wollte wohl die Mutter Deiner Kinder sein«, schrieb sie ihm zurück, »aber nur, wenn das wirklich etwas Vernünftiges wäre, und das ist es nicht.«[13] Er bot ihr an, ihre Liebesbeziehung wieder zu einer einfacheren Freundschaft umzuwandeln. Das, meinte sie, sei wiederum ihr nicht möglich. Sie wollte ihn in dem Glauben lassen, daß sie in ihn verliebt sei und ihn irgendwann einmal heiraten würde. Nichtsdestotrotz vermied sie es, längere Zeit mit ihm allein zu sein, woraus er nichts anderes schließen konnte, als daß sie ihm nicht traute oder nicht mit ihm beisammen sein wollte. Er wünschte sich natürlich verzweifelt mehr von ihr. Die Spannungen wuchsen, und das Ende ihrer engen Freundschaft und der regelmäßigen Musikstunden war in Sicht.

2
Das schönste Mädchen von ganz Wien

Im Herbst 1901, als Alma zweiundzwanzig Jahre alt war, zog die Familie in ein von Josef Hoffmann entworfenes Haus im Wiener Nobelbezirk Hohe Warte. Von dort hatte man einen wunderschönen Blick auf Wien. Das Haus stand an der Ecke Wollergasse und Steinfeldgasse. Sowohl die Musikstunden als auch die Romanze mit Alexander Zemlinsky wurden fortgesetzt. Alma ging mit Freunden in die Oper und in Konzerte, ganz wie es ihrem Status in der Wiener Gesellschaft um die Jahrhundertwende entsprach.

Oft unternahm Alma Spaziergänge auf der neu gebauten Ringstraße, wo es galt, zu sehen und gesehen zu werden. Eines Nachmittags begegnete sie dabei Bertha und Emil Zuckerkandl, er ein Anatom, sie eine Journalistin. Das Ehepaar Zuckerkandl war mit der Familie Moll befreundet. Berthas Schwester Sophie war mit Paul Clemenceau, dem Bruder des umstrittenen Georges, verheiratet. Die Clemenceaus waren zu Besuch aus Paris da, wo sie vor kurzem Gustav Mahler kennengelernt hatten. Bertha lud Alma zum Abendessen ein, zumal der Direktor der Wiener Hofoper [der jetzigen Staatsoper] auch zugegen sein würde. Alma sagte ab, so wie sie es auch früher getan hatte, wenn man sie mit Mahler bekannt machen wollte.

Sie hatte mehrere Gründe dafür. Irgendwie hatte sie unbewußt das Gefühl, diese Bekanntschaft würde für beide Teile nicht sehr einfach sein. Eigentlich war sie überzeugt davon, alles über Mahler zu wissen, was sie wissen wollte. Obwohl sie seine Arbeit an der Oper bewunderte, interessierte sie sich ganz und gar nicht für ihn als Privatmensch. Gustav

Mahler, im Jahr 1860 geboren, war der älteste überlebende Sohn Bernhard Mahlers, eines Hausierers, der sich in der mährischen Stadt Kalischt in der Nähe von Iglau bis zum Besitzer einer Spiritusbrennerei hinaufgearbeitet hatte. Gustav hatte eine freudlose Jugend. Mehrere Geschwister starben, seine Mutter war durch ständige Krankheiten total erschöpft. Der Vater war unverhältnismäßig streng, las seine jüdischen Glaubensbücher und die bedeutendsten Werke der deutschen und der französischen Literatur. Seinem Sohn versuchte er beizubringen, wie wichtig verbissener Fleiß sei. Gustav kannte nie die Freiheit und Unbeschwertheit der Jugend.

Bernhard Mahler tat alles in seiner Macht Stehende, um seinen Sohn zu einem Klaviervirtuosen zu machen. Mit Mißfallen stellte er fest, daß der Junge lieber seine eigene Musik komponieren wollte. Nach seinen ersten Klavierkonzerten wurde Gustav als Wunderkind bestaunt, vielleicht als Nachfolger Liszts. Bernhard Mahler witterte Ruhm und Geld und verfrachtete Gustav zum weiteren Studium nach Prag, wo er bei einer gewissen Familie Grünfeld in Pension untergebracht wurde. Die Umstellung war zu viel für den kleinen Jungen, und nach wenigen Wochen war er der Schlechteste in seiner Klasse geworden. In der Pension Grünfeld wurde der Elfjährige Zeuge einer leidenschaftlichen Liebesszene und glaubte, der angeblich in Bedrängnis geratenen Frau beistehen zu müssen. Gustav erinnerte sich dabei an das schlimme Los seiner eigenen Mutter, und dieses Erlebnis prägte sein sexuelles Verhalten sein ganzes Leben lang.

Der Vater zeigte sich enttäuscht über das schlechte Abschneiden seines Sohnes und nahm ihn wieder mit nach Hause. Dort blieb er dann bis zu dem Zeitpunkt, als er sich gleichzeitig am Konservatorium und an der Universität Wien einschrieb. Nun ging es aufwärts. Mit zwanzig Jahren bekam er im Sommer 1880 berufsbezogene Aufgaben, bei denen er sich profilierte und die seine Zukunft als Dirigent sicherten. Nach einem Engagement in Hall arbeitete er auch an den Theatern von Ljubljana, Olmütz, Kassel und an den kleineren Bühnen Wiens. Im Jahre 1885 ging er an die Oper Prag, wo er Richard Wagners Musikdramen präsentierte und schon bald zum Nachfolger von Anton Seidl am Dirigentenpult ernannt wurde. Zwischen den Jahren 1886 und 1888 arbeitete er als Assistent des großen Arthur Nikisch in Leipzig. Danach bot man ihm ein Engagement als Musikdirektor der Königlichen Oper in Budapest an, wo er drei Saisons blieb. Im Jahre 1891 ging er für sechs Jahre nach Hamburg, und die Wiener Hofoper war der folgerichtige nächste Schritt. Der Musikfachwelt in der österreichischen Hauptstadt machte es nichts aus, daß Mahler noch sehr jung war, und man hörte auch nicht auf die Gerüchte, daß seine Symphonien und Lieder sehr modern und sehr schwer begreifbar waren. Ernstere Probleme tauchten erst auf, als Cosima Wagner, die Witwe des Komponisten Richard Wagner, sich empört zeigte, daß ein solcher Posten an einen Juden vergeben wurde. Mahler, der sich bereits als großer Dirigent von Wagners Werken einen Namen gemacht hatte, beugte sich ihrer Autorität und konvertierte zum Christentum. Im Jahr 1897 zog er nach Wien um und nahm den damals angesehensten Posten in der Musikwelt an.

Es war unvermeidlich, daß ein Mann in einer solchen Position immer wieder zum Gegenstand von Auseinandersetzungen wurde. Alma hörte Mahler am 18. November 1900 als Dirigent seiner Ersten Symphonie und war mit denen einer Meinung, die sie zu lang und zu weit entfernt von der anerkannten Musiktradition fanden. Sie kannte auch den Klatsch, der in Wien über den Ruf des Musikdirektors die Runde machte. Er teilte mit seiner Schwester Justine eine kleine Wohnung. Justi, die acht Jahre jünger war als Gustav, führte ihm den Haushalt und sollte aufpassen, daß sich ihr Bruder gut betrage. Man munkelte, Mahler habe in Hamburg einige Liebschaften mit Sängerinnen gehabt. Seine Verbindung zu Anna von Mildenburg war in aller Munde. Auch soll er große Schulden gemacht haben. Mit seiner Gesundheit stand es ebenfalls nicht zum besten, und so sprach man hinter vorgehaltener Hand von seinem nahen Tod. Aber die Wiener störte es offenbar nicht, daß sie einen Herzensbrecher und gleichzeitig einen besessenen Arbeiter an das Dirigentenpult berufen hatten, der nur seine Musik kannte. Manche Leute sagten, er hasse gesellschaftliche Verpflichtungen. Es war allgemein bekannt, daß er Hemmungen vor Leuten hatte, die ihm fremd waren, und deshalb nur Einladungen annahm, wenn er alle anderen Gäste kannte. Alma war sich dessen wohl bewußt, daß er sie schneiden würde, wenn sie die Einladung zu dem Abendessen im Hause Zuckerkandl annehmen würde.

Aber als Bertha Zuckerkandl ihre Einladung wiederholte, konnte sie Alma versichern, daß neben Mahler und den Clemenceaus auch Burckhard und Klimt kommen würden. Alma hatte immer noch Bedenken, sagte aber zu. Sie war es nicht gewöhnt, mit Menschen zusammen zu sein, die so viel älter waren als sie, und befürchtete, ihre Schwerhörigkeit würde eine höfliche Konversation behindern. Bertha wies ihr – wohlüberlegt oder augenzwinkernd – am Tisch einen Platz zwischen Burckhard und Klimt zu.

Am selben Tag, dem 7. November 1901, hatte Alexander Zemlinsky ein Konzert mit dem Violinisten Jan Kubelik als Solist zu dirigieren, und so wurde Almas Abwesenheit von zu Hause von dem Mann, dem sie sich selbst so gut wie verlobt fühlte, gar nicht bemerkt. Sie aß an jenem Abend eingerahmt von ihren beiden Freunden, während Mahler und Sophie Clemenceau am anderen Tischende eine liebenswerte, aber relativ ruhige Unterhaltung führten. Mahler sah mehrfach verstohlen zu dem fröhlichen und herzhaft lachenden Trio am anderen Tischende hinüber. Schließlich wollte er auch an dem Spaß teilhaben und fragte laut über den Tisch hinweg, ob er denn nicht auch mitlachen dürfte. Etwas später tauchte ein Gast auf, der aus dem Zemlinsky-Kubelik-Konzert kam und voll des Lobes war. Alma und Mahler hingegen waren sich einig, daß sie Solistenkonzerte nicht mochten, weil sie rein technische Meisterstücke waren. Beide wollten nichts von dem Konzert hören. Und Alma wollte ganz sicher nicht von Alex sprechen. Sie hatte das Gefühl, ihn betrogen zu haben.

Als man nach dem Essen aufgestanden war und sich Gesprächsgruppen gebildet hatten, verwickelte Mahler Alma in ein Gespräch über die Relativität von Schönheit. Was war überhaupt Schönheit? Alma behauptete, Alexander von Zemlinsky sei schön, und forderte ihren Gesprächspartner weiter heraus, indem sie ihn über das eben fertiggestellte Ballett Zemlinskys mit dem Titel ›Das goldene Herz‹, dessen Entstehung und Konzept sie Schritt für Schritt miterlebt hatte, befragte. Der Komponist hatte das Stück an den Wiener Operndirektor geschickt, jedoch keine Antwort erhalten. Gustav gab zu, die Ballettmusik bekommen zu haben; er fand jedoch die Handlung des Balletts zu verworren, um sie aufführen zu wollen. Alma konterte, daß er doch zumindest dem Komponisten hätte antworten können, auch wenn sein Urteil negativ ausgefallen wäre. Er gab ihr recht und versprach, am nächsten Tag einen Antwortbrief zu verfassen. Daraufhin bot sich Alma an, ihm die Geschichte von Hugo von Hofmannsthal zu erklären, auf der das Ballett basierte. Gustav nahm das Angebot an, doch Alma fügte als Bedingung hinzu, Gustav Mahler müsse ihr den Sinn der ›Braut von Korea‹ zuerst auseinandersetzen. Dieses Ballett, in Wien ständig auf dem Repertoire, war an Verworrenheit kaum noch zu übertreffen. Mahler lachte laut auf und lud Alma ein, ihm einige der Lieder zu zeigen, die sie geschrieben hatte. Sie nahm an.

Als die Gäste aufbrachen, gesellten sich Bertha und Sophie zu Alma und Gustav. Mahler versprach den drei Frauen, am nächsten Tag zur Generalprobe von Jacques Offenbachs ›Hoffmanns Erzählungen‹ zu kommen. Gustav verließ zusammen mit Burckhard die Abendgesellschaft zu Fuß, während Alma einen Wagen nehmen wollte. Später bemerkte Bertha einmal, die von Almas Beziehung zu Alex nichts wußte, sie hätte einen Novemberabend aufgewendet, um Almas Vergangenheit und ihre Gegenwart [Burckhard und Klimt] und ihre Zukunft [Mahler] unter Dach und Fach zu bringen.

Nachdem Alma die Abendgesellschaft verlassen hatte, fühlte sie sich unglücklich und war unzufrieden mit sich selbst. Sie glaubte, zu viel und zu laut gesprochen, mißverständlich gewirkt und so einen schlechten Eindruck hinterlassen zu haben. Sie befürchtete, Gustav nicht gefallen zu haben. Vielleicht hielt er sie aber auch, was noch schlimmer wäre, einfach für dumm? »Ich muß gestehen, daß er mir ungeheuer gut gefiel«, schrieb sie in ihr Tagebuch. »Natürlich ist er schrecklich nervös. Er sprang im Zimmer umher wie ein wildes Tier. Der Mann ist reiner Sauerstoff; man verbrennt, wenn man ihm zu nahe kommt.«[1]

Am nächsten Tag holten Bertha und Sophie Alma ab, und sie wurden in der Oper schon ungeduldig von Mahler erwartet. Er führte die drei Damen durch die prächtigen Räumlichkeiten und half Alma – den beiden anderen Damen nicht – aus dem Mantel. Die beiden Frauen begannen, auf ihn einzureden, während Alma zum Klavier ging und in den Noten stöberte. Nach einigen Minuten belanglosen Gesprächs wandte sich Gustav an Alma: »Fräulein Schindler, wie haben Sie geschlafen?«

»Ausgezeichnet. Warum auch nicht?«

»Ich nicht eine Minute die ganze Nacht.«[2]

Bei der Generalprobe gab es nur eine Unterbrechung. Der Dirigent schickte Giulietta, von der bekannten Sängerin Gutheil-Schoeder verkörpert, empört in die Garderobe zurück, weil er ihr bis zur Mitte geschlitztes Kleid ausgesprochen unanständig fand. Es mußte augenblicklich zugenäht werden. Am nächsten Morgen bekam Alma ein Gedicht ohne Unterschrift zugeschickt:

> Das kam so über Nacht.
> Hätt' ich's doch nicht gedacht.
> Daß Contrapunkt und Formenlehre
> Mir noch einmal das Herz beschwere.
>
> So über eine Nacht
> Gewann es Übermacht.
> Und alle Stimmen führen nur
> Mehr homophon zu einer Spur.

Das kam so über Nacht
– Ich habe sie durchwacht –
Daß ich, wenn's klopft, im Augenblick
Die Augen nach der Türe schick'.

Ich hör's: ein Mann – ein Wort!
Es tönt mir immerfort –
Ein Canon jeder Art:
Ich blick' zur Tür – und wart'.[3]

Alma wußte sofort, von wem dieses Gedicht kam. Sie hatte Mahler ihr Wort gegeben, ihm einige ihrer Lieder zu bringen, und er hatte ihr gestanden, nach ihrer ersten Begegnung die ganze Nacht wachgelegen zu haben. Als Alma das Gedicht ihrer Mutter zeigte, war diese gleichzeitig erstaunt und beunruhigt. Ganz sicherlich konnte so etwas nicht von Alex kommen, aber Anna Moll meinte, Alma solle sich bloß nicht einbilden, daß ein Mann wie Mahler Gedichtchen an wildfremde Mädchen schicke.

Vielleicht hatte sich jemand mit Alma einen Scherz erlauben wollen. Doch sie hatte keinen Zweifel daran, daß er sich für sie interessierte. Als er mit Burckhard von den Zuckerkandls wegging, hatte sich Mahler nach Alma erkundigt. Burckhard brach das Gespräch ab, indem er sagte: »Wer Fräulein Schindler kennt, der weiß, wer sie ist, und die anderen sollen es gar nicht wissen.«[4] Burckhard stellte sich schützend vor Alma, und er war auch ein wenig eifersüchtig.

Am Donnerstag, dem 11. November, ging Alma in die Oper – Gustav stand am Dirigentenpult. Sie war von seiner Arbeit mehr denn je beeindruckt. »Ihm war es heilige Sache; zu heilig fast.«[5] Eine Woche später dirigierte Gustavs Freund und Kollege aus Hamburg, Bruno Walter, Glucks Oper ›Orpheus und Eurydike‹. Gustav war in der Direktionsloge, die ständig für ihn und seine Gäste reserviert war. Alma sah ihn sofort. Das war kein Kunststück, kannte doch jeder Opernbesucher Mahlers Loge, wo er sitzen würde, wenn er nicht am Dirigentenpult stand. Mahler brauchte ein wenig länger, um Alma auszumachen, aber schließlich entdeckte er sie. Als Alma und ihre Mutter in der Pause ins Foyer gingen, kam Mahler auf sie zu und bat sie in sein Büro, um der Menschenmenge zu entgehen, die sich immer um ihn bildete und ungeheuer anwuchs, wenn er sich mit einer jungen Frau unterhielt.

In diesem Büro entwickelte sich sofort eine Sympathie zwischen Gustav und Anna Moll, die immer stark und glücklich bestehen bleiben sollte. Mahler erinnerte sich an seine Großmutter, die ebensoviel Stärke und Wärme ausstrahlte wie Almas Mutter. Auch seine Mutter wäre sicherlich so geworden, hätte sie nicht so viele Kinder ausgetragen und wäre sie in jungen Jahren nicht schon so verbraucht gewesen. Anna verstand Gustavs Bedürfnisse und seine Schwächen auf Anhieb, die zumeist aufgrund seines Amtes und seiner Machtstellung in den Hintergrund gedrängt wurden. Gustav erzählte Anna, daß er am liebsten auf der Hohen Warte spazierenging, und sie lud ihn spontan ein, die Familie zu besuchen. Er nahm sofort an, griff zu seinem großen Repertoirebuch und schlug den nächsten Samstag vor. Alma hatte an diesem Tag eine Kontrapunktstunde nehmen wollen, versprach aber, sie zu verschieben. Also einigte man sich auf den nächsten Samstag.

Alma hatte sich recht wenig an dem Pausengespräch beteiligt, aber beim Abschied sagte sie, sie wolle als Kapellmeister an die Oper engagiert werden. Er antwortete, nichts würde ihm größeres Vergnügen bereiten, als ihr für eine Probe oder auch für mehr seinen Taktstock zu überlassen. In guter Laune ging man auseinander, und alle freuten sich auf das nächste Zusammentreffen.

Nach der Opernvorstellung waren Anna und Alma mit Moll und Burckhard in einem Restaurant verabredet. Almas Mutter erzählte aufgeregt von ihrer Begegnung mit Direktor Mahler. Doch die beiden Männer waren keineswegs begeistert, sondern entsetzt. Moll brachte sofort Mahlers Ruf als Wüstling in Erinnerung. Burckhard überlegte eine Weile und fragte Alma dann, was sie täte, wenn Mahler ihr einen Heiratsantrag machte. Sie würde ihn annehmen, antwortete Alma. Das wäre ein großer Fehler, meinte ihr Freund und Mentor. Das könne einfach nicht gutgehen. Ein so schönes, talentiertes Mädchen würde sein Leben wegwerfen, wenn es einen alten, degenerierten, kränklichen Juden heiratete, der bis zum Hals in Schulden stecke und Musik schreibe, die man nicht anhören konnte.

Vorbereitungen für eine Reise nach München, wo Mahler seine Vierte Symphonie dirigieren sollte, verhinderten den geplanten Besuch im Hause Moll. Alma war in diesen Tagen weniger mit Gustav befaßt als mit den Schuldgefühlen, die in ihr aufstiegen, wenn sie daran dachte, Alex eventuell zu betrügen. Sie erklärte ihm in einem Brief, daß sich ihre Gefühle für ihn und bezüglich der gemeinsamen Zukunft geändert hätten.

Am Mittwoch, dem 27. November, rannte ein Dienstmädchen in heller Aufregung zu Alma und stammelte atemlos, der Herr Direktor Gustav Mahler sei eben zu einem Besuch auf der Hohen Warte eingetroffen. Man führte ihn in Almas Musikzimmer, und er begann sofort, die Stöße von Büchern zu inspizieren, die nach dem kürzlich erfolgten Umzug noch auf dem Boden lagen und des Einräumens harrten. Er sah Burckhards geliebten Nietzsche und schlug vor, die Bände ins Feuer zu werfen. Alma stimmte unter der Bedingung zu, daß er sie von ihrer Wertlosigkeit überzeugte. Es war ihm peinlich, daß die junge Frau, die gerade halb so alt war, vernünftiger und überlegter war als er, und so sagte er, sie sollten einen Spaziergang im Neuschnee machen. Sie zogen ihre Mäntel an, und Anna Moll lud Mahler herzlich zum Nachtmahl ein. Es würde Paprikahendl – und Burckhard geben. Mahler gab zu, daß er beides nicht gern habe, aber trotzdem bleiben werde.

Der Spaziergang hatte jetzt noch einen anderen Zweck. Gustav mußte ein Telefon finden, von wo aus er seine Schwester anrufen und ihr mitteilen konnte, daß er nicht zum Abendessen nach Hause kommen würde. Und daß es nicht wegen irgendwelcher dringender, unvorhergesehener Verpflichtungen an der Oper war. Alma erinnerte sich, daß ihm auf dem Weg hinunter nach Döbling alle paar Minuten die Schuhbänder aufgingen. Er mußte ständig stehenbleiben, seinen Fuß auf einen Baumstumpf oder einen Mauervorsprung stellen und sich die Bänder zubinden. Doch kurze Zeit darauf waren sie schon wieder aufgegangen. Als man schließlich bei einem Telefon angelangt war, wußte Gustav seine eigene Telefonnummer nicht, mußte in der Oper anrufen und von dort aus zu Hause absagen lassen.

Als die beiden wieder den Weg zu Almas Elternhaus hinaufstiegen, schlug Mahler den nervös-schnellen, unbeholfenen Schritt an, der für ihn so typisch geworden war. Eine Weile gingen sie schweigend nebeneinander, dann platzte Mahler plötzlich damit heraus, was ihn die vergangenen drei Wochen beschäftigt hatte. »Es ist nicht so einfach, einen Menschen wie mich zu heiraten. Ich bin ganz frei, muß es sein, kann mich nirgends materiell binden. Meine Stellung in der Oper ist von heute auf morgen.«[6] Alma fielen die Worte Burckhards ein, der vorausgeahnt hatte, daß Mahler ihr einen Heiratsantrag machen würde, aber so hatte sie sich das ganz bestimmt nicht vorgestellt. Sie wußte nicht, was sie sagen sollte. Der Hinweis auf sein Freiheitsbedürfnis erinnerte sie an die Worte, die sie Zemlinsky gegenüber geäußert hatte, aber von Mahler selbst hätte sie sie wiederum nicht erwartet. Sie hatten erst wenige Stunden miteinander verbracht, und sie wußte noch nicht einmal, wie sie ihn nennen sollte. Alma schwieg eine Weile und antwortete dann, daß sie schließlich ein Künstlerkind sei, sich selbst auch als Künstlerin fühle und nie anders über diese Dinge gedacht habe. Es würde nicht einfach sein, Mahlers Frau zu sein. Alma war noch nicht willens, diese Rolle zu übernehmen. Aber eigentlich hatte Gustav ihr ja auch noch gar keinen offiziellen Heiratsantrag gemacht.

In Almas Elternhaus zurückgekehrt, gingen die beiden wieder in Almas Zimmer hinauf. Gustav war glücklich und ausgelassen, küßte sie und begann, Heiratspläne zu schmieden. Alma wußte wieder nichts zu sagen, begann sich aber allmählich darüber klarzuwerden, daß sie diesen Mann heiraten wird, auch wenn das keinesfalls eine einfache Zeit werden würde. Später beim Abendessen ließen sie nichts von diesem Gespräch verlauten. Der Abend mit Burckhard, Anna, Carl und einem jungen Mann, der ebenfalls Alma verehrte, entwickelte sich äußerst erfreulich. Gustav war geduldig, gesprächig und ausgesprochen charmant. Anna war wie verzaubert von dem neuen Freund ihrer Tochter, und selbst Carl mußte einige seiner früheren Vorurteile über Mahler revidieren. Mahler war glänzender Laune und ein brillanter Gesprächspartner.

Alma drehte sich der Kopf. Sie konnte doch Alex nicht betrügen. Sie war einfach zu ehrlich. Am nächsten Morgen kamen alle frühen Lieder Gustav Mahlers in einem Paket im Hause Moll an. Kurz darauf traf Alex zum Kompositionsunterricht ein. Die beiden waren sich einig, daß die Lieder unbefriedigend waren und ihnen der Zusammenhalt fehlte. Alex wußte nichts von den jüngsten Ereignissen in Almas Leben, aber er hatte Almas Vorwarnung in ihrem Brief bekommen, daß sich etwas ändern würde. An jenem Morgen raffte Alex all seinen guten Willen zusammen und präsentierte beträchtliches musikalisches Können. Später dankte Alma Gustav in einem Brief für die Lieder und sprach ihn mit »Lieber Herr Direktor« an. Sie schrieb auch, sie freue sich auf das nächste Zusammentreffen. Er soll doch bitte nachlesen, was Maeterlinck über das Schweigen gesagt habe, und unterzeichnete »mit freundlichen Grüßen, Alma Maria Schindler«.

In Almas Innern waren noch viele Fragen unausgesprochen und unbeantwortet. Mahler machte einige Tage später wieder einen Besuch auf der Hohen Warte und war ausgesprochen warmherzig und lieb. Er gestand ihr seine Liebe und küßte sie. Dann spielte er einige seiner eigenen Werke auf ihrem Klavier.

Als er wieder auf das Thema Hochzeit zu sprechen kam, erbat sich Alma noch Bedenkzeit aus. Sie nannte zwar keinen Namen, gab Gustav aber zu verstehen, daß da noch jemand in ihrem Leben war, der ihr sehr viel bedeutete. Gustav akzeptierte das und gab sogar seine Gedankenlosigkeit zu, weil er ihr nicht schon von vornherein genügend Zeit zum Überlegen zugestanden hatte, ehe sie sich an ihn binde. Jetzt könne er noch eine Zurückweisung verkraften, aber schon bald würde das sehr schwierig oder schon zu spät sein. Alma versuchte ihre Gedanken zu ordnen. Sie wußte, daß Alex die Musik mochte, die sie geschrieben hatte, und sie auch respektierte, aber es beunruhigte sie, daß Gustav bei ihrem ersten Zusammentreffen an ihrer Musik nicht sonderlich interessiert schien und sich seither überhaupt nicht mehr danach erkundigt hatte. Was wäre, wenn Gustav ihre Lieder als wertlosen Schund abtat? Was wäre, wenn sich das Blatt plötzlich wendete und Alex die Anerkennung bekäme, die er ihrer Meinung nach verdiente, und Gustav plötzlich nicht mehr so gefragt wäre? Am schlimmsten war ihr der Gedanke, sie könnte beide verlieren.

Gustav schickte Alma Opernkarten für ›*Hoffmanns Erzählungen*‹ und teilte ihr dabei mit, er werde nächsten Montag nach Berlin reisen und wolle sie zuvor sehr gerne noch einmal sehen. Er verlangte eine sofortige Antwort von Alma. Sie kam jedoch dieser Aufforderung nicht nach. Sie bestand weiterhin auf der ihr zugestandenen Bedenkzeit. Am nächsten Morgen machte er in einem weiteren Brief eine Andeutung auf »unsere Lieblinge: Evchen und Hans Sachs!«[7], Personen aus Wagners ›*Meistersingern*‹. Gustav verglich sich selbst und Alma mit diesen beiden Figuren – der ältere Mann, der sich in die hübsche und vielbegehrte junge Frau verliebt. Der Vergleich rührte Alma sehr und erinnerte sie, daß sie beide Wagnerverehrer waren und daß Gustav als der bedeutendste Wagnerinterpret der damaligen Zeit anerkannt war. Sie wußte jedoch auch, daß Sachs in der Oper Eva an Walther weitergibt, einen jungen gutaussehenden Mann, der sich als Meistersinger bewiesen hat. Würde Gustav sie vielleicht doch abweisen oder sie gar an einen anderen weiterreichen?

Kurz vor seiner Abreise kam Gustav zu der Einsicht, daß es wenig Sinn habe, darauf zu warten, von Alma eine Einladung zu bekommen. Also begab er sich ohne Anmeldung zum Hause Moll. Alma freute sich, ihn zu sehen. Sie küßten sich und plauderten. Er gestand ihr, daß er wußte, daß sein Rivale Alex Zemlinsky hieß. Die Gegenwart dieses hinreißenden Mannes ließ Alma spüren, daß ihr Entschluß bereits feststand. Sie wollte Gustav Mahler. Beim Abschied versprach er, aus Berlin zu schreiben, und sagte, er werde morgen – Sonntag – nachmittag die Zauberflöte nur für sie dirigieren, »und wir werden dabei eins sein im tiefsten Sinne des Wortes«.[8] Für diese Gelegenheit schickte er ihr seine Legitimation, mit der sie Zutritt zu seiner Loge hatte – das erste Mal, daß diese Legitimation nicht in Justines Händen war. Er schickte ihr auch seine Sonate ›Das klagende Lied‹. Alma fand unverzüglich Gefallen daran – vielleicht weil sie begann, seine Musik mit anderen Augen zu sehen. Alma gab nicht länger vor, verwirrt oder unentschlossen zu sein, und schrieb ihm ausführlich. Er wollte alles von ihr wissen und bat sie, neugieriger und auch zugänglicher zu sein.

Auf dem Weg nach Berlin schickte Gustav ihr eine Schachtel Pralinés und einen Brief, in dem er sie bat, ihm regelmäßig in das Palast-Hotel zu schreiben. »Für einen Augenblick würde ich in dem fremden Haus meine Heimat finden, welche nunmehr dort ist, wo ich Dich weiß... Über die Zauberflöte schreib mir auch. Ich kann es mir denken, daß Dir so etwas noch nicht ganz aufgehen kann. Du bist das alles nämlich noch zu sehr selbst! Mir ist es auch lange so ergangen mit den Werken, die Du ›naiv‹ nennst.«[9]

Alma hatte vor, sich mit Gustavs Schwester zu treffen. »Wie innig wünsche ich, daß Ihr zueinander einen Weg findet«, schrieb Gustav an Alma. »Vielleicht erkennst Du in ihr manchen Zug von mir – ja dieser wird Dir unter Umständen momentan vertrauter sein... Sie weiß alles und liebt Dich schon jetzt. Wir haben gestern [allein, da wir gleich nach dem Essen nach Hause gingen] [nach der Zauberflöte] bis tief in die Nacht von Dir und unserer Zukunft gesprochen. Sie versteht alles und wird uns eine treue Freundin sein.«[10] Kurz vor seiner ersten Probe fragte er sich in einem Brief an Alma: »Wie wird es einmal sein, wenn Du alles mit mir – ich mit Dir

– teilen wirst, und wenn dieses heftige, verzehrende Sehnen, das mit so viel Bangen und Sorgen gemischt ist, befriedet sein, und wir, auch getrennt, alles voneinander wissen und unbekümmert uns lieben, durchdringen können.«[11] Zwei Tage später: »Dabei ertappe ich mich jetzt [überhaupt in der letzten Zeit, seit meine Gedanken an Dich geknüpft sind] auf einem ganz kommunen, für Leute meiner Art beinahe unwürdigen Ehrgeiz! Ich möchte jetzt Erfolge, Anerkennung und wie alle diese bedeutungslosen und im wahren Sinne des Wortes *nichts* sagenden Dinge heißen, erringen. Ich möchte *Dir* Ehre machen... Ich habe seit jeher Ehrgeiz gehabt, aber ich habe nicht nach der Ehre gegeizt, die mir meine Nachbarn, Zeitgenossen geben können... Dazu mußt *Du* mir beistehen, meine Geliebte.«[12]

Alma lernte Justi bei den Zuckerkandls kennen, und sie erkannte tatsächlich einige Wesenszüge Gustavs in seiner Schwester wieder. Sie wollten sich am kommenden Samstag noch einmal in der Wohnung Mahlers treffen. Gustav war erleichtert, als er hörte, daß die beiden so gut miteinander auskamen. Er bat seine Schwester um Hilfe: »Ich bitte Dich ganz inständig, Alma zu lieben... Doch sie ist noch so jung, und mein Mut verläßt mich ganz und gar, wenn ich an unseren Altersunterschied denke. Bleib ruhig, wenn es Dir möglich ist, und überlege, oder hilf mir wenigstens zu überlegen. Es ist keine Kleinigkeit, und das Verlangen darf nicht Vater des Gedankens sein.«[13] Er bat Justi sogar, ihn auf dem zweiten Teil seiner Reise, die ihn nach Dresden führte, wo er seine Zweite Symphonie dirigieren sollte, zu begleiten, damit Bruder und Schwester in aller Ausführlichkeit und ohne weitere Zuhörer ihre Pläne besprechen konnten. Gustav fühlte sich durch Almas Briefe in seinen Wünschen bestärkt. Sie schien ihm gütig und grundehrlich, aber ihn bekümmerte immer noch, »ob ein Mann an der Schwelle zum Alter das Recht hat, seine abgeklärte Reife an eine solche Jugend und Frische zu binden, den Frühling an den Herbst zu ketten und dabei den Sommer zu übergehen. Ich weiß, daß ich viel zu geben habe, aber man kann die Jugend nicht um jeden Preis kaufen.

Wenn Beethoven, Wagner und Goethe heute leben würden, würde ihr junges Herz vor ihnen niederknien und sie verehren. Blumen wachsen und blühen nur im Frühling.«[14]

Als Alma auf dem Weg zu Justi in die Auenbruggergasse war, befürchtete sie, Gustavs Schwester würde sich gegen sie stellen oder glauben, daß Alma, wie sie selber meinte, herzlos und unfähig sei, Gustav so zu lieben, wie er es eben verdiente. Auf dem Nachhauseweg hatte sie das Gefühl, ziemlich schroff unter die Lupe genommen worden zu sein. Wahrscheinlich regte sie diese Unsicherheit auch dazu an, Gustav in einem Brief von einem jungen Musiker zu erzählen, der sie besucht und gedroht hatte, sich umzubringen, wenn sie seine Liebe nicht annehme. Etwas von der beabsichtigten Wirkung dieser Nachricht scheint wohl verlorengegangen zu sein, denn Gustav antwortete mit einer gerechtfertigten Beschwerde, er könne Almas unleserliches, mit violetter Tinte verfaßtes Geschreibsel nicht lesen. Er bat sie, doch langsamer und sorgfältiger zu schreiben und wunderte sich, wie wohl der Postbote die richtige Zustelladresse gefunden hätte.

Die Freundschaft zwischen Justine und Alma entwickelte sich nicht so, wie es sich Gustav erhofft hatte, aber es gab zumindest einen Grund, daß die Schwester den Heiratsplänen ihres Bruders nichts in den Weg legte. Justine hatte sich in den Violinisten Arnold Rosé, den Konzertmeister der Wiener Philharmoniker [und damit des Opernorchesters], verliebt. Lange Jahre hatte sie sich eine eigene Ehe und Familie versagt, weil sie glaubte, Gustav verpflichtet zu sein. Mit dreiunddreißig Jahren hatte sich Justi damit abgefunden, daß sie nie ein eigenes Heim und ein Leben für sich führen würde können, sondern wohl immer ihren Bruder versorgen müsse, der ganz und gar auf sie angewiesen schien. Sie liebte Gustav innig und kümmerte sich auch gerne wie eine Gefährtin um ihn, aber da sich sein ganzes Leben nur um seine Arbeit drehte, mußte sie mit vielen einsamen Stunden zurechtkommen. Er kümmerte sich nicht darum, wie sie den Haushalt bewältigte, und so fühlte sie sich nur für die niederen Arbeiten gebraucht. Darüber hinaus beruhten die Gerüchte über Mahlers Schulden auf Tatsachen. Obgleich er bei seinem Gehalt reichlich Geld zur Verfügung hätte haben müssen, war er nicht fähig, einen Überblick über seine Finanzen zu haben, und Justi war zudem noch eine schlechte Buchhalterin.

Almas Gegenwart schien sich jedoch schon auf seinen Gemütszustand auszuwirken – er war unbeschwert und zuversichtlich. Am 15. Dezember schrieb er ihr:
»... daß Du so bist, meine Alma, meine Wärme- und Lichtspenderin, habe ich immer geahnt, gehofft, aber nicht gewußt. – Daß mir einmal im Leben ein solches Glück begegnen wird, geliebt zu sein, wie ich liebe, hätte ich nicht mehr geträumt. So oft ein weibliches Wesen meinen Lebenspfad gekreuzt, habe ich unter Qualen es immer aufs neue erkennen müssen, wie Träume des Glücks und die ungenügende Wirklichkeit auseinanderfallen...

Noch immer kann ich die Angst und die Sorge nicht loswerden, daß ein so schöner, holder Traum zerrinnen könnte, und kann den Augenblick nicht erwarten, wo ich an Deinem Munde und aus Deinem Lebensatem die Sicherheit und tiefste Bewußtheit saugen werde, daß mein Lebensschiff aus den Stürmen des Meeres sich in den Heimathafen gerettet hat...

Wenn ich den süßen Nachtisch bekomme, möchte ich ihn immer Dir zuschieben, seitdem ich Deine Vorliebe für Kuchen und Früchte bemerkt habe... [Justi] ist geradezu verliebt in Dich – Ich bin es ja nicht mehr: denn für das, was Du mir jetzt geworden bist, und für dieses eigentümliche, tief beseligende Eins-sein weiß ich keinen Namen... O Gott, heute rede ich vor lauter Sehnsucht und Bangen nach Dir, meinem Leben, daher wie Walter von Stolzing – und denke gar nicht an die andere Hälfte, den armen Hans Sachs, der Deine Liebe doch viel mehr verdient.«[15]

Gustav konnte es noch immer nicht glauben, daß Alma die Seine sein würde, genauso wie er den Altersunterschied nicht vergessen konnte. Aber während er sich zuerst als der alternde Verlierer Sachs gesehen hatte und Alma als Eva, so betrachtete er sich jetzt als der Gewinner Walther.

»Was hast Du mir geschenkt, meine Alma! Du hast mir so lieb gestanden, was Du mir sein möchtest. Wenn ich daran denke, was ich Dir werden soll und will, wird mir beinahe ernst zu Mut... Glaube *nie*, daß Du mir weniger lieb, weniger geliebt sein könntest, wenn Du anders empfinden, anders reden wolltest. Auch werde ich unermüdlich sein, immer mehr Deine Sprache zu suchen und zu reden, wenn du mich in der meinen nicht verstehen könntest... Das ist mir so ewig lieb an Dir, daß Du so *echt*, so *schlicht* bist. Ich traue Dir keine Phrase zu!... Wir müssen ja Alles teilen. – Jetzt ist es mir noch so schwer, weil ich nicht weiß, wo ich anfangen soll. – Dir ist ja alles noch unbekannt. Du weißt es nicht so einzuschätzen und hast auch noch keinen Maßstab für den Wert und Unwert, den Dinge für mein, für Dein Leben [Oh, wie süß ist der Gedanke für mich, daß jedes Ding nun für uns Beide, oder für keinen von uns etwas bedeutet haben!]...

Gleich wird Carl [Moll] kommen, dem ich hier für jetzt ein Rendezvous gegeben. Ich hoffe, er bleibt bis zum Konzert, damit wenigstens ein Reflex meiner geliebten Sonne auf mein Gemüt fällt.«[16]

Alma hatte ihre Briefe an Gustav zuerst mit »Alma Maria Schindler« unterzeichnet, später mit »Alma«, dann schließlich mit »Deine Alma«.

Gustav schrieb: »Wenn ich am Samstag Deine geliebte Hand in der meinen halten werde, so weiß ich, daß Du sie mir für immer gereicht hast. Auch *dies* ist, wie alles zwischen uns, beinahe plötzlich gekommen.«[17] Er wollte ein Foto von ihr haben und bedauerte, ihr die kleine Fotografie nicht gestohlen zu haben, die sie ihm beim letzten Mal gezeigt hatte. Nun bat er sie, sich noch einmal fotografieren zu lassen, und zwar en face, damit sie ihn direkt ansehe. Als seine Reise sich ihrem Ende zuneigte, wollte er sichergehen, daß Anna Moll wußte, welchen Platz er schon bald in ihrer Familie einnehmen würde. »Ich kann nicht anders als ihr gleich als Sohn entgegenzukommen... Du weißt, ich wollte zuerst selbst mit ihr reden – aber das war in der Zeit, als ich selbst noch [und am allermeisten Du] unklar war. – Da wäre es mehr ein Beraten mit ihr gewesen, die Dich so gut kennt. – Aber jetzt, wo alles schon so entschieden und unauflöslich zwischen uns ist – jetzt wüßte ich nichts anderes zu ihr zu sagen als: Geben Sie mir, was mir gehört – Erlauben Sie mir, zu atmen, zu leben – denn Deine Liebe ist so sehr Bedingung meines Lebens geworden wie der Puls und der Herzschlag.«[18]

Alma brach ihre Beziehung zu Alex ab und war beeindruckt von seinem Verhalten unter diesen mißlichen Umständen. Ganz sicher hatte sie Zemlinsky die schlechten Nachrichten möglichst schonend beigebracht. Sie haßte ihn ja nicht, und sie liebte ihn auch nicht weniger als vorher, aber ein anderer hatte sie eben einfach für sich gewonnen. Der Schock für Zemlinsky wurde in gewisser Weise abgemildert, als Alex erfuhr, daß der andere Mann Gustav Mahler war, den er verehrte. Almas Haltung Alex gegenüber hatte sich jedoch verändert, und sie dachte nach der Begegnung, wie häßlich und ungepflegt er doch war. Sie schrieb an Gustav und berichtete ihm brav, daß sie Alex den Abschied gegeben habe. Sie erwähnte auch Burckhards Prophezeiung, daß eine Ehe zwischen ihnen beiden nie gutgehen könnte. Dann erzählte sie wieder von gesellschaftlichen Ereignissen, bei denen sie mit hübschen jungen Männern geflirtet habe. Gustav machte sich in Dresden Sorgen. Er wollte, daß Alma die Musik, die er dort dirigierte, seine Zweite Symphonie, kennenlernte. Bislang kannte sie sie nur auf dem Klavier. »Und doch wäre es so nötig, daß Du sie kennst – denn meine Vierte wird Dir ganz fremd sein. – Die [die Vierte] ist wieder ganz *Humor* – ›naiv‹ etc.; weißt Du, das an meinem Wesen, was Du noch am wenigsten aufnehmen kannst, und was jedenfalls in alle Zukunft nur die *Wenigsten* erfassen werden. Aber Du, meine Alma, Dich wird die Liebe führen und Dir bis in die geheimsten Stellen leuchten. Sei mir, meine Geliebte, in Sehnen und Lieben, in Hoffen und Glauben gegrüßt.«[19]

Gustav schickte diesen Brief ab. Dann aber, nach reiflichem Überlegen, schrieb er einen weiteren, der weitaus schroffer im Ton war. Es hatte den Anschein, als ob er Alma wegstoßen wollte, als ob er ihr Grund liefern wollte, ihn zurückzuweisen. Der Brief und die darin enthaltenen Drohungen sollten Auswirkungen auf viele Jahre ihres zukünftigen Lebens haben.

»Heute schreibe ich Dir mit etwas schwerem Herzen, meine geliebte Alma, denn ich weiß, ich muß Dich verletzen und doch kann ich nicht anders... Dein Gespräch mit Burckhard – was meinst Du mit ›Persönlichkeit‹? Hältst Du Dich selber für eine Persönlichkeit? Wenn Du Dich erinnerst, ich habe Dir einmal gesagt, jedes menschliche Wesen hat etwas undefinierbar Persönliches, das weder den ererbten Anlagen noch der Umwelt zuzuordnen ist. Genau das ist es, was eine Person ganz speziell zu dem macht, was er oder sie ist. Und in diesem Sinne ist jedes menschliche Wesen ein Individuum. Aber Du und Burckhard, Ihr meint etwas ganz anderes. Ein menschliches Wesen kann die Art von Persönlichkeit, die Du meinst, erst nach einer langen Erfahrung des Kampfes und des Leidens erreichen, und nur mit Hilfe einer ihm von der Natur gegebenen und kräftig entwickelten diesbezüglichen Veranlagung. Eine derartige Persönlichkeit ist sehr selten. Darüber hinaus kannst Du eigentlich noch nicht die Art von Person sein, die in sich selbst schon einen rationalen Grund für ihr Dasein gefunden hat, und die, unter allen Umständen, ihre eigene individuelle und unwandelbare Natur aufrechthält und entwickelt, und sie von allem Fremden und Negativen fernhält. Denn alles an Dir ist noch ungeformt, unausgesprochen und unentwickelt. Obgleich Du ein anbetungswürdiges, unendlich anbetungswürdiges und bezauberndes junges Mädchen bist, und außerdem eine vielseitig begabte, offene und schon selbstsichere Person bist, bist Du noch keine Persönlichkeit. Das was Du für mich bist, Alma, das was Du vielleicht sein oder werden kannst – der liebste, erhabenste Gegenstand meines Lebens, der treue und mutige Kamerad, der mich versteht und fördert, meine unanfechtbare Festung gegenüber Feinden von innen und von außen, mein Frieden, mein Himmel, in den ich ständig eintauchen kann, mich wiederfinden und aufbauen kann – ist so unbeschreiblich erhaben und schön, so weit und so groß, in einem Wort, meine Frau. Aber selbst das macht Dich nicht zu einer Persönlichkeit in dem Sinne, wie man das Wort bei höheren Wesen verwendet, die nicht nur ihr eigenes Dasein gestalten, sondern auch das der Menschheit, und die alleine es verdienen, Persönlichkeiten genannt zu werden... Die Burckhards, Zemlinskys etc. gehören nicht zu den Persönlichkeiten. Jeder von ihnen hat seine Besonderheiten – wie zum Beispiel eine ausgefallene Adresse, eine unleserliche Handschrift etc., die er, mangels innerem Selbstbewußtsein, verteidigt, indem er ständig auf der Hut ist... aus Angst, er könnte nicht mehr originell sein. Eine Persönlichkeit... ist wie ein robuster Organismus, der sich mit schlafwandlerischer Unbeirrbarkeit die geeignete Nahrung aussucht und sie verdaut und alles Unpassende rigoros von sich weist...

Meine Alma, schau! Deine ganze Jugend, und damit Dein ganzes Leben, war ständig bedroht, begleitet, gelenkt [während Du immer glaubtest, unabhängig zu sein] und mißbraucht von jenen höchst verwirrten Gefährten, die ihre Zeit damit verbrachten, im Dunkeln und auf falschen Pfaden herumzutappen, während sie ihr inneres Wesen ständig mit lautem Schreien übertönten und ständig die Schale mit der Nuß verwechselten. Sie haben Dich stetig umschmeichelt, nicht weil Du ihr Leben mit dem Deinen bereichert hast, sondern weil Du mit ihnen großtönende Worte gewechselt hast [echte Opposition ist ihnen unbequem, denn sie lieben nur große Worte...], weil Ihr alle Euch gegenseitig mit Beredsamkeit berauscht habt [Ihr haltet Euch für ›aufgeklärt‹, aber Ihr zieht ganz einfach Eure Vorhänge zu, damit Ihr Euer geliebtes Gaslicht verehren könnt als ob es die Sonne wäre], und weil Du wunderschön bist und Männer auf Dich aufmerksam machst, die, ohne es zu wissen, instinktiv dem Charme erliegen. Stell Dir nur mal vor, Du wärst häßlich, meine Alma. Du bist eitel geworden [wie schroff auch immer das klingen mag, Du wirst mir vergeben wegen meiner wirklichen und bereits ewig unerschöpflichen Liebe zu Dir] in den Dingen, die diese Menschen in Dir zu sehen glauben und in Dir sehen möchten... aber das ist Gott sei Dank auch die einzige oberflächliche Seite an Dir. Da diese Menschen sich auch gegenseitig ständig schmeicheln und sich instinktiv gegen ein höhergestelltes Wesen stellen, weil es sie beunruhigt und Forderungen stellt, denen sie nicht nachkommen können, halten sie Dich wegen Deines Charmes für eine ausgesprochen attraktive und – da es Dir an sachlichen Argumenten mangelt – *bequeme* Gegnerin. So habt Ihr alle Eure Zeit damit verbracht, im Kreise herumzulaufen und vorzugeben, die menschlichen Anliegen untereinander zu regeln... Und selbst Du, meine Almschi, bist nicht ganz frei von der *Arroganz*, die beständig den Menschen innewohnt, die ihre eigenen unbedeutenden und extrem begrenzten Gedankenprozesse als die einzige Aufgabe der Intellektuellen sehen. Einige Deiner Bemerkungen... wie zum Beispiel ›wir stimmen in gewissen Dingen, Vorstellungen nicht überein‹ beweisen es, und viele andere auch! Meine kleine Alma, wir müssen in *unserer Liebe* und in unseren Herzen übereinstimmen! Aber in unseren Vorstellungen? Meine Alma! Was hast Du denn für Vorstellungen?... Da bin ich nun, ich armer Bursche, der vor lauter Freude, sie gefunden zu haben, nachts nicht schlafen konnte, sie, die *von Anfang an* in allem mit ihm ganz und gar Eins war, sie, die als Frau ganz ihm gehörte und ein Teil von ihm selbst wurde; die ihm sogar geschrieben hatte, daß sie glaubte, nichts besser tun zu können als seine Welt zu umarmen und in sie einzutreten; die, durch ihren Glauben an ihn nicht mehr länger sucht, sondern überzeugt ist, daß sein Glaube auch der ihrige ist, weil sie ihn liebt, etc. etc.

Wieder frage ich mich, was es mit dieser fixen Idee auf sich hat, die sich in diesem kleinen Kopf, den ich so unbeschreiblich liebhabe, daß Du Du selbst sein mußt und bleiben willst – und was wird aus dieser fixen Idee, wenn einmal unsere Leidenschaft befriedigt ist [und das wird sehr bald sein] und wir damit beginnen müssen, nicht nur miteinander zu wohnen, sondern miteinander zu leben und einander in Kameradschaft zu lieben? Das bringt mich zu dem Punkt, der der eigentliche Kern all meiner Ängste, Befürchtungen und Zweifel ist, der eigentliche Grund, warum jede Einzelheit, die in diese Richtung geht, eine solche Bedeutung erlangt hat: Du schreibst ›Du und *meine Musik*‹ – *Vergib mir, aber das muß auch besprochen werden*. In dieser Angelegenheit, meine Alma, ist es absolut unerläßlich, daß wir uns *sofort* ganz klar verstehen, bevor wir einander wiedersehen! Unglücklicherweise muß ich mit Dir beginnen und bin tatsächlich in der seltsamen Situation, meine Musik in gewisser Weise gegen Deine setzen zu müssen, sie in die richtige Perspektive rücken zu müssen und sie gegen Dich, die Du sie nicht wirklich kennst und auch auf keinen Fall verstehst, zu verteidigen... Glaube mir, daß ist das erste Mal in meinem Leben, daß ich mit jemandem darüber spreche, der nicht die richtige Haltung dazu hat. Wäre es Dir von nun an möglich, *meine* Musik als die *Deine* zu sehen? Ich möchte jetzt ›Deine‹ Musik nicht im einzelnen diskutieren... Im allgemeinen jedoch – wie stellst Du Dir das Eheleben eines Ehemannes und einer Ehefrau vor, die beide Komponisten sind. Machst Du Dir überhaupt eine Vorstellung davon, wie lächerlich und auf die Dauer erniedrigend für uns beide eine solch seltsam rivalisierende Beziehung unweigerlich würde? Was wird sein, wenn Du Dich um das Haus oder um meine Bedürfnisse nur kümmerst, wenn Du ›Lust und Laune‹ dazu hast. Wie Du schreibst, solltest Du mich doch von den alltäglichen Dingen des Lebens entlasten. Mißversteh mich nicht und bilde Dir jetzt nicht ein, daß ich an der bourgeoisen Vorstellung von der Ehe festhalte, derzufolge die Ehefrau nur eine Art Spielzeug für den Mann ist und gleichzeitig seine Haushälterin... Aber eines ist sicher, und zwar mußt Du werden ›was ich brauche‹, wenn wir miteinander glücklich werden sollen, das heißt, Du mußt meine Frau und nicht meine Kollegin werden. Würde es die Zerstörung Deines Lebens bedeuten und hättest Du das Gefühl, einen unwiderstehlichen Höhepunkt Deines Daseins zu vergeben, wenn Du *Deine* Musik aufgeben würdest, um meine zu besitzen und auch um die Meine zu sein?

Dieser Punkt *muß* zwischen uns geklärt sein, noch ehe wir überhaupt eine Verbindung fürs Leben in Betracht ziehen können... Du schreibst: ›Ich fühle, daß ich jetzt nichts Besseres zu tun habe, als mich in Dich zu vertiefen, ich spiele Deine Lieder, lese Deine Briefe etc.‹ Ich verstand das, saugte es in mich auf wie ein Versprechen von ewiger Seligkeit. Aber die Tatsache, daß genau während dieser Zeit [die ich unsere wahre Hoch-zeit genannt habe] Dich Dein Gewissen plagt, weil Du nicht an der Theorie oder am Kontrapunkt arbeitest, ist mir unverständlich!... Verstehst Du, was ich meine, Alma? Ich weiß sehr wohl, daß Du mit mir glücklich sein mußt, um mich glücklich machen zu können, aber die Rollen in diesem Stück, das sich ebensogut zur Komödie wie auch zur Tragödie entwickeln kann,... müssen ganz genau verteilt werden. Die Rolle des ›Komponisten‹, die Welt des ›Arbeiters‹ fällt mir zu, – Deine ist die der liebenden Gefährtin und verständnisvollen Partnerin! Bist Du damit zufrieden? Ich verlange viel, sehr viel – und ich kann und darf das, weil ich weiß, was ich dafür zu geben habe und geben will...

Wie war das ›Konversation machen‹ mit meiner Schwester, deren Herz für Dich weit offen stand und die nur allzu bereit war, Dir ihr ganzes Herz zu geben? Konntest Du wirklich einen ganzen Nachmittag mit ihr verbringen, ohne liebend von mir und über mich zu sprechen? Almschi, Almschi – es ist mir alles ziemlich unverständlich. Welche Arten von Gesprächen sind es, die immer noch zwischen uns sein können – welche dritte Partei hat immer noch Einfluß!? Warum dieser Trotz, dieser Stolz? Mir gegenüber, der ich vertrauend mein ganzes Herz gab und vom ersten Augenblick an Dir mein ganzes Leben widmete – [obgleich ich sehr wohl hübsche, reiche, kultivierte, junge etc. Mädchen und Frauen kannte]. Ich bitte Dich, Almschi, lies meinen Brief sorgfältig. Es darf nie die Frage eines schnellen Flirts zwischen uns geben. Bevor wir wieder miteinander reden, müssen die Dinge absolut klar sein... Du mußt alle *Oberflächlichkeit* aufgeben [wie Du schreibst], jede Konvention, alle Eitelkeit und Einbildung... Du mußt Dich mir *bedingungslos* hingeben, Dein zukünftiges Leben in jeder Einzelheit ganz nach meinen Bedürfnissen ausrichten und dafür nichts begehren außer meiner *Liebe*...

Und, Alma, ich muß Deine Antwort auf diesen Brief haben, bevor ich Dich am Samstag wiedersehe... Almschi, Geliebte, sei streng mit Dir selbst – und [so süß und wundervoll ich das ansonsten finde], laß Dich nicht durch Deine Liebe zu mir ablenken... Sag mir alles, was Du mir zu sagen hast, ganz unbarmherzig und denk daran, daß eine Trennung zum jetzigen Zeitpunkt einer ständigen Selbsttäuschung bei weitem vorzuziehen wäre, denn das würde, wie ich selbst weiß, ein Desaster für beide von uns werden.«[20]

3

Alma Schindler-Mahler

Was muß Alma wohl gefühlt haben, als sie diesen langen und außergewöhnlichen Brief las? An jenem Abend vertraute sie ihrem Tagebuch an, daß in ihr eine Wunde brannte, die wohl nie ganz verheilen würde.

Sie wußte, daß der Altersunterschied zwischen ihnen beiden Gustav große Sorgen bereitete. Der Zeitspanne zwischen seinen einundvierzig und ihren zweiundzwanzig Jahren scheint um die Jahrhundertwende eine viel größere Bedeutung zugekommen zu sein, als dies heutzutage der Fall wäre. Darüber hinaus war Almas Freundeskreis für eine Frau ihres Alters wohl schon etwas ungewöhnlich. Für sie, die schöne, privilegierte und kluge Frau, war die Gesellschaft von Männern wie Burckhard, Klimt und Zemlinsky, wie auch die weniger bekannter und eigenwilliger Menschen eine Selbstverständlichkeit. Die meisten ihrer Zeitgenossen mögen wohl bloß davon geträumt haben, wie wundervoll es doch sein müßte, auch nur eine dieser Persönlichkeiten des Kulturlebens zu begrüßen.

Alma glaubte oder war zu der Überzeugung gekommen, daß ihr musikalisches Talent beachtlich wäre. Zwar hatte sie ihre hochfliegenden Pläne, eine Konzertpianistin oder eine Dirigentin zu werden, an den Nagel gehängt, aber sie war überzeugt davon, daß sie irgendwann einmal Werke von großer Schönheit komponieren würde. Es kam Alma nicht in den Sinn, daß sie in diese Gesellschaft von Männern, die sie als ihre Freunde betrachtete, nur aufgenommen worden war, weil sie schön war. Ihre Schlagfertigkeit und geistige Aufgeschlossenheit hatten sie selbst und ihren Freundeskreis davon überzeugt, daß sie etwas zu bieten hatte. Meist waren ihre Ideen denen ihrer älteren, berühmten Freunde durchaus ebenbürtig und ebenso kreativ.

Und wieder quälte sie ihre schlimmste Befürchtung: Was wäre, wenn sie Gustav und Alex verlöre. Während sie sich durch Gustavs Briefe durchkämpfte, spürte sie, daß sie ihm in großer Liebe tief ergeben war. Sie wollte sich um ihn kümmern und für ihn sorgen. Gustavs Stellung wie auch seine Tagträume von einem Leben in Luxus beeindruckten sie nicht sehr. Jetzt bat er sie allerdings, ihre Arbeit, die ihr so viel bedeutete, aufzugeben. Statt dessen bot er ihr etwas an, das ihr ziemlich fremd war – seine Musik.

Und stritt Gustav nicht sogar ab, daß Frauen überhaupt ›Persönlichkeit‹ besitzen konnten? Alma wußte sehr wohl, daß sie kein langweiliger, unerfahrener Backfisch mehr war. Sie war eine reife, selbstbewußte junge Frau. Obgleich sie immer in ihrem Elternhaus gewohnt hatte und es auch erst verlassen wollte, wenn sie einmal heiratete, hatte sie sich geistig und seelisch schon längst abgenabelt. Vielleicht waren ihre Gesprächsbeiträge noch nicht so tiefschürfend, wie sie das gerne gehabt hätte oder wie man sie das glauben ließ, aber zumindest sprach sie nicht dauernd von Kleidern, schönen Männern und Friseuren. War sie Gustav mit ihrer Konversation nicht schon bei ihrem ersten Zusammentreffen aufgefallen?

Zugegeben, sie war jung und mußte noch viel über das Leben, über ihre geliebte Musik lernen. Vielleicht war sie auch eitel, aber ganz bestimmt nicht so und in der Art und Weise, wie es die anderen Mädchen waren, die sie auf Gesellschaften traf. Zumindest hatte sie hart an sich und ihrer Kunst gearbeitet. Sie hatte etwas aus sich gemacht. Alex dachte so, Burckhard dachte so, aber Gustav war offensichtlich anderer Meinung.

Alma zeigte ihrer Mutter den langen Brief von Gustav. Obwohl Anna diesen Mann so liebgewonnen hatte, riet sie ihrer Tochter, ihn zu verlassen. Almas Stiefvater schloß sich dieser Meinung an, aber da war es schon zu spät. Alma hatte sich bereits entschieden, Gustavs Forderungen nachzukommen und ihm, gemäß seines Vorschlags, sofort zu antworten.

Noch bevor er ihre Antwort in Händen hielt, schrieb er ihr unmittelbar nach seiner Rückkehr nach Wien noch einmal. Zwar nahm er seine harten Worte keineswegs zurück, aber er meinte: »...Du verstehst, wie hart und unerbittlich wahr ich sein kann, wo ich liebe. – Und es muß zwischen uns alles klar sein, bevor wir uns in die Arme schließen – denn heute nachmittag hätte ich nicht mehr die Fassung und Macht über mich selbst, Dir alles zu sagen und zu fragen, was doch entschieden sein muß.«[1]

Am Nachmittag des 21. Dezember 1901 besuchte Gustav Alma, sobald er mit seiner Arbeit an der Oper fertig war, und alles war entschieden. Er brachte die Noten seiner Vierten Symphonie mit, und sie spielten sie zusammen auf dem Klavier. Dann hielt er offiziell bei Anna Moll um die Hand ihrer Tochter an. Am 23. Dezember waren Gustav und Justi Mahler zur Verlobungsfeier in das Haus Moll eingeladen – ganz im stillen, denn Gustav scheute sich davor, Freunden und der Presse die Neuigkeit mitzuteilen, ehe er und Alma sich erst einmal an die neue Situation gewöhnt hatten. Er schickte seiner Verlobten am Weihnachtsabend seine Wünsche zu dem letzten Weihnachtsfest, das sie nicht zusammen verbringen würden. Am ersten Weihnachtsfeiertag besuchte Alma die Mahlers in ihrer Wohnung. Gustav richtete sich seine Arbeit so ein, daß er fast täglicher Gast auf der Hohen Warte sein konnte. Dabei blieb er oft so lange, daß keine Fahrzeuge mehr verkehrten und er den langen Nachhauseweg im Dunkeln zu Fuß zurücklegen mußte. Alma und Justi bereiteten alles für die Hochzeit vor. Justi und Arnold Rosé wollten schon bald nach Alma und Gustav heiraten.

Am 27. Dezember veröffentlichten die Wiener Tageszeitungen, wahrscheinlich durch die Indiskretion einer unbekannten Person informiert, die bevorstehende Hochzeit von Alma Schindler und Gustav Mahler. Die Geschichte kam in der flauen Zeit zwischen den Jahren wie gerufen und wurde entsprechend ausgeschlachtet. Alma erhielt Blumen, Geschenke, Briefe und Glückwünsche. Ihr gefiel das alles, doch Gustav war verärgert über den Trubel und die Unterbrechung in seinem normalen Tagesablauf. Von da an waren in der Oper die Augen und Operngläser aller ebensosehr auf die Bühne wie auf Alma gerichtet. Da sie den Frieden, den sie sich gewünscht hatten, nicht fanden, beschlossen die beiden Mitte Februar an den Altar zu treten.

Schon bald kam es zu Spannungen zwischen Gustav und Alma. Sie kannten einander ja kaum, hatten nur wenig Gelegenheit gehabt, eine ruhige Zeit gemeinsam zu verbringen, und hatten sich noch nicht über ihr zukünftiges Leben unterhalten. Gustav arbeitete weiter an der Oper, an seinen Kompositionen [in den Wintermonaten überarbeitete und orchestrierte er hauptsächlich die Musik, die er in den Sommermonaten geschrieben hatte] und war häufig auf Konzerttournee. Alma wurde allmählich unruhig und nervös, wenn sie daran dachte, daß die Hochzeit schon in knapp sechs Wochen stattfinden sollte. Unaufhörlich kamen Gratulanten mit Blumen und Geschenken. Alma verbrachte so viel Zeit wie möglich mit Gustav allein, aber der Gedanke an die bevorstehende Hochzeit und die eheliche Gemeinschaft beunruhigten auch ihn so sehr, daß er oft wie aufgewühlt erschien. Alma glaubte, er sei sexuell nicht sonderlich erfahren. Doch die Frauen, die ihn näher kannten, behaupteten das Gegenteil. Alma war mit größter Wahrscheinlichkeit noch unberührt. Die beiden sahen dem ersten ehelichen Beisammensein mit Furcht entgegen.

Justi und Arnold wollten entweder am selben Tag oder am Tag darauf heiraten, also würde Alma in Justis Zimmer in der Mahler-Wohnung einziehen können. Nie hatten sie auch nur in Erwägung gezogen, zusammen ein Schlafzimmer zu haben. Ihr ganzes gemeinsames Leben lang hatten sie so viel Platz, daß jeder die Ungestörtheit hatte, die er gerne haben wollte – um diese Zeit eine durchaus übliche Gegebenheit. Nur auf Reisen, wenn es keine andere Wahl gab, teilten sie sich ein Zimmer.

Alma mußte nun in Gustavs Freundeskreis eingeführt werden. Also lud Justi einige Freunde für den 5. Januar 1902 zum Abendessen ein. Die Gästeliste ist nicht erhalten. Jedoch zu Gustavs Freunden jener Zeit gehörten Natalie Bauer-Lechner, der Musikwissenschaftler Guido Adler, der Gelehrte Albert Spiegler und seine Frau Nina [Nanna], der Dichter und Dramatiker Siegfried Lipiner und seine Frau Clementine [Spieglers Schwester], der Archäologe Fritz Löhr und seine Frau Uda, die Künstlerin Henriette Mankiewicz und der Dirigent Bruno Walter. Wirklich gut befreundete sich Alma nur mit Bruno Walter – diese Freundschaft bestand aber auch bis zu Almas Tod.

Nun traten die Neider auf den Plan. Man nannte Alma ein kokettes Mädchen, eine Opportunistin, die der Beziehung zu einem so bedeutenden Mann nicht würdig ist. Obgleich Mahlers Ruf nicht ganz makellos war, glich sich das durch seinen Titel und das damit verbundene Prestige wieder aus. Wohl hatte er die Frauen nicht so behandelt, wie er es hätte tun sollen, aber nun, so erzählte man sich hinter vorgehaltener Hand, hätte er vollends den Verstand verloren und sei wohl ganz geblendet durch Almas Schönheit, ihre Jugend und ihre Gier. Ein Mann von seinem Format sollte sich nicht an ein solches Frauenzimmer vergeuden. Alma wußte, was man hinter ihrem Rücken über sie redete. Als sie an jenem Abend zu der Einladung im Hause Mahler ging, hatte sie sich in die feste Überzeugung hineingesteigert, alle, einschließlich der Gastgeber, hätten sich gegen sie verschworen. Ebenso wie an dem Abend ihrer ersten Begegnung fühlte sie sich eingeschüchtert und verhielt sich gehemmt. Diesmal reagierte sie gar nicht erst auf Fragen und Bemerkungen, die ihr feindselig erschienen, und wirkte dadurch arrogant und abweisend. Als jemand wissen wollte, wie sie zu Gustavs Musik stünde, antwortete sie, sie kenne wenig, aber was sie kenne, gefiele ihr nicht.

Die illustre Runde war entsetzt. Nur Gustav, der die spannungsgeladene Atmosphäre zu entschärfen versuchte und Alma wissen lassen wollte, daß er ihre Gefühle verstünde, lachte laut auf. Dann führte er seine Braut in das Nebenzimmer, wo sie sich schweigend einige Minuten umarmt hielten. Natürlich gab es bei den Gästen dadurch noch mehr zu klatschen. Alma hatte allmählich den Verdacht, es sei eine Verschwörung gegen sie im Gange, womit sie in gewissem Sinne gar nicht so unrecht hatte. Gustav selbst mußte sich fragen, was für ein Leben er dieser jungen Frau würde bieten können. Zu allem Übel verkündete Anna von Mildenburg jedem, ob er es hören wollte oder nicht, daß sie in Hamburg in dem festen Glauben gelassen worden war, Gustav würde *sie* heiraten.

Am 5. Januar, nur wenige Stunden vor dem unglückseligen Abendessen, hatte Alma in ihr Tagebuch geschrieben: »Jetzt spricht er unaufhörlich davon, seine Kunst zu bewahren, aber ich kann das nicht. Bei Zemlinsky wäre das möglich gewesen, weil ich seine Gefühle für seine Kunst teilte – er ist ein Genie. Aber Gustav ist so arm, so schrecklich arm. Wenn er nur wüßte, wie armselig er ist, er würde sein Gesicht schamvoll verbergen. Und ich werde immer lügen müssen... mein ganzes Leben hindurch ständig lügen müssen – vor ihm mag das ja noch angehen, aber vor Justi, diesem Weib! Ich habe das Gefühl, sie treibt ständig quer – aber ich muß frei sein, absolut frei!«[2]

Alma konnte ebensowenig lügen, wie sie noch länger vorgeben konnte, ihre Jungfräulichkeit bewahren zu wollen. Sie war Gustav ergeben. Sie liebte ihn und, was noch wichtiger war, sie wußte, wie sehr er sie liebte. Sie schliefen miteinander. Im Februar hatte Alma den Verdacht, schwanger zu sein. Nichtsdestotrotz verschoben sie und Gustav ihre Hochzeit bis zum 9. März 1902.

Die Hochzeit fand früh am Tage statt, bevor die Schaulustigen Gelegenheit hatten, sich um die alte Karlskirche herum zu versammeln. Gustav kam zu Fuß und trug Galoschen wegen des Regens. Alma, Justi und Anna Moll fuhren zusammen in einem Wagen. Carl Moll und Arnold Rosé, der am nächsten Tag Gustavs Schwager werden sollte, waren die

Trauzeugen. Bei dem kleinen Frühstück nach der Trauungszeremonie ging es ziemlich wortkarg zu. Alma und Gustav packten sofort danach ihre Koffer für die Reise nach Petersburg, wo er drei Symphoniekonzerte zu dirigieren hatte.

Die Hochzeitsreise begann für beide mit einer schrecklichen Erkältung, aber Gustav dirigierte seine Konzerte trotz seines schlechten Zustands. Mit seinem Vetter Frank als Fremdenführer genossen sie in einer offenen Troika die Stadt im Schnee. Sie sahen sich eine Aufführung von Tschaikowskys Oper ›Eugen Onegin‹ an und nahmen auch an einigen der gesellschaftlichen Ereignisse teil, zu denen sie eingeladen worden waren. Dabei wurde nur französisch gesprochen. Alma fühlte sich fremd in dieser Umgebung. Sie sprach sehr wenig, und da das Französische stark mit russischen Akzenten eingefärbt war, verstand sie noch weniger davon.

Nach drei Wochen kehrten die Mahlers nach Wien zurück und begannen ihr gemeinsames Leben in Mahlers alter Wohnung, die nun aus drei Zimmern und drei Kabinetten bestand. Almas erste Umstellung bestand darin, sich an den streng geregelten Tagesablauf ihres Mannes zu gewöhnen, der fast immer gleich war: Um sieben Uhr stand er auf [Alma hingegen schlief gerne lange], nahm sein Frühstück ein und arbeitete anschließend an seinen eigenen Kompositionen. Um neun Uhr ging er in die Oper, aß um ein Uhr zu Mittag, ruhte sich kurz aus, machte einen langen Spaziergang, trank um fünf Uhr Tee und ging dann noch einmal in die Oper. Er blieb für gewöhnlich sehr lange dort, auch wenn er nicht am Dirigentenpult stehen mußte. Zu Hause nahm er dann ein spätes Nachtmahl ein, las ein wenig, unterhielt sich mit Alma oder spielte mit ihr vierhändig Klavier. Dann ging er zu Bett. Diese Routine mußte streng eingehalten werden. Nur während der Zeit, da er Alma umwarb, wich er gelegentlich davon ab.

Jetzt war es Almas Aufgabe als Ehefrau, darauf zu achten, daß es keine Unterbrechung in der Routine gab und kein Augenblick verlorenging. Gustavs Diener rief von der Oper aus an, wenn der Direktor sich zum Mittagessen auf den Nachhauseweg begab. Wenn Gustav unten an der Haustür die Glocke läutete, wurde die Suppe aufgetragen und stand auf dem Tisch, sobald er im vierten Stock angelangt war. Alma mußte ihn am Ende des Arbeitstages an der Oper abholen. Wenn Gustav dirigierte, saß sie in der Direktionsloge. An den Abenden, an denen sie nach Hause gehen durften, ehe der letzte Vorhang gefallen war, bat sie ihn, ihr zu erklären, was in den Akten, die sie versäumten, vor sich gehen würde. Er erklärte ihr kurz die oft verworrene Handlung und versicherte ihr, daß sie nichts versäumte. Später, wenn Alma dann hin und wieder die gesamte Oper sah, war sie fast immer einer Meinung mit Gustav. Der erste und der zweite Akt hatten voll gereicht.

Ebenso wichtig wie der strenge Tagesablauf im Hause Mahler waren die Finanzen, und die fielen in Almas Zuständigkeitsbereich. Obwohl sie auf diesem Gebiet völlig unerfahren war, legte sie ein Naturtalent für Buchhaltung und Budgetkontrolle an den Tag. Sie war entsetzt, wie miserabel ihre finanzielle Lage war. Gustav hatte regelmäßig und sehr großzügig Geld an seine Brüder und Schwestern geschickt. Ihm selber, der doch immerhin fürstliche Summen verdiente, blieb kaum etwas übrig. Darüber hinaus schuldete er seinen drei Schwestern ihren Anteil aus dem Familienerbe und mußte noch die Baukosten für sein Sommerhaus in Maiernigg aufbringen. Gustav schien überhaupt kein Verhältnis zum Geld zu haben, und Alma brauchte fünf Jahre, um das Familienbudget wieder einigermaßen aus den roten Zahlen zu bringen. Sie nahm diese Aufgabe eigentlich ganz gern wahr, es sei denn, sie mußte ihrem Gatten wieder einmal sagen, er müsse aus finanziellen Gründen auf etwas verzichten. Auch ihr Vater hatte über seine Verhältnisse gelebt, aber für Gustav brachte die neue geregelte Lebensführung ein bitteres Erwachen, das er nicht immer klaglos hinnahm.

Die ersten Monate ihres Ehelebens war nun Alma vollauf mit diesem täglichen Kleinkram beschäftigt. Doch schon bald hatte sie reichlich Zeit zur Verfügung – mehr als genug. Die Veränderungen, die sich in ihrem schwangeren Körper vollzogen, waren geheimnisvoll und oft unangenehm. Sobald Gustav wieder zum regulären Tagesablauf seiner Arbeit an der Oper zurückgekehrt war, schien er Alma anders zu behandeln. Alma hatte wohl schon andeutungsweise so etwas in der Zeit nach ihrer offiziellen Verlobung bemerkt. In jenem Frühling in Wien wurde es allerdings immer deutlicher. Gustav schien nicht mehr derselbe Mann zu sein, der sie hofiert und bezaubert hatte, der ihr schmeichelte und ihr so oft geschworen hatte, nicht ohne sie leben zu wollen. Er gab sich mehr und mehr wie ein Lehrer und schien entschlossen, aus ihr den Typ von Ehefrau zu machen, den er sich vorstellte. Alma konnte nicht sagen, sie sei nicht gewarnt worden, aber wenn sie alleine in der Wohnung war, träumte sie davon, wie schön es doch wäre, an ihrer Musik zu arbeiten und vielleicht sogar wieder mit den regelmäßigen Stunden zu beginnen. Jedoch tat sie nichts dergleichen, hatte sie doch zugestimmt, es werde nur einen Komponisten in der Familie geben. Gustav würde ganz offensichtlich kein weiteres Interesse an ihren Liedern zeigen.

Auch war er nicht besonders neugierig darauf, ihre Freunde kennenzulernen, es sei denn, es waren die, die er im Hause Moll zufällig traf. Dort fühlte sich Gustav immer wohl und entspannt. Wenn die Mahlers eine Einladung gaben, standen auf der Gästeliste fast ausschließlich Leute, die *er* sehen wollte. Und auch das waren nicht die, mit denen er in seinen Junggesellenzeiten verkehrt hatte. Nach der Heirat mit Alma hatte er fast alle diese Beziehungen abgebrochen. Während Alma immer unzufriedener wurde, schien Gustav ganz gegenteilig darauf zu reagieren. Er dankte seiner Frau für den Frieden und die Ruhe, die sie ihm vermittelte. Obgleich sein Glück ihr neue Hoffnung und neuen Glauben brachte, wurde ihr auch klar, daß es genau die Dinge, die ihm Frieden brachten, waren, die sie so sehr in Mitleidenschaft zogen. Schließlich teilte sie ihrem Mann ihre düsteren Gedanken mit. Er versprach, ihr dabei zu helfen, neue Wege zu finden, um ihr Leben produktiver und zufriedenstellender zu gestalten.

Doch je weiter ihre Schwangerschaft fortschritt, um so weniger schien es ihr möglich zu sein, neue Projekte in Angriff zu nehmen. Manchmal suchte sie bei ihrer Mutter Trost und erzählte ihr, wie einsam und nutzlos sie sich fühlte. Doch Anna Moll gab ihr zu bedenken, daß sie sich glücklich schätzen könne, einen Mann wie Gustav gefunden und geheiratet zu haben. Anna und Carl Moll brachten beide sehr viel Liebe und Sympathie für ihren neuen Schwiegersohn auf. Wenn sie alle beisammen waren, war oft Alma diejenige, die sich als fünftes Rad am Wagen fühlte.

Mit Freuden hörte Alma, daß man in der Sezession zu einer Feier für Max Klinger, den Maler und Bildhauer, rüstete. Alle Beiträge sollten sich auf Beethoven beziehen. Gustav dirigierte das Eröffnungskonzert und instrumentierte den Schluß von Beethovens Neunter Symphonie für die Bläser der Hofoper um. Klinger war über Gustavs Beitrag zu der Feier zu Tränen gerührt und verbrachte einige angenehme Stunden im Kreise der Familie Mahler. Alma wurde sich um diese Zeit darüber klar, wie schwierig es sein würde, Gustavs Tagesablauf beizubehalten und gleichzeitig neue Freundschaften zu pflegen. Es wäre schon in den früheren, eher lockeren Zeiten schwierig gewesen. Jetzt war er dazu übergegangen, bis zur allerletzten Minute an den Partituren herumzubasteln. Das war in jedem Fall eine mühsame und zeitaufwendige Arbeit. Gustav nahm es da besonders genau, zumal seine Musik zunehmend öffentliche Anerkennung fand und er fast an dem Punkt angelangt war, an dem man für seine Musik dauerhaften Erfolg erhoffen konnte.

In dieser Zeit fuhr Alma mit Gustav nach Krefeld, wo er am 12. Juni 1902 die erste öffentliche Aufführung seiner Dritten Symphonie dirigieren sollte. In dieser Provinzstadt erlebte Alma, daß die Bürger zwar begeistert waren, den berühmten Herrn Direktor von der Oper Wien zu Gast zu haben, aber weit weniger glücklich mit dem Mann waren, der eine für ihren Geschmack viel zu lange Symphonie geschrieben hatte. Es schmerzte Alma mitzuerleben, daß man Gustav dafür hochschätzte, was er für die Musik anderer Komponisten tat.

Seine eigenen musikalischen Schöpfungen hingegen fanden nur Verachtung und Spott. Gustav und Alma Mahler hatten Wien während einer großen Hitzewelle verlassen. Die schwangere Alma fand die Reisestrapazen fast unerträglich. Mahler versuchte ihr die Zeit mit Witzen zu vertreiben. Auf ihre ungeduldigen Fragen nach der Ankunftszeit verwirrte er sie mit falschen Angaben so, daß sie es schließlich gar nicht glauben wollte, als sie tatsächlich im Kölner Domhotel angekommen waren. Sie nahm an allen Proben teil, und Gustav kam nach jedem Satz zu ihr, holte ihren Rat ein und besprach alle Details mit ihr. Ihre Vorschläge waren durchweg brauchbar, und so war er mit ihrer und mit seiner Arbeit zufrieden. Eines Tages saß ein kleiner Junge hinter ihr und schaute ihr mit äußerstem Interesse über die Schulter. Alma hielt ihre Partitur so nach hinten, daß er gut hineinsehen konnte. Viele Jahrzehnte später dankte ihr der große Pianist und Lehrer Edwin Fischer für den Liebesdienst, den sie einem fremden Kind erwiesen hatte.

Wenn es möglich war, hielt sich Gustav auch auf Reisen an seinen gewohnten Tagesablauf. Die Proben für die Aufführung in Krefeld dauerten allerdings fast immer länger als angesetzt; außerdem ging es Alma nicht besonders gut, und auch der etwas überreichlich genossene Wein zum Mittagessen tat ein übriges dazu, daß aus den nachmittäglichen Spaziergängen Ausfahrten wurden. Es bereitete ihnen großen Spaß, deutsche Landschaften zu erkunden und dann in ihre Hotelzimmer zurückzukehren. Kurz vor der Aufführung zogen sie jedoch vom Domhotel in das Haus eines Krefelder Industriellen, wo sie ganz offensichtlich zur Last fielen. Überall wurden sie zudem von neugierigen Studenten und anderen Bürgern begafft. Sie schwuren sich, auf Reisen nie wieder Logiergäste bei irgendwelchen Leuten zu sein. Dann schon lieber im Hotel untergebracht, auch wenn es unzulänglich ausgestattet und laut war. Gustav stand immer im Mittelpunkt des Interesses, aber auf dieser Reise erregten auch Almas Kleider große Aufmerksamkeit. Sie trug sogenannte ›Reformkleider‹, die ihr Freund Kolo Moser entworfen hatte. Die weitgeschnittenen Kleider waren zwar ursprünglich nicht als Umstandskleider gedacht, aber Alma fand sie ideal für ihren derzeitigen Zustand – sie waren kühl, weit geschnitten und bequem. Die Kinder von Krefeld fanden ihren Aufzug ungeheuer merkwürdig und blieben stehen, wenn Alma und Gustav vorbeikamen. Gustav wirkte stets ein wenig zerknittert und verwirrt. Seinen Hut trug er immer in der Hand, nie auf dem Kopf. Einmal hatte er diesen Hut in einer Konditorei vergessen. Ein Bub von der Schuljugend näherte sich unter dem Gebrüll der anderen und machte Mahler darauf aufmerksam. Gustav bedankte sich höflich, holte seinen Hut ab und floh mit Alma vor der Menge der Schaulustigen in die Hotelzimmer, in denen Arnold und Justi Rosé Quartier genommen hatten. Eigentlich war es bei diesem Quartett mit dem Humor nicht recht weit her, aber an diesem Tag kicherten sie ausgiebig, während sie ihren Racheplan ausheckten. Sie stellten sich an die Fenster und gossen gemeinsam Wasser auf die Köpfe ihrer Peiniger.

Auf dieser Reise begann Alma die Hindernisse und Unannehmlichkeiten zu begreifen, mit denen Gustav zu kämpfen hatte, wenn er von zu Hause weg war. Dieser Mann, der seinen geordneten Tagesablauf so sehr brauchte, war seines Friedens beraubt und ständig dem Trubel ausgesetzt. Als eines Tages wieder einmal ein unangemeldeter Besucher angekündigt wurde, bat Gustav Alma, sich hinter dem Vorhang zu verstecken, der den Wohnbereich des Zimmers vom Schlafbereich trennte. Unterdessen wollte er versuchen, den Eindringling – es war der Komponist Hans Pfitzner – loszuwerden. Dieser war gekommen, um bei dem hochverehrten Direktor der Wiener Hofoper flehentlichst um Aufführung seines Werkes ›Die Rose vom Liebesgarten‹ zu bitten. Mahler reagierte kühl und abweisend. Der Besucher wollte nicht lockerlassen. Alma tat der Gast aufrichtig leid. Sie fühlte, daß Gustav ihn mit ein paar freundlichen Worten aus den Tiefen seiner Verzweiflung herausreißen könnte. Alma hielt es nicht mehr länger hinter dem Vorhang aus, eilte auf Pfitzner zu und drückte ihm verständnisvoll die Hand. Gustav machte zwar keine Versprechungen, aber Pfitzner verließ zumindest einigermaßen beruhigt das Hotel. Zu Almas Überraschung war ihr Gustav wegen ihrer Indiskretion nicht böse. Später brachte Mahler ›*Die Rose vom Liebesgarten*‹ in Wien tatsächlich zur Aufführung, und Pfitzner wurde einer der größten Mahler-Verehrer.

Als Gustav Mahler nach der Premiere seiner Dritten Symphonie seinen Taktstock beiseite legte, führte Richard Strauss den Applaus an und kam auf das Podium zu, um seinen Beifall auszudrücken. Die beiden Komponisten waren schon seit langer Zeit Bekannte, richtige Freunde wurden sie hingegen nie. An jenem Abend führte Strauss zwar den Beifallssturm an, verließ jedoch den Saal, ehe der Applaus verstummte. Als die Mahlers später in einem der wenigen Gasthäuser Krefelds zu Abend aßen, ging Strauss vorüber und gab allen gönnerhaft die Hand, ohne jedoch auch nur ein Wort zu sagen.

Alma und Gustav fuhren von dort direkt in ihr Sommerhaus in Maiernigg. Wieder mußte ein Tagesplan aufgestellt werden, der sogar noch strenger war als der von Wien. Gustav versuchte nämlich, so viel wie möglich von seiner schöpferischen Arbeit während der Sommerfrische zu schaffen. Das Haus am See war zum einen noch nicht bezahlt, zum anderen ungemütlich. Ein freundlicher, gutmeinender Nachbar am Wörthersee hatte es für Gustav gebaut. Einem Junggesellen mag es ja noch genügt haben, für eine Familie hingegen war es ungeeignet. Alma fand beispielsweise die Säulchengalerie an den Küchenkästen scheußlich und ließ sie zusammen mit anderen Geschmacklosigkeiten kurzerhand entfernen. Das Haus erschien Alma noch unangenehmer als Anna von Mildenburg, jene Sopranistin aus Gustavs Hamburger Zeit, die in der Nähe einzog und unaufgefordert zu Besuch kam.

Solange sein Tagesablauf nicht gestört war, nahm Gustav von häuslichen Dingen wenig Notiz. Er genoß es, von den Verpflichtungen an der Oper entbunden zu sein und sich ganz seinen kreativen Ideen widmen zu können. Dort draußen auf dem Land stand er jeden Morgen um halb sieben auf, ging in sein Arbeitshaus und ließ sich dort, möglichst unauffällig, von der Köchin sein Frühstück servieren. Bis Mittag arbeitete er und ging dann zum Schwimmen oder zum Bootfahren an den See hinunter. Alma mußte immer bei ihm sein, obwohl er wußte, daß sie die Sonne mied. Nach dem Mittagessen machten sie einen gemeinsamen Spaziergang, anschließend arbeitete Gustav ein wenig weiter, nahm sein Abendessen ein, plauderte noch etwa eine Stunde mit Alma oder spielte Musik und ging danach schlafen. Auf dem Land drehte sich ebenso wie in der Stadt alles um seinen Tagesablauf. Almas Aufgabe bestand darin, alles reibungslos organisiert zu haben, so daß ihr Ehemann außer seiner Arbeit nichts zu sehen bekam. Während Gustav im Arbeitshaus seine Musik komponierte, kopierte Alma das, was er von der Fünften Symphonie fertig hatte, und ergänzte dabei auch die nicht ausgeschriebenen Stimmen, bei denen er nur die ersten Takte aufgezeichnet hatte. Im Laufe des Sommers hatte es Alma auf diesem Gebiet zu beachtlicher Fertigkeit gebracht, so daß sie immer mit der Arbeit des vorhergehenden Tages fertig war, wenn Gustav ihr abends sein Tageswerk brachte. Wenn er an das Ende eines Satzes gelangt war oder eine besonders schwierige Stelle hatte, holte er sie, und sie setzten sich feierlich an das Klavier in seinem winzigen Arbeitszimmer. Dann wollte er ihre Meinung zu seinen Kompositionen hören.

Selten waren Gäste zu Besuch. Natürlich kam die aufdringliche Anna von Mildenburg, und auch Anna Moll schaute vorbei. Alle gesellschaftlichen Verpflichtungen mußten mit Gustavs streng reglementierten Arbeitsstunden und Almas Gesundheitszustand in Einklang gebracht werden. Sie ließ sich nicht gerne einschränken, schon gar nicht, wenn sie wenig zu tun hatte und jede Gelegenheit wahrnahm, mit Freunden und ihrer Familie beisammen zu sein. Alma ging mit Gustav drei bis vier Stunden spazieren. Dabei unternahmen sie ziemlich große Partien, krochen unter Büschen durch, kletterten über Zäune und rannten querfeldein. Obgleich Anna

Moll ihrer Tochter von solchen Exkursionen in ihrem Zustand abriet, wollte Alma dieses Vergnügen auf keinen Fall aufgeben. Die Freizeit mit ihrem Mann war selten genug, und er wirkte so entspannt und glücklich, wenn sie zusammen in der freien Natur waren.

Wenn Alma sich nicht wohl fühlte, suchte sie Zuflucht bei ihrem Tagebuch. Am 10. Juli 1902 klagte sie darin, daß sie sich nach einem Menschen sehne, der nur an sie dachte, der mit ihr entdeckte, was für sie wichtig war. Sie hatte das Gefühl, von zu Hause weggelaufen zu sein, und wollte nun wieder zurückkehren. Da sie zunehmend unruhiger wurde, vertraute sie sich Gustav an. Doch er war ihr keine große Hilfe. Als er am 13. Juli von seinem Arbeitshaus herunter kam, fand er seine Frau in Tränen aufgelöst und warf ihr vor, daß sie ihn nicht richtig liebe. »Wie oft habe ich selber daran gezweifelt«, schrieb Alma in ihr Tagebuch. »Und doch weiß ich, daß mir bisher nie ein Mensch so nahegestanden hat wie er. Wenn ich doch nur mein inneres Gleichgewicht wiederfände! Ich mache ihm und mir selbst Schwierigkeiten. Gestern erzählte er mir, daß er noch nie so leicht und anhaltend gearbeitet habe wie jetzt... Von jetzt an soll er nichts mehr merken von meinen Kämpfen. Ich werde ihm den Weg mit Frieden, Vergnügen und Gleichmut bahnen... Aber da sind immer wieder meine Tränen. Ich habe noch nie so viel geweint wie jetzt, obwohl ich doch alles habe, was sich eine Frau wünschen kann.«[3]

Anfang August schrieb Mahler ein Lied nur für Alma, nach einem Gedicht von Friedrich Rückert mit dem Titel ›*Liebst du um Schönheit*‹. Alma war gerührt über das Geschenk, besonders über die Stelle, an der ihr Gatte nach den Worten ›liebe mich immer‹ noch zweimal ›immer... immer‹ wiederholt hatte.

Nach vier Monaten Sommerfrische nach Wien zurückgekehrt, bereitete Gustav in der Oper eine Aufführung von Mozarts ›*Zaide*‹ vor, während Alma dem Tag der Niederkunft immer näher kam. Maria wurde am 3. November 1902 nach langer Wehenzeit geboren. Es war eine schwere Geburt. Vor dem Zimmer, in dem Alma in den Wehen lag, tobte Gustav und weinte verzweifelt, weil er glaubte, seine Frau und sein Kind zu verlieren. Endlich hörte er den erlösenden ersten Schrei des Kindes und stürzte in das Zimmer, um Mutter und Tochter zu sehen. Als man ihm nachträglich sagte, daß das Kind eine Steißgeburt gewesen sei, lachte er unbändig: Sie hatte der Welt gleich den Körperteil gezeigt, den sie verdient.

Maria war von Anfang an der erklärte Liebling ihres Vaters. Er kümmerte sich persönlich um das Kind, wenn es krank war, und pflegte es bei kleineren Wehwehchen ebenso wie bei schwereren Krankheiten. Ganz sicher, davon war er überzeugt, wurde sie nur durch sein gutes Zureden wieder gesund.

Alma fiel es schwerer, sich an die Rolle als Mutter zu gewöhnen, als Gustav an die des Vaters. Sie erholte sich von den Strapazen der Geburt nur sehr langsam. Am 25. November schrieb sie in ihr Tagebuch: »Ich habe noch nicht die richtige Liebe für mein Kind. Alles in mir gehört Gustav. Alles ist tot neben ihm. Und ich kann es ihm nicht sagen.«[4]

Kurz nach der Geburt Marias begann Gustav mit der Inszenierung von Tschaikowskys ›Pique Dame‹. Das Projekt bot beiden den Anreiz des Neuen und die intellektuelle Stimulation, die sie brauchten. Sie nahm an den Proben teil, wann immer sie konnte. Jeden Abend spielten sie die Musik nach dem Essen zusammen auf dem Klavier. Alma erholte sich von Gallenkoliken. Sie fühlte, daß sie auch ein eigenes Leben führen müßte und nicht nur die Frau des Herrn Operndirektors sein konnte. Sie fragte Gustav, warum er nie ihre Kompositionen hatte sehen wollen, zumal er doch am ersten Tag ihrer Bekanntschaft daran so interessiert schien. Seine Antwort war nicht gerade ermutigend. In ihrem Tagebucheintrag vom 15. Dezember 1902 beklagte sie, daß ihr Gatte nur sein eigenes Leben leben wolle, und sie sollte auch noch das seine leben. Während sie an ihrem Schreibtisch saß und das Kindermädchen sich um Maria kümmerte, kam Alma zu dem Schluß, daß sie nicht gebraucht wurde, nicht einmal von ihrem eigenen Kind.

Um diese Zeit hatten die Mahlers Umgang mit den Molls, den Rosés, den Zuckerkandls, mit Burckhard, Klimt sowie Richard und Pauline Strauss. In den ersten Wochen des Jahres 1903 reiste Gustav nach Wiesbaden, um seine Vierte Symphonie zu dirigieren, während Alma mit dem Kind zu Hause blieb. Eine so kurze Reise hätte zu viel Geld und Anstrengung gekostet, also hatte sie sich entschlossen, ihn nicht zu begleiten. Eines Abends kam Justi Rosé vorbei, um ihr Gesellschaft zu leisten. Nachdem Alma ihr ein Stück aus der Wagneroper ›Siegfried‹ auf dem Klavier vorgespielt hatte, fragte Justi, ob Gustav das geschrieben hatte. Die Unwissenheit ihrer Schwägerin erschreckte Alma zutiefst.

Am glücklichsten waren die Mahlers immer, wenn sie im Hause Moll zu Gast waren. Bei einem dieser Besuche lernte Gustav den Künstler Alfred Roller kennen. Er vermittelte seinem neuen Freund sofort den Auftrag, das Bühnenbild für die im Februar geplante Premiere von ›Tristan und Isolde‹ zu machen – ein Tristan, der in die Annalen der Operngeschichte einging. Roller wurde daraufhin zum Bühnenbildner an die Oper berufen.

Bei der ›Tristan‹-Premiere am 21. Februar war Gustav erschöpft und mußte sich während der Pause auf dem Sofa in seinem Zimmer hinlegen. Am liebsten hätte er alles hingeworfen und seine Stellung als Operndirektor aufgegeben. Justi und Alma standen bei ihm, und Justine entfuhr eine bezeichnende Bemerkung: »Eines freut mich, ich habe ihn jung gehabt, und du hast ihn alt.«[5]

Gustav und Alma fanden in dem französischen Komponisten Gustave Charpentier einen neuen Freund. Er war nach Wien gekommen, um an den letzten Proben und der Premiere seiner Oper ›Louise‹ teilzunehmen, die eine von Almas Lieblingswerken wurde. Die Premiere war auf den 24. März angesetzt. Nach Almas Berichten war Charpentier ungeschickt, hatte mangelhafte Manieren und war so linkisch wie jene Leute, die anderen auf die Zehen steigen, wenn sie ihnen was Nettes ins Ohr flüstern wollen. Doch sie sah auch das Genie in ihm und fand ihn faszinierend. Gustav und

Alma waren sehr gerne mit ihrem neuen Freund beisammen und freuten sich schon auf ein Wiedersehen.

Im April ging Gustav wieder auf Tournee, während Alma zu Hause blieb. Poldi, das Hausmädchen, und Elise, die Köchin, packten ihm seine Koffer. Sogar mit dem kleinen Kind lief der Mahlersche Haushalt reibungslos. Alles war auf den Hausherrn konzentriert. Das setzte sich bis ins kleinste Detail fort – beispielsweise konnte Gustav, der auf Reisen oft an Migräneanfällen litt, in eine bestimmte Ecke einer bestimmten Tasche greifen und würde dort sicher das Aspirin vorfinden. Alma nutzte Gustavs Abwesenheit, um den Sommeraufenthalt in Maiernigg vorzubereiten. Bevor sie jedoch alle zusammen in die Sommerferien gehen konnten, mußte er noch nach Amsterdam reisen, wo er den Dirigenten Willem Mengelberg traf, und dann nach Basel, wohin ihn Alma begleitete. Dort dirigierte er seine Zweite Symphonie in einer wundervollen Kirche. Auch Pfitzner gesellte sich wieder zu ihnen, und diesmal trafen sie sich ganz ungezwungen zu einem gemeinsamen Abendessen.

In Maiernigg hatte Mahler die von ihm so genannte ›splendid isolation‹[6], wo er es sich bequem machen und ernsthaft an seiner Sechsten Symphonie arbeiten konnte. Alma sorgte dafür, daß er seinen geregelten Tagesablauf hatte. Aber schon bald hing sie wieder ihren Erinnerungen nach; besonders Alex und die Stunden, die sie miteinander verbracht hatten, kamen ihr erneut ins Gedächtnis. Sie wollte wieder ihrer Musik leben können. »Ich liebe *meine* Kunst«, schrieb sie am 15. Juni 1903.[7] Gustav war so mit seiner Musik beschäftigt, daß sie ihn beneidete. Was auch immer er von ihr verlangt hatte, und was auch immer sie versprochen hatte – sie konnte einfach nicht seine Musik als die ihre betrachten.

Pfitzner schickte die Noten seines Ersten Streichquartetts. Es gefiel Gustav und erinnerte Alma an etwas, was sie tun wollte, aber vergessen hatte. Als Gustav gegen Ende des Sommers nach Wien zurückkehrte, um die neue Opernsaison vorzubereiten, blieben Alma und die kleine Maria noch einige Wochen in Maiernigg, um die letzten schönen Tage zu

genießen. Bei dieser Gelegenheit holte Alma die Partitur von
Pfitzners ›*Die Rose vom Liebesgarten*‹ hervor, die neben dem
Klavier unter dem ständig wachsenden Stapel von Büchern,
Zeitschriften und Musikstücken vergraben war. Alma vermutete etwas Großes in dieser Oper, und als sie sich näher
damit befaßte, wurde ihr klar, wie recht sie damit gehabt
hatte. Zu Hause in Wien plazierte sie die Partitur dann wie
zufällig immer so, daß Mahlers Blick früher oder später darauf fallen mußte. Nachdem er sich viele Abende mit Pfitzners
Partitur beschäftigt hatte, entschloß er sich, sie in das Opernrepertoire aufzunehmen. Alma und der Komponist jubelten.

Im September 1903 wurde Alma zum zweiten Mal schwanger. Jetzt wußte sie wenigstens schon, was ihr bevorstand,
und so genoß sie die Zeit, freute sich über die Veränderungen
an ihrem Körper und war stets aktiv. Durch Burckhard lernten sie und Gustav den Schriftsteller und Dramatiker Gerhart
Hauptmann und seine zukünftige Frau Margarethe Marschalk kennen. In diesem Winter sah sie auch Zemlinsky wieder. Sie verbrachten glückliche Stunden, plauderten und
spielten Musik. Er behandelte sie jetzt, da sie eine Ehefrau
und Mutter war, mit noch mehr Ehrerbietung. Allmählich
entstand auch zu Almas großer Erleichterung so etwas wie
eine Freundschaft zwischen Gustav und Alex.

Zu Beginn des Frühjahrs war Alma immer noch beweglich
genug, um bequem reisen zu können. Also unternahmen sie,
Gustav, das Kind und das Hausmädchen eine seit langem geplante Reise nach Abbazia. Nachdem sie nach Wien zurückkehrten, begann Alma sich auf die Geburt ihres zweiten Kindes vorzubereiten. Allmählich stieg doch wieder Angst in ihr
auf, wenn sie an die Schwierigkeiten beim ersten Mal dachte.
Eines Nachts, nachdem sie mit Gustav vom Theater nach
Hause gekommen war, setzten die Wehen ein. Anna Maria
Mahler wurde am Mittag des 15. Juni 1904, einem Mittwoch,
geboren, als Bäume und Blumen blühten und die Vögel sangen. Diesmal war es eine leichte Geburt gewesen. Weil das
Kind seine veilchenblauen Augen gleich so groß und unerschrocken aufgeschlagen hatte, nannte man es Guckerl oder

Gucki. Sie schien sofort großes Vergnügen an der Welt um sie herum zu haben.

Alma blieb in Wien, bis sie, die Kinder und das Kindermädchen soweit waren, Gustav nach Maiernigg zu folgen. Währenddessen hatte er einen Spielplatz für seine beiden kleinen Mädchen bauen lassen, mit einer Schutzeinfassung und weichem Sand. Auf dieses Projekt war er sehr stolz und brachte dafür mehr Begeisterung auf als für den eigentlichen Hausbau. Gustav und Alma hatten schon einmal in Erwägung gezogen, für längere Zeit auf dem Land zu bleiben, vielleicht sogar Maiernigg zu ihrem Hauptwohnsitz zu machen. Gustav war jedoch zu dem Schluß gekommen, daß dies letztlich doch keine so gute Idee gewesen war. Sie verbanden die ganze Umgebung so sehr mit Ferien, daß sie wahrscheinlich nie eine Arbeit fertiggebracht hätten.

Damit hatte er wohl recht. Alma, Maria, Anna und das Kindermädchen hatten es sich kaum gemütlich gemacht, als Alma bereits wieder unruhig wurde. Sie las ihre alten Tagebücher und schwelgte in sehnsüchtigen Erinnerungen an die Menschen, mit denen sie so gerne beisammen gewesen war und die sie jetzt kaum mehr sah. Sie wünschte, Pfitzner würde in Wien leben, und sie wollte Alex und Schönberg öfter sehen. Dann hörte sie ein Gerücht, daß Klimt geheiratet hätte, und wieder stand ein Stück Vergangenheit vor ihr. Obgleich das Gerücht eines blieb, las Alma die Berichte mit einem Gefühl, als ob damit ein Kapitel ihres Lebens abgeschlossen war. Sie kam zu der Überzeugung – nicht zum ersten und nicht zum letzten Mal –, daß ihre Jugend beendet war. Sie war eifersüchtig auf die Frau, die angeblich Klimts Braut war. »Ich danke ihm«, schrieb sie in ihr Tagebuch. »Ich bin ihm dankbar für meine Erweckung.« – »Aber«, fuhr sie fort, »Erfüllung habe ich nicht erreicht. Weder in meiner Schönheit, noch in meinem Geist, noch in meinem Talent.«[8]

Sie schrieb diese Worte, während Gustav Bruno Walter die Klavierversion seiner Fünften Symphonie vorspielte. Alma hatte etwas gegen die Freundschaft dieser beiden Männer. »Gustav«, meinte sie, »ließ Bruno Walter in seine Seele schauen. Ich ging aus dem Zimmer. Walter, alle diese Menschen sind mir fremd! Sogar die Musik! Heute habe ich eine sehr seltsame Erkenntnis gewonnen. – Ich bin nicht glücklich – und nicht unglücklich. Es ist mir auf einmal zum Bewußtsein gekommen, daß ich nur ein Scheinleben führe. Meine innere Unterdrücktheit ist zu groß. Ich bin nicht frei – ich leide – aber ich weiß nicht warum und nicht wofür. Mein Schiff ist im Hafen. Aber leck.«[9]

Im Oktober 1904 fuhr Gustav nach Köln, um seine Fünfte Symphonie zu proben und zur Erstaufführung zu bringen. Alma wollte später nachkommen, um bei der Premiere dabeizusein, aber sie wurde krank, und da die kleine Anna erst vier Monate alt war, hielt sie es für besser, nicht zu reisen. »Tue nur alles – schwitze – sauf Cognac – friß Aspirin – Du kannst von einem Schnupfen in zwei Tagen kuriert sein und noch am Montag abends fortfahren und bist Dienstag zum Konzert hier!« riet ihr Gustav.[10] Seine Ratschläge hatten nicht die gewünschte Wirkung, und Alma blies die Reise ganz ab.

Gustav hatte sich so sehr gewünscht, seine Frau bei sich zu haben. Er hatte Angst, niemand würde seine Symphonie verstehen. Für ihn war das *ihrer beider* Musik, die Arbeit, die sie während ihres ersten gemeinsamen Sommers beschäftigt hatte. Die Schwierigkeiten bei den ersten Proben veranlaßten ihn zu der richtigen Prophezeiung, daß Generationen von Dirigenten und Orchestern Probleme mit dem Scherzo haben würden. Mehr oder weniger ernsthaft wünschte sich Mahler, woanders zu sein und seinen Lebensunterhalt auf andere Weise verdienen zu können. »Oh, könnte ich meine Symphonien fünfzig Jahre nach meinem Tode uraufführen!« schrieb er an Alma.[11] Dann fiel ihm eine Zeile aus Gustav Albert Lortzings Oper ›Zar und Zimmermann‹ ein: »O selig, o selig, ein Schlosser zu sein!«[12] Gustav wäre in dieser Zeit alles andere lieber gewesen als gerade Dirigent und Komponist, ganz besonders da er ein langes Werk präsentieren sollte, das wahrscheinlich weder gut gespielt noch vom Publikum gut aufgenommen werden würde. Daß seine Frau ausgerechnet jetzt nicht da war, machte die Sache auch nicht leichter. Insgeheim quälte ihn außerdem die Vision, daß ihm nach seiner Rückkehr an die Oper vorgeworfen werden würde, sein Engagement für seine eigene Musik sei höchst überflüssig und seiner Stellung abträglich.

Bruno Walter und Arnold Berliner, ein Physiker, der einer der glühendsten Anhänger Mahlers geworden war, kamen zur Unterstützung und als Beistand nach Köln. Heinrich Hinrichsen, der Direktor des Verlagshauses C. E. Peters, war von der Fünften Symphonie begeistert und wollte Näheres über die Sechste wissen. Die Aufführungen brachten weit mehr, als Gustav erwartet hatte. Vor seiner Weiterreise nach Amsterdam bat er Walter, Alma in allen Einzelheiten von dem Triumph, wie er es bezeichnete, zu unterrichten.

Nach einiger Zeit bei den Mengelbergs und weiteren Aufführungen seiner Vierten Symphonie mußte Gustav zu einer Aufführung seiner Dritten nach Leipzig. Er bekam immer stärkeres Heimweh. Es war gar nicht so einfach gewesen, ihn an die Gegenwart von zwei anstrengenden Kindern zu gewöhnen. Er war auch sehr streng mit sich selbst, Alma und den Kindern gewesen, als er sie in seinen geordneten Tagesablauf einpaßte. Nun machte er sich Sorgen, daß Anna und Maria ihren Papa gar nicht wiedererkennen würden, wenn er zurückkäme. Ständig wollte er mit Neuigkeiten von der Familie versorgt werden. Almas Briefe genügten ihm nicht. Zwar war er stolz darauf, daß sein Ruhm als Komponist wuchs, doch wollte er dafür nicht den Preis bezahlen, von seiner Familie so lange getrennt zu sein. Alma vermißte ihren Mann; mehr jedoch störten sie seine häufigen Abwesenheiten, weil er in der weiten Welt herumkam, während sie an das Haus, die Kinder und den täglichen Haushalt gebunden war.

Alma war im Jahre 1904 fünfundzwanzig Jahre alt. Ihr Tag drehte sich ausschließlich um Ehemann und Familie. Zu Beginn des Jahres 1905 wurden beide Kinder krank. Alma fühlte, daß ihre Kinder sie brauchten, gleichzeitig jedoch verlor sie an Kraft und Geduld. Am 4. Januar hatten Alma und Gustav eine lange Aussprache miteinander. Sie sagte ihm, daß sein Geruch, wahrscheinlich von den Zigarren, von Anfang an abstoßend auf sie gewirkt hatte. Er lächelte und meinte, daß diese Bemerkung der Schlüssel zu vielen Dingen sei. Indem sie bei ihm blieb, hatte sie wider ihre eigene Natur gehandelt. »Nur ich wußte, wie recht er hatte«, schrieb Alma in ihr Tagebuch. »Er war ein Fremder für mich, und vieles an ihm ist mir heute noch fremd – und wird es, glaube ich, auch immer bleiben... Ich wundere mich, daß wir, das wissend, weiter zusammenleben können. Ist es Pflichtgefühl? Die Kinder? Gewohnheit? Nein, ich weiß, daß ich ihn wirklich liebe, und nur ihn... Zu meinem früheren Leben zurückzukehren, erscheint mir unmöglich.«[13]

Als sie Alex sah, fielen ihr nur die Schwächen ihres ehemaligen Verehrers auf. Sie wohnte einer Generalprobe eines Konzertes bei, in dem Zemlinskys ›*Seejungfrau*‹ mit Schönbergs ›*Pelleas und Melisande*‹ auf dem Programm standen. Während ihr Schönbergs Musik mit jedem Mal besser gefiel, konnte sie sich für Alex' Musik immer weniger begeistern. Sie erinnerte sich an Gustavs Bemerkung, Alex fehle auch in der Musik das Kinn. Gleichzeitig probte man ein Programm mit Liedern Gustav Mahlers, und Alma hielt sie für seine besten Musikstücke.

Als Pfitzner nach Wien kam und sie zusammen mit den Hauptmanns besuchte, freute sie sich auf einen Abend mit leichter Unterhaltung und dem neuesten Klatsch. Enttäuscht stellte sie fest, daß der Komponist sich offensichtlich in sie verliebt hatte. Sie ließ sich von ihm umarmen und fühlte sich zu ihm hingezogen, aber die Affäre war beendet, ehe sie begonnen hatte. Bei einem ihrer Mittagsspaziergänge erzählte sie Gustav von Pfitzners Avancen. Er war eifersüchtig, machte brüsk kehrt und ging in die Oper zurück. Sie blieb alleine auf der Straße stehen. Dann ging sie weiter, und als es allmählich dunkel wurde, bemerkte sie, daß ihr ein gutaussehender junger Mann folgte. Als sie Gustav später von dieser unschuldigen Begegnung erzählte, beschuldigte er sie, immer auf der Seite des anderen Mannes zu stehen. Er hatte recht – das wußte sie. Ihre Worte taten ihr leid. Sie ging zu

Bett. Nach kurzer Zeit kam Gustav zu ihr – was er selten tat, bevor er sicher wußte, daß sie fest eingeschlafen war. Er forderte sie auf, die ›*Kreutzersonate*‹ von Tolstoi zu lesen, und liebte sie anschließend. Als er sich dann schlafen legte, lag Alma wach und hatte Angst vor der Zukunft. Sie glaubte, ihren Mut und ihren Lebenswillen zu verlieren.

Im März des Jahres 1905 fuhren die Mahlers noch einmal an den Strand nach Abbazia. Alma und ihre Tochter Maria [›Putzi‹ genannt] fuhren mit Anna Moll voraus. Gustav kam nach einer Aufführung in Mainz nach. In den Ferien gab es nichts weiter zu tun, als mit dem Kind zu spielen, Fahrrad zu fahren und sich auszuruhen. Sie genossen die Freiheit. Im Juni trennten sich ihre Wege wieder. Alma und beide Kinder fuhren mit Großmutter Moll nach Maiernigg, Gustav hatte eine Verpflichtung in Graz. Anna Moll schrieb ihrem Schwiegersohn die sehnsüchtig erwarteten Neuigkeiten, wie sich die Familie auf dem Land einlebte. Alma verbrachte viel Zeit damit, ihrem Tagebuch ihr kummervolles Herz auszuschütten. Sie glaubte, ihrem Mann seelisch und geistig untreu geworden zu sein. Als ob sie dafür Buße tun müßte, begann sie vor seiner Ankunft Teile seiner Sechsten Symphonie vom Manuskript zu kopieren. Eines Nachts, es war schon sehr spät, warf sie die Öllampe um und setzte den Teppich und die Couch in Brand. Ein Hausmädchen hörte ihre Schreie und half ihr, die Flammen zu ersticken.

Am Ende eines ›produktiven‹ und friedlichen Sommers kehrte Gustav nach Wien zurück, um die neue Opernsaison vorzubereiten. Der Rest der Familie blieb noch in Maiernigg. Tagsüber arbeitete er im Büro, abends fuhr er in ein Gasthaus außerhalb der Stadt und übernachtete dort. So hatte er das Gefühl, immer noch im Urlaub zu sein. Diese Zeiten der Zuflucht und Abgeschiedenheit waren ihm sehr wichtig. Er war ganz für sich alleine und ließ sich Zeit. Seiner Frau und den Kindern ging es gut, ein Gedanke, der ihn sehr beruhigte, besonders seit er selbst die ›*Kindertotenlieder*‹ geschrieben hatte. Während Maria und Anna fröhlich lachend in ihrer Sandkiste spielten, kamen bei Gustav und noch mehr bei Alma in Erinnerung an diese Lieder recht düstere Gedanken und Ängste auf.

Gustav freute sich, daß Alma sich von der strengen Disziplin des Alltags ein wenig erholte. Dadurch war auch ihr Zusammenleben wieder friedvoller geworden. Einige hartnäckige Bewunderer Gustav Mahlers scheuten keine Mühe, bei jeder wichtigen Aufführung dabeizusein. Einer davon war der junge Pianist und Möchtegern-Dirigent Ossip Gabrilowitsch, dessen Gesellschaft besonders willkommen war.

Während sie Kinder hütete und sich um den Haushalt kümmerte, hatte Alma doch auch einige neue Freundschaften geschlossen. An der Spitze stand dabei immer noch Pfitzner, der Alma sein Erstes Streichquartett widmete und sie jedesmal besuchte, wenn er in Wien war. Eines Tages spielte Alma ihm einige ihrer Lieder vor. Er war beeindruckt und meinte, er hätte ihr sicher helfen können, ihre Talente weiterzuentwickeln, wenn sie Gelegenheit gehabt hätten, miteinander zu arbeiten. Kurz darauf – Gustav arbeitete in der Oper – spielte Hans Alma seine Lieder vor. Er wiederholte jedes Lied mehrmals, und die beiden waren so in die Musik vertieft, daß sie ganz und gar die Zeit vergaßen, zu der sie mit Mahler und Hauptmann zum Abendessen verabredet waren.

Diese Gedankenlosigkeit trug nicht gerade zur Verbesserung der Beziehung zwischen Gustav und Hans bei. Pfitzner tat Dinge, die Almas Ehemann irritieren mußten. Gustav seinerseits war auch nicht der Mann, der souverän die Lage beherrschte. Eines Nachmittags verließ er eine Probe seiner Oper unter dem Vorwand dringender persönlicher Geschäfte. Diese Geschäfte bestanden in dem unwiderstehlichen Bedürfnis, für Alma eine rote Rose zu kaufen und sie ihr sogleich zu überreichen. Auf seinem Weg zu Alma begegnete er einem Aufmarsch von Arbeitern, die den 1. Mai feierten. Das marschierende Proletariat verwirrte ihn so sehr, daß er sich in Almas Schlafzimmer einschloß und sich weigerte, herauszukommen. Die Szene, die dann kam, erinnerte an jene opernhafte Farce, über die Gustav und Alma immer gekichert hatten. Der Ehemann kehrt nach Hause zurück, noch ganz in fröhlicher Stimmung von den Feierlichkeiten des 1. Mai, und fand zu Hause den eingeschlossenen Hans Pfitzner vor.

Gustav wußte, daß Hans seine Musik nicht mochte. Beeinflußt von ihrem Verehrer, zweifelte auch Alma nun gelegentlich am großen Können ihres Mannes. Gustav hingegen tat alles in seiner Macht Stehende für Pfitzners ›*Rose vom Liebesgarten*‹. Nach der Premiere gaben die Mahlers ein Essen zu Ehren des Komponisten und luden dazu Max Reinhardt, Roller, die Zuckerkandls, die Molls und die Rosés ein. Während des Essens stand Mahler vom Tisch auf und zog sich zurück, um ein Buch zu lesen. Alle, die ihn kannten, überraschte dieses Verhalten kaum, aber die Gäste, die nicht an das exzentrische Wesen des Hausherrn gewöhnt waren, fühlten sich vor den Kopf gestoßen.

Als Alma und Gustav sich in Straßburg aufhielten, wo Mahlers Fünfte Symphonie aufgeführt wurde, trafen sie wieder einmal mit Richard und Pauline Strauss zusammen. Die beiden waren sehr besorgt über das Los aller Komponisten: Sie schufen Meisterwerke, die keiner so recht schätzte. Die Beziehung zwischen Richard Strauss und Gustav Mahler war immer etwas gespannt. Strauss war zwar als Komponist berühmter als Mahler, aber der Direktor der Wiener Hofoper war der einflußreichste Mann der Musikwelt. Da Gustav jedoch ohne große Beharrlichkeit Musik für die Oper geschrieben hatte, war sein Vorsprung gegenüber Strauss nur minimal. Richard vergaß nie, daß die Aufführungen seiner Werke in Wien von dem Wohlwollen seines Rivalen abhingen. Pauline fand das Ganze ohnehin untragbar und haderte mit ihrem Schicksal, daß sie sich mit einem Mann verheiratet hatte, der sich die Musik zum Lebensinhalt gewählt hatte – eine brotlose Kunst.

Während im Sommer 1905 die zweijährige Maria mit ihrer kleinen Schwester Anna in Maiernigg im Sandkasten spielte, schrieb ihr Vater nach Skizzen, die er ein Jahr zuvor angefertigt hatte, seine Siebente Symphonie. Das Landhaus war jetzt geradezu ideal für die Bedürfnisse der Familie Mahler. Die Spannungen des Stadtlebens waren wie weggeblasen, wenn sie sich dort aufhielten. Im nächsten Sommer war er mit Vorarbeiten zu seiner Achten Symphonie beschäftigt, mußte jedoch seinen Aufenthalt in der Sommerfrische abbrechen, um in Salzburg den ›*Figaro*‹ zu dirigieren. Alma glaubte ein Recht auf gemeinsame Stunden mit ihrem Mann zu haben, doch Gustav nahm sich keine Zeit für Frau und Kinder. Zwar mußten die Mädchen zum Mittagessen am Tisch sitzen, durften jedoch kein Wort sagen. Die kleine Anna hatte sich schließlich so an das Ruhebedürfnis ihres Vaters gewöhnt, daß sie erst als Erwachsene frei und mit Vergnügen essen konnte.

Nach außen hin schien die häusliche Situation der Familie Mahler recht geordnet zu sein, doch eigentlich konnte es so nicht weitergehen. Außer einigen Ausflügen aufs Land an Sommernachmittagen und einigen wenigen Abenden mit Freunden gab es recht selten Abwechslung im Hause Mahler. Gustav mußte sich eingestehen, daß er nicht gleichzeitig seine Stellung an der Oper beibehalten und noch Ehegatte, Vater und Komponist sein konnte. Mit seinem Gesundheitszustand war es nicht besonders gut bestellt. Der Arzt hatte einen Herzfehler diagnostiziert, der zwar momentan nicht lebensbedrohlich war, es aber werden konnte. Doch man wollte ihn von seinem Posten an der Oper nicht freigeben. Alma riet ihm zu gehen. Schließlich gab Gustav nach. Er war an einem kritischen Punkt in seiner schöpferischen Arbeit angelangt – die Vollendung seiner Achten Symphonie. Damit stand er kurz vor seiner Neunten, die schon für Beethoven, Schubert und Bruckner den Tod bedeutet hatte. Obgleich er abstritt, abergläubisch zu sein, machte ihm der Gedanke angst.

4
New York – Die Metropolitan Opera

Ob nun durch Zufall oder durch sehr geschicktes Taktieren – jedenfalls verstärkte Hans Conried, der Geschäftsführer der Metropolitan Opera in New York, um diese Zeit seine Bemühungen, Mahler nach New York zu locken. Der Entschluß der Familie Mahler, Wien zu verlassen, war konkreter geworden, seit Gustav erkannt hatte, daß er eine Position bekommen könnte, die ihm größere finanzielle Sicherheit und gleichzeitig mehr Zeit für seine Familie und seine schöpferische Arbeit bieten würde. Alma ermutigte ihn in dieser Richtung, aber beiden war klar, daß es Zeit brauchen würde, eine solche Position zu finden.

Im Januar 1907 machte Gustav eine Konzerttournee nach Frankfurt und Berlin. Werke anderer Komponisten, aber auch Musikstücke von Mahler standen auf dem Programm. Alma und die Kinder blieben in Wien. Kurz vor Gustavs Abreise träumte Alma, ihr Mann hätte sich in eine jüngere Frau verliebt. Als Gustav und sein Freund Berliner von einem Besuch bei Louise Wolff, der Witwe eines bekannten Konzertagenten in Berlin, in ihr Hotel zurückkehrten, beeilte sich Gustav, Alma mitzuteilen, daß diese Frau ganz gewiß nicht die aus ihrem Traum sein könne und daß er sich auch nicht in eine andere verlieben werde. In der Nacht zuvor hatte er von Alma geträumt, und sie hatte ihr Haar so frisiert gehabt, wie sie es als junges Mädchen getan hatte. Jetzt trug Alma ihr langes Haar hochgesteckt, weil sie es so ihrem Status als verheiratete Frau angemessener fand. Gustav bezeichnete dies als ›Verjüdlung‹, und diesen Eindruck wollte er um jeden Preis verhindern.[1] Viele Leute in Wien und in der Musikwelt Europas nahmen ihm seinen Übertritt zum christlichen Glauben nicht so recht ab. So war er sehr darauf bedacht, alles, was ihm irgendwie als jüdisch ausgelegt werden konnte, zu vermeiden.

Alma trug ihr Haar weiterhin hochgesteckt. Sie nahm die Neuigkeit von Alexander Zemlinskys Verheiratung mit Gelassenheit auf – vielleicht weil sie schon fühlte, daß Gustav und sie Wien bald den Rücken kehren würden. Sie holte ihren Mann am Bahnhof ab, und die Familie versammelte sich zum gemeinsamen Mittagessen, ehe Gustav in die Oper ging. Auf seinem Schreibtisch stapelten sich Briefe und Telegramme von Conried.

Gustav nahm die Einladung des Geschäftsführers der Met an, sich mit ihm in der ersten Juniwoche in Berlin zu treffen. Ausführlich wurden im heimischen Kreis die Möglichkeiten eines neuen Lebens auf einem anderen Kontinent diskutiert. Als Gustav dann nach Deutschland fuhr, berichtete er seiner Frau sofort nach dem ersten Zusammentreffen, daß Conried voller Projekte und Feuer und Flamme war. »Wollte vor allem mich ganz und gar wie Caruso. Dann acht Monate [180 000 Kronen] – dann sechs. Endlich machten wir folgendes aus: drei Monate [15. Jänner bis 15. April], dafür fix 75 000 Kronen, freie Reise und Aufenthalt [Hotel ersten Ranges!]«[2] Über die Dauer des Vertrages war man sich noch nicht einig; Conried wollte vier Jahre, Gustav wollte zunächst nur eins. Gustavs Brief an Alma schloß mit einem Diagramm, das ganz deutlich machte, was für ihn in dem Angebot aus New York das Wichtigste war:[3]

```
Kuß                                                    Kuß
        4 Jahre à 6 Monate à 125 000 Kr
              zusammen ½ Million Kronen
       oder jährlich Gastspiel von 6–8 Wochen
               50 000 Kronen Honorar
         zusammen 200 000 Kronen in 4 Jahren
Kuß                                                    Kuß
```

Auf einen Mann, der gerade lange Schuldenjahre hinter sich hatte, mußte die Aussicht auf so große Summen für so kurze Zeit sehr verlockend gewirkt haben. Die Zwistigkeiten an der Wiener Oper und das Gefühl, umworben zu sein und hofiert zu werden, taten ein übriges. Er nahm das Angebot an. »Ich gehe, weil ich das Gesindel nicht mehr aushalten kann«,[4] schrieb er an seinen Freund Berliner. Alma freute sich über seinen Entschluß. Am 4. Juli schrieb Gustav vom Land aus an Berliner: »Ich riskiere nur, mich drei Monate im Jahr unbehaglich zu fühlen, dagegen habe ich binnen vier Jahren rein 200000 Kronen verdient.«[5] Ohne Bedauern reichte er sein Rücktrittsgesuch ein. Es wurde unter der Bedingung angenommen, daß ein Nachfolger gefunden werde, ehe die Mahlers nach Amerika abreisten. Felix Weingartner wurde gegen Ende des Sommers auf den Posten berufen und sollte im Januar 1908 mit seiner Arbeit beginnen. Nun, da ihre Zukunft gesichert schien, planten Alma und Gustav ihr zukünftiges Dasein, in dem sie frei sein würden von den drückenden Verpflichtungen des Wiener Opernlebens.

Kaum eine Woche, nachdem sie zusammen aufs Land gefahren waren, wurde die kleine Maria ernsthaft krank. Scharlach und Diphtherie lautete die Diagnose. Man konnte wenig für das Kind tun, aber es hielt tapfer durch und schien schon wieder kräftiger zu werden. Die Hoffnungen auf eine baldige Genesung stiegen, dann kam es zu einem ernsthaften Rückfall. Anna Moll eilte zu Hilfe. Das todkranke Mädchen, das dem Erstickungstod nahe war, wurde in Almas Zimmer gelegt. Gustav konnte sein geliebtes Kind nicht leiden sehen und verkroch sich in seinem Zimmer.

Der Arzt ordnete einen Kehlkopfschnitt an. Alma und das Kindermädchen bereiteten Maria vor, ein Diener stand Wache vor Gustavs Tür, um ihn von dem schrecklichen Geschehen fernzuhalten. Während der Operation floh Alma aus dem Haus und lief tränenüberströmt am Strand entlang. Um fünf Uhr früh holte sie das Kindermädchen. Sie ging in ihr Zimmer, wo ihre Erstgeborene nach Luft schnappte, röchelte und mit großen Augen an die Decke starrte. Maria lebte noch einen Tag. Ihr Vater ging gelegentlich an der Tür des Zimmers vorbei, hinter der sie mit dem Tod rang. Er brachte es nicht fertig, hineinzugehen, zu sehr fürchtete er die schrecklichen Laute des Todes. Alma, Gustav und Anna Moll lagen zusammen auf dem Bett in Gustavs Zimmer – sie hielten es nicht aus, allein zu sein.

Maria starb am 12. Juli 1907. Am 14. befahl Gustav Alma und Anna, einen Spaziergang am See zu machen. Der Ton in seiner Stimme duldete keinen Widerspruch. Unten am Wasser brach Anna erschöpft zusammen. Alma versuchte gerade, ihr wieder auf die Beine zu helfen, als sie Schritte hinter sich hörte. Es war Gustav, und sie sah auch gleich, warum er ihr diesen Spaziergang befohlen hatte: Oben wurde gerade Marias Sarg auf den Wagen gehoben. In diesem Augenblick war es Alma, die die letzten Tage wie benommen erlebt hatte, als ob ihr eigenes Leben aus ihrem Körper wiche. Der Arzt wurde gerufen, um beiden Frauen zu helfen. Die ältere Frau war so robust, daß sie nach ein oder zwei Nächten Schlaf wieder auf dem Damm sein würde. Alma wurde absolute Ruhe verordnet. Wie um den anderen nicht nachzustehen, bat Gustav den Arzt, ihn doch auch zu untersuchen. Er legte sich auf das Sofa, und der Gesichtsausdruck des Arztes wurde mit einem Mal tiefernst. Gustav hatte ein extrem schwaches Herz.

Am 17. Juli war Gustav wieder in Wien, um einen Spezialisten zu konsultieren. Er nahm sich ein Zimmer im Hotel Imperial und fühlte sich ziemlich einsam und isoliert. Nicht einmal Carl Moll konnte er besuchen, denn dieser versorgte Gustavs kleine Tochter. Man konnte noch lange nicht sicher sein, daß die ansteckende Krankheit, die Maria das Leben gekostet hatte, nicht auch auf den Haushalt der Molls übergegangen war. Die dreijährige Anna Mahler hatte ihre Großmutter auf der Hohen Warte besucht und vielleicht schon die Krankheit in sich gehabt. Das Kind konnte kaum verstehen, was passiert war, aber es hörte die Gespräche der Erwachsenen und erfuhr, daß sie besorgt waren wegen etwas, was sie getan hatte oder vielleicht noch tun würde. Anna wurde von allen Leuten ferngehalten, was ihr wie eine Strafe vorkommen mußte. Vielleicht hatte sie sogar etwas getan, woran ihre große Schwester gestorben war. Noch jahrelang fühlte sie sich an Marias Tod schuldig.

Alma und Gustav wollten mit Maiernigg nichts mehr zu tun haben. Die Erinnerungen an die schrecklichen Ereignisse in diesem Haus ließen sie nicht los. Aber jede Entscheidung, wohin sie gehen oder was sie tun würden, hing von dem Urteil des Arztes ab. Alma, die auf weitere Instruktionen wartete, fand die Spannung und die Unentschlossenheit schwer zu ertragen. Gustav wollte nicht, daß sie alles alleine packte, bat sie jedoch, an alles zu denken, was sie für den Rest des Sommers noch brauchen würden – Musik, Bücher und seinen Radleranzug. Diesen Anzug sollte er nie mehr tragen. Der Wiener Arzt bestätigte die Diagnose des Kollegen vom Land und teilte Gustav mit, er sei in akuter Lebensgefahr, wenn er nicht sehr gut auf sich aufpasse.

Dem Mann, der gerade sein liebstes Kind auf dem Friedhof von Grinzing zu Grabe getragen hatte, klangen die Worte des Arztes wie ein Fluch in den Ohren. Er war gerade dabei, sich auf eine Reise zu begeben, die ihm eine neue Position auf einem anderen Kontinent bescheren sollte. Er war bereit, seine Heimat, vielleicht für immer, zu verlassen. Seine Frau war krank, seine zweite Tochter trug vielleicht die Keime einer schrecklichen Krankheit in sich, und er war ein gebrechlicher Mann, der seine geliebten Wanderungen, das Schwimmen und das Radfahren aufgeben sollte. Er hatte das Gefühl, sich selbst verloren zu haben. Er war nicht mehr Gustav Mahler, der Operndirektor der Wiener Hofoper. Er war nicht einmal mehr der Mensch Gustav Mahler, denn dieser hatte nie wie ein alter oder kranker Mann gehandelt.

Alma und Gustav fanden ein Haus in Schluderbach in Tirol, wo sie den Rest des Sommers damit verbrachten, über die Veränderungen in ihrem Leben nachzugrübeln. Langsam und ohne große Begeisterung begann Gustav wieder zu arbeiten. Er skizzierte die neu übersetzte ›*Chinesische Flöte*‹,

Orchesterlieder, die später ›*Das Lied von der Erde*‹ werden sollten. Absichtlich umging er dabei die Bezeichnung ›Neunte Symphonie‹, um das Schicksal nicht herauszufordern.

Freunde kamen zu Besuch, um Gustav und Alma ein wenig aufzuheitern. Roller brachte Neuigkeiten aus der Oper. Auch der junge Gabrilowitsch kam. Eines Abends – Gustav arbeitete noch – standen Alma und ihr Gast zusammen an einem Fenster und sahen zu, wie der Mond hinter den Bergen aufstieg. Sie wandten sich zueinander und küßten sich. Beide fühlten sich zum anderen hingezogen, aber sie waren Gustav in so tiefer Loyalität verbunden, daß jede Art von unerlaubter Beziehung von vornherein ausgeschlossen war. Ossip betete Gustav an. Und Alma spürte, daß Gustav vom Tod der kleinen Maria noch mehr betroffen war als sie selbst. Sie gingen auseinander, und Ossip fuhr am nächsten Morgen ab.

Gustav hatte immer noch einige Verpflichtungen an der Oper zu erfüllen. Alma sah im Herbst schon jede Aufführung und jeden Auftritt als eine Art Abschied an. Die Streitigkeiten, die während Mahlers Zeit an der Oper an der Tagesordnung waren, erreichten einen neuen Höhepunkt. Seine Anhänger wollten sich mit seinem Entschluß nicht abfinden. Und diejenigen, denen seine Innovationen und Inszenierungen immer schon ein Dorn im Auge waren, konnten seinen endgültigen Abschied kaum erwarten. Es gab jetzt viele leere Plätze, wenn Gustav am Dirigentenpult stand. Die Achtung, die man ihm und seinem Amt entgegengebracht hatte, wurde ihm verweigert, ja man hatte sogar nur mehr Hohn für ihn übrig. Obgleich Alma und Gustav dies als sehr schmerzlich empfanden, hatten sie doch zu wenig Zeit, darüber nachzugrübeln. Die Vorbereitungen für die Reise nach New York liefen auf vollen Touren. Sie wollten sich nicht mehr mit der Vergangenheit beschäftigen, sondern auf ihr neues Leben blicken.

Im Oktober 1907 fuhr Gustav nach Wiesbaden, um Werke von Beethoven und Wagner zu dirigieren. Danach reiste er nach Petersburg zu einer Aufführung seiner eigenen Fünften

Symphonie. Dort saß ein junger Komponist namens Igor Strawinsky im Publikum. Bei seinem nächsten Auftritt in Helsinki traf Gustav Jan Sibelius, dessen Musik er nie recht viel abgewinnen konnte. Während der Abwesenheit ihres Mannes erholte sich Alma ein wenig in einem Kurort am Semmering. Gustav wollte, daß sie den Luxus des Kurortes so recht genieße, aber sie fuhr schon einige Tage früher als geplant wieder ab. Sie wußte, wieviel Reisevorbereitungen in Wien noch auf sie warteten, und fürchtete, der Aufenthalt in dem Kurort würde ihre finanziellen Mittel übersteigen.

Ihre Sorgen hinsichtlich der Finanzen erwiesen sich als unbegründet. Zum einen war der Vertrag mit der Metropolitan Opera durchaus lukrativ, zum anderen hatte ihm der Obersthofmeister Fürst Montenuovo, dem die Oper unterstand, eine Pension angeboten, die höher war als das, was ihm eigentlich zustand. Außerdem sollte er eine Abfindung von 20000 Kronen bekommen, wenn er sein Amt zum 1. Januar 1908 aufgebe. Zusätzlich war für Alma bestens vorgesorgt – sie sollte die Pension bekommen, die normalerweise nach den Normen des Hofpensionistenstatuts der Witwe eines Hofrates zusteht. Sollte Gustav also etwas zustoßen, hätte sie zumindest keine finanziellen Sorgen.

Gustavs Abschiedsvorstellung in der Oper war Beethovens ›*Fidelio*‹. Am 24. November dirigierte er dann noch seine eigene Zweite Symphonie im Saal des Musikvereins. Es gab immer noch viel zu packen, die Wohnung mußte abgeschlossen und die kleine Anna in das Haus der Molls verfrachtet werden, wo sie während der Abwesenheit ihrer Eltern bleiben würde. Gustav schrieb einen Abschiedsbrief an die Mitglieder der Wiener Oper und persönliche Mitteilungen an Anna von Mildenburg und Bruno Walter. Von Freunden gab es eine Reihe guter Wünsche und ein letztes Zusammentreffen mit Berliner, Schönberg, Zemlinsky und ihren Frauen. Am 9. Dezember 1907 traf sich eine Gruppe von jungen Musikern, Freunden und Bewunderern am Bahnhof, um Gustav und Alma Lebewohl zu sagen. Die Fahrt ging zuerst mit dem Zug nach Paris und von dort aus weiter nach New York.

An diesem Tag schrieb Bertha Zuckerkandl in ihr Tagebuch: »Er aber war bereits sehr weit weg. ›Ich nehme ja, [so sprach Mahler, als uns letzter Abschied vereinte] meine Heimat mit mir. Meine Alma, mein Kind. Und erst jetzt, da die schwere Arbeitslast von mir abfällt, weiß ich, was fortan meine schönste Aufgabe sein wird. Alma hat mir... ihre Jugend geopfert. Niemand weiß und kann es je wissen, mit welcher absoluten Selbstlosigkeit sie ihr Leben mir, meinem Werk untergeordnet hat. Leichten Herzens ziehe ich mit ihr meinen Weg.‹«[6]

In Paris erwartete sie wieder der getreue Gabrilowitsch. Als er mit Alma allein im Hotelzimmer war, gestand er ihr seine Liebe, die nur von seiner Ergebenheit ihrem Gatten gegenüber im Zaum gehalten würde. Alma wußte, daß der junge Mann verwirrt und ganz aus der Fassung war, aber es schmeichelte ihr doch, daß sie immer noch für jung und begehrenswert gehalten wurde, zumal sie eben dabei war, an der Seites eines Mannes Europa zu verlassen, der vorzeitig gealtert schien. Im Dunkeln hielten sich Alma und Ossip an der Hand. Plötzlich platzte Gustav in das Zimmer, und Alma befürchtete eine schreckliche Szene. Statt dessen verbrachten die drei einen sehr angenehmen Abend miteinander, tauschten Erinnerungen aus und schmiedeten Zukunftspläne. Am nächsten Morgen fuhren Alma und Gustav mit dem Zug nach Cherbourg und gingen an Bord der *SS Augusta Victoria*.

Gustav haßte Reisen ebenso leidenschaftlich wie Alma sie liebte. Eine stürmische Überfahrt würde ihn ganz bestimmt seekrank machen, was er dadurch zu vermindern versuchte, daß er sich kerzengerade auf den Rücken legte und so fast die ganze Zeit verbrachte. Alma indessen genoß das Essen, die Gesellschaft der Mitpassagiere und die schaukelnde Fortbewegung. Beim ersten Anblick der New Yorker Skyline war für Gustav die schreckliche Zeit des Elends überstanden. Alma war sehr aufgeregt – es war ein neuer Anfang, eine neue Herausforderung. Sie fand die Stadt faszinierend, noch ehe sie etwas davon gesehen hatte.

Im elften Stock des Majestic-Hotels war alles für ihre vorübergehende Unterbringung vorbereitet. Die Hotelsuite war von der Metropolitan Opera mit zwei guten Klavieren ausgestattet. Das Personal hatte man auf die Wichtigkeit der neuen Gäste aufmerksam gemacht. Alma und Gustav aßen mit Conried und dem Geschäftsführer der Oper zu Mittag. Gustavs erste Aufführung sollte am 1. Januar 1908 Wagners ›Tristan‹ sein. Die Bedingungen waren äußerst zufriedenstellend, und die Neuankömmlinge waren abwechselnd hingerissen und belustigt von dem, was sie für amerikanische Sitten und Gebräuche hielten. Wie konnten sie auch wissen, daß die von innen mit roten Lämpchen illuminierte Ritterrüstung in Conrieds Salon Ausdruck seines exzentrischen Geschmacks, aber keineswegs ein typisch amerikanisches Dekorationsstück war.

Alma brachte ihren Mann bis zur Oper und war hochbeglückt, daß es ihr die praktische Straßennumerierung erlaubte, alleine auf Entdeckungsreisen zu gehen und doch wieder problemlos in das Hotel zurückzufinden. Für einen Fremden in Wien wäre eine solche Expedition sicher nicht so einfach gewesen, da das Straßennetz aus konzentrischen Kreisen besteht und die Straßennamen sich an jedem Häuserblock ändern. Alma hat nie mehr Englisch als unbedingt notwendig gelernt. Sie konnte nach dem Weg fragen und verstand für gewöhnlich auch die Antworten. Sie konnte sich beim Einkaufen verständlich machen. Aber sie konnte nie in der Sprache des Landes, das sie als ihre Heimat bezeichnen würde, ein richtiges Gespräch führen. Und sie wollte das auch gar nicht.

Gustav begann sofort mit seiner Arbeit an der Metropolitan und arrangierte für sich den reglementierten Tagesablauf, der ihm so wichtig war. Er war angetan von den Musikern, mit denen er arbeitete [ein Großteil davon war nicht in Amerika geboren], und war entzückt, nichts mit der Verwaltung und den allgemeinen Geschäftsangelegenheiten zu tun zu haben. Er besuchte andere Aufführungen und registrierte, daß das Publikum »verdorben und irregeleitet« sei,[7] blieb jedoch optimistisch in bezug auf seine neue Umgebung und glaubte, den New Yorkern größere geistige Differenziertheit vermitteln zu können.

Es dauerte indes nicht lange, bis Gustav bemerkte, daß die Metropolitan ebenso von Intrigen gebeutelt war wie die Wiener Oper. Und er war auch gleich mitten drin. Conried, der ihn umworben und engagiert hatte, war öffentlich in Mißkredit gefallen. Die Vorstandschaft der Metropolitan wollte ihn loswerden und Gustav Mahler mehr Verantwortlichkeit übertragen – eben deshalb hatte er allerdings Wien verlassen. Nachdem er diesen Aufgabenbereich abgelehnt hatte, brachte Gustav seinen speziellen Wunsch nach einem fähigen, fantasievollen Bühnenbildner – beispielsweise einem Mann wie Roller – vor. Er führte die Vorverhandlungen mit seinem alten Freund und Kollegen und riet ihm, wie er sich zu verhalten habe, wenn die New Yorker Oper an ihn herantreten sollte. Es kam jedoch zu keiner Einigung. Das war die erste von mehreren Gelegenheiten, bei denen Gustav sich bemühte, einen Freund und Kollegen aus Europa nach Amerika zu bringen. Die meisten dieser Versuche schlugen fehl, aber jedesmal lobte er die Vereinigten Staaten in höchsten Tönen. Nicht von ungefähr freute er sich angesichts der Möglichkeit, einen Freund und Anhänger in seiner Nähe zu haben.

Alma hatte sich nicht besonders wohl gefühlt. Zwar nahmen sie die Attraktionen und das pulsierende Leben dieser Stadt gefangen, doch verbrachte sie auch viele einsame Stunden in ihrer Hotelsuite. Dort gab es für sie wenig zu tun und niemanden, mit dem sie sprechen konnte. Sie machte sich schreckliche Sorgen um ihre Tochter, obgleich sie wußte, daß die Vierjährige bei ihrer Mutter in besten Händen war. Seit Marias Tod hatte sie irrationale Angstvisionen und glaubte immer, ihrem einzigen Kind könnte während ihrer Abwesenheit etwas Schreckliches passieren. Mit entsetzlichen Gefühlen der Einsamkeit und Trauer sah Alma, wie Christbäume geschmückt wurden und Lichterglanz aufleuchtete. An einem der wichtigsten Festtage würde sie nur mit ihrem Mann zusammen sein. Gustav machte sich kaum etwas aus Weihnachten und hatte nur wegen der Kinder an der Tradition festgehalten. Alma hatte immer das Haus geschmückt und Geschenke unter den Christbaum gelegt. An Weihnachten des Jahres 1907 waren keine Kinder da, sie waren allein in einer fremden Stadt, und Alma hatte weiß Gott keinen Grund zum Feiern. Sie fühlte sich einsam, ganz ohne Kraft und Optimismus. Obgleich Gustav kaum von der Lethargie seiner Frau Notiz genommen hatte, bemühte er sich später doch, ihr bei der Gestaltung ihres Lebens zu helfen. Der Versuch war zwar gut gemeint, aber keinesfalls so erfolgreich, wie er es hätte sein können, wenn seine eigene Stimmung ein wenig besser gewesen wäre. Er stürzte sich förmlich auf die Arbeit in der Metropolitan, obgleich er den Tod seiner Tochter noch nicht verarbeitet hatte. Die Erinnerung an Maria und an ihren Leidensweg ließ ihn nicht los.

Der erste Auftritt Mahlers in der Metropolitan am Neujahrstag war mit großer Aufregung verbunden. Für den ›Tristan‹ hatte Alma ihr schönstes Kleid angelegt, und die Mahlers machten sich auf den Weg zu ihrem New Yorker Debüt. Als sie zum Lift gingen, trat Gustav auf die Schleppe von Almas Kleid, und sie mußten zurück ins Zimmer, um den Schaden zu beheben. Da die Zeit drängte, wollte sie, daß er alleine vorging und sie nachkommen würde. Er wollte jedoch warten. Sie riefen ein Taxi und waren letztendlich nur wenige Minuten zu spät dran. Die Aufführung war wundervoll. Alma war glücklich und stolz. Nun sahen sie beide mit ein wenig mehr Selbstvertrauen und Mut in die Zukunft.

Doch die Euphorie hielt nicht lange an. Der Arzt verordnete Alma eine vierwöchige Ruhekur, während der sie das Bett hüten sollte. Wieder war sie allein in dem Hotelzimmer, grübelte über ihre Zukunft nach und sehnte sich nach dem Leben, das sie verloren zu haben schien. Sie vermißte Freunde, ihre Familie und Leute, mit denen sie reden konnte. Sie sehnte sich nach Alex, Schönberg und Ossip – besonders nach Ossip. Sie wollte ihre Tochter, ihre Mutter, ihren Stiefvater wiedersehen. Sie wußte, die Familie Moll hätte ihr Mut geben können und sie davon überzeugt, daß sie die richtige Entscheidung getroffen hatte, als sie Gustav Mahler heiratete. Von den Menschen ihres Vertrauens durch einen Ozean getrennt, begann sich Alma im Jahre 1908 mutterseelenallein zu fühlen.

Als die Saison in New York beendet war, ging das ganze Ensemble, damals wie heute, auf Tournee. Auch die Mahlers waren mit von der Partie. Alma fand Boston sehr langweilig. Mehrmals fuhr das Opernensemble auch nach Philadelphia. Während einer Tristanaufführung saß Alma nahe genug bei Gustav, um in seinem Gesicht Leidenszüge zu entdecken, während er dirigierte. Sie bekam eine solche Todesangst, daß sie in Ohnmacht fiel. Dr. Leon Corning, der Entdecker der Lumbalanästhesie, zerrte sie aus der Reihe heraus und brachte sie hinter die Bühne in eine Garderobe. Gustav, der sich oft nach seiner Frau umdrehte, bemerkte plötzlich ihren leeren Platz. Nun machte er sich um sie ebenso große Sorgen wie sie vorher um ihn. In der Pause kam Mahler gerannt, um nach seiner Frau zu sehen. Vereint fühlten sie sich beide wieder besser, aber ein Angstzustand wie dieser hatte immer eine länger anhaltende psychologische Wirkung auf Alma als auf Gustav. Sie hatte eine robuste Konstitution, seine war schwach. Er lebte in ständiger Todesangst, arbeitete zu viel und folgte, wie Alma befürchtete, nicht dem Rat des Arztes.

Es war immer noch Gustav, der Briefe an die ›liebste Mama‹ Anna Moll schrieb und über sich und Alma berichtete. Endlich hatte sie in New York einige Wiener Landsleute kennengelernt und wurde dadurch unabhängiger. Gustav fand sich darin bestätigt, daß der neue Weg, den er eingeschlagen hatte, richtig war. Schon in seinem ersten Frühjahr in New York erwähnte Gustav in einem Brief an Anna die Möglichkeit, ein eigenes Symphonieorchester zu bekommen:»Es kommt jetzt nur ganz darauf an, wie sich die New Yorker zu meinem Schaffen verhalten werden. – Da sie aber ganz vorurteilslos sind, so erhoffe ich mir hier einen fruchtbaren

Boden für meine Werke und damit eine geistige Heimat, die ich mir trotz aller Sensation in Europa nicht erringen könnte.«[8]

Kurz bevor sie von New York nach Cuxhaven fuhren, eine Reise, die sich von den letzten Apriltagen bis in den Mai 1908 hineinzog, lernten Alma und Gustav Dr. Joseph Fraenkel kennen, einen Wiener, der vor zehn Jahren nach New York gekommen war, um sich auf dem neuen, umstrittenen Gebiet der neurologischen und psychiatrischen Krankheiten zu spezialisieren. Die drei wurden sofort Freunde und schmiedeten Pläne, wie sie den nächsten Winter in New York verbringen würden. Fraenkel war ein leidenschaftlicher Kunstliebhaber und ein beschlagener Fremdenführer. Außerdem verbreitete er überall seine Ohrentheorie. Er sagte, alle Teile des Körpers stehen unter dauernder Kontrolle – bis auf die Ohren. Und deshalb enthüllten nur die Ohren die ganze Wahrheit über eine Person. Alma und Gustav waren von der Theorie so fasziniert, daß sie schließlich keinen Menschen mehr ohne Konstatierung der Ohrenbeschaffenheit betrachten konnten.

Die Rückreise nach Europa verlief glatt, ruhig und sonnig. Alles schien wieder ein wenig heller zu sein. Einige der Schwierigkeiten, die sie in der Vergangenheit gehabt hatten, schienen sie dank ihrer Zeit in New York nicht mehr zu tangieren.

In Europa angekommen, begab sich Gustav sofort nach Hamburg, um seine Erste Symphonie zu dirigieren. Alma folgte ihm einige Tage später und freute sich, Berliner und ganz besonders Ossip wiederzusehen. Am meisten lagen ihr jedoch die Gesundheit ihrer kleinen Tochter und Pläne für den Sommer am Herzen. Nach einem kurzen, gefühlsbeladenen Besuch in Wien reiste Alma mit ihrer Mutter nach Toblach, um dort ein Haus zu finden, wo die Mahlers und die Molls den Sommer verbringen konnten. Nach langem, nervenaufreibendem Suchen fanden die beiden Frauen ein geeignetes Bauernhaus außerhalb des Ortes mit einem separaten Gartenhaus, das Gustavs Arbeitszimmer werden sollte.

Sie griffen sofort zu, ließen zwei Klaviere kommen und ein Pianino für Gustavs Gartenhaus. Da so viele Sachen schon oder noch verpackt waren, ging der Umzug dann relativ schnell vonstatten.

Gustav fuhr mit seiner Arbeit am ›Lied von der Erde‹ fort. Im Juni ließ Berliner der Familie Mahler eine riesige Büchersendung zukommen. Gustav bedankte sich: »Es ist also wahr und Sie tun nun zur Vergebung Ihrer Sünden gute Werke und verbreiten Bildung unter Ihren Freunden. – Übrigens zog Alma ein Schnoferl, als sie die vielen Bücher sah (eine Ordensverleihung, bei der sie leer auszugehen fürchtete) – als jedoch die Goethe-Miniaturausgabe zum Vorschein kam, erhellten sich die verzerrten Züge und sie vergab Ihnen.«[9] Seit ihr ihr Vater zum Entsetzen ihrer Mutter vor langer Zeit in Plankenburg Goethes Faust gegeben hatte, fühlte sie sich ganz besonders zu Goethes Werk hingezogen. Mit Gewissensbissen schrieb Gustav an Bruno Walter: »Ich habe mich hier zunächst einzurichten versucht. Diesmal habe ich nicht nur den Ort, sondern meine ganze Lebensweise zu verändern. Sie können sich vorstellen, wie schwer mir letzteres wird. Ich hatte mich seit vielen Jahren an stete und kräftige Bewegung gewöhnt. Auf Bergen und in Wäldern herumzuschweifen und in einer Art keckem Raub meine Entwürfe davonzutragen. An den Schreibtisch trat ich nur, wie ein Bauer in die Scheune: um meine Skizzen in Form zu bringen. Sogar geistige Indispositionen sind nach einem tüchtigen Marsch (hauptsächlich bergan) gewichen. – Nun soll ich jede Anstrengung meiden, mich beständig kontrollieren, nicht viel gehen. Zugleich fühle ich in dieser Einsamkeit, wo ich nach innen aufmerksam bin, alles deutlicher, was in meinem Physischen nicht in Ordnung ist. Vielleicht sehe ich sogar zu schwarz – aber ich fühle mich, seitdem ich am Land bin, schlechter als in der Stadt, wo auch die Zerstreuung über manches hinwegtäuschte. – Ich... wünsche zum erstenmal in meinem Leben, daß meine Ferien zu Ende wären. – Herrlich ist es hier; hätte ich so was nur einmal in meinem Leben nach Vollendung eines Werkes genießen können!«[10]

Carl und Anna Moll bereiteten sich auf die Reise nach Toblach vor, und Gustav schrieb ihnen: »Es war eine Zeitlang, wie Du weißt, äußerst turbulent bei uns und die Gaudee in Permanenz erklärt, es kristallisierten sich dann Anginen und allgemeine Nervositäten etc. etc. – Jetzt aber ist die Luft ziemlich rein. – Und wenn auch nicht – Ihr müßt doch wissen, daß Eure Gegenwart bei uns nie zu den Störungen gezählt würde. Ganz im Gegenteil hilft sie sogar die Unannehmlichkeiten zu ertragen. ... Almschi ist, Gott sei Dank, wieder ziemlich mobil, und so hoffe ich denn auf einen (endlich) geruhigen und angenehmen Sommer.«[11]

Gegen Ende des Sommers bereitete sich Gustav auf Aufführungen seiner Siebenten Symphonie in Prag und in München vor, während Alma sich bemühte, das Haus in Maiernigg zu verkaufen. Sie reiste zu dem Haus, das ihr so viel Leid gebracht hatte, sorgte dafür, daß alles ordnungsgemäß verpackt wurde und war froh, als sie schließlich zum letzten Mal die Tür hinter sich schließen konnte. Nie wieder wollte sie dieses Haus sehen.

Inmitten all dieser Unruhe und den Vorbereitungen auf die neue Herbstsaison unternahmen Gustav und Alma eine ihrer seltenen Vergnügungsreisen. Sie wählten die neuerbaute Tauernbahn und fuhren nach Salzburg, in die wunderschöne Mozartstadt. Sie nahmen ein Gartenzimmer im Hotel Nelböck und waren ganz für sich allein – ohne Arbeit, ohne Familie, ohne Besucher. Es galt nur eine Verpflichtung zu erfüllen: Burckhard war krank, und Alma hatte sich bei ihm in St. Gilgen, dem Ferienort ihrer Kindheit, zu einem Besuch angesagt. Sie fuhr alleine, ohne Gustav. Burckhard war darüber nicht erstaunt, denn zwischen ihm und Gustav war es in der Vergangenheit oft zu schweren Auseinandersetzungen gekommen. Der ältere Mann vermutete, daß Almas Ehemann immer noch eifersüchtig auf den Einfluß war, den er, Burckhard, auf Alma in jüngeren Jahren ausgeübt hatte. Gustav wollte am nächsten Tag einen Wagen schicken, der Alma wieder holen sollte, aber statt dessen stieg er selber aus dem

Wagen, um dem ehemaligen Burgtheaterdirektor und Literaten seine Ehre zu erweisen. Sie unterhielten sich so angeregt und freundlich, daß die Mahlers ihn gemeinsam überreden konnten, mit ihnen nach Salzburg zurückzufahren. Mitten auf der Strecke bat Burckhard jedoch, aussteigen zu dürfen. Alma war sich nicht sicher, ob das aus einer plötzlichen Laune heraus geschah, ob er sich beleidigt glaubte, oder ob er sich einfach krank fühlte. Dies war das letzte Mal, daß sie Burckhard sahen. Er starb 1912.

Gustav fuhr zehn Tage vor der ersten Aufführung seiner Siebenten Symphonie, die am 19. September 1908 stattfinden sollte, nach Prag. Es wurde eine sehr hektische und unruhige Zeit. Da er immer die Angewohnheit hatte, bis zur letzten Stunde seine Musik umzuinstrumentieren, war sein Zimmer übersät mit ausgeschriebenen Orchesterstimmen. Er fand die Stadt ganz allgemein und sein Zimmer im Hotel Blauer Stern im besonderen schrecklich laut. Da er keinen Schlaf fand, war er müde und überreizt. Wohlwollende Freunde und Kollegen kamen, um ihm Gesellschaft zu leisten, darunter auch der Dirigent Otto Klemperer, der Komponist Alban Berg und Berliner. Als Alma schließlich dann vor den letzten Proben eintraf, wußte sie sofort, daß ihre Aufgabe jetzt darin bestand, ihn durch die erste Aufführung hindurch moralisch zu begleiten. Es wurde lediglich ein Achtungserfolg [die Siebente Symphonie ist die am wenigsten populäre Symphonie Mahlers], doch immerhin so, daß Gustavs Hoffnungen für die folgenden Aufführungen in München wieder stiegen.

Anna Moll begleitete ihn nach München, während Alma in Wien die Übersiedlung nach Amerika vorbereitete. München sagte Mahler weitaus mehr zu als Prag. Gustav schrieb aus dem eleganten Hotel Vier Jahreszeiten an seine Frau, ob sie nicht Wien verlassen und sich anderswo in Europa niederlassen wollten. »München [welches 600 Meter hoch liegt] hat ein herrliches Klima, und ich befinde mich hier jedesmal riesig wohl... Immer mehr und mehr mache ich mich mit dem Gedanken vertraut, eventuell vielleicht nach München zu übersiedeln... Um 3000 Mark kann man hier ein Schloß mit einem Park bekommen, und das Leben ist faktisch um die Hälfte billiger als in Wien. Mit unserem Einkommen lebt man hier wie ein Fürst. Mitten in Europa – nach allen Seiten die wundervollsten Verbindungen.«[12]

Die Seereise nach New York würde diesmal von Hamburg aus gehen. Gustav fuhr voraus, wieder begleitet von Anna Moll, um ein letztes Konzert vor der Abreise zu dirigieren. Alma schloß sich später an, und mit ihr ein gestrenges englisches Kindermädchen und die kleine Anna, die den Winter mit ihren Eltern in Amerika verbringen sollte. Anna war im vorhergegangenen Winter in Wien nach dem Tod ihrer Schwester in einen Kindergarten gegangen, hatte aber so oft gefehlt, und ihre Mutter war so besorgt, sie könnte eine ansteckende Krankheit mitbringen, daß man sie lieber zu Hause ließ. Als sie mit dem Tender zu dem großen Schiff fuhren, jauchzte Anna vor Freude. Das Kindermädchen ermahnte das Kind, ruhig zu sein und ganz stillzusitzen. Mahler hörte das, nahm sein Kind auf den Arm, setzte es auf die Schiffsbrüstung, so daß ihre Füße herunterbaumelten, und sagte nun ebenso streng wie das Kindermädchen zu seiner Tochter, sie solle nur recht, recht aufgeregt sein. Und er würde mit ihr aufgeregt sein. Anna hatte eine wundervolle Reise.

In New York wohnten die Mahlers diesmal im Savoy-Hotel, wo viele berühmte Sänger von der Met, unter ihnen auch Enrico Caruso, abstiegen. Es gab so manchen fröhlichen Abend mit dem legendären Tenor. Dabei wurden auch Karikaturen gezeichnet, die man den Betroffenen oft nicht zeigen mochte, weil man fürchtete, sie würden zu verletzend wirken. Die kleine Anna versuchte ihrem Kindermädchen zu entkommen und war der Liebling im ganzen Hotel Savoy. Ihre Eltern trafen sich mit alten Freunden und lernten neue Menschen kennen. Sie freuten sich ganz besonders auf ein Wiedersehen mit Dr. Fraenkel und waren mit ihm zusammen, sooft es Gustavs Terminkalender zuließ. Sie verbrachten auch den Heiligabend mit dem Arzt, und den Weihnachtstag feierten sie zusammen mit anderen Sängern bei der Sopranistin Marcella

Sembrich, deren Christbaum Feuer fing. An Silvester erschreckte Alma, die noch nie etwas Derartiges gesehen hatte, ein Blizzard zu Tode. Im Januar 1909 schrieb Gustav an Anna Moll, daß er bei seiner Arbeit viel Kraft brauche, aber sehr vorsichtig wäre und sich ganz wohl fühle. Großmutter Anna wollte die letzten paar Wochen bei ihrer Tochter und deren Familie in New York verbringen. Zusammen wollten sie dann nach Europa zurück und in Paris mit Carl Moll zusammentreffen.[13]

Weder den Molls noch anderen Freunden gegenüber erwähnte Gustav irgend etwas über den Ärger, den er in der Metropolitan hatte. Conried lag im Sterben, und Giulio Gatti-Casazza von der Mailänder Scala sollte sein Nachfolger werden. Gatti-Casazza bestand darauf, seinen Dirigenten Arturo Toscanini mitzubringen. Dieser hatte sich ausbedungen, Wagners ›*Tristan*‹ dirigieren zu dürfen, jenes Werk, das Mahlers Aushängeschild war und das er ganz für sich beanspruchen zu dürfen glaubte. Gustav hatte mit derartigen Querelen, die ihn so sehr an Wien erinnerten, wenig im Sinn. Die Machtbefugnisse, die man Toscanini zugestand, verletzten ihn ebenso wie die Unklarheit seiner eigenen Position. Er begann sich ernsthaft nach einem anderen Posten umzusehen.

Gustav schrieb an Bruno Walter: »Mich selbst finde ich jeden Tag unwichtiger, kann es aber oft nicht begreifen, daß man im täglichen Leben doch seinen alten gewohnten Trott weitergeht – in allen ›süßen Gewohnheiten des Daseins‹ ... Wie unsinnig ist es nur, sich vom brutalen Lebensstrudel so untertauchen zu lassen! Sich selbst und dem Höheren über sich selbst nur eine Stunde untreu zu sein! Aber das schreibe ich nur so dahin – denn bei der nächsten Gelegenheit, also z. B., wenn ich jetzt aus diesem meinem Zimmer hinausgehe, werde ich bestimmt wieder so unsinnig wie alle anderen. Was *denkt* denn nur in uns? Und was *tut* in uns? Seltsam! Wenn ich Musik höre – auch während des Dirigierens – höre ich oft ganz bestimmte Antworten auf alle meine Fragen – und bin vollständig klar und sicher. Oder eigentlich, ich empfinde ganz deutlich, daß es gar keine Fragen sind.«[14]

Gustav teilte seinem Freund mit, daß die Aussicht für ihn bestünde, sein eigenes Orchester zu bekommen. Rasch hatte man, ehe er New York wieder verlassen würde, ein Komitee zusammengestellt. Wieder einmal schöpfte er Kraft aus der Möglichkeit, etwas Neues, Herausforderndes tun zu können. Als er hörte, daß Roller die Wiener Hofoper verlassen hatte, schrieb er: »Vielleicht wird Ihr Wirken jetzt erst recht Ihrer würdig sein, wo Sie, ganz als Künstler, losgelöst von allen Nebenrücksichten, schaffen können. – Über die ›Hoffnungen‹ kann man schreiben und Glück wünschen, aber über die ›*Hoffnung*‹ darf man schweigen. Und doch hat mich diese kurze Andeutung von Ihnen vielleicht noch mehr erfreut, als das andere. Mir kam es immer geradezu unfaßbar vor, daß Sie, der der Kinderseele so liebe – und verständnisvoll entgegenkommt, diesen Segen entbehren sollten... Ich glaube, auch Ihre Frau wird daran erst zum vollen Menschen werden, so phrasenhaft so was auch klingt! Ich denke, Sie brauchen es nur zu Ihrem Glück – aber Ihre Frau vielleicht zu ihrem Leben.«[15]

Auch Alma war wieder schwanger. Gustav wollte offenbar nicht gleich allen Freunden und Bekannten davon Mitteilung machen, sicherlich auch aus dem Grund, weil Alma offenbar schon mehrmals zwischen Annas Geburt und jenem zweiten Winter in New York geglaubt hatte, schwanger zu sein. Diesmal waren Gustav und Alma ganz besonders glücklich über die Aussicht, noch ein Kind zu haben. Und sie waren auch – eingedenk Marias Tod – sehr besorgt. Also baten sie Anna Moll, doch früher als geplant nach Amerika zu kommen. Sie beeilte sich, der Bitte Folge zu leisten. Im Februar verlor Alma das Kind. Und da ein Unglück selten allein kommt, teilte Dr. Fraenkel Anna Moll mit, sie würde in wenigen Jahren schwerwiegende Nierenschäden bekommen, wenn sie nicht eine strikte Diät einhielte. Er gab Anna Moll eine Liste von Wiener Ärzten, die sie diesbezüglich noch konsultieren könnte. Gustav berichtete Carl von den Ereignissen in einem Brief vom 10. März 1909: »Alma ist sehr wohl – über ihren Zustand hat sie wohl selbst geschrieben. Sie ist von ihrer Last befreit. Diesmal tut es ihr aber selbst leid.«[16]

Alma war nicht krank, aber sie war deprimiert und zweifelte an sich als Frau, als begehrenswerte Frau. Wie auf ein Stichwort hin kam Gabrilowitsch nach New York. Er besuchte Alma und Gustav im Savoy und spielte für Alma, nachdem Gustav zu Bett gegangen war, ihr Lieblings-Intermezzo von Brahms, das in A-Dur. Sie plauderten stundenlang. Sie waren beide immer noch zu sehr Gustav zugetan, um sein Leben zu zerstören, aber Ossip versicherte Alma wieder seiner Zuneigung, und Alma fühlte sich geschmeichelt und als Frau bestätigt. Unglücklicherweise hörte Gustav ihr Gespräch mit. Nachdem Ossip gegangen war, forderte Gustav Alma zu einer Stellungnahme bezüglich ihrer Untreue auf. Sie verteidigte sich so überzeugend, daß ihr Ehemann wieder besänftigt war – im eigentlichen Sinn war sie auch nicht untreu gewesen. Sie hatte den talentierten jungen Musiker nicht vor den Kopf stoßen wollen. Das Gespräch hinterließ jedoch einen Nachgeschmack, der sowohl Gustav als auch Alma keine Ruhe mehr ließ. Im selben Jahr noch heiratete Ossip Mark Twains Tochter Clara Clemens.

Vor seiner Rückkehr nach Europa hatte Gustav einen Vertrag in der Tasche, der ihn vom nächsten Herbst an zum Chefdirigenten der reorganisierten Philharmonic Society of New York, dem Vorläufer des New York Philharmonic Orchestra, machte. Seine Verpflichtungen an der Metropolitan Opera waren praktisch beendet, und obgleich er keine genaue Vorstellung hatte, wieviel Arbeit seine neue Position mit sich bringen würde, fühlte er sich erfolgreich und zufrieden. Alma, Gustav, die kleine Anna und das Kindermädchen fuhren nach Paris, wo Carl Moll für Gustav eine Sitzung bei dem Bildhauer Rodin vereinbart hatte. Mit Unterstützung von Sophie Clemenceau wurde Gustav glauben gemacht, der Künstler selbst habe eine diesbezügliche Einladung ausgesprochen. Rodin war fasziniert von seinem neuen Modell und verglich Gustavs Kopf mit dem Mozarts. Die Zeit in Paris brachte für Gustav und Alma eine kleine Unterbrechung vom Alltag, die sie dringend nötig hatten. Auf dem Nachhauseweg im Mai verfiel Alma in eine Art Panikzustand. Ihre Nerven machten nicht mehr mit. Die Ärzte in Wien verordneten eine Kur. Also fuhr sie mit ihrer Tochter nach Levico, während Gustav in das Sommerhaus nach Toblach reiste. Er hatte sehr viel zu tun, verhandelte mit Mengelberg wegen Aufführungen seiner Dritten Symphonie im Oktober in Amsterdam und war außerdem mit Verlegern und anderen Stellen wegen seiner ersten Konzertsaison in New York befaßt. Das alles nahm ungeheuer viel Zeit in Anspruch. Auch einige alte Freunde kamen ihn besuchen. Gustav kam nicht sehr gut alleine zurecht – er gab zu, auf Einsamkeit so zu reagieren wie ein Alkoholiker auf Wein – und schaffte auch nichts von seiner Arbeit, wenn er sich um sich selbst und dann womöglich auch noch um Gäste kümmern mußte. Er hatte das Gefühl, seine Zeit auf dem Land mit Dingen zu vergeuden, die ihm sonst Alma abgenommen hatte. Er vermißte sie, und er brauchte ihre Hilfe für seine Korrespondenz und für geschäftliche Dinge, in denen er ziemlich hilflos war.

Alma war in dem Kurort in einer »eiskalten Gletscheratmosphäre« gefangen, haßte die strenge Disziplin, die ihr dort auferlegt wurde, und sehnte sich »zum Verrücktwerden nach irgend etwas, nach Liebe, nach Leben...«.[17] Anna Moll hatte sich bereit erklärt, Gustav ein Paket zu bringen, das er in Wien vergessen hatte. Darin waren echter Honig, Tinte für seine Schreibfeder, Pfefferminzöl und ein spezielles Gerät, mit dem er die Kerzen ausmachen konnte, ohne das Wachs überall auf dem Fußboden zu verstreuen. Mit der Bitte um Überbringung erzählte er auch, daß »Almschi ... wahre Jammerbriefe [schreibt], woraus ich schließe, daß die Kur sie sehr mitnimmt. Außerdem weiß ich, daß das Alleinsein für sie momentan nicht taugt. – Es ist ein Glück, daß die wenigstens die Gucki [Anna] mit hat. – Wären wir doch nur schon alle hier wieder beisammen!«[18]

Gustav berichtete Alma nur kurz über die häuslichen Probleme, die er gehabt hatte. Meistens versuchte er jedoch, ihr

Mut zu machen. »Ein geistiges Zentrum gewinnen – das ist eben nötig. Von da aus schauen alle Dinge anders aus! Und daß Du Dir gerade Goethe ausgesucht hast, läßt in Dein Inneres blicken; daß Du kerzengerade in die Höhe gewachsen – so wie außen, auch innen.«[19] Ganz besonders zur Kaffeezeit und spät abends vermißte er seine Frau sehr; er haßte es, die Stunden der Dunkelheit alleine verbringen zu müssen. Am 27. Juni schrieb Gustav seine Antwort auf einen ihrer schwermütigen Briefe:

»Deine Stimmungen ... sind mir sehr verständlich, denn ich *selbst* mache sie tausendmal durch; letzteres setzt Dich vielleicht in Erstaunen, aber es mag Dir zugleich als Trost dienen, ja sogar Dich selbst erst Dir verständlich machen... Abgesehen von den kurzen Momenten im Leben des Genies, wo diese Forderungen sich erfüllen, sind es die langen, unausgefüllten Strecken des Daseins, die dem Bewußtsein solche Prüfungen und unerfüllbare Sehnsüchte auferlegen. Und eben dieses unaufhörliche und wahrhaft schmerzvolle Streben verleiht dem Leben dieser Wenigen das Gepräge. – Nun wirst Du vielleicht schon ahnen oder wissen, was ich von den ›Werken‹ des Menschen halte. Sie sind das wahrhaft Flüchtige und *Sterbliche*; aber was der Mensch aus sich selbst macht – was er durch rastloses Streben und Leben *wird*, das ist das Dauernde. In diesem Sinne, mein liebes Almschi, ist Dir alles geworden, was zum Wachstum der Seele und zum Emporstreben der Persönlichkeit nötig ist. Und Du hast noch ein langes Leben vor Dir. Immer mehr betätige diese Kräfte Deines Innern [und Du tust es ja!]; mache so viel von der Schönheit – und der Macht zu Deinem *Eigen*. [Mehr können wir alle nicht – und überhaupt nur die Auserwählten]; ›breite Dich aus‹, übe Dich im Schönen, Guten; wachse unaufhörlich [dies ist die wahre Produktion] und sei versichert, was ich Dir immer predige: was wir hinterlassen, was es auch sei, ist nur Haut, Schale... Nun freilich sage ich nicht, daß das Schaffen überflüssig sei. Es ist dem Menschen nötig zum Wachsen und zur Freude, die auch ein Symptom der Gesundheit und der Schaffenskraft ist... Wie oft sehe ich Dich in dieser, mir so wohlbekannten Freudenstimmung, wenn Du Dich ›erweitert‹ hast.«[20]

Da waren Zeichen der Zuneigung und Liebe in diesem Brief, doch andererseits auch wieder Gustavs unpersönlicher, rechthaberischer Ton, den Alma so widerwärtig und erschreckend fand. Er sprach zu ihr wie zu einer Fremden. Er wollte ihr Bedürfnis nach einem eigenen Leben, ihrer eigenen Musik, nicht verstehen. Sie wußte, daß er ihr helfen wollte, aber er wußte nicht wie. Allein hatte er sich nicht einmal in sein Arbeitshäuschen gewagt, wo er doch ungestörter hätte arbeiten können. Alma vermutete, er weigerte sich absichtlich und hartnäckig zu komponieren und würde das so lange tun, bis sie an seiner Seite war, um ihn zu unterstützen. Sie lehnte es ab, diese Verantwortung zu übernehmen. Zwar war sie schuldbewußt, aber gleichzeitig auch ärgerlich.

Wie Alma es vorhergesagt hatte, setzte sich Gustav unverzüglich an seine Arbeit, nachdem sie und Anna nach Toblach zurückgekehrt waren. Der Alltag zog ein. Gäste kamen und gingen – die Familien Strauss, Moll und verschiedene andere. Bei einem Abendessen in der Stadt mit diesen Besuchern und Nachbarn, die die Familie Strauss aus Garmisch mitgebracht hatten, bedeutete Richard mit einer Geste zu Gustav hinüber, er solle den Platz neben Pauline einnehmen. Sie sah auf und sagte, er dürfe nur neben ihr sitzen, wenn er während des Essens nicht herumzappele. Gustav war ebenso bekannt für seine Herumzappelei wie Pauline für ihre unmöglichen Bemerkungen. Diesmal verstand Gustav keinen Spaß, schritt hoheitsvoll zum anderen Ende des Tisches, setzte sich neben Richard und begann mit ihm ein angeregtes Gespräch zu führen. Nun mußten sich andere um Pauline bemühen, während die beiden Komponisten sich gut unterhielten.

Familie Mahler wollte im Jahre 1909 früher als gewöhnlich nach New York abreisen, also mußten sie ihre Sommerferien auch früher als sonst abbrechen, um die Seereise vorzubereiten. Die Wohnung in der Auenbruggergasse wurde eigentlich kaum mehr genutzt, da sich die Familie entweder auf dem Land oder in Amerika aufhielt. Sie wollten die Wohnung am 1. Oktober aufgeben, einige Möbel einlagern und die liebsten und notwendigsten Stücke in das Haus der Molls bringen lassen, wo sie von nun an wohnen würden, wenn sie sich in Wien aufhielten. Nachdem das Schlimmste geschafft war, fuhr Gustav nach Göding in Mähren, um letzte Hand an ›Das Lied von der Erde‹ anzulegen. Alma und Anna ließen sich einstweilen im Sanatorium Luithlen die Mandeln entfernen. »Du hast Dich prachtvoll gehalten«, schrieb Gustav an seine Frau in der Genesungszeit. »Ich habe alles gehört: 24 Schnitte und ohne Narkose. Ich bin riesig froh über Euch beide; ich bin überzeugt, es wird sehr *folgenreich* sein für das ganze Leben... Unterdessen habe ich mich hier sehr gemütlich etabliert... so was – ohne Fabrik und ohne Eisenbahn – möchte ich für uns haben. Ein gemütliches Haus, einen großen Garten mit Obst, Blumen und Gemüsen.

Carl sagt, er sucht so lange, bis er so was in der Nähe von Wien für uns findet.«[21]

Je länger er in diesem Landesteil blieb, um so überzeugter war er, daß er so leben wollte. »So was muß ich haben«, schrieb er kurz darauf an Alma, »Carl sagt, er wird nicht eher ruhen, als bis er uns so was gefunden hat. Überhaupt tut mir der Aufenthalt hier ungemein wohl... Der Mensch braucht Sonne und Wärme. – Mir schaudert jetzt bei dem Gedanken an meine verschiedenen Komponierhäuschen; obwohl ich dort die schönsten Stunden meines Lebens verbracht, so habe ich sie wahrscheinlich mit meiner Gesundheit bezahlen müssen.«[22]

Auf der Hohen Warte stand den Mahlers die Tür jederzeit offen. Carl suchte eifrig nach einem Haus für Alma und ihre Familie, ein Refugium, das nahe genug an Wien war, damit Gustav seinen Geschäften in Wien nachzugehen vermochte, das aber andererseits ruhig und sonnig war, damit sie dort arbeiten und leben konnten, wenn sie nicht in New York oder auf Tournee waren. In der zweiten Oktoberwoche des Jahres 1909 waren Alma und Gustav wieder auf hoher See in Richtung New York. Gustav freute sich auf seine neue Zusammenarbeit mit der Philharmonic Society. Bis zu ihrer Rückkehr würde Carl auch ganz bestimmt ein passendes Haus gefunden haben. Die kleine Anna fuhr auch wieder mit ihren Eltern, die diesmal von Theodor Spiering begleitet wurden, dem Violinisten, den Gustav als Konzertmeister für sein neues Orchester mitnahm.

In den Vereinigten Staaten gab es dann für die Mahlers erneut Veränderungen. Die meisten Proben und Konzerte, die Gustav dirigierte, fanden in der Carnegie Hall statt, die damals weniger als zwanzig Jahre alt war. Die Philharmonic Society hatte außerdem eine Reihe von Konzerten in Brooklyn angesetzt. Das war für Alma und Gustav ein weiter Weg. Tourneen nach Philadelphia und Buffalo waren ebenfalls schon gebucht. Gustav stürzte sich in die Arbeit und war wieder einmal erleichtert, von den Problemen, die er an der Oper gehabt hatte, entbunden zu sein. Bald jedoch konnte er an Bruno Walter schon von neuen Schwierigkeiten berichten: »Mein Orchester hier ist das richtige amerikanische Orchester. Talentlos und phlegmatisch. Man steht am kürzeren Hebel. Als Dirigent wieder von vorne anzufangen, ist recht unerquicklich für mich. Das einzige Vergnügen sind für mich die Proben eines Werkes, das ich noch nicht unter den Händen hatte. Das Musizieren macht mir noch immer einen ungeheuren Spaß. Hätte ich doch nur ein bißchen bessere Musikanten!«[23]

Einer Verpflichtung bei der Metropolitan Opera hatte er noch nachzukommen. Die Met zahlte noch seine Reisekosten und sein Hotelzimmer im Savoy. Gustav Mahler sollte im März 1910 ›Pique Dame‹ von Tschaikowsky dirigieren. Die Vorbereitungen liefen schon bald an, also gab es bei weitem nicht so viel Muße, wie es sich Gustav und Alma gewünscht hatten. Auch brachten die ersten Monate bei der Philharmonic Society sehr viele gesellschaftliche Verpflichtungen mit sich. Die meisten dieser Einladungen waren nach Ansicht der Mahlers nicht der Mühe wert, an einige würde sich Alma jedoch ihr Leben lang erinnern. Da war beispielsweise die

Fahrt zum Roosevelt-Besitz an der Oyster Bay auf Long Island, wo sie Gäste von Mrs. West-Roosevelt waren. Ihr Schwager Theodor war zur Jagd in Afrika.

Einmal besuchten sie zusammen mit Dr. Fraenkel eine von Eusapia Palladinos Séancen. In düsteren Zimmern am Broadway passierten alle möglichen sonderbaren Dinge. Zum Beispiel wurde Gustav von einer freischwingenden Mandoline am Kopf getroffen – ein tragisches Omen. Gustav und Alma wollten eigentlich nicht an übernatürliche Kräfte glauben, konnten aber, was sie gesehen hatten, auch nicht rational erklären. So versuchten sie über die ganze Angelegenheit zu lachen und sich selbst einzureden, daß sie einem ungeheuren Schwindel auf den Leim gegangen waren. Gustav kam schließlich zu der Überzeugung, daß alles ein Traum gewesen sein muß. Damit waren die Diskussionen über diesen Abend abgeschlossen, auch wenn sich beide weiterhin darüber Gedanken machten.

Glücklicherweise war wenig Zeit, über etwaige Katastrophen nachzudenken. Sie lernten Louis Comfort Tiffany, den legendären Exzentriker, kennen. Eines Abends führte sie Ernest Charles Schirmer, der Musikverleger, in die dunkelsten Gettoviertel und Opiumhöhlen. So sehr Gustav und Alma auch versuchten, gesellschaftliche Verpflichtungen zu vermeiden, so sehr genossen sie diese auch wieder, besonders wenn sie daran dachten, wie isoliert sie sich bei ihrem ersten Aufenthalt in New York gefühlt hatten. Jetzt kannten sie immerhin eine ganze Reihe von Leuten, mit denen sie sich unterhalten und von zu Hause sprechen konnten. Alma fühlte sich nicht mehr so einsam und deprimiert. Gustav mußte sich mit seinem neuen Orchester beschäftigen. Beide waren hochgeschätzt und gern gesehen. Besonders, wenn sie in Gesellschaft von Fraenkel waren, hatten sie das Gefühl, zu dieser amerikanischen Stadt zu gehören.

5

Zeit der Krise – Walter Gropius

Aus Briefen erfuhr Gustav, daß das Wiener Publikum und die Presse in Klatsch über sein neues Leben schwelgten. Man warf ihm vor, sein Talent und seine Tatkraft bei einem Orchester zu vergeuden, das seiner nicht würdig war. Gustav schrieb rasch einen Brief an einen alten Freund, den Musikwissenschaftler Guido Adler, unter dessen Namen ein Artikel erschienen war, der Gustav ärgerte. Die Wiener, die jetzt Kritik an ihm übten, hatten während seiner Zeit in dieser Stadt sein Talent weder erkannt noch gefördert, klagte er. Er warf Adler vor, seine Worte mißverstanden und falsch interpretiert zu haben, rechtfertigte seine Nickerchen nach den Proben und versicherte, daß seine jetzige Tätigkeit genau das sei, was er immer schon machen wollte – ein eigenes Konzertorchester zu führen.

»Warum hat mir Deutschland oder Österreich so was nicht geboten? Kann ich dafür, daß Wien mich hinausgeschmissen hat? – Ferner: Ich *brauche* einen gewissen Luxus, eine Behaglichkeit der Lebensführung, die mir meine Pension (das einzige, was ich mir in einer beinahe 30jährigen Dirigententätigkeit erwerben konnte) nicht hätte erlauben können. Daher war es ein willkommener Ausweg für mich, daß mir nunmehr Amerika nicht nur eine meiner Neigungen und Fähigkeiten adäquate Tätigkeit, sondern auch einen reichlichen Lohn dafür geboten hat, der mich nun bald instand setzen wird, den mir noch beschiedenen Abend meines Lebens in menschenwürdiger Weise zu genießen. Und nun in engstem Zusammenhange mit diesem Umstande komme ich auf meine Frau zu sprechen, der Du mit Deinen Ansichten und Äußerungen ein großes Unrecht zugefügt hast. Du kannst mir es aufs Wort glauben, daß sie nichts anderes im Auge hat als mein Wohl. Und wie sie acht Jahre lang in Wien an meiner Seite sich weder von dem äußeren Glanz meiner Stellung blenden ließ, noch je trotz ihres Temperaments und trotz der Verlockungen, die das Wiener Leben und die ›guten Freunde‹ daselbst (die alle über ihre Verhältnisse leben), sich zu irgendwelchem, selbst unserer sozialen Stellung gemäßen Luxus verleiten ließ, so ist auch jetzt nichts anderes ihr ernstes Bestreben, als meinen Anstrengungen (die übrigens, ich wiederhole es, keine Überanstrengungen sind wie in Wien) für meine Unabhängigkeit, die mir das Schaffen erst recht ermöglichen soll, ein baldiges Ziel zu setzen. Du kennst sie ja doch zur Genüge! Wann hast Du bei ihr Verschwendungssucht oder Egoismus bemerkt? Glaubst Du wirklich, daß sie in der letzten Zeit, in der Du nicht mehr mit ihr zusammengekommen bist, sich so urplötzlich verändert hat? Automobil fahre ich ebenso gerne (ja viel lieber) als sie. Und sind wir vielleicht verpflichtet, in einer Dachkammer in Wien das Gnadenbrot der Wiener Hofoper zu essen? Soll ich mir nicht, da es mir geboten wird, in kurzer Zeit in ehrlicher künstlerischer Arbeit ein Vermögen verdienen? Noch mal versichere ich Dir, daß mir meine Frau nicht nur ein tapferer, an allem Geistigen teilnehmender treuer Genosse, sondern auch (eine seltene Verbindung) ein kluger, besonnener Hausverwalter ist, die mir trotz aller Behaglichkeit der leiblichen Existenz sparen hilft, und der ich in eigentlichem Sinne Wohlstand und Ordnung verdanke. Ich könnte Dir das alles in Ziffern ausführen. Aber ich denke, das ist unnötig, Du wirst bei einigem guten Willen (und Erinnerung an eigene Eindrücke) Dir alles selbst sagen können.«[1]

Was immer Adler geschrieben hatte, das Gustav so in Ärger versetzte, daß er glaubte, diesen Brief schreiben zu müssen –

Extravaganz war ganz sicherlich nicht eine von Almas Schwächen. Nicht einmal in ihren Träumen war sie extravagant. Die Familie Mahler gab beträchtliche Summen Geld für die besten und frischesten Lebensmittel aus. Auch waren sie nicht kleinlich, wenn es um Unterkünfte ging, wo Gustav Frieden und reichlich Platz für seine Arbeit hatte und Alma mit dem Kind ein wenig Erholung finden würde. Obgleich Personal für Küche und Reinigung sowie ein Kindermädchen für Anna da waren, so erscheint das heute als größerer Luxus, als es damals um die Jahrhundertwende war. Es war ganz sicher ebenso im Rahmen des Möglichen für den Operndirektor, Haushaltspersonal zu beschäftigen, wie dies für den Dirigenten der Philharmonic Society von New York der Fall war. Auch hätte Alma durchaus Couture-Kleidung tragen und regelmäßige Besuche bei Friseur und Kosmetikerin machen können. Aber das tat sie nicht. Früher einmal hatte sie sich schon gewünscht, Abendkleider von den besten Schneidern Wiens kaufen zu können, aber seit ihrer Heirat mit Gustav wußte sie sehr wohl, daß sie sich Dinge, die für viele ihrer Zeitgenossinnen unerläßlich waren, nicht leisten konnte.

Alma trug keine teuren Kleider, keinen Schmuck und Pelze, und ihr Haar war auch nicht immer perfekt frisiert. Da sie aber schön und stattlich war, sah sie stets wie eine Königin aus, und die Kleider, die sie trug, wirkten immer kostbarer, als sie es eigentlich waren. Nur in den schlechtesten Zeiten mußte sie sich sehr einschränken – da mußte es auch einmal ohne ein erfrischendes Bad, schöne Wäsche und bequeme Schuhe gehen. Sie wußte immer, was wichtig war und was extravagant. Nur selten gelang es ihr nicht, das für ihren Seelenfrieden Nötige für sich zu haben.

Gustav fühlte, daß seine Energiereserven wieder zu schwinden begannen und er nicht einmal Zeit hatte, seinen Freunden zu schreiben. Er schrieb an Roller: »Und wenn Gott es will, so hoffe ich ungefähr in einem Jahr zu einer menschlichen Existenz zu gelangen. Irgendwo zu Hause zu sein und da leben und arbeiten (nicht mehr vegetieren und arbeiten) zu dürfen, und hoffentlich so nahe meinen wenigen Freunden, daß ich sie von Zeit zu Zeit sehen kann. Trotzdem wir, (ich und Alma), jede Woche einen neuen Sport haben bezüglich unserer Zukunft – Paris, Florenz, Capri, Schweiz, Schwarzwald – dehnen Sie diese Liste je nach Ihren geographischen Kenntnissen aus – so denke ich, besonders da die Amerikabegeisterung meiner Frau glücklicherweise ganz gehörig nachzulassen beginnt, daß wir in absehbarer Zeit irgendwo in der Nähe von Wien, wo die Sonne scheint und schöne Trauben wachsen, anlangen und nicht mehr weggehen werden.«[2]

Während er versuchte, sein neues Orchester auf Trab zu bringen und in der Vorstandschaft Frieden herzustellen, mußte er gleichzeitig seine Pläne für die kommenden Monate in Europa koordinieren. Soviel Alma ihm auch bei der Korrespondenz und den Verträgen helfen konnte, die Entscheidungen mußte er selber treffen. Nur sehr selten gab es mit Gustav Mahler auch ein wenig Spaß. Eines Abends, nachdem er mit seinem Orchester seine Erste Symphonie gespielt hatte, lud er das ganze Orchester, ›seine Kinder‹, zum Feiern in ein Lokal ein. Der Dirigent und seine Musiker amüsierten sich prächtig und waren sehr ausgelassen. Gustav war überzeugt, daß seine Orchestermitglieder trotz aller Schwierigkeiten ihr Bestes gegeben hatten. Er schien zufrieden, als er im Frühjahr 1910 an Anna Moll schrieb, kurz bevor sie sich alle in Paris wieder treffen würden. »Almschi hat zweifellos heuer einen so guten Winter gehabt, wie seit vielen Jahren nicht mehr. – Ein paar Verkühlungen, aber gutartigen Charakters, von denen sie ziemlich bald aufstand. Guckerl [Anna] scheint das Klima hier weniger gut zu vertragen. Sie hat einen langwierigen (sogar mit Fieber verbundenen) katarrhalischen Zustand – Gott sei Dank, hinter sich. Jetzt ist sie kreuzfidel und sieht schon wieder prächtig aus.«[3]

Alma hatte es als besonders angenehm empfunden, daß sich der Tagesablauf im Vergleich zu dem in Wien sehr einfach gestaltete. Nur jeden zweiten Tag mußte Gustav zu Proben gehen, und außerdem war er nur für seine eigenen Konzerte verantwortlich, nicht für die Fehler und Irrtümer anderer. So fühlte sich Alma besser als jemals in den letzten Jahren. Anfang April des Jahres 1910 fuhren sie zurück nach Europa und wollten sich mit der Familie Moll in Paris treffen. Gustav dirigierte seine Zweite Symphonie im Trocadero. Mitten im zweiten Satz standen Claude Debussy, Gabriel Fauré und Paul Dukas auf und gingen hinaus. Sie äußerten danach, ihnen sei die Musik zu wienerisch. Gustav fühlte sich mißverstanden, ja mißachtet von seinen Kollegen. Alma und Gustav reisten weiter nach Rom, wo ein Treffen mit Mengelberg den Schmerz etwas linderte.

Alma war von der Reise ziemlich erschöpft. Während Gustav sich begeistert in dem Bauernhaus in Toblach etablierte und sich auf seine Arbeit in München vorbereitete, konsultierte sie einen Arzt, der ihr eine strenge Ruhepause verordnete. Sie war krank von dem, wie sie es nannte, ›ewig währenden Hetztreiben, das ein solcher Riesenmotor wie Mahlers Geist bedingt‹[4], und fürchtete am Rande eines Nervenzusammenbruchs zu sein. Ende Mai fuhr sie nach Tobelbad zur Kur. Selbst die letzten Minuten mit ihrem Mann zehrten noch an ihren Nerven. Gustav schrieb ihr:

»Als ich Dir am letzten Morgen in Tobelbad von Deinem guten Aussehen sprach, verlieh ich unwillkürlich einem spontanen Entzücken Ausdruck, als ich Dich so ungemein lieb und anmutig daherkommen sah. Aber Du kennst mich doch jetzt schon. In der Kunst wie im Leben bin ich ganz auf Spontaneität angewiesen... Und vor vier Jahren ging ich am ersten Ferialmorgen in mein Häuschen in Maiernigg hinauf mit dem festen Vorsatz, mich in diesen Ferien... recht auszufaulenzen und Kräfte zu sammeln. Beim Eintritt in das altgewohnte Arbeitszimmer packte mich der Spiritus creator und schüttelte und peitschte mich acht Wochen lang, bis das Größte [die Achte Symphonie] fertig war. – Einen Sommer zuvor hatte ich vor, die 7., deren beide Andantes dalagen, fertig zu machen. Zwei Wochen quälte ich mich bis zum Trübsinn, wie Du Dich noch erinnern mußt – bis ich ausriß in die Dolomiten! Dort derselbe Tanz, und endlich gab ich es auf und fuhr nach Haus mit der Überzeugung, daß der Sommer verloren sein wird. In Krumpendorf erwartetest Du mich nicht, weil ich meine Ankunft nicht angezeigt hatte. Ich stieg in das Boot, um mich hinüberfahren zu lassen. Beim ersten Ruderschlag fiel mir das Thema... der Einleitung zum 1. Satz ein – und in vier Wochen war erster, dritter und fünfter Satz fix und fertig! Denkst Du daran? Sieh, mein Lieb, nach solchen Erfahrungen und nach solcher Kenntnis meiner Art muß Dich doch nie mehr etwas an mir kränken! Und insbesondere, da Du doch siehst, daß ich nur für Dich und die Gucki lebe und daß mir nie irgendein anderes Bild zwischen Dich und meine Liebe treten kann. Es ist ja alles andere so blaß... Leben und Lieben wird als Blüte eines unbewußt in die Höhe oder manchmal in die Breite wachsenden Baumes begreiflich; und seien es Blüten oder abwechselnd Früchte, die im Winter wieder abfallen, man wartet gesichert auf das Frühjahr, wo sie wieder anschießen.«[5]

Gustavs Verpflichtungen in Leipzig und München ließen ihm kaum Zeit, Alma in Tobelbad zu besuchen. Er wollte auf jeden Fall, daß sie ihre Kur dort zu Ende führte und erst nach Toblach zurückkäme, wenn sie wieder ganz gesund war. Er vermißte und brauchte sie und hatte Angst, die Behandlung könnte länger dauern, als er für sich selbst zu sorgen vermochte. Auf einer Reise kam er in Plankenburg vorbei, dem Schloß, in dem sie ihre Kindheit verbracht hatte. Dabei konnte er kaum die Tränen zurückhalten. »Aber ich habe mir fest vorgenommen«, versprach er ihr, »im September, wenn es gut geht, mache ich mit Dir die ganze Partie nochmals im Automobil...«[6]

Gustav war unruhig, weil Alma ihm nicht die Einzelheiten schilderte, die er hören wollte. Aus München bat er im Juni Carl Moll in einem Brief, er möchte ihm ein Diadem anfertigen lassen, das er Alma zu ihrem Geburtstag am 31. August geben wollte. Es war ungewöhnlich für Gustav, sich an irgendein Datum mit einem Geschenk zu erinnern. Und es war noch ungewöhnlicher für ihn, sich mit einem so aufwendigen Projekt in solche Unkosten zu stürzen. Er schrieb an Anna Moll: »Ich bin so beunruhigt durch die Briefe der Almschi, die einen so eigentümlichen Ton haben. Was geht denn da vor?... bitte, schreibe mir sofort einige Zeilen, ob Du es für angezeigt hältst, daß ich lieber nach Tobelbad zu Almschi gehe. Lieber und besser wäre es, mich jetzt eine Zeit in Toblach stille halten zu können, weil die Strapazen hier ganz ungeheuer sind... Jedoch, wenn es der Zustand der Almschi erfordert, so fahre ich gewiß sofort (über Wien) nach Tobelbad.«[7]

Ohne ausführlicher auf seine Besorgnis um ihren Zustand einzugehen, schickte Gustav Alma eine lange Abhandlung über Plato. Er antwortete offensichtlich damit auf etwas, das sie ihm geschrieben hatte, obgleich er sich immer beklagte, sie schreibe zu wenig und erzähle ihm nichts. Der Brief war wieder einmal recht unpersönlich und in belehrendem Ton verfaßt.

So kann man schwer sagen, ob Alma überhaupt ahnte, wie besorgt er wegen ihres Zustandes war, oder ob sie wußte, daß er drauf und dran war, nach Tobelbad zu reisen. Er fuhr damals nicht, und ein Brief an seine Schwiegermutter einige Wochen später gibt Aufschluß darüber, daß Anna selbst Alma besucht hat und Gustav so viel über seine Frau berichten konnte, daß er wieder beruhigt war. Er schrieb an Anna Moll:

»Das war heute ein Schreck, als ich Almschis Brief bekam! – Als später ein zweiter, etwas geduldigerer und hauptsächlich Dein liebes Schreiben ankam, beruhigte ich mich ein wenig und vermute nun, daß ich ohne Sorge diese wenigen Tage noch hier bleiben kann. Ich bin aber furchtbar traurig, daß sich doch wieder dieses quälende Leiden eingestellt hat. – Ich lebe hier, wie Du aus meinen Briefen an Alma weißt, und beschäftige mich in Gedanken viel mit Euch.... Jetzt muß aber alles geschehen, daß Alma wieder ein gesunder Kerl wird! An meinen Geburtstag hatte ich ganz vergessen, und erst Eure Briefe erinnerten mich plötzlich dran, daß ich bei dem Gedanken lächeln mußte, wie unwichtig mir dieser Tag erscheint, und wie liebevoll Ihr Euch desselben erinnert. Ich danke Dir tausendmal für Deine lieben Worte und bleibe mir, was Du bist, Freundin und Mutter (wie es das Schicksal in seiner seltsamen Laune einmal schon wollte).«[8]

Schließlich besuchte Gustav seine Frau im Juli in Tobelbach doch noch.

Warum genau Alma die Kur in Tobelbad verordnet wurde und was es war, das Gustav die ›quälende Krankheit‹ nannte, ist nicht zweifelsfrei zu ermitteln. Ihr Leben lang hatte sie Probleme mit ihren Nerven, ihrer Gallenblase und später mit dem Herz. Oft entschuldigte sie sich bei gesellschaftlichen Ereignissen mit Unwohlsein. Seit ihrer Jugend hatte sie sich im Kreis von fremden Leuten nie so recht wohl gefühlt, hatte Bedenken wegen ihres eingeschränkten Hörvermögens und war überzeugt, in einer größeren Gruppe keine gute Figur zu machen. Ärztlichen Rat oder ärztliche Hilfe nahm sie nur ungern in Anspruch, und die meiste Zeit ihres Lebens war sie auch ganz robust und gesund. Wenn man über diese Krankheiten und ihre diversen Kuraufenthalte liest, muß man bedenken, daß zu jener Zeit über Frauenkrankheiten nicht gesprochen wurde, auch nicht im engen Familienkreis, und daß solche Kuren in Europa damals durchaus üblich waren.

Dann ist es auch verständlich, daß Alma die Gelegenheit wahrnahm, sich an Orte zurückzuziehen, wo sie ganz für sich war, weit weg von der Familie und dem Alltagstrott, wo sie in den Wäldern spazierengehen konnte, und zwar viel gemächlicher als mit dem schnellen Schritt, den Gustav vorgab. Hier konnte sie die gesunde Umgebung genießen, mußte nicht für ihren Mann sorgen und wußte, daß sie sich selbst etwas Gutes tat.

Doch Alma kümmerte sich in Tobelbad nicht nur um ihr eigenes Wohlergehen. Ein Begleiter bei ihren langen Spaziergängen war ein junger Architekt namens Walter Gropius. Er war siebenundzwanzig Jahre alt, sehr gutaussehend, voller Fantasie und Talent und stammte aus einer angesehenen deutschen Familie. Alma spürte, daß er große Dinge vollbringen würde. Als ihr klar wurde, daß er sich näher für sie interessierte, fühlte sie sich geschmeichelt und war fasziniert. Er jedoch war drauf und dran, sich unsterblich in sie zu verlieben. Man kann nicht mit Sicherheit sagen, wie tief damals die Beziehung der beiden zueinander war. Jedenfalls fühlte sich Alma durch Walters Gegenwart und Zuneigung wieder mädchenhaft jung, so ganz und gar nicht wie eine verantwortungsbewußte Ehefrau und Mutter. Schuldgefühle quälten sie wegen Gustav und Walter. Sie wußte, daß sie dem jungen Mann Hoffnungen machte und ihn doch bald verlassen würde.

Ende Juli fuhr Alma nach Toblach zu ihrer Familie. Gustav holte sie dort am Bahnhof ab und liebte sie mehr als je zuvor. Sie war wieder gesund, und nun, da sie da war, konnte er endlich seine Arbeit wie gewohnt aufnehmen. Sofort war alles wieder im Alltagstrott.

Nach nicht einmal einer Woche kam ein an Gustav adressierter Brief an. Alma stellte ihn wie immer im Haus auf das Klavier, damit ihn ihr Mann vorfände, wenn er aus seinem Arbeitshäuschen herunterkam. Als er ihn öffnete, stellte er entsetzt fest, daß der Brief von dem jungen Gropius kam, der ganz unverblümt bei Gustav anfragte, ob er Alma heiraten dürfte – so als ob sie Gustavs Tochter und nicht seine Frau wäre. Überrascht und verwirrt versuchte Alma, die Episode zu erklären. Eine solche Handlungsweise paßte eigentlich gar nicht zu dem Mann, den sie in dem Kurort kennengelernt hatte. Gustav begann nun über die eigentlichen Hintergründe der langen Kur nachzugrübeln und nahm die Angelegenheit keineswegs auf die leichte Schulter.

Eine Atmosphäre der Schuld und Verdächtigungen lag in der Luft. Zum ersten Mal seit den kritischen Tagen kurz nach ihrer ersten Begegnung beschäftigte sich Gustav mit dem Gedanken, Alma zu verlieren. Er wußte, daß er entsetzlich leiden würde, wenn er ohne sie leben müßte. Alma erkannte, daß dies das erste Mal in ihrer Ehe war, daß sie sich sehr stark zu einem anderen Mann hingezogen fühlte. Ossip, Hans und Alex behandelten sie alle als Gustav Mahlers Frau. Keiner konnte die riesenhafte Präsenz dieses Mannes übersehen oder ernsthaft daran denken, daß sie ihren Mann verlassen würde. Für Walter jedoch war sie einfach Alma, die Frau, die er bei einer Genesungskur kennengelernt hatte. Obgleich ihm Gustavs Name und seine Stellung bekannt waren, ließ er sich als Nicht-Musiker nicht davon beeindrucken. Walter wollte sie ganz einfach haben, ihr berühmter Mann interessierte ihn dabei herzlich wenig. Alma hatte sich auch zu ihm hingezogen gefühlt, aber ihre Rückkehr nach Hause war für sie doch ein Zeichen ihrer Verbundenheit mit ihrem Mann und ihrer Familie gewesen.

Alma und Gustav hatten lange Unterredungen miteinander. Als sie ihrem Mann erzählte, wie sie sich ein gemeinsames Leben vorstellte, erkannte er, daß wichtige Veränderungen vonnöten waren. Im Mahlerschen Haushalt drehte sich praktisch alles um Gustavs Arbeit, seine Bedürfnisse und Wünsche. Alma war eigentlich in vielfacher Hinsicht immer wie ein Dienstbote oder ein Kind behandelt worden. Ständig hatte sie Konzessionen gemacht. Er kümmerte sich nicht um Geburtstage, Weihnachten oder sonstige Festtage, obwohl er wußte, daß ihr sehr daran gelegen war. Alma war sich nicht sicher, ob sie ihm mehr bedeutete als beispielsweise eine Sekretärin, ein Geschäftsführer oder eine gute Haushälterin. Sie schliefen nicht einmal in einem Bett. Gustav zog es vor, zu ihr zu kommen, wenn sie bereits tief schlief. Im weiteren Verlauf ihres Lebens würde sich herausstellen, daß Alma sich so sehr an Gustavs Konzept einer idealen Ehe angepaßt hatte, daß sie an vielen seiner Grundsätze ihr Leben lang festhielt.

Sie versuchten, mit ihrem Problem selbst fertig zu werden, riefen jedoch schließlich Anna Moll zu Hilfe. Sie kam unverzüglich, wie nicht anders zu erwarten war, und bot beiden ihre volle Unterstützung an. Es kam der Tag, an dem Alma sagen konnte, das Zwischenspiel mit Gropius hatte ihrer Liebe zu ihrem Mann keinen Abbruch getan, und sie konnte versprechen, ihn nicht zu verlassen.

Gerade als wieder Friede eingekehrt schien, brach Gustav

mit einer brennenden Kerze in der Hand vor seiner Schlafzimmertür zusammen. Alma hörte zufällig ein Geräusch und fand ihn noch so rechtzeitig, um eine Katastrophe zu verhindern. Sie brachte ihn in sein Bett zurück, wickelte ihn in Decken ein, gab ihm die Arznei, die sie für angebracht hielt, und rief den Arzt und danach ihre Mutter an. Kurz vor Tagesanbruch kam der Arzt. Er ordnete nur Ruhe an. Anna Moll traf mit dem ersten Zug ein, aber es gab nicht viel für sie zu tun. Die Lage schien sich stabilisiert zu haben, also blieb sie nicht lange. Sie wollte, daß Gustav und Alma alleine sind. Dieser Zwischenfall berührte alle Beteiligten nachhaltig und lastete in ihrer Erinnerung wie eine Vorahnung des Todes.

Nach wenigen Tagen war Gustav wieder auf den Beinen und nahm auch wieder die Spazierfahrten, die an die Stelle der früheren Spaziergänge getreten waren, auf. Eines Nachmittags sah Alma aus dem Wagenfenster Walter Gropius, der sich unter einer Brücke verborgen hielt. Sie wußte sofort, warum er hier war: Er wollte eine Antwort auf seinen unglückseligen Brief. Sie wartete, bis sie wieder zu Hause waren, und erzählte Gustav dann von ihrer Beobachtung. Er ging augenblicklich in den Ort zurück, fand den jungen Mann und brachte ihn, den dunklen Weg mit einer Laterne leuchtend, mit nach Hause. Alma sah den beiden vom Fenster aus zu, wie sie sich dem Haus näherten. Als sie nach unten kam, zog sich Gustav in sein Zimmer zurück. Alma fand ihn später dort – bei Kerzenlicht las er in der Heiligen Schrift. Sehr gefaßt und vernünftig erklärte er seiner Frau, die Zeit sei nun gekommen, sich zu entscheiden. Was immer sie täte, würde recht getan sein.

Während Walter im Nebenzimmer wartete, sah Alma Gustav an und wußte, daß sie ihn nicht verlassen würde. Sie führte den jungen Mann in eines der Gästezimmer und brachte ihn am nächsten Tag zum Bahnhof. Walter telegrafierte von jeder Station seiner Heimreise. Sie hatte nicht vor, ihn wiederzusehen, und antwortete nicht auf seine Bitten.

Gustav war von den Ereignissen der letzten Monate überfordert. Er legte sich Entbehrungen auf als Strafe für die Art und Weise, wie er Alma und andere nahestehende Personen behandelt hatte. Er war fast besessen von der Furcht, er könnte seine Frau und mit ihr die Sicherheit, die ihm so wichtig war, verlieren. Aufgewühlt schrieb er alle jene Beschwörungen an sie in die Partiturskizze der Zehnten Symphonie. In seiner Angst, seiner Nervosität und seiner Verzweiflung entschloß er sich plötzlich, etwas zu tun, und fuhr zu dem hochgeachteten Dr. Sigmund Freud. Freud hatte die Zeit, in der man ihn als verrückten Exzentriker betrachtete, überstanden. Jetzt galten seine Theorien der Psychoanalyse in intellektuellen, fortschrittlichen Wiener Kreisen etwas. Mahler und Freud trafen sich im holländischen Leyden und gingen vier Stunden an den baumbeschatteten Kanälen entlang. Ganz abgesehen vom eigentlichen Zweck des Zusammentreffens fanden die beiden Gefallen am Geist und der Intelligenz des anderen. Freud stellte die provozierende Frage: »Wie kann man in einem solchen Zustand ein junges Weib an sich ketten?... Ich kenne Ihre Frau. Sie liebte ihren Vater und kann nur den Typus suchen und lieben. Ihr Alter, das Sie fürchten, ist gerade das, was Sie Ihrer Frau anziehend macht. Seien Sie ohne Sorge! Sie lieben Ihre Mutter, haben in jeder Frau deren Typus gesucht. Ihre Mutter war vergrämt und leidend, dies wollen Sie unbewußt auch von Ihrer Frau.«[9]

Mahler hatte selbst zugegeben, daß er in Almas Gesicht gerne mehr Spuren mühseliger Arbeit und Schwangerschaften, wie er sie von seiner Mutter kannte, gesehen hätte, obgleich er wußte, daß Alma Anzeichen des Alters fürchtete. Die Erinnerungen an die Krankheiten seiner Mutter erschreckten Gustav wahrscheinlich sehr und ließen ihn andererseits Almas Leiden gegenüber weniger Verständnis entgegenbringen, als er es unter normalen Umständen möglicherweise gehabt hätte. Krankheiten erinnerten ihn an den Tod seiner Mutter, und diese Erinnerungen gingen bei ihm Hand in Hand mit der Angst, verlassen zu werden.

Gustav schrieb jetzt keine hochtrabenden Abhandlungen

mehr über Plato oder irgendwelche ›höhere Ideale‹. Statt dessen fand sie auf ihrem Nachttischchen folgendes: »Mein Liebling, mein Saitenspiel, komm und banne die finsteren Geister, sie umklammern mich, sie schleudern mich zu Boden. Bleib mir, mein Stab, komm bald heute, damit ich mich erheben kann. Ich liege darnieder und warte und frage stumm, ob ich noch erlöst werden kann, oder ob ich verdammt bin.«[10] Er wollte, daß Alma ihn in seinem Arbeitshäuschen besuchte, ein Ansinnen, das früher undenkbar gewesen war. Die Tür zwischen ihren Schlafzimmern mußte nun plötzlich offenstehen, damit er sie atmen hören konnte. Frühmorgens schlich er sich an ihr Bett und betrachtete sie, während sie noch schlief. Er bat sie, ihn von seinen Ängsten und seinen Befürchtungen zu befreien.

In einem anderen Brieflein hieß es: »Mein Almschilitzili, geh, bleib heute den Tag im Bett – das wird das beste Ausruhen für Dich, ich setze mich zu Dir und gehe den ganzen Tag nicht fort. Ich such' was heraus zum Lesen.« Oder: »Geliebte! Ich habe wundervoll geschlafen, und doch hat meine Empfindung nicht einen Moment ausgesetzt. Und ich glaube, es kann kein Moment mehr kommen, in dem ich nicht beseligt fühlen würde: *sie liebt mich!* Inbegriff meines Lebens ist dieses Wort – wenn ich das nicht mehr sagen darf, bin ich tot.«[11]

Briefe voller Bewunderung und Besorgnis erreichten Alma aus München, wohin Gustav Anfang September gefahren war, um die Premiere seiner Achten Symphonie vorzubereiten. Er befürchtete wie ein ›Gymnasiast‹ zu klingen, konnte jedoch seine Verliebtheit auch nicht verbergen: »Freud hat ganz recht – Du warst mir immer das Licht und der zentrale Punkt! Freilich, das innere Licht, welches mir über alles aufgegangen und das selige Bewußtsein – durch keine Hemmungen mehr getrübt – steigert alle meine Empfindungen ins Unendliche.«[12] Er äußerte die Vermutung, daß er seine Frau mehr liebte als sie ihn, und deshalb sah er es als seine Aufgabe an, sie in die Ehe zurückzuholen und ihr gemeinsames Leben zu verbessern.

Als Alma eines Nachmittags von einem Spaziergang zurückkam, hörte sie, wie ihre eigenen Lieder am Klavier gespielt wurden. Es dauerte einen Augenblick, bis ihr klar wurde, was passiert war. Gustav hatte in der Mappe gestöbert, die sie immer mit sich trug, aber selten öffnete. Dabei hatte er den Teil ihrer Vergangenheit zutage gefördert, dem er vor ihrer Ehe kategorisch ein Ende bereitet hatte, und der ihn seither auch nie wieder interessiert hatte. Obwohl sie immer ihre Musik mit ihm hatte teilen wollen, war sie jetzt der Ansicht, er sei in ihre Privatsphäre eingedrungen und fürchtete sich vor seinem Urteil.

Fast zehn Jahre vorher hatte Gustav ein Lied auf ein Gedicht von Rückert geschrieben, dessen Botschaft vielleicht manchmal an Alma gerichtet war, die aber nun eher auf ihn paßte:

> Blicke mir nicht in die Lieder!
> Meine Augen schlag' ich nieder,
> Wie ertappt auf böser Tat;
> Selber darf ich nicht getrauen,
> Ihrem Wachsen zuzuschauen:
> Deine Neugier ist Verrat.
>
> Bienen, wenn sie Zellen bauen,
> Lassen auch nicht zu sich schauen,
> Schauen selbst sich auch nicht zu.
> Wenn die reifen Honigwaben
> Sie zu Tag gefördert haben,
> Dann vor allem nasche Du![13]

Allen Befürchtungen zum Trotz war Gustav begeistert von Almas Liedern. Er bestand darauf, einige immer und immer wieder zu hören. Dann drehte er sich zu ihr um und befahl ihr, wieder zu komponieren. Er nahm es damit ebenso genau wie neun Jahre zuvor mit der Weisung, daß sie sofort ihre Musik aufzugeben habe. Beide Male mußte sie sich sofort fügen.

Gustav sah in Almas Liedern eine wunderbare Kombination von jugendlicher Begabung und Begeisterung, mehr ein Versprechen als eine fertige Leistung. Ein Großteil ihrer Musik wurde in späteren Jahren zerstört, neun Lieder jedoch sind erhalten und kommen gelegentlich zur Aufführung. Vier sind mit den Jahren 1901 und 1911 datiert. Es ist kein wesentlicher Unterschied im musikalischen Stil zwischen den Liedern, die vor ihrer Ehe geschrieben wurden und denen, die angeblich zehn Jahre später entstanden. Alle stehen der Musik Zemlinskys näher als der Mahlers. Die Lieder zeigen, warum Zemlinsky Almas Musik ›dramatisch‹ genannt hatte und warum sie sich nur schwer an die naiven Tendenzen in der Musik ihres Mannes gewöhnen konnte. Ihre Musik wechselt die Tonalität in einer Art und Weise, die oft nervös und unsicher wirkt. Die einfachsten Lieder sind gleichzeitig auch ihre besten, jene, die den Zuhörer an Zemlinskys Verbindung zu Brahms erinnern. Die weniger erfolgreichen Lieder klingen ein wenig an die frühen Werke Schönbergs an. Es war ganz offensichtlich der andere Schüler Zemlinskys, dem es gelang, diese frühen musikalischen Unsicherheiten zu einer starken musikalischen Sprache zu entwickeln.

Alma kannte den Wert ihrer Lieder. Sie wußte, daß sie die Arbeit einer Schülerin waren – wenn auch diese Schülerin eine ausgezeichnete Pianistin war –, und sie wußte, daß sie nur den Beginn eines Talents zeigten, das durchaus entwicklungsfähig war. Sie war der Überzeugung, daß Gustav ihr Talent überschätzte. Vielleicht war es ohnehin besser, daß der Raum in ihrem Leben, den die Kompositionskunst eingenommen hatte, mit anderen Beschäftigungen ausgefüllt war. Nie hatte sie den Mut – ganz zu schweigen von der Zeit – gehabt, ernsthaft zum Komponieren zurückzukehren.

Gustav war in seiner Begeisterung nicht zu bremsen. So kümmerte er sich darum, daß sein Verleger Universal Edition noch im selben Herbst fünf von Almas Liedern herausgab. Dann widmete er ihr auch noch die Achte Symphonie. Zwar hatte er schon zuvor Lieder für sie geschrieben und ihr gegenüber auch erwähnt, daß er bei anderen Kompositionen an sie gedacht hatte, doch hatte er ihr nie ein Musikstück offiziell gewidmet. Gustav Mahlers Achte Symphonie und fünf Lieder von Alma Maria Schindler-Mahler wurden gleichzeitig mit derselben Titelblattausführung gedruckt. Alma war nicht ganz wohl in ihrer Haut, als sie die beiden Werke nebeneinander sah, die Lieder aus ihrer Jugendzeit und die Symphonie, von der sie beide wußten, daß sie Gustavs größtes Werk war.

Die Uraufführung der Achten sollte in München stattfinden, wo es genug Platz für das riesige Orchester, acht Vokalsolisten, drei Chöre [einschließlich einem Kinderchor] und eine Orgel gab. Bevor Gustav abreiste, um vom Hotel Continental aus mit seinen Vorbereitungen zu beginnen, gab er Alma das Diadem, das er zu ihrem einunddreißigsten Geburtstag hatte anfertigen lassen. Er nahm ihren Ehering mit und wollte ihn tragen, bis sie wieder vereint waren. Als er die gedruckte Version seiner Achten Symphonie vor sich hatte und das Widmungsblatt ansah, schrieb er an Alma: »Und ich will, daß die Welt dies ernst nimmt, und daß es ihr mehr bedeutet, als eine Schnurre des Verliebten. Hat es nicht etwas von einer Verlobungsanzeige?«[14]

Die Arbeit in München war für Mahler sehr anstrengend und nahm ihn arg mit. Er fühlte sich noch schlechter, als Alma einmal ein Telegramm von ihm falsch verstand. Eiligst bemühte er sich, die Sache richtigzustellen: »Aber Almschilitzilitzilitzili! Wie hast Du denn das ominöse Telegramm gelesen? Hast Du denn nicht gleich gemerkt, daß das Scherz war? So einen unsinnigen Bombast werde ich doch nicht im Ernst meinen! Da müßtest Du Dich ja gleich von einem so hohlen mit Luft gefüllten Ballon scheiden lassen!«[15] Wie immer schrieb sie ihm nicht häufig genug, und als er schließlich zwei Briefe an einem Tag von ihr bekam, worin zu lesen war, daß sie erst in einer Woche kommen würde, antwortete er: »Wenn Du eine ganze Woche noch ausbleibst, so bin ich gestorben...« Und weiter heißt es:

»Almschili, wenn Du damals von mir weggegangen wärst, so wäre ich einfach ausgelöscht, wie eine Fackel ohne

Luft... ich bin ja hauptsächlich Gymnasiast – aber ein Rest von Familienvater und Ehemann oder wie Du das Zeug nennen willst, ist doch in mir noch geblieben, und das will wissen, wie es meiner Liebsten und meinen Lieben leiblich ergeht.

...ach, wie herrlich ist es, zu lieben! Und jetzt erst weiß ich, was es ist. Der Schmerz hat seine Gewalt und der Tod seinen Stachel verloren. Wie wahr sagt Tristan: ›Ich bin unsterblich‹, denn wie könnte Tristans Liebe sterben? Immer denk' ich an den Moment: ›Ist es wahr? Hab' ich Dich wieder? Kann ich es fassen? Endlich! Endlich!‹... Unsere Zimmer sind sehr lieb und unglaublich still! Zum ersten Mal in München, daß ich Nachtruhe habe. Die Fenster gehen wirklich in einen ›Villenhof‹. Aber daß mein Almschi, mein Herzenslieb sich nicht ärgert, so habe ich gegenüber einen kleinen Salon auf die Straße reservieren lassen für den Tag, wo wir essen und empfangen können... Dein heutiger Brief war so lieb und zum ersten Mal seit acht Wochen – eigentlich in meinem ganzen Leben – fühle ich dieses selige Glück, das einem die Liebe verleiht, wenn man von ganzer Seele liebt und sich wiedergeliebt weiß.«[16]

Alma fuhr wie geplant nach München. Für ihre Ankunft hatte Gustav alle Zimmer der Hotelsuite mit ihren Lieblingsrosen geschmückt und die Achte mit dem Widmungsblatt zu ihrem Empfang auf ihrem Tisch bereitgelegt. Anna Moll fand in ihrem Zimmer den Klavierauszug der Achten mit der Widmung vor: »Unserem lieben Mamerl, die ja immer zu allem gehört und die mir Almscherl geschenkt hat – von ihrem Gustav, dessen Dankbarkeit nie erlöschen kann.«[17] Carl und Anna Moll mußten ihre Anreise um ein paar Tage verschieben, ein Umstand, der sich als sehr praktisch erwies, da man sie in der letzten Minute bitten konnte, Mäntel für Alma und Gustav zum Schutz vor der herbstlichen Kühle in München mitzubringen.

Die Uraufführung der Achten sollte am 12. September stattfinden, eine zweite Aufführung sollte am dreizehnten folgen. Beide Abende waren ausverkauft. Die Spannung in den drei oder vier Tagen vor der Premiere stieg so ungeheuer an, daß Alma und Gustav sich entschlossen, im Kreise der Familie im Hotel zu bleiben. Gustav war von Zweifeln geplagt, wie man sein neues Werk wohl aufnehmen würde. Ein Werk solchen Ausmaßes, das so viel öffentliches Interesse erregte, mußte einfach eine heftige Reaktion hervorrufen. Entweder würde es ein großer Triumph oder ein totaler Reinfall werden. Alma nahm ihren Logensitz gerade noch rechtzeitig ein, um mitzuerleben, wie sich das Publikum von den Sitzen erhob, als Mahler das Podium bestieg, von dem aus er dirigieren sollte. Die ganze lange Symphonie hindurch hörte man keinen Laut aus dem Zuschauerraum. Dann, nachdem Gustav den Taktstock aus der Hand gelegt hatte, brach tosender Applaus los, der die Ausmaße einer Demonstration annahm. Tausende von Menschen drängten zu dem Komponisten und zur Bühne.

Die Mahlers mußten sich einen Weg durch die Menge bahnen. Im Hotel wurden sie über und über mit Glückwünschen bedacht. Zu einer kleinen Feier im engen Freundes- und Familienkreis waren Berliner, Roller, Max Reinhardt und die Clemenceaus eingeladen. Am folgenden Abend arrangierten Freunde im Hotel Vier Jahreszeiten eine Feier zu Ehren von Alma, der die Symphonie gewidmet war. Dort durfte sich die glückliche und stolze Ehefrau ein Schmuckstück aussuchen. Sie wählte drei Barockperlen an einer Kette. Gustav, dem plötzlich klarwurde, wie wichtig solche Schmucksachen für eine Frau sein konnten, bestand darauf, die Perlenkette für Alma zu kaufen, aber die Feier war Berliners Idee gewesen, und so blieb er der Spender.

Noch ein Geschenk gab es nach der Premiere der Achten. Thomas Mann, der nach der Premiere der Symphonie die Mahlers kennengelernt hatte, schickte eine Ausgabe seines neuesten Buches ›Königliche Hoheit‹ mit einem Begleitschreiben: »Als Gegengabe für das, was ich von Ihnen empfangen, ist es freilich schlecht geeignet und muß federleicht wiegen in der Hand des Mannes, in dem sich, wie ich zu erkennen glaubte der ernsteste und heiligste künstlerische Wille unserer Zeit verkörpert. Ein epischer Scherz. Vielleicht vermag er Sie ein paar müßige Stunden lang auf leidlich würdige Weise zu unterhalten.«[18]

6

Gustavs Tod

In Wien bezogen die Mahlers nach dem triumphalen Erfolg der Achten Symphonie ihren vorübergehenden Wohnsitz bei den Molls auf der Hohen Warte. Wieder einmal bereiteten sie ihre Abreise zur Konzertsaison in Amerika vor. Schönberg und Zemlinsky besuchten sie und waren tief beeindruckt und gerührt von dem jüngsten Werk. Schönberg nahm die Gelegenheit wahr, sich bei Mahler dafür zu bedanken, daß er sich finanziell um ihn gekümmert und so seine Besorgnis und seine Unterstützung für die Bemühungen des jüngeren Mannes zum Ausdruck gebracht hatte.

Sehr häufig ging es in Gesprächen um die ideale Behausung, die Carl immer noch für seine ›Kinder‹ suchte. Es wurde zunehmend klarer, daß es unmöglich sein würde, ein Haus zu finden, das allen Anforderungen entsprach – es sollte nahe genug bei Wien sein, damit man nur einen kurzen Weg in die Stadt hätte, aber doch weit genug vom Zentrum entfernt, ruhig gelegen und mit einem hübschen Garten. Gustav brauchte einen angemessenen Arbeitsplatz, und alle wollten so viel Räumlichkeit haben, daß sie sich nach monatelangem Leben in Hotels und wechselnden Unterkünften so richtig entfalten könnten.

Gustav und Carl führten endlose Gespräche über die geplante Heimstätte der Mahlers. Sie kamen zu folgendem Schluß: Man müßte ein Grundstück kaufen und sich sein Idealhaus selber darauf bauen. Die Männer ereiferten sich immer mehr an der Idee. Alma nahm an diesen ersten Planungsgesprächen nicht teil, zum einen, weil die beiden ihren Spaß daran hatten, es in der Fantasie entstehen zu lassen, und zum anderen, weil sie mit den Vorbereitungen für ihre Abreise vollauf beschäftigt waren.

Eine der neuen Schwierigkeiten, mit denen sie fertig werden mußte, war die Bedeutung, die Gustav neuerdings seiner äußeren Erscheinung beimaß. Sie war Ausdruck seines neuen Lebensgefühls. Jetzt war Gustav nicht mehr damit zufrieden, seine Anzüge lediglich als Füllmaterial in die Koffer zu stopfen, die wichtigere Dinge wie Manuskripte, Skizzen und Noten enthielten. Er legte Wert auf modische Kleidung mit perfektem Schnitt. Es oblag Alma, dafür zu sorgen, daß jedes Kleidungsstück so auf die Reise gebracht wurde, daß es in Amerika sofort getragen werden konnte.

Gustav dirigierte noch einige Konzerte in Bremen, bevor er sich mit Alma und der kleinen Tochter im Hafen von Cherbourg traf. Die Reise über den Atlantik war für die Mahlers nichts Besonderes mehr. Sie hatten entdeckt, daß man die Fahrt zum Ausruhen und Kraftschöpfen nutzen und sich so auf die kommende anstrengende Zeit vorbereiten konnte. An sonnigen Nachmittagen ging man an Deck spazieren, fotografierte und träumte in den fernen Horizont hinein. Die Direktoren der Wiener Oper waren an Gustav mit der Frage herangetreten, ob er in seine frühere Position zurückkehren möchte, in dem begrenzten Umfang, wie es ihm genehm sei, aber er genoß seine Freiheit so sehr, daß er alle diesbezüglichen Überlegungen erst einmal hinausschob.[1]

In New York zogen sie wieder in das vertraute Savoy ein. Gustav mußte unverzüglich mit den Vorbereitungen zur Eröffnung der neunundsechzigsten Saison der Philharmonic Society am 1. November 1910 beginnen. Mahler würde jeweils an den Dienstagen um 20 Uhr 15 neue Programme vorstellen und diese am folgenden Freitagnachmittag wiederholen. Dazwischen lagen Fahrten über Land mit Konzerten in Pittsburgh und Buffalo. Für das Eröffnungsprogramm der Saison 1910/1911 entschied sich Gustav für Musik von Bach, Schubert, Mozart und Richard Strauss. Er begann sofort mit den Proben.

Aus Wien kamen gute Nachrichten, die die Familie Mahler

aufhorchen ließen. Am 3. November wurde ein Vertrag zwischen Emil Freund, der in Gustavs Namen handelte, und den Eigentümern von ›Haus Nr. 17‹ unterzeichnet. Damit gingen für den Preis von 40000 Kronen ein bescheidenes Bauernhaus mit Garten, Wiesen und Weiden in den Besitz der Familie Mahler über. Das Objekt lag in Breitenstein am Semmering, südlich von Wien, aber in erreichbarer Nähe der Stadt. Gustav schrieb an Carl Moll:

»Wir empfingen heute Eure lieben Nachrichten. Wir beide hatten schon mit Spannung auf das Endresultat gewartet, welches nun allen unseren Wünschen und Hoffnungen ein schönes und wahres Ziel setzt. Almschi schreibt wieder ausführlich über alles. Ich habe heuer faktisch keine Stunde recht für mich, fühle mich aber sehr wohl und frisch, bei aller – ja vielleicht infolge dieser Arbeit.

Ich möchte Dir nur, bevor Du die Pläne für das Haus fertig stellst, ans Herz legen, auf alle Fälle sowohl für mich, als auch für Almschi je ein (wenn auch noch so kleines) Badezimmer dazu aufzunehmen, denn dieses ist der Komfort, ohne den ich nun einmal eine ›residence‹ nicht behaglich – ja sogar nicht einmal gesund denken kann... ich bitte Dich, in diesem Punkte keine Schwierigkeiten zu scheuen und zu meiden. ...Ich fühle mich Montenuovo gegenüber nicht im geringsten verpflichtet, da ich immer betont habe, mich erst dann entscheiden zu können, wenn ich die Verhältnisse nach künstlerischer Richtung zu überschauen imstande bin.«[2]

Gustav schrieb seinem Vermittler Freund, daß der Landbesitz auf seinen und auf Almas Namen eingetragen werden solle und daß er, was auch immer die Zeitungen berichteten, nicht unter den alten Bedingungen an die Wiener Oper zurückkehren würde. Nun, da die Sache mit dem Haus unter Dach und Fach war, gingen Alma und Gustav mit der Philharmonic Society auf Tournee und machten dabei auch in Niagara Falls Station. Sie genossen einige friedvolle Stunden beim Anblick des gewaltigen Wasserstroms. Doch auch hier kamen sie sich wie unter dem Mikroskop vor. Nicht nur amerikanische Reporter folgten ihnen auf Schritt und Tritt, sondern auch Korrespondenten europäischer Zeitungen. Ein Wiener Journalist namens Maurice Baumfeld schrieb einen Artikel für eine deutschsprachige Zeitung. Er berichtet vom Leben der Mahlers im Savoy:

»Es waren sicher mit seine schönsten Stunden, wenn er gerade ein Konzert erfogreich dirigiert hatte und im Ecksalon des Hotel Savoy einige Leute um sich scharen konnte, von denen er wußte, daß sie ihn verstanden und seine wahre Natur schätzten. Leute, mit denen er sein konnte, wie er wirklich war. Er pflegte auf dem Diwan zu liegen, bis er allmählich müde wurde. Dann stand er auf: ›Also, meine Damen und Herren, jetzt könnt ihr euch vergnügen und fröhlich sein, ich bin dafür nicht geeignet. Wenn ihr zu fröhlich werdet, werfe ich meine Stiefel gegen die Wand. Dann wißt ihr gleich, daß ihr zu laut seid.‹ Herzliches Händeschütteln, und Herr Mahler ging zu Bett. Natürlich war die Bemerkung über die Fröhlichkeit, für die er angeblich nicht geschaffen war, nicht so ganz ernst zu nehmen. Er hatte einen sehr ausgeprägten Humor, das ganze Spektrum von beißender Ironie bis zu unbeschwert-kindlicher Heiterkeit. Wenn er gute Laune hatte und über wohlbekannte Zeitgenossen herzog, besonders natürlich andere Komponisten und Dirigenten, mochten wir uns ausschütten vor Lachen. Er schreckte nicht vor harten Worten... und grotesken Imitierungen zurück.

Andererseits jedoch konnte jeder, der ihn mit seiner kleinen Tochter spielen sah, die Güte und Liebenswürdigkeit seines ansonsten wortkargen Naturells beobachten. Sich so mit einem Kind zu beschäftigen, daß das Kind sich wirklich gut unterhält, ist eine ganz besondere Gabe. Ob er nun der Magier oder die Fee war, das wilde Tier oder der treue Hund, ob er nun lustige Geschichten aus der Vergangenheit erzählte oder sie zu einer Parabel mit didaktischem Auftrag machte, immer zeigte er jenes Feingefühl für die erwachende

Seele des Kindes, die er auch in so vielen seiner Kompositionen ausdrücken konnte.

Seine Beziehung zu seiner Frau Alma war ähnlich tief und zärtlich geworden, wenngleich dies auch erst nach so manchem Kampf und so mancher Krise entstanden war. Die schöne Frau Alma, selbst eine brillante Musikerin und eine außergewöhnlich talentierte Komponistin, hatte es bei all seiner Liebe zu ihr nicht immer leicht. Es dauerte viele Jahre, bis er sie als die Frau an seiner Seite behandelte. Ihre Harmonie erreichte eine Intensität, die man nur schwer beschreiben kann. Er komponierte, dirigierte, arbeitete, lebte, vor allem für diese Frau... Um die Weihnachtszeit bat er mich einmal mit geheimnisumwitterter Miene in sein Zimmer. ›Sie müssen mir dabei helfen, ein paar Geschenke für meine Frau zu kaufen. Sie kennen ihren Geschmack. Aber sie darf um Himmels willen nichts davon merken.‹ Dann machten wir ein geheimes Rendezvous aus. Wir durchstreiften stundenlang die New Yorker Geschäfte und Kunstläden. Nichts war ihm gut und schön genug... Dann schrieb er ausführliche Instruktionen für unerhörte Schätze, die in Europa, vor allem in Paris, gekauft werden sollten. Am Weihnachtsabend stellte er alles Stück um Stück zusammen, zweifelte aber immer noch, ob sein Schatz kostbar und schön genug war.«[3]

In bezug auf das neue Haus am Semmering schrieb Baumfeld:

»Dieses Haus muß im Freundeskreis letzten Winter wohl hundertmal aufgebaut und wieder abgerissen worden sein. Pläne waren gezeichnet worden von Leuten aus Wiener Künstlerkreisen, aus denen Frau Alma stammte, wie auch von amerikanischen Architekten. Denn es sollte etwas Besonderes werden, und vor allem etwas ganz Persönliches... Wir diskutierten, manchmal bis zur bitteren Auseinandersetzung über jeden einzelnen Sessel, über Tapeten und Teppichmuster... ›Solange ihr eure Finger von meinem Arbeitszimmer laßt‹, pflegte er zu sagen, ›könnt ihr nach Herzenslust bauen. Aber über den Raum, in dem ich meine nächsten Symphonien schreibe, werde *ich* allein entscheiden...‹

Mahler hatte mehr als einmal harte Worte über die Spießbürger und Snobs von New York gesagt, aber er verschloß sein Herz weder der Größe noch dem besonderen Charakter der Stadt. Er sprach sogar richtig leidenschaftlich von der Sonne in New York. Vom Eckfenster seines Wohnzimmers im Hotel Savoy hatte er einen weiten Blick auf den Central Park und seine grünen Baumkronen. Er konnte dort stundenlang wie in Trance sitzen und auf das pulsierende Leben hinunterstarren.«[4]

Das Weihnachtsfest des Jahres 1910, auf das sich Gustav so sorgfältig vorbereitet hatte, sollte Alma unvergeßlich bleiben. Gustav hatte noch nie zuvor Geschenke eingekauft, ja, er hatte seiner Frau nicht einmal ein Hochzeitsgeschenk gemacht. Als die Zeit der Bescherung in den von Alma wunderschön geschmückten Räumen gekommen war, wurde sie gebeten, das Wohnzimmer zu verlassen. Dann richteten Gustav und Gucki alle Geschenke für Alma auf einem langen Tisch her, breiteten ein Spitzentuch darüber, das sie von oben bis unten mit rosa Rosen schmückten. Sie konnten zufrieden sein mit ihrem Werk und riefen Alma herein. Sie war einen Augenblick wie erstarrt, teils aus Rührung, teils weil sie die kunstvolle Dekoration so ahnungsvoll an eine blumengeschmückte Totenbahre erinnerte. Sie bekam Parfüm und viele andere wunderschöne Dinge. Dabei lagen auch zwei Bons:[5]

Bon
zur Vergütung von 40 Dollar
auf einen schönen Bummel
durch die
Fifth Avenue
für
Herrn Gustav Mahler mit seinem Almschili
lustwandelnd durch die Gefilde

Bon
zum Ankauf eines
Solitärs
im Wert von über 1000 Dollar

Gustav Mahler
New York
Weihnachten
1910

Alma hatte sich schon lange einen Diamantring gewünscht. Gustav hatte den Brauch, sich gegenseitig Ringe zu schenken, immer für blödsinnig gehalten, aber nun sollte seine Frau einen wunderschönen Ring bekommen, und er würde mit ihr auf der Fifth Avenue, die direkt vor ihren Fenstern lag, einen Einkaufsbummel machen. Es war ein fröhliches Weihnachtsfest, eines der schönsten, an das sich Alma erinnern konnte. Sie waren glücklich miteinander, fühlten sich sicher und hatten ihre Gucki bei sich. Am beruflichen Himmel gab es allerdings einige Wolken. Gustav hatte um zusätzliche 5000 Dollar als Entgelt für zwanzig weitere Konzerte in der Saison des Jahres 1910/1911 angesucht. Die Philharmonic Society genehmigte ihm 3000 Dollar und machte sich Gedanken, wer in der nächsten Saison ihr Dirigent sein sollte. Im Sitzungsprotokoll war vermerkt, Franz Kneisel habe sich geehrt gezeigt, die Position des hochgeschätzten Maestro Mahler zu übernehmen. Es oblag nun Gustav und den Sprechern des Orchesters, sich über die näheren Bedingungen zu einigen.

Nach Almas Ansicht hatte Gustav dem Damenkomitee zu freie Hand bei der Programmgestaltung der Saison gelassen, und sie wußte, daß es zwischen Gustav und einigen seiner Musiker sowohl persönliche als auch politische Probleme gegeben hatte. Die Neujahrsnacht des Jahres 1910/1911, die sie mit Dr. Fraenkel verbrachten, war von ergreifender Schönheit. Die drei erhoben ihre Gläser auf einen neuen Anfang in der Stadt, die sie alle als ihre zweite Heimat betrachteten. Gustav war gerade dabei, seine Vierte Symphonie einzustudieren. Obgleich das Werk in Manhattan schon auf dem Programm gestanden hatte, war dies doch eine sehr bedeutende Aufführung, wenn das Werk vom Komponisten persönlich präsentiert wurde. Am 18. Januar 1911 schrieb der Kritiker der ›New York Times‹: »Die Aufführung der Symphonie war außerordentlich brillant und wurde mit tosendem Beifall belohnt. Mr. Mahler mußte sich viele Male verbeugen.«

Frances Alda, die Frau von Gatti-Casazza, bat Alma um Erlaubnis, eines ihrer Lieder am 2. März in New York singen zu dürfen. Alma war nicht ganz wohl in ihrer Haut bei dem Gedanken, sich als Komponistin vorzustellen, aber Gustav war sofort Feuer und Flamme. Er redete der Sängerin zu, alle fünf veröffentlichten Lieder von Alma mit in ihr Repertoire aufzunehmen. Das war unmöglich, weil das Programm schon feststand, aber Gustav erbot sich, mit der Sopranistin das eine ausgewählte Lied einzustudieren. Als er mit Alma ins Waldorf Astoria ging, um sich mit Madame Gatti-Casazza zu treffen, kümmerte sich diese in keiner Weise um die Schöpferin des Liedes, sondern befaßte sich nur mit Gustav, der mit ihr das Lied einstudierte und sie am Klavier begleitete.

Die Möglichkeit, daß ihre Lieder aufgeführt würden, gab Alma jedoch Auftrieb. Gustav schrieb an seine Schwiegermutter und bat sie, den Zeitpunkt ihres geplanten Besuches zu bestätigen. Er fürchtete, Anna Moll könnte meinen, sie käme ungelegen. »Ich habe das Gefühl, daß Almscherl mit ihren temperamentvollen Brandreden das verschuldet... Es wäre wirklich zu lächerlich, daß da ein Mißverständnis und so etwas wie von einer ›Pique‹ zwischen uns entstanden wäre. Wir haben für den 20. März auf dem schönsten Schiffe der deutschen Marine ›George Washington‹ unsere protzigen Kajüten, und Du richtest Dir doch sicher die Reise so ein, daß wir zusammen alle drei zurückfahren; das wird herrlich sein. Wann kommst Du?

Von Almscherl kann ich Dir diesmal das Allerschönste berichten. Sie blüht ordentlich auf, sieht täglich jünger aus...

Ihre gedruckten Lieder machen Furore hier... Guckerl ist auch sehr frisch.«[6]

Hier erwähnt Mahler zum ersten Mal etwas von übermäßigem Trinken. Alma und Gustav hatten hie und da mehr Wein zum Mittagessen getrunken, als sie selbst für angebracht hielten. Sie hatte eine Neigung, mehr zu trinken, als ihr Gatte für gut hielt, aber sie hatte ganz sicher kein Alkoholproblem. Seine Besorgnis bezog sich wahrscheinlich auf seine Idee, daß sie beide gesünder leben sollten.

Im Januar 1911 wurde Gustav vor den Exekutivausschuß der Philharmonic Society gerufen, wo man ihn ordentlich ins Gebet nahm, weil er sich angeblich einige Mißgriffe zuschulden hatte kommen lassen. Für die Zukunft wurden seine Kompetenzen ganz genau festgelegt. Gustav war verärgert, und obwohl er beschloß, das Ganze zu vergessen und nur das zu tun, was für ihn und sein Orchester richtig war, hatte er sich so aufgeregt, daß eine in ihm schlummernde Krankheit zum Ausbruch kam. Er bekam Fieber, Schüttelfrost und Halsschmerzen. Sein Gesundheitszustand verschlechterte sich. Gegen den ärztlichen Rat von Dr. Fraenkel bestand er darauf, die Philharmoniker am 21. Februar zu dirigieren. Bei diesem Konzert brachte er auch das ›Wiegenlied am Grabe meiner Mutter‹ von Busoni zur Uraufführung. Sowohl der Komponist als auch Toscanini waren im Publikum. Busoni schrieb an seine Frau, Mahler habe ihn dazu veranlaßt, sich in der Carnegie Hall noch zusätzlich zweimal zu verbeugen. Gustav betrachtete den Abend als Triumph, ging im Hotel gleich zu Bett, nahm zwei Aspirin und schlief ein.

Am 24. Februar mußte der Violinist Spiering für Gustav am Dirigentenpult einspringen. Dr. Fraenkel zog Emanuel Libman, den Leiter des First Medical Service und Laboratoriumsdirektor des Mount-Sinai-Krankenhauses, zu Rate. Mit einem Kollegen nahm Dr. Libman eine Blutpunktion vor, deren Ergebnis auf Streptokokken lautete. Nach den Worten des Arztes »besiegelte dies Mahlers Schicksal. Er verlangte, die Wahrheit zu erfahren, und äußerte dann den Wunsch, in Wien zu sterben.«[7]

Alma wußte sich keinen Rat. Das Auf und Ab der Infektionskrankheit ließ sie jedoch immer wieder auf eine Besserung hoffen. Verschiedene andere Ärzte wurden noch hinzugezogen und diverse Medikamente ausprobiert. Dr. Fraenkel, der sich bei den Mahlers im Savoy aufhielt, wann immer er konnte, war gegen fortwährende Experimente mit Arzneien. Er glaubte, und Alma pflichtete ihm bei, Gustav könne am besten durch Mobilisierung seiner inneren Stärke und seines Willens geholfen werden. Geschenke, Blumen und Glückwünsche trafen in einem nicht enden wollenden Strom ein, als die Nachricht von Mahlers Krankheit in der Stadt bekannt wurde. Der Patient genoß die Zuwendung von seinem Publikum, seinem Arzt und Freund und von seiner Frau.

Dr. Fraenkel begleitete Alma zu dem Konzert von Madame Gatti-Casazza. Alma hatte einen versteckten Galerieplatz. Sie wollte weder im Publikum gesehen werden noch das Ereignis mit irgend jemandem diskutieren. Als sie und Fraenkel wieder ins Savoy zurückkehrten, konnte es Gustav kaum mehr erwarten, von dem Konzert zu hören. Er war bei der Erstaufführung von Almas Lied viel aufgeregter gewesen als bei seinen eigenen komplexen Symphonien. Hochbeglückt vernahm er, daß das Lied wiederholt werden mußte, weil es so gut angekommen war.

Als die Mahlers sich klargemacht hatten, daß Gustav zur weiteren Behandlung nach Europa gebracht werden mußte, baten sie Anna Moll, zu kommen. Krankenschwestern konnten es Gustav nie recht machen, und er erlaubte ihnen nicht, den Platz seiner Frau oder seiner Schwiegermutter, die bereits nach sechs Tagen angekommen war, einzunehmen. Annas Gegenwart war eine große Erleichterung für Alma, besonders wenn sie sah, wie gerne sich Gustav von der älteren Dame versorgen ließ. »Ich habe in früheren Jahren immer den Witz gemacht, wenn Mahler zu Mama käme und sagte: ›Du, ich habe Alma umbringen müssen‹, sie einfach geantwortet hätte: ›Hast sicher recht gehabt, Gustav...‹ Es konnte nichts Schöneres geben, als wenn wir drei allein beisammen waren.«[8]

Dr. Fraenkel kam in das Savoy, um Gustav in der Limousine von Mrs. Minnie Untermeyer, seiner besten Freundin aus den erlesenen Kreisen der Philharmonie, zum Schiff zu bringen. Alma schaute noch einmal durch die Zimmer, zahlte die Rechnung und bedankte sich beim Personal. Die Hotelleitung hatte zu Gustavs Abschied die Hotelhalle räumen lassen und abgesperrt. Sie nahmen Rücksicht auf ihren berühmtesten Gast und wollten ihm die Schaulustigen ersparen, die den todkranken Mann noch einmal sehen wollten. An Bord blieb Fraenkel bis zur letzten Minute, vergewisserte sich, daß es Gustav bequem hatte und übergab dann mit einem letzten traurigen Ade seinen Patienten an Alma und Anna.

Von Stunde zu Stunde wechselte Gustavs Zustand von Untertemperatur zu hohem Fieber. Es war fast unmöglich, es ihm bequem zu machen. Doch er war stark genug, um fast jeden Tag an Deck des Schiffes gebracht zu werden. Der Kapitän hatte einen großen Bewegungsraum für Mahler abgrenzen lassen, wo sich die Familie Mahler ungestört von den anderen Passagieren aufhalten konnte. Alma fotografierte und nahm Glückwünsche und Geschenke entgegen, unter anderem auch lustige Kontrapunkte von Busoni, der auch an Bord war. Alma hatte in ihm einen Gefährten, mit dem sie hin und wieder in einer freien Stunde spazierengehen konnte. Busoni gefiel ihr mit seinem Scharfblick und seiner Freundlichkeit. Er erinnerte sie an vergangene Zeiten.

Die Abreise in Amerika war ein Kinderspiel im Vergleich zu der Prozedur nach der Ankunft in Cherbourg, wo Gustav in den Tender verfrachtet werden mußte, dann in einen Wagen und von da in den Zug nach Paris. Alma hatte die vierzig Gepäckstücke durch den Zoll zu bringen und mußte außerdem nach Gucki und dem Kindermädchen sehen. Alle waren schließlich sehr erleichtert, im Elysée-Hotel in Paris angelangt zu sein, wo Carl wartete, um Alma helfen zu können. Früh am nächsten Morgen saß Gustav vollständig angezogen auf dem Balkon und wartete auf seine Frau, um das Frühstück bestellen zu können. Danach wollte er unbedingt eine

Fahrt mit dem Elektromobil machen. Während der kurzen Fahrt verließen ihn jedoch die Kräfte, und er mußte eiligst wieder ins Hotel gebracht und ärztlich versorgt werden. Almas Mutter blieb bei Gustav, während Alma selbst sich um Gucki kümmerte, die völlig verstört und verängstigt war. Gustav sprach mit seiner ›lieben kleinen Mama‹ über sein Grab und seinen Grabstein. Unten in der Hotelhalle warteten Scharen von Reportern.

Alma und die Molls versuchten verzweifelt, die Spezialisten zu erreichen, deren Namen ihnen Dr. Fraenkel gegeben hatte, aber es war kurz vor Ostern, und niemand war in der Stadt. Endlich konnten sie André Chantemesse ausfindig machen; er war Professor an der Universität und Mitarbeiter am Pasteur-Institut. Gustav sollte sofort in seine Klinik aufgenommen werden.

Am 12. April 1911 berichtete die ›*Neue Freie Presse*‹ in Wien aus Paris, daß am Tag vorher »Gustav Mahler das Elysée Palace Hotel auf den Champs Elysées verlassen hat. Das Hotel steht unter der ausgezeichneten Leitung des Wiener Hoteliers Ronacher. Mahler wurde mit dem Ambulanzwagen in das Sanatorium in einer wunderschönen Gegend nahe dem Bois de Boulogne gebracht... Chantemesse erwartete seinen Patienten bereits und begann sofort nach der Untersuchung mit einer Serumbehandlung... Ich hatte Gelegenheit, Mahler zu sehen, als er in das Sanatorium eingeliefert wurde. Er sieht nicht so schlecht aus... Mahler sprach lange Zeit über künstlerische Ideale, bis ihn seine Frau, die ihn liebevoll umhegte, zur Ruhe mahnte... Mahler weiß um seinen Zustand. Er hat den Ärzten in Amerika die volle Wahrheit abverlangt, und was man ihm nicht gesagt hatte, konnte er sich unschwer zusammenreimen.«[9]

Alma und Anna hielten neben dem Pflegepersonal ständige Krankenwache. Gustavs Zustand verschlechterte sich langsam, aber stetig. Wenn er sich besser fühlte, sprachen er und Alma über ihre Zukunft – eine Reise nach Ägypten und das sorglose Leben, das sie miteinander leben wollten. Danach folgte wieder ein Tief, und in ihrer Not telegrafierte

Alma an Professor Franz Chvostek, einen berühmten Wiener Arzt, der schon am nächsten Morgen eintraf. Der Arzt täuschte Optimismus vor und riet, die ganze Familie sollte noch am Abend nach Wien fahren. Anna Moll und Gucki nahmen den Nachmittagszug, Alma, Gustav und Carl den Nachtzug. Die ›Neue Freie Presse‹ berichtete wieder darüber: »Heute nachmittag verließ Mahler Paris. Er wurde auf einer Tragbahre transportiert und ist in Begleitung seiner Frau, des Herrn Moll und Professor Chvosteks. Auf seinen eigenen Wunsch wird er nach Wien gebracht.

Professor Chvostek war mit der Behandlung Chantemesses durchaus einverstanden, aber keiner der Ärzte konnte dem kranken Mann den Wunsch abschlagen, nach Wien gebracht zu werden... Die letzte Untersuchung kurz vor seiner Abreise hatte ergeben, daß sein Zustand sehr ernst war, und daß die Reise nichts mehr verschlimmern konnte.«[10]

Alma, Carl und der Arzt hielten im Zugabteil abwechselnd Nachtwache. Sie wurden ständig von Journalisten belagert, die einen Blick auf den berühmten Komponisten werfen und den neuesten Bericht über seinen Gesundheitszustand hören wollten. Gustav hatte nach dem Besuch Chvosteks wieder Hoffnung geschöpft und ließ sich immer berichten, wer die neugierigen Frager waren. Alma mußte zugeben, daß die Hoffnung trügerisch war. Bei der Ankunft in Wien waren laut ›Neuem Wiener Tagblatt‹ »nur wenige Menschen am Zug... Der Wunsch des Arztes, man möge dem Patienten jegliche Aufregung ersparen, war respektiert worden. Den Rettungswagen vom Sanatorium Löw, der um 5 Uhr 30 am Wiener Westbahnhof vorfuhr, bemerkten nur wenige. Kurz darauf erschienen Arnold und Justi Rosé mit Hofdirigent Walter und Herrn Spiegler. Wenige Minuten vor 6 Uhr fuhr der Orient-Expreß ein. Aus einem der Schlafwagen in der Mitte des Zuges stieg... zuerst Herr Moll aus. Freunde gingen auf ihn zu. Herr Moll sagte zu ihnen: ›Die Reise verlief zufriedenstellend. Der Patient ist sehr schwach.‹«[11]

Gustav wurde in das Sanatorium Löw gebracht. Sein Zimmer glich schon bei seiner Ankunft einem Blumenmeer. Er wurde von Alma und Anna umsorgt. Berliner, Justi und andere gute Freunde besuchten ihn, Gucki wurde zu ihrem Vater gebracht, der sie ermahnte, immer brav zu sein. Dr. Chvostek stand der Familie am 18. Mai in den Stunden bei, von denen er wußte, sie würden Gustavs letzte sein. Einige Journalisten versammelten sich vor der Tür. Carl Moll blieb bis zum letzten Atemzug an Gustavs Seite. Auf Anraten des Arztes hatte Alma das Krankenhaus verlassen und war in das Haus auf der Hohen Warte gebracht worden. Kurz nach 11 Uhr nachts hörte sie von der Stadt her die Kirchenglocken läuten und wußte, daß ihr Mann gestorben war.

Gemäß seinem Wunsch fand er auf dem Grinzinger Friedhof neben seiner Tochter Maria die letzte Ruhe. Sein Grabstein war ein Entwurf Josef Hoffmanns. Nur sein Name ist darauf eingraviert. Carl Moll nahm die Totenmaske. Arnold Schönberg malte ein Bild von der Begräbnisszene auf dem Friedhof. Alma nahm an keiner der Gedenkfeiern teil.

Mahlers Nachlaß wurde mit 170 000 Kronen bewertet, von denen 139 000 in Aktien und 19 000 in Immobilien angelegt waren. Der Komponist und Rechtsanwalt Julius Bittner setzte den Wert von Gustavs Manuskripten auf etwas über 10 000 Kronen an. Alma bekam die zugesagte Pension von der Wiener Oper. In New York hatte Gustav unter ihrem Namen mehr als 100 000 Dollar deponiert.[12]

7

Ein neuer Genius

Alma war noch nicht einmal zweiunddreißig Jahre alt, als sie Witwe wurde, aber sie würde zeitlebens von sich als Alma Mahler denken. Es gibt immer noch Stimmen, die behaupten, sie habe mit Gustavs Tod die besten Jahre ihres Lebens hinter sich gehabt. Einen Großteil ihres restlichen Lebens suchte sie immer wieder nach den Gefühlen, Privilegien und Energien des Jahrzehnts, das sie mit Gustav geteilt hatte.

Alma blieb mit ihrer Tochter im Hause ihrer Mutter und ihres Stiefvaters auf der Hohen Warte. Da Gustav sich jegliche äußere Zeichen der Trauer verbeten hatte, trug sie ihre normalen Kleider, besuchte Konzerte, kam mit Freunden zusammen und versuchte alles, ihr Leben weiterzuleben. Es überraschte sie, daß Dr. Joseph Fraenkel aus New York zu Besuch kam, und noch mehr erstaunte es sie, daß er sie nach schicklicher Frist heiraten wollte. Sie war sehr dankbar für seine Hilfe und seinen Beistand in Gustavs letzten Monaten gewesen, nie jedoch hatte sie in diesem Mann einen etwaigen Liebhaber oder Ehemann gesehen. Nichtsdestotrotz kam er wenige Monate später wieder nach Wien und überredete sie schließlich, mit ihm nach Korfu zu fahren, wo sie als Kind sehr glückliche Ferien verbracht hatte. Die Reise ging per Schiff, und während ihr Begleiter die meiste Zeit seekrank in seiner Kabine lag, lernte sie einen albanischen Kabinettminister kennen, der ihr von einem Sprichwort erzählte, das in ihrem zukünftigen Leben eine wichtige Rolle spielen sollte: »Nicht der Mörder ist der Schuldige, sondern der Ermordete.«[1]

Fraenkel versuchte weiter beharrlich, Alma dazu zu bewegen, mit ihm nach New York zu kommen und ihn zu heiraten. Sie war jedoch noch nicht bereit, sich erneut zu binden, und schrieb ihm einen Brief, in dem sie seine romantischen Hoffnungen ein für allemal zunichte machte.

»Das Los, das uns trennt, ist das Auseinanderstreben unserer Seelen. Jede Faser meines Herzens zieht mich zum echten Leben zurück, während Sie nach vollständiger Entmaterialisierung streben.

Was für mich Seelenheil ist, ist für Sie undenkbar; was für Sie Seelenheil ist, erscheint mir verrückt. So verschieden sind wir.

Meine Parole lautet: Amo – ergo sum. Ihre: Cogito – ergo sum.

Wenn es ums Leben geht, dann haben Sie kläglich versagt. Im besten Fall werden Geschöpfe wie Sie zwischen Buchdeckel gesteckt, zugemacht, gepreßt und in unkenntlicher Form von zukünftigen Generationen verzehrt. Aber solche Menschen *leben* nie.

Heute weiß ich um die ewige Quelle aller Kraft. Sie ist in der Natur, in der Erde, in Menschen, die ihre Existenz für eine Idee aufgeben. Sie sind es, die *lieben* können.

Ich lebe weiter mit meinem Gesicht hoch erhoben, aber mit meinen Füßen fest auf dem Boden – wo sie hingehören.«[2]

Einige Monate später heiratete Dr. Fraenkel Almas Freundin Ganna Walska.

Im Herbst zog Alma mit der siebenjährigen Gucki in eine Wohnung in der Elisabethstraße, wo sie sich zum ersten Mal einen eigenen Haushalt aufbaute und ihr eigenes Leben führte. Ihr erstes wichtiges öffentliches Auftreten als Mahlers Witwe fand am 20. November in München statt, wo Bruno Walter die Erstaufführung von Mahlers ›Lied von der Erde‹ dirigierte. Alma ließ sich die Ehre, die man dem Andenken ihres Mannes und ihr selbst zollte, gerne angedeihen und nahm an dem Ereignis in Gesellschaft von Freunden, Kollegen und Bewunderern teil. Auf der Rückfahrt nach Wien traf sie einen alten Bekannten, Paul Kammerer. Kammerer, ein

Alma Mahler-Werfel, 1896:
eine der exzentrischsten, weiblichsten und intelligentesten
Frauen ihrer Zeit

Alma Mahler-Werfel,
die Geliebte und Muse bedeutender Männer:
Gustav Mahler, Oskar Kokoschka, Walter Gropius
und Franz Werfel

Notentitel
zu eigenen Kompositionen

Oben:
Gustav Mahler, Komponist

Unten:
Walter Gropius, Architekt

brillanter und umstrittener Biologe, war auch ein großer Musikliebhaber, komponierte selbst [seine Lieder wurden bei Simrock veröffentlicht] und war als Musikkritiker tätig. Alma und Paul plauderten während der ganzen Fahrt und genossen die Reise miteinander. Er war stolz, mit der Witwe Mahlers, für den er sich immer eingesetzt hatte, beisammen zu sein. Doch Kammerer verliebte sich nun auch ernstlich in Alma. Eine intensive, wenn auch kurzlebige Beziehung nahm ihren Anfang. Der umfangreiche Briefwechsel zwischen den beiden zeigt, daß Alma dem Mann vertraute, dessen Intellekt und Bildung so verschieden war und auch über das hinausging, was sie kannte.

Paul suchte nach einem Vorwand, mehr Zeit mit Alma verbringen zu können. Er mußte auch seiner Frau eine plausible Erklärung bieten. Um Alma außerdem zu helfen, ihren Horizont zu erweitern, lud er sie ein, in seinem Biologie-Laboratorium zu assistieren. Eine Bezahlung war nicht vorgesehen, und Alma brauchte auch weniger das Geld als eine Beschäftigung zur Ablenkung. Sie arbeitete mit Würmern, Reptilien, Gottesanbeterinnen und allem möglichen anderen Getier. Das war eine völlig neue Welt für sie. Sie setzte sich sehr stark ein, nahm sogar einige der Tiere mit nach Hause, um sie genauer beobachten zu können und ihr Verhalten gewissenhaft zu notieren.

Pauls Zuneigung verstärkte sich, und er schrieb: »Sie glauben sicherlich, ich hätte nichts anderes zu tun, als endlose Briefe zu schreiben... Aber Sie sollten wissen: 1. Wenn mich jemand braucht, mein Freund sein möchte und ich ebenso empfinde, dann, glaube ich, kann ich nicht anders, als mich selbst ganz zu geben... 2. Ich verschwende keine Zeit auf Dinge, die mich nicht an ein höheres Ziel bringen, Dinge, die nicht in mein Konzept von der Suche nach Aufklärung passen [verstehen Sie, was ich damit meine?]... Ich weiß, daß mir jedes Treffen mit Alma Mahler neuen Auftrieb für meine Arbeit gibt. Wenn ich mit ihr beisammen bin, speichere ich die Energie, die ich brauche, um etwas hervorzubringen.«[3]

Paul beriet Alma, als sie die Gustav-Mahler-Stiftung ins Leben rief. Aufgabe dieser Einrichtung war es, jungen Musikern zu helfen und so den Teil von Mahlers Erbschaft gut anzulegen, der nicht direkt und nicht unbedingt Alma gehörte. In seiner Funktion als Berater verbrachte Paul viele private Stunden mit Alma, und schon bald schickte er liebe Grüße an Gucki und die ›Frau Mama‹ Anna Moll. Alma hatte ihm das ›Du‹ angeboten. Sie war seine ›heißgeliebte Alma‹, und er wünschte sich nichts sehnlicher, als sie öfter zu sehen. Sie reagierte sehr vage.

Er schrieb: »Du hast mich bei meinem heutigen, unvorhergesehenen Besuch gefragt, ob Du wieder heiraten solltest... Ich habe Dir nicht in der Weise geantwortet, wie ich es hätte tun sollen. Du glaubst, eine vollständige Hingabe muß davon abhängen, daß Du den Mann ein für allemal davon überzeugst... daß er zu Dir gehört, daß er nicht nur ein kurzes Abenteuer sucht oder ein Luftikus ist. Aber etwas fehlt doch da, etwas, das Du ganz sicher aus eigener Erfahrung kennst: Es ist doch ganz wichtig, daß *Du* den Mann *liebst*. Wenn ich das richtig verstanden habe, ... dann fehlt diese Komponente noch bei dem Mann, dem Du Dich zur Frau geben willst. Und aus diesem Grund muß ich Dir nach reiflicher Überlegung abraten!«[4]

Paul war ihr Vertrauter, aber er wollte mehr, obwohl er verheiratet war:

»Die Möglichkeit, daß Du mich als Mann lieben könntest, tauchte gestern wieder auf und sprach *zweimal* aus Deinen heiß begehrten Lippen... Wenn das der Fall wäre, und wenn Deine Worte und Taten Beweis davon ablegten, daß es wirklich wahr wäre, dann würde ich sofort die ganze Welt umarmen und mich Dir sofort zu Deinen Füßen werfen. Aber da ist immer noch – nicht von Deiner Seite, aber von meiner – die Tatsache, daß ›der Rest schmerzvoll zu erlangen‹ ist, und er ist so schmerzvoll zu erlangen, weil er keinen Frieden bringen kann, nur Unwirkliches, und das liegt an meiner Alma.

Alles hier kann so nicht als ›Ehevereinbarung‹ gelten. Zunächst einmal hast Du mir so etwas einmal, fast bösartig, [nicht ohne berechtigten Grund] gegeben; zum zweiten bin ich noch lange nicht an diesem Punkt angelangt und muß sehen, welch glückliche Stunden des Beisammenseins vor uns liegen; und drittens möchte ich, daß Du erst sicher bist, nicht nur einfach überlegst, denn ich möchte zumindest eine leise Andeutung haben, daß die ganze Angelegenheit auch zustande kommt.

Die Tatsache, daß ich Dich von ganzem Herzen verehre, mit jedem Atemzug, den ich atme und bei allem, was ich tue... weißt Du, oder solltest Du wissen.«[5]

Alma beschuldigte Paul, nur in die Liebe verliebt zu sein und mit ihr nur zu flirten.

»Ich liebe nur Dich«, antwortete er, »und was mich betrifft... ich kann in einem ganzen Tag nicht so viel erreichen wie Du mit einem Blick und einem Atemzug... Du sprichst davon, nach Menschen zu suchen; bei mir nennst Du das flirten. Aber ich tue nichts anderes, als Freunde zu suchen. Ganz sicher spielt die Erotik da mit, auf meiner Seite ebenso wie auf Deiner. Aber diese Erotik ist sowohl freiwillig wie unfreiwillig, und bald wird die ganze Sache so sublimiert, daß alles auf einer Ebene abläuft und nur mehr der Wunsch nach Gemeinschaft ist.«[6]

Paul war ein brillanter, unsteter Mann und für Alma ein guter Freund. Aber sie war nicht in ihn verliebt. Auf den letzten Brief, den sie von ihm erhielt, schrieb sie: »Seine Welt hat mit der Realität herzlich wenig zu tun. Unsere Beziehung war freundschaftlich von meiner, aber leidenschaftlich von seiner Seite aus. Es gab eine Zeit im Jahre 1912, in der wir alle für ihn zitterten. Seine Leidenschaft zu mir, von der er sich einen guten Teil einfach eingeredet hatte, machte ihn zum Clown seines ganzen Kreises. Täglich stürzte er aus meiner Wohnung mit der Versicherung, sich zu erschießen, und zwar mußte er das am Grabe Mahlers tun.«[7] Schließlich setzte sich Alma mit Pauls Frau in Verbindung und erzählte ihr, wie sehr sich die Lage zugespitzt hatte. Die beiden Frauen kamen überein, ihm die Pistole wegzuräumen, und Alma brach die Beziehung ab. Zwei Jahrzehnte später beging Paul Kammerer Selbstmord.

Alma hatte schon einen Nachfolger gefunden. Mit dem Komponisten Franz Schreker verband sie eine enge Freundschaft. Er war ein begabter Musiker und Lehrer, dessen Werk jedoch bald aus der Mode kam. Alma fand das unverständlich und unfair. Franz war ein Jahr älter als Alma und in Monaco geboren, wo sein österreichischer Vater Hoffotograf war. Die Familie zog später nach Wien, wo Franz bei Rosé das Geigenspiel erlernte. Im Jahre 1908 gründete er einen Chorverein. Bei einer seiner Proben erfuhr er, daß Alma im Publikum saß, und kam sie in ihrer Loge begrüßen.

Er stand kurz vor dem größten Erfolg seiner Karriere, der Premiere der Oper ›*Der ferne Klang*‹, die in Frankfurt im August 1912 stattfinden sollte. Er war aufgeregt und sehr erwartungsvoll. Alma war sehr gern mit ihm zusammen, obgleich er sich vor Kollegen und in Gesellschaft ziemlich linkisch benahm. Zusätzlich zu seiner musikalischen Begabung schrieb er auch Gedichte, die er Alma als ganz persönliche Geschenke zukommen ließ. Oder aber er schwelgte statt in Gedichten manchmal in romantischen Dialogen, die ebenfalls an Alma gerichtet waren. Nur gelegentlich bestanden seine Briefe aus knappen Berichten über den Fortschritt an seiner Arbeit oder über Ereignisse seines Lebens. Er beendete die Oper ›*Das Spielwerk und die Prinzessin*‹, die am 15. März 1913 in Wien zur Erstaufführung kommen sollte. Alma erfuhr Einzelheiten über den Fortgang und die Hektik der Vorbereitungen. So sehr sie diesen Mann wegen seines Talents schätzte, empfand sie doch nur Nachsicht für ihn, nicht Liebe.

Anfang des Jahres 1912 erzählte Carl Moll Alma von einem genialen jungen Künstler, der in der Wiener Kunstwelt gerade großes Aufsehen erregte. Vielleicht wäre er, so meinte Moll, daran interessiert, sie zu porträtieren. Sie kannte den Namen Oskar Kokoschka von einigen Bildern, die sie gesehen hatte, und von Geschichten über den Wirbel, den er während seiner Akademiejahre und auf einigen Ausstellungen verursacht hatte. Er war sieben Jahre jünger als sie, 1886 geboren, Sohn eines Goldschmiedes aus Prag und einer k. u. k. Förstertochter. Oskar wuchs in einem matriarchalischen Haushalt auf und war davon überzeugt, von seiner Mutter und seiner Großmutter das ›zweite Gesicht‹ geerbt zu haben.

Er liebte Musik und hatte auch einiges Talent auf diesem Gebiet, doch seinen Lehrern fiel vor allem seine zeichnerische Begabung auf. Er bekam ein Stipendium für die Wiener Kunstgewerbeschule, an der er Lehrer werden konnte. Die Kunstgewerbeschule selbst war umstritten, weil ihre enge Beziehung zur Wiener Werkstätte [wo Kolo Moser die Kleider entworfen hatte, die Alma während ihrer Schwangerschaften trug] und zur Sezession von Klimt und Carl Moll der kaiserlichen Tradition trotzte. Oskar selbst machte dann wiederum von sich reden, weil er sich dem vorgeschriebenen Stundenplan widersetzte. Nichtsdestotrotz veröffentlichte die Werkstätte im Jahre 1908 seine Grafikserie ›*Die träumenden Knaben*‹. Im Sommer desselben Jahres war er in der ersten Internationalen Ausstellung vertreten, unter anderem mit einer Tonbüste, ›*Der Krieger*‹, einem qualvollen Selbstporträt mit offenem Mund, in den die Ausstellungsbesucher Schokoladendrops und Bonbonpapier hineinwarfen. Adolf Loos, der Architekt, kaufte die Skulptur und wurde Oskars Mäzen und Freund.[8]

Loos hatte es sich zur Gewohnheit werden lassen, Oskar seine Gemälde wegzunehmen. »Das geschah«, wie Kokoschka erzählte, »nicht in der Absicht, welche zu sammeln, sondern um zu verhindern, daß ich, in Ermangelung einer neuen Leinwand, die fertigen Bilder übermalte.«[9] Oskar war arm, aber attraktiv. Es beruhigte ihn einigermaßen zu wissen, daß er immer auf einen großen Freundeskreis zählen konnte, Dichter, Künstler und auch Bankangestellte, die sich dann auch um die Rechnungen kümmerten, die in langen Wiener Kaffeehausnächten entstanden. In seinen frühen Jahren war Oskar vom Ideal und von der Realität der Frauen fasziniert:

»Dahinter öffnete sich jedoch eine beziehungsreichere, gefährlichere Untiefe, die erst zu ergründen war. Das Weibliche in erotischer Annäherung bedrohte in einer gleichzeitig unsicher werdenden Umwelt mein mühsam gewonnenes Gleichgewicht. Sonderbarerweise hatten Männer für mich immer nur ein angeborenes Gesicht, in welches Charakter, Erfahrungen, Leidenschaften gezeichnet waren, auch wenn das Gesicht eine Maske war. Männer konnten mich nicht wie ein weibliches Wesen zum Rätselraten verführen... Ich sagte mir, es gibt, wie man es auch wenden mag, den Selbsterhaltungstrieb, der mit der ersten Bewegung im Mutterleib beginnt und mit dem Tod endet. Als ich mich auf die Realität besann, fand ich mich auch, wie viele andere, damit ab, daß das Leben lebensgefährlich ist... Panik folgt, wenn man die Augen nicht aufmacht. Mein Beharrungsvermögen erlaubte jedoch keine Löcher im Bewußtsein, wie sie eine Übergangszeit wurmartig ins Selbstgefühl nagt. Angst macht untätig, und hinter Thanatos, dem Schatten, der mir seit meiner Kindheit nachhing, lauerte eine noch verlockendere Untiefe – Eros.«[10]

In dieser geistigen Verfassung schrieb Oskar sein erstes Bühnenstück mit dem Titel ›Mörder, Hoffnung der Frauen‹, das im Sommer 1909 in Wien aufgeführt wurde. Die eher dilettantische Aufführung wäre wahrscheinlich nicht recht viel mehr als eine Übung für die Schauspielschüler gewesen, hätte das Stück nicht bittere Kontroversen, scharfe Kommentare in der Presse und einen hohen Grad an Berühmtheit für den Autor gebracht. Später schrieb er:

»Ich war in jeder Hinsicht nun erwachsen, verschieden von früher und doch mit ungestillter Neugier erfüllt. Wie den Einsamen in der Wildnis plagte mich eine innere Stimme mit Vorstellungen, die mit dem weiblichen Geschlecht zusammenhingen... In der griechischen Mythologie ist viel von Eros, doch nichts Ähnliches wie die Geschichte von Brunhilde und Siegfried oder die von Tristan und Isolde bekundet. Wie ist es zu verstehen, dachte ich, daß von einem zum nächsten Augenblick ein Wesen wie allmächtig vom anderen

Geschlecht Besitz ergreift und daß die Einbildungskraft sodann diesem oder dieser Fremden eine Natur zuschreibt, der nichts Ähnliches in der Welt an Schönheit, Geist, Seele gleichkommt. Die Anziehungskraft ist so stark, daß selbst die Leidenschaft sprachlos bleibt und daß man jedes Wagnis riskiert, jede Torheit mit einem Achselzucken quittiert, um ein Lächeln des Idols oder Worte, wie man sie von sterblichen Lippen nie vorher gehört, zu erhaschen. So ergriffen kann man sein, daß einem eiskalt und siedend heiß zugleich wird. Versucht man scheu die Arme um den Leib des Wesens zu legen, in das man tödlich verliebt ist, beginnt das eigene Herz zu klopfen, als ob man ein Sakrileg beginge, und nur Gott allein, falls es ihn gibt, wüßte, wie man leidet, wenn man liebt.«[11]

Roller, Gustav Mahlers Freund und Kollege an der Oper, war Direktor der Kunstgewerbeschule. Ihm fiel die Aufgabe zu, Kokoschka klarzumachen, daß er in der Schule nicht mehr willkommen sei – er war zu destruktiv. Loos ermutigte den jungen Mann, all seine Energien in die Malerei zu investieren. Das Ergebnis waren Porträts des Dichters Peter Altenberg, des Journalisten Karl Kraus und der Kinder von wohlhabenden Wiener Familien, die miserabel bezahlten. Dies brachte dem Künstler aber doch so viel Geld ein, daß er davon leben konnte. Paul Cassirer lud Oskar im Jahre 1910 ein, in seiner einflußreichen Galerie in Berlin auszustellen. Dadurch wurde der Name Kokoschka mit einem Schlag berühmt, eine Entwicklung, die Moll sorgfältig beobachtet hatte.

Im Frühjahr des Jahres 1912 wurde Oskar in das Haus auf der Hohen Warte gebeten, um Carl Moll zu malen, den er so beschrieb:

»Er war kein Genie, aber ein kultivierter Mann, der als Einkäufer für die altangesehene Wiener Kunsthandlung Artaria die ersten impressionistischen Bilder nach Wien brachte ... Er hatte wirklich Augen für Güte und Gehalt eines Werkes ... Ich malte Carl Moll in seiner Wohnung in einem Patrizierhaus, noch mit dem Dekor der Mozartzeit, auf der Hohen Warte, einem Villenviertel der wohlhabenden Bürgerschaft Wiens. Ich wurde dort oft zum Essen zurückbehalten. Die Atmosphäre des Hauses gefiel mir, obwohl der etwas orientalische Prunk mehr an die Zeit Ingres' und Delacroix' als an Schindler erinnerte: japanische Vasen, große Bouquets von Pfauenfedern, persische Wandteppiche. Der Tisch war gepflegt, immer Blumenarrangements, funkelndes Silber, glitzernde Gläser und gute Weine. Der Konzertmeister der Wiener Philharmoniker, Arnold Rosé, und seine Familie waren Hausfreunde, und oft gab es Kammerkonzerte. Kunstgespräche waren bei Tisch üblich, besonders seit Alma Mahler, Stieftochter Molls und Witwe des vor Jahresfrist verstorbenen Operndirektors, von einer Erholungsreise nach Wien zurückgekommen war... Es muß für sie eine böse Zeit gewesen sein, Abschied nehmen zu müssen von dem kleinen Mann auf der Bahre... Es muß sie viel Überwindung gekostet haben, sich plötzlich der Weltbedeutung, die sie mit ihrem Gatten geteilt hatte, entfernt zu fühlen. Was sie mit Mahler verbunden hatte, war vielleicht weniger eine große Liebe als ihre große Musikalität. Dazu kamen in den letzten Jahren noch die Aufregungen, Intrigen und Anfechtungen seitens eines Teils der Wiener Gesellschaft... Nach dem Begräbnis von Gustav Mahler hatte sie sich für einige Zeit von allen Leuten zurückgezogen... Diese junge Witwe suchte nun wieder Gesellschaft. Sie war auf mich neugierig, weil sie schon von mir gehört hatte... Nach dem Essen nahm sie mich mit in das Nebenzimmer zum Klavier und spielte und sang nur für mich, wie sie sagte, mit großem Ausdruck Isoldes Liebestod. Ich war fasziniert von ihrer Erscheinung, jung, in Trauer ergreifend, weil sie schön und so einsam war. Als sie mir den Vorschlag machte, sie nun in ihrer Wohnung zu malen, war ich beglückt und bedrückt zugleich. Erstens hatte ich noch nie zuvor ein weibliches Wesen gemalt, das auf den ersten Blick in mich verliebt zu sein schien, und andererseits hatte ich eine gewisse Scheu: Wie konnte einer Glück erwarten, da kurz vorher ein anderer gestorben war.«[12]

Am 15. April schrieb Oskar an Alma immer noch mit dem formellen ›Sie‹:

»Meine gute Freundin, bitte glauben Sie diesem Entschluß, so wie ich Ihnen glaube. Ich weiß, daß ich verloren bin, wenn ich meine jetzige Lebensunklarheit weiter behalte; ich weiß, daß ich so meine Fähigkeiten verlieren werde, die ich auf ein außer mir liegendes, Ihnen und mir heiliges Ziel wenden sollte.

Wenn Sie mich achten können und so rein sein wollen, als Sie es gestern waren, als ich Sie höher und besser als alle Frauen erkannte, die mich nur verwildern konnten, so bringen Sie mir ein wirkliches Opfer und werden Sie meine Frau: im geheimen, solange ich arm bin.

Ich werde Ihnen danken als meiner Trösterin, wenn ich mich nicht mehr verstecken muß. Sie sollen mir Ihre Freudigkeit und Reinheit erhalten als Stärkung, damit ich nicht in der Verwilderung verkomme, die mir droht.

Sie sollen mich bewahren, bis ICH wirklich DER sein kann, der sie nicht herunterzerrt, sondern sie erhebt. Seitdem Sie mich gestern so baten, glaube ich an Sie, wie ich noch an niemanden glaubte, außer mir.

Wenn Sie mir als stärkendes Weib so aus der geistigen Verwirrung helfen, wird das Schöne, jenseits unserer Erkenntnis, das wir verehren, Dich [hier verwendet er das vertraute ›Du‹] und mich mit Glück segnen.

Schreiben Sie mir, daß ich zu Ihnen kommen darf, und ich will es für Ihre Einwilligung halten.

Ich bleibe in Verehrung

Ihr Oskar Kokoschka«[13]

Die folgenden Ereignisse unterschieden sich von allem, was Alma bislang kannte oder je noch erleben würde. Einige Freunde behaupteten, Oskar war die große Liebe ihres Lebens. Sie waren einander bis zu ihrem Tod zugetan. Oskar paßte zu Alma, und zwar anders als die anderen Männer. Sie war schön, wohlhabend, abenteuerlustig, weitgereist, eine glänzende Gesellschafterin. Sie hielt nach Männern Ausschau, die Genies waren. Oskar wußte, er war ein Genie. Er sah gut aus, war weltgewandt, sinnenfreudig, artikuliert, fasziniert von Frauen – und er brauchte Geld, einen gesellschaftlichen Status und körperliche Liebe. Alma und Oskar hatten sich gegenseitig etwas zu bieten, einer konnte beim anderen starke sexuelle Begierden auslösen. Sie versprach finanzielle Sicherheit und einen Kreis von kultivierten Bewunderern, er versprach Talent, Produktivität und eine Zukunft, von der sie nie zu träumen gewagt hätte. Sie fürchteten einander ebensosehr wie sie sich liebten. Alma war selten von jemandem so aus der Bahn geworfen worden wie von Oskar, aber sie dachte immer wieder an die beiden Menschen, die ihr Furcht und Angst eingejagt hatten: Gustav und ihre Tochter Maria; beide hatten sie zum Zittern gebracht. Sie begann sich selbst zu schützen. Kaum einmal verbrachte sie eine ganze Nacht mit Oskar. Wenn er sie in ihrer Wohnung in Wien besuchte, schliefen sie miteinander, und dann erwartete sie, daß er nach Hause ging. Wenn sie zusammen in ihrem Landhaus oder in Hotels waren, bestand sie auf getrennten Zimmern. Das war eigentlich nichts Ungewöhnliches in einer Zeit, als es noch mehr Platz als heute gab. Es war Ausdruck ihres Unabhängigkeitsbedürfnisses und auch ihres Wunsches, nicht den Überblick zu verlieren. Sehr häufig bezahlte sie die Hotelrechnungen. Um etwas mehr Freiraum für ihr eigenes Leben zu haben, hatte Alma ihre Tochter Anna in eine Schule für begabte Kinder gegeben. Doch sie blieb nicht sehr lange dort, denn sie konnte sich nicht mit den gestrengen Erziehungsprinzipien abfinden, und außerdem war Alma zu sehr besorgt, sie könnte sich bei den anderen Kindern mit einer Krankheit infizieren. Alma holte ihre alten Lieder heraus und arbeitete ein wenig daran. Sie versuchte auch auszugehen und Leute kennenzulernen. Große Begeisterung brachte sie jedoch für keines dieser Projekte auf, ganz besonders wegen Oskars Präsenz in ihrem Leben und der Forderungen, die er an sie stellte. In einem seiner frühen Briefe schrieb er:

»Alma, zufällig ging ich heute gegen zehn Uhr an Deinem

Haus vorbei und hätte vor Wut schreien können, weil Du Dich weiterhin mit Begleitern umgibst und mich in der schmutzigen Ecke stehen läßt... Ich kann neben mir keine fremden Götter dulden. Liebes, Du mußt Dich zwingen, jeden Gedanken an Deine Vergangenheit und jeden Berater vor mir aufzugeben, ehe es zu spät ist. Ich kann niemanden anderen ansehen... Ich möchte so sehr, daß Du Dich selbst, Deinen Frieden, Deine Freiheit in *meinem* Wesen findest. Wenn Du zurückschauen mußt und ungeduldig wirst, ehe es Zeit ist, dann wirst Du, davor warne ich Dich, eine Märtyrerin werden, und das ist etwas, was ich nicht für Dich möchte. Also rate ich Dir, Dich zu entscheiden, ob Du von mir oder in mir frei sein willst. Ich hätte Dich unglaublich stark geliebt.

Alma Oskar Kokoschka«[14]

Hier unterzeichnete Oskar zum ersten Mal seinen Brief mit ihren beiden Namen, so, als wollte er die beiden Identitäten verschmelzen. Er war eifersüchtig auf potentielle Liebhaber Almas und auf jeden, der ihm ihre Zeit und ihre Energie wegnahm. Dankbar nahm er an, wenn sie sich bereit erklärte, mit ihm allein zu sein. Als sie in Begleitung ihrer Freundin Lili Leiser nach Paris fuhr, schrieb er: »Alma, es ist nicht gut für mich, daß Du nicht da bist. Ich wollte Dich nicht bitten, hierzubleiben, weil Du jedes Vergnügen haben sollst, das Du haben kannst.« Er registrierte bei jedem Gespräch jedes Wort, das aus dem Französischen kam, und kaufte Pariser Zeitungen, um nachzulesen, ob das Wetter dort, wo Alma war, auch schön sei und welche Musik sie wohl gehört haben könnte. »Bitte sei glücklich, aber entferne Dich im Herzen nicht von mir, weil wir getrennt sind. Ich bin, was Du bist; wenn Du nicht bei mir bist, bin ich niemand, bin ich ohne eine Welt.« Am nächsten Tag, dem 27. April, wollte er wissen: »Alma, liebst Du mich noch? Du bist schon so lange weg. Ich wäre sehr glücklich, wenn diese schreckliche Ungeduld, die ich immer zu bekämpfen versuche, von Dir, meine Liebste, beseitigt werden könnte. Oft und laut rufe ich Deinen schönen Namen, Alma, und dann geht es mir für einen Augenblick wieder gut.«[15]

Mit der Zeit wurde er ungeduldiger. »Oh, meine liebe Alma, Du hast mir heute nicht geschrieben, und ich habe mir so sehr einen Brief von Dir gewünscht. Wenn Du mir wieder schreibst, berichte mir alles, was Du den ganzen Tag über tust, mit wem Du sprichst, und erzähle mir auch die Dinge, die Du für unwichtig hältst. Für mich ist jede Kleinigkeit ein Atemzug von Dir... Mach mich nicht noch schwächer, Alma... Liebe mich noch mehr, wenn Du kannst... Liebes, gib mir Deine warme Hand; ich bin so müde. Wenn Du zu Bett gehst, halte ich Dein liebes, müdes Gesicht in meinen Händen und sehe Dich an. Lies diesen Brief am Abend. Gute Nacht, Alma, Oskar, ich bin bei Dir.«[16]

Alma gab zu, daß der Aufenthalt in Paris sehr ermüdend war und sie keine große Freude daran hatte. Er antwortete am 30. April: »Liebes Weib, weißt Du, daß ich an Dich glaube und Dir vertraue und reich bin wie kein anderer Mann?... Sei eins mit mir für immer und unwiderruflich an mich für immer gebunden in ewiger Freude.«[17]

Lili, ihre Reisebegleiterin, war eine der wenigen Freundinnen Almas. Die meisten Frauen schienen nur an Dingen interessiert zu sein, denen Alma keine allzugroße Bedeutung beimaß – Friseure, Kleider, Klatsch. Auch wurde sie von Frauen oft um ihre gesellschaftliche Position beneidet. Aber auch Lili selbst gab Alma Grund, sich vor Frauen in acht zu nehmen. Lili war eine wohlhabende Frau, die einen viel aufwendigeren Lebensstil hatte als Alma – und sie hatte lesbische Neigungen, die sie Alma auf der Reise nach Paris beichtete. Alma war an einer solchen Beziehung nicht interessiert und versuchte, Lili das auch klarzumachen. Die beiden blieben Freundinnen, wenn das auch mitunter nicht ganz problemlos war.

Oskar hatte die Gewohnheit, vor dem Gebäude, in dem Alma wohnte, auf und ab zu gehen. Wenn er sie spät abends verließ, ging er manchmal bis zum Morgengrauen auf dem Gehsteig hin und her, offensichtlich um sicherzugehen, daß seiner Geliebten nichts zustoße, aber auch um sich zu vergewissern, daß sie nach ihm keine anderen Besucher mehr empfing. Alma ließ sich diese Aufmerksamkeit, die ihr Gustav nicht hatte zukommen lassen, gerne gefallen. Doch Oskars Zuneigung nahm beängstigende Formen an. Er hielt Alma für den Prototyp von Frau, für die Verkörperung von Goethes ›ewig Weiblichem‹. Die meisten Frauen in seinen Gemälden aus dieser Zeit hatten zumindest ein wenig Ähnlichkeit mit Alma. Es war fast, als ob er in der Gewalt einer übernatürlichen Kraft wäre. Er schrieb von der großen Leidenschaft, die sie beide erfaßt hatte, und gab zu, daß es Zeiten gegeben habe, in denen er sich nicht hatte vorstellen können, ohne sie weiterzuleben. Er bürdete ihr eine Verantwortung auf, die sie nicht akzeptieren konnte.

Obgleich es in Wien Leute gab, die Alma in Begleitung so vieler Männer gesehen hatten, daß sie nicht glauben konnten, sie könne einem einzigen treu sein, verehrte Oskar sie gerade wegen ihrer Treue. Er sah in ihr eine Heldin und malte sie in imposanten Haltungen neben einem schwachen, zerbrechlichen Mann – sich selbst. Sie hatten dieselben religiösen Grundsätze. Beide gehörten der römisch-katholischen Kirche an, waren jedoch keine regelmäßigen Kirchgänger. Alma schrieb in ihr Tagebuch: »Gustavs Neigung zum Katholizismus – seine Art zu predigen – und immer gegen mich und damit verbunden sein eigener, *grenzenloser* Mangel an Einsicht – all das zeigt mir mehr und mehr, daß er ein großer Träumer war, kein Mann von großer Vollkommenheit.«[18] Das waren eigentlich weniger ihre Gedanken als die Oskars – und sie ließ sich von ihrem Liebhaber die Worte diktieren, die sie in ihr Tagebuch schrieb. Sie fuhren zusammen nach Neapel, wo er einen interessanten Ausblick über Neapel mit dem Vesuv im Hintergrund malte. Alma schrieb: »Ich glaube nicht, daß das Leben je bequemer oder angenehmer sein wird als es zuvor war – man sehe sich nur die staubigen Straßen und die Automobile an... und die schmutzige Luft, die nach oben entweicht und dann wieder auf uns herunterkommt! So kommt der Schmutz von oben, während er bis jetzt immer von unten kam.«[19]

Im Sommer des Jahres 1912 fuhr Alma mit Gucki und einer Freundin, wahrscheinlich Lili, nach Scheveningen in Holland. Oskar protestierte in einem Brief: »Alma, es ist unmöglich, Dich so viele Wochen nicht zu sehen; das kommt mich zu hart an.«[20] Sie hatten Streit gehabt, aber er sah jetzt nur das Liebenswerte an ihr, nichts Negatives. Da sie beide eins waren, muß wohl das, was er für hassenswert hielt, in ihm selbst gewesen sein. »Liebe Alma, ich glaube jetzt, daß Du stärker an mich gebunden bist als irgendein anderer Mensch auf dieser Welt, denn heute fühle ich Deine Aura so stark, die mich auch mich selbst und viel deutlicher die Grenzen der Welt um mich herum spüren läßt... [Sie schrieb ihm zurück, daß sie sich ihre Freiheit nicht nehmen ließe.] Alma, Liebe, ich bin am Boden zerstört, wenn Du mich für einen solchen Narren hältst, daß ich Dir Deine Reise nicht gönne. Hast Du so etwas auch zu Deinem ersten Mann gesagt? Du solltest stolz sein und nicht Dich schämen; ich bin nicht wie ein Schaf, das Dir nachläuft. Wie kann Dich das, was die jüdische, freidenkende Welt um Dich herum sagt, überhaupt berühren, wenn Du so sicher bist, daß ich nur *Gutes* denke?«[21]

Sie dachte an Gustav und befürchtete, schwanger zu sein. Die Beziehung zu Juden, die so häufig in ihrem Umkreis von Musikern und Intellektuellen vertreten waren, machte ihr Sorgen. Oskar schrieb: »Alma, meine Süße... wenn Du wirklich ein Kind von mir haben solltest, dann wäre das ein mitfühlender Akt der Natur; das würde alles Schreckliche wegwischen und uns ein für allemal zusammenbringen... Du wirst in mir Deine Gesundheit gefunden haben, Liebes, und ich in Dir meinen Frieden. Wir hätten die Heiligkeit einer Familie, Du wärst die Mutter – eine Idee, die ich schon lange mit mir herumtrage.«[22]

Er überredete sie, sich mit ihm im Juli in München zu treffen. Sie stimmte zu, weil sie ihn sehen wollte und weil sie von Scheveningen weg wollte, da sie Lili und ihre erotischen Andeutungen leid war. Von München aus fuhren Alma und Oskar nach Mürren im schweizerischen Berner Oberland, wo sie sich im luxuriösesten Hotel Zimmer mit herrlichem Blick auf die Jungfrau nahmen. Während Alma auf dem Balkon saß, malte Oskar ihr Porträt.

So gerne Oskar Vater geworden wäre, konnte er Alma doch nicht überreden, noch einmal Mutter werden zu wollen. Sie verließ Mürren ziemlich plötzlich, fuhr nach Wien zurück und beauftragte Lili damit, Anna nach Hause zu bringen. Es gibt keinen Beweis dafür, daß Alma wirklich schwanger war, aber im Frühherbst, als sie und Oskar wieder in der Stadt waren, verweigerte sie ihm den Zutritt zu ihrer Wohnung mit der Begründung, es ginge ihr nicht gut. Es gab böses Blut, als Oskars Mutter, die jetzt seine früheren regelmäßigen Besuche bei ihr vermißte, gegen seine Beziehung zu dieser Frau wetterte, die ihrer Ansicht nach nichts anderes als eine Mätresse der besseren Gesellschaft war. Obgleich sich Oskar den Wünschen seiner Mutter nicht beugte, blieb die Beziehung zwischen Oskar und Alma von den Angriffen der alten Frau nicht unberührt. Unter Druck hielt Alma an fast bourgeoisen Grundsätzen fest. Sie wollte zwar die Affäre mit Oskar nicht beenden, eine Schwangerschaft wollte sie jedoch auf jeden Fall vermeiden. Sie glaubte, es sei nicht richtig, ein außereheliches Kind zu haben – eine Überzeugung, die eigentlich im Gegensatz zu ihrem Lebenswandel stand. Sie war vor ihrer Hochzeit mit Gustav schwanger geworden, und Maria war gestorben. Für Alma bedeutete dies, daß man bestraft würde, wenn man gegen die traditionellen Gesetze der Moral verstößt. Zwar würde sie es wahrscheinlich nicht fertigbringen, sich an alle diese Grundsätze zu halten, doch sie wollte keinesfalls das Schicksal herausfordern. Vielen ihrer Freunde und auch Oskar erschien Almas Haltung irrational, ja willkürlich, aber sie fühlte sich gezwungen, vorsichtig zu sein. Sie hielt sich ihren Liebhaber auf Distanz, solange sie konnte.

Am 7. Februar 1913 vertraute Alma ihrem Tagebuch an:
»Ich habe den ganzen Tag sehr wenig gegessen, und zum Abendessen gab es nur Apfelmus. Aber ich hatte eine sehr seltsame Nacht. Ich träumte, daß Gustav noch am Leben sei und daß wir ein so intensives Leben miteinander führten,

wie es in Wirklichkeit nie der Fall hätte sein können... Er dirigierte Schrekers ›Prinzessin und das Spielwerk‹ [sic] in der Oper. Ich saß neben ihm und hörte die Musik ganz deutlich in meinem Traum. Aber sie mißfiel mir. Ich verließ die Oper in Gesellschaft anderer, aber plötzlich spürte ich, daß ich unbedingt zu Gustav gehen mußte. Ich kehrte zurück und fand nach langem Suchen seine Wohnung. Es war ein kleines Haus mit einem Garten, und ein enger Aufzug brachte mich viele Stockwerke hoch hinauf. Ich betrat die Wohnung, die ich noch nie zuvor gesehen hatte. Er kam aus einem Zimmer heraus und rief: ›Meine schrecklich geliebte Almschi‹, wie er es immer zu sagen pflegte, und umarmte mich. All die Ausdrucksmöglichkeiten – vom ganz Ernsten zum Gleichgültigen bis zum Überglücklichen – war in meinem Traum klarer als sie jemals im wirklichen Leben gewesen waren.«[23]

Später kritzelte sie auf diese Seite ihres Tagebuches eine Erklärung für den Traum. Damals hatte Franz Schreker Alma seine Oper widmen wollen, aber Oskar wollte das nicht zulassen. Er bestand darauf, daß Alma in das Büro von Schrekers Verleger ging und das Widmungsblatt entfernen ließ. Der Komponist zeigte sich erstaunt und verletzt, aber Alma gehorchte dem Befehl Oskars. Wahrscheinlich stimmte sie zumindest teilweise mit ihrem Liebhaber überein und wollte ebenfalls ihren Namen entfernt haben.

Ein Zitat aus ihrem Tagebuch:

»Wie weit entfernt mir doch mein Leben mit Mahler scheint. Wie erschreckend voll von übergroßem Glück und übergroßem Leid. Dieser Mann und immer wieder *dieser* Mann in meinem Leben! Ich brauche die verrückte Aura des Künstlers, und daraus schöpfe ich für mein eigenes Denken. Nimm alles nur als Symbol, die ganze Welt ist letztlich nur ein Traum, der sich zum Schlechten gewandelt hat... Aber was ist wirklich in meinem Leben passiert? Ich war ein kränkliches Kind einer robusten Mutter und eines nervenschwachen Vaters. Ich war nervös und bis zu einem gewissen Grad klug. Im speziellen hatte ich jene arische Klugheit mit all ihren Grenzen. Wie ich in der Schule weiterkam, weiß ich wirklich nicht zu sagen. Aber dabei fällt mir etwas Seltsames auf: Selbst heute noch erinnere ich mich an einige Worte meines Vaters, die ich mir nie erklären konnte, die mich aber schon damals faszinierten. Auf Sylt sagte er einmal am belebten Strand, an den die Wellen mit weißen Schaumkronen schlugen: ›Spiel, um die Götter zu bezaubern.‹ An mehr kann ich mich nicht erinnern.«[24]

Auf dem Grundstück, das Gustav am Semmering gekauft hatte, wollte Alma mit der Hilfe und dem Rat Carl Molls ein Haus bauen, das irgendwann einmal ihr ständiger Wohnsitz werden sollte. Es sollte nicht groß werden – nur acht Räume –, aber die Umgebung war wunderschön. Alma und Oskar wollten das geplante Haus als ihr ganz privates Refugium nutzen. Carl und Alma hatten Oskar in die Familie aufgenommen und bezogen ihn gerne in die Bauplandiskussionen ein, zumal sich Alma für diese technischen Details nicht interessierte. Sie hatte momentan Probleme mit einer Frau, höchstwahrscheinlich wieder mit eben derselben Lili Leiser. Alma schrieb in ihr Tagebuch:

»Ich liebte eine Frau, das heißt, ich vertraute ihr; sie ist reich und ich bin arm, zumindest im finanziellen Sinn!... Sie... tat alles in ihrer Macht Stehende, um ein Haus auf einem Nachbargrundstück zu besitzen. Ich tat nichts. Sie besuchte mich: ›Du bist so schweigsam – möchtest du nicht, daß ich hier ein Haus baue?‹ – ›Ich habe Angst‹, sagte ich. ›Nun, ich nicht!‹ Ich war überfahren. Die Idee schien warmherzig und freundlich, aber dann kam die finanzielle Frage und damit die üblichen Probleme. Sie kaufte ein Grundstück, das viermal so groß war wie meines, genau auf dem Stück Land, das einmal vielleicht mir gehören hätte können. Jahre zuvor hatte ich ein Haus amerikanischer Bauart entdeckt und lange und mühselig gesucht, bis ich einen Architekten gefunden hatte, der es für mich bauen würde. Sie sagte: ›Macht es dir etwas aus, wenn ich auch so ein amerikanisches Haus hierherstelle?‹ – ›Also gut.‹ Aber ihr Haus nahm ungeheure

Ausmaße an und kostete zweimal so viel, wie meines kosten sollte. Ich hatte mehrere Besprechungen mit dem Architekten, und jedesmal, wenn wir auf etwas besonders Schönes stießen, sagte er: ›Oh, das ist nicht für Sie, das ist für Frau X. Solche teure Sachen sind für Sie nicht vorgesehen.‹ Ich erzählte Frau X. davon, aber ihrer Meinung nach hatte schon alles so seine Ordnung.«[25]

Trotz intensiver Planungen deutet nichts darauf hin, daß Alma und Lili am Semmering tatsächlich Nachbarn wurden.

Oskar hatte beschlossen, nicht weiterleben zu können, wenn Alma ihn nicht heiratete. Er nahm ihre Geburtsurkunde und ihre anderen Dokumente und ließ in Döbling das Aufgebot bestellen, während sie in Böhmen zur Kur weilte. Er besuchte sie in Franzensbad und gestand, was er getan hatte. Sie war wütend, daß er in ihren Sachen gekramt und sich ihre Dokumente ›geborgt‹ hatte, besonders da sie dachte, er hätte schwer gearbeitet. Sie bestand darauf, sofort nach Wien zurückzukehren, und verlangte nun von Oskar, daß sie sich nur alle drei Tage sehen sollten.

Doch schon bald lockerte sie ihre Forderungen, und sie fuhren im August 1913 nach Tre Croci in den Dolomiten, wo Oskar arbeitete und Alma neuen Frieden und Ruhe genoß. In ihr Tagebuch schrieb sie: »Oskar muß arbeiten! Er ist dazu auf die Welt gekommen! Das Leben interessiert ihn gar nicht, aber ich bin mit meiner sogenannten Entwicklung fertig. Ich kann heute nicht noch einmal gehen lernen. Hätte ich doch nur den Mont Blanc bestiegen! Aber was für eine verrückte Idee! Wo bleibt mein Wahrheitsempfinden?«[26]

Und sie sinnierte:

»Je stärker der Mensch ist, desto mehr wünscht er zu besitzen. Und ich fühle mich so stark... Ich habe gesammelt und Reichtümer in mir aufgespeichert. Und mich schreckt kein Tod mehr. Ich habe in mir jene Harmonie wiedergefunden, die ich als Kind besessen habe. Damals ahnungslos... heute etwas bewußter... (Aber Gott sei Dank nicht viel mehr!) Alles Erleben hat helle Glanzlichter auf meine Fantasie aufgesetzt. In dieser Beleuchtung scheine ich dann wirklich in einem Paradiese gewandelt zu haben. Die Erde will reinstes Glück – man sieht es nur nicht, denn man nimmt sich selbst zu wichtig. Niemand wartet auf mich. Jeder muß seine ganze Intensität aufbieten, um zu locken, um anzuziehen, zu strahlen. Das ist Pflicht ... Ich weiß heute: ich habe Gustav Mahler geheiratet, weil ich ihn Jahre vorher im Unterbewußtsein herbeigeträumt hatte. Das Oberbewußtsein riß mich durch die Welt des Lebens, aber das Unterbewußtsein war der Idee treu und zog ihn unaufhaltsam her. Ich weiß heute auch: ich werde nie im Spiel gewinnen, denn ich will es ja nur im Oberbewußtsein. Ich bin nicht imstande, mich auch nur eine Sekunde darauf zu konzentrieren. Es gehört nicht in mein Leben. Ich ziehe die Karten – und sinne dabei einer Melodie nach.

Ich weiß jetzt, daß es mir gelang, zur Vorbereitung einer Aufführung [in New York] eingeladen zu werden, weil ich es ständig gewünscht hatte, ohne mir darüber im klaren gewesen zu sein – aber jeder, der der Musik verbunden war, wußte, daß der Wunsch in mir war ... Die wichtigsten Ideen sind im tiefsten Unterbewußtsein – und im Oberbewußtsein kann ein Wachsen nicht entdeckt oder verstanden werden ... Das Unterbewußtsein ist das Feuer der Welt.«[27]

In jenem Jahr 1913 schrieb Oskar ein Gedicht mit dem griechischen Titel ›Allos Makar‹, einem Anagramm der Namen Alma und Oskar. Der Titel des Gedichts bedeutet etwa ›anders ist glücklich‹. Es ist ein schwer verständliches Werk, das zudem am besten wirkt, wenn es laut von einem geübten Redner vorgetragen wird. Es war ein Versuch des Dichters, sich aus einer, wie er bereits bemerkte, irrationalen und unmöglichen Abhängigkeit von Alma zu lösen. Er hatte erfahren, daß er seine Stärke und Kraft nicht von ihr bekommen würde, sondern sie in sich selbst suchen müßte. Oskars Mutter beunruhigten die Gefühle ihres Sohnes in zunehmendem Maße. Sie schrieb Alma einen Drohbrief, in dem sie erklärte, ihr Sohn könnte eine große Zukunft haben. Wenn sich das nicht bewahrheiten sollte, dann wäre das einzig und allein Alma anzulasten. Maria Kokoschka forderte Alma auf, ihren Sohn bis zu einem bestimmten Datum freizugeben. Andernfalls würde sie erschossen werden.

Da er von der Drohung wußte, ging Oskar an dem betreffenden Tag zu dem Haus, in dem Alma wohnte, und fand dort tatsächlich seine Mutter vor, die auf dem Gehsteig promenierte. Sie schien auch so etwas wie einen Revolver in der Tasche zu haben. Was da so gefährlich aussah, war allerdings nur ihr Finger. Mutter und Sohn versöhnten sich, aber Oskar machte keine Anstalten, Alma zu verlassen. Er wurde nur verwirrter.

In seinem dramatischen Dialog ›Der brennende Dornbusch‹ hatte Oskar von den zwei Möglichkeiten gesprochen, die einer Frau offenstehen: Sie konnte sich selbst in der Mutterschaft finden oder sie konnte eine Jungfrau bleiben. Alma hingegen war weder die Mutter seines Kindes noch eine Jungfrau. Oskar wünschte sich nichts sehnlicher als ein Kind mit ihr zu haben. Doch Alma wollte davon nichts wissen. Oskar war in Gucki vernarrt. Als Alma im Mai 1913 eine weitere kurze Reise nach Paris unternahm, besuchte Oskar das neunjährige Mädchen. Später nahm er ›unser Guckerl‹ mit nach Salzburg, wo er Alma vom Zug abholte. Gemeinsam fuhren sie dann nach Hause. Das Zusammensein mit dem kleinen Mädchen verstärkte Oskars Wunsch nach einem Kind nur noch.

Alma nahm ihren Liebhaber mit zu der Erstaufführung von Gustav Mahlers Neunter Symphonie. Bruno Walter stand am Dirigentenpult. Kokoschka fühlte sich ausgesprochen unbehaglich. »Alma«, schrieb er, »wie kann ich Frieden bei Dir finden, solange ich weiß, daß da ein anderer in Dir ist, ob nun tot oder lebendig? Warum hast Du mich zu diesem Totentanz eingeladen und verlangt, daß ich Dich stundenlang ansehe, während Du wie ein geistiger Sklave den Melodien des Mannes lauschst, der Dir ein Fremder war... Ich darf Dich nicht jeden Tag sehen, weil Du das Andenken an diesen Mann bewahren willst, der mir so fremd ist... Du

mußt mit mir ein ganz neues Leben beginnen, – Deine Mädchenjahre, – wenn wir für immer miteinander glücklich sein sollen.«[28] Später dann: »Meine Alma, ich liebe Dich mehr als mich selbst... Ich bin bereit, trotz all des Leids und der Traurigkeit, die Mahlers Witwe mir gebracht hat, alles zu vergessen, was Du aus Mitgefühl, Schwäche und Eitelkeit getan hast, wenn Du von jetzt an wirklich mein sein willst.«...
»Mein innig geliebtes Almi!... Ich muß Dich bald zur Frau haben, sonst geht meine große Begabung elend zugrunde. Du mußt mich in der Nacht wie ein Zaubertrank neu beleben... Am Tage brauche ich Dich nicht von Deinen Kreisen wegzunehmen. Da sammelst Du! Ich begreife es vollkommen, daß es so gut und richtig ist. Und ich kann den ganzen Tag ausgeben, was ich in der Nacht eingesogen habe... Almi, glaube mir! Richte Dich nicht nach der Vernunft und den Gebräuchen der anderen unwissenden Menschen, die ja keine Ahnung haben, wozu wir gut und fähig sind. Du bist die Frau und ich der Künstler... Ich habe es heute... gesehen, wie stark Du mich machst und was ich sein werde, wenn die Kraft stetig wirkt! Nutzlose Menschen belebst Du, mir bist Du bestimmt worden, und ich soll arm sein?«[29]

Alma antwortete, sie würde Oskar erst heiraten, wenn er ein Meisterwerk geschaffen habe. Er begann an der ›Windsbraut‹ zu arbeiten. Alma schien begeistert. Er antwortete:

»Du bist so lieb, zu schreiben und zu fragen, ob ich Dich immer noch heiraten will, und daß wir es sofort tun sollten. Ich wünsche es mir so sehnlichst wie eh und je – aber Du hast es immer verschoben. Und ich war so zerstreut, daß mir in meiner Liebe nicht klar war, daß es für Dich ein Opfer sein wird, weil ich Dir immer alles gerne opfern würde und nur Freude und Glück in unserer Vereinigung sehe... Da Du erst so spät bemerkt hast, daß ich Selbstachtung genauso brauche wie Du... ist jedes Ereignis, jede Person in Deinem Leben, jeder kleine Vorfall, der mir unter normaleren Umständen gar nicht bewußt gewesen wäre..., zur Tragödie geworden, in einem Maß, daß meine Nerven bis zum Äußersten angespannt sind. Ich hoffe, daß Du jetzt weißt, was Du vor allem anderen möchtest, daß Deine Absichten einigermaßen klar sind, daß Du mich nicht vergessen willst... Ich suche nicht den Kummer, ich suche Glück, aber ich suche mein Glück nur in Dir, mit Dir – nicht gegen Dich.«[30]

Anfang des Jahres 1914 fuhr Alma wieder nach Paris. Oskar schrieb ihr: »Wenn Du wirklich meine Frau werden willst, mußt Du Dich ein wenig daran gewöhnen, mir zu folgen und jetzt damit beginnen, Dir selbst zu helfen! Almi, bitte schick mir kein Geld. Du weißt, daß ich für Luxus nicht zu haben bin, er erscheint mir anmaßend. Kauf mir ganz besonders diesmal nichts, weil Du nicht genug Geld bei Dir hast.« Sie schickte ihm ein Geschenk, und er erklärte, er wäre glücklicher gewesen, wenn sie das Geld für sich ausgegeben hätte. »Unser Himmel ist derselbe, aber unsere Welten sind verschieden.«[31]

Der Dichter Georg Trakl besuchte Oskar eines Abends in seinem Studio am Stubenring. ›Die Windsbraut‹ war fast fertig, und Trakl schrieb ein Gedicht über das Gemälde:

> Dich sing ich wilde Zerklüftung
> Im Nachtsturm
> Aufgetürmtes Gebirge;
> Ihr grauen Türme
> Überfließend von höllischen Fratzen
> Feurigem Getier,
> Rauhen Farnen, Fichten,
> Kristallnen Blumen.
> Unendliche Qual,
> Daß du Gott erjagtest
> Sanfter Geist,
> Aufseufzend im Wassersturz,
> In wogenden Föhren.
>
> Golden lodern die Feuer
> Der Völker rings.

> Über schwärzliche Klippen
> Stürzt todestrunken
> Die erglühende Windsbraut,
> Die blaue Woge
> Des Gletschers
> Und es dröhnt
> Gewaltig die Glocke im Tal:
> Flammen, Flüche
> Und die dunklen
> Spiele der Wollust,
> Stürmt den Himmel
> Ein versteinertes Haupt.[32]

›Die Windsbraut‹ aus dem Jahre 1914 hängt heute im Kunstmuseum in Basel. Auf einem wirbelnden, luxuriös farbigen Bett liegt eine Frau – Alma – mit dem Kopf an der Schulter Oskars, der viel kleiner aussieht als sie. Sie schläft friedlich. Ihr Körper ist nur mit wogendem Stoff verhüllt, während er angezogen daliegt, ängstlich in die Ferne schaut und keine Ruhe findet.

Das fast fertiggestellte Haus am Semmering entsprach ganz Almas Vorstellungen. Der übergroße Kamin, aus Granitblöcken der Umgebung gebaut, füllte mit der Steinwandung die ganze Längsseite des Wohnzimmers. Oskar malte ein großes Fresko über den Kamin, das Alma zeigte, wie sie in gespensterhafter Helligkeit zum Himmel weist, während er, in der Hölle stehend, von Schlangen umwuchert scheint. Die zehnjährige Anna sah Oskar beim Malen zu, wie sie es oft und gerne tat. Manchmal lieferte ihre Mutter sie nachmittags in Onkel Oskars Studio ab, wo sie Kastanien aß und fasziniert dabeisaß, wenn er arbeitete. Anna war wie Alma ein Künstlerkind. Sie wußte, wie man sich in der Gegenwart von Künstlern zu benehmen hatte. Während Oskar an dem Fresko über dem Kamin arbeitete, kochte Anna Moll in der Küche, die Dienstboten nähten Vorhänge, die Maler strichen die Wände, und Alma beaufsichtigte die diversen Arbeiten. Es war eine glückliche und aktive Zeit, eine Zeit des Aufbaus in einem Haushalt, der offensichtlich die Sorgen und Prüfungen der Vergangenheit überwunden hatte.

Alma war schwanger. Oskar war so glücklich und stolz, daß sie ein Kind von ihm empfangen hatte. Er war in seinem Optimismus kaum noch zu bremsen. Ganz sicherlich würde Alma ihn jetzt heiraten, und er sah Gucki bereits als seine Stieftochter, Anna Moll als seine zukünftige Schwiegermutter und das Haus am Semmering als seinen zukünftigen Wohnsitz.

Gewitterwolken zogen am häuslichen Himmel auf, als Gustavs Totenmaske per Postsendung geliefert wurde. Oskar protestierte heftig. Er weigerte sich, auch nur ein Stück im Haus zu haben, das ständig an Almas Vergangenheit erinnerte. Alma packte die Totenmaske aus und gab ihr in dem Haus am Semmering einen Ehrenplatz. Es kam zu einem Streit, und Alma meldete sich in einem Spital in Wien an, um eine Schwangerschaftsunterbrechung vornehmen zu lassen.

Am 17. Mai 1914 schreibt sie in ihr Tagebuch:

»So – auch das wäre vorüber. Etwas, das ich für dauernd hielt. Oskar ist mir abhanden gekommen [Ihre Worte beziehen sich auf Gustavs schönstes Lied ›Ich bin der Welt abhanden gekommen‹]. Ich finde ihn nicht mehr in mir – er ist mir ein unersehnt Fremder geworden. Es ist so still um mich, er hat mich so total isoliert, daß ich das böse, wahre Gefühl habe, wie wenig man in der Welt wirklich notwendig ist. Ich weiß, er lebt allein weiter, und geht weiter und wahrscheinlich besser als mit mir. Wir rieben uns auf aneinander, jetzt kann er ruhig und ungestört leben. Niemand regt ihn mehr auf. Ich glaube, er muß mich vergessen haben! *Ich* will ihn vergessen. Wir haben uns nicht gefördert, im Gegenteil, wir wurden immer mehr in uns gekehrt. Heute war ich mit sehr angenehmen Menschen zusammen. Der Mann spielte Bach, das Zimmer war dunkel bis auf eine einzige brennende Kerze. Er sah mich nicht an, und ich achtete die Atmosphäre, die er geschaffen hatte. Das war etwas, was Oskar nie ertragen hätte können – reine, edle Luft.«[33]

Drei Tage später beschrieb Alma ein Theaterstück, das sie eben gesehen hatte, als »wunderbar, aber noch wunderbarer ist mein Leben, das mir erlaubt, meine Zeit bis ins letzte auszukosten. Ich bin wirklich ein Glückskind! Ich kann durch alles hindurchsehen, und alles ist mir klar. Das Werk meines Mannes ist ein Rätsel für meine Weiblichkeit; damit fühle ich mich auf meinem Gipfelpunkt.«[34]

Nach der Abtreibung spionierte Oskar Alma nach und machte ihr Vorwürfe. Während sie in ihrem Tagebuch von dem schönen Theaterstück schwärmte, schrieb er einen verzweifelten Brief an sie, in dem er klagte, er hätte endlos lange in ihrem Haus und in ihrer Wohnung gewartet, und da sie weder dort noch da aufgetaucht sei, habe er seinen Bruder verpaßt.

»Wenn Du mich wirklich hättest sehen wollen, dann hättest Du mich auch gefunden... Du mußt ein neues Herz für mich bekommen... Und die wirkliche Gefahr ist, daß ich ganz und gar verloren bin, wenn jemand nicht die Geduld zur Liebe aufbringt.«[35]

Inmitten dieser Krise in der Beziehung zwischen Alma und Oskar wurde am 28. Juni 1914 das Thronfolgerpaar ermordet. Einen Monat später erklärte Österreich Serbien den Krieg. Alma befand sich zu dieser Zeit auf dem Semmering. Sie schrieb in ihr Tagebuch:

»Ich bin ganz ruhig und friedlich hier, und genau das habe ich mir am meisten gewünscht... Er hat mein Leben erfüllt und zerstört, zur gleichen Zeit. Ich weiß nicht, wohin ich gehen soll. Warum, o warum habe ich die ruhige Menge gegen einen feurigen Hochofen eingetauscht? Was soll ich mit all dem ›Werden‹, all diesem ›Vielleicht‹ dieses Menschen anfangen? In einem Alter, in einer Zeit, wo ich Pflege möchte für meine große Müdigkeit. Bin ich durch Eitelkeit und Dünkel dahin geraten?

Aber liebe ich diesen Mann noch?

Oder hasse ich ihn schon?

Warum bin ich so beunruhigt?«[36]

Oskar arbeitete gerade in seinem Atelier in Wien, als er durch das geöffnete Fenster die Extraausgabe der Zeitungen mit der Kriegserklärung ausrufen hörte. Rasch schloß er die Fenster. Die Neugier plagte ihn jedoch so sehr, daß er in das nächste Kaffeehaus ging, um sich dort die Zeitungen genauer anzusehen. »Im Jahr 1914 war ich achtundzwanzig Jahre alt, also wehrpflichtig... Es war angezeigt, daß ich mich als Kriegsfreiwilliger meldete, bevor ich gezwungen wurde, mitzutun. Auf meine glückliche Rückkehr vom Krieg würde keine Frau, kein Kind warten. Sicher hatte ich im Krieg weder etwas zu verlieren noch zu verteidigen.«[37]

Als Alma die Nachricht von der Kriegserklärung erreichte, schrieb sie in ihr Tagebuch: »Ich bilde mir manchmal ein, daß *ich* diesen ganzen Umbruch verursacht habe, um eine Art Erwachen oder Wiederversöhnung herbeizuführen – und dies könnte auch Tod bedeuten.«[38]

Da sie wußte, daß Oskar kein Geld hatte, schickte sie ihm welches, obwohl er ihre Almosen nie annehmen wollte. Seine Sorge bestand vielmehr darin, ob alle ihre Papiere in Ordnung waren, damit sie im schlimmsten Fall mit Anna in die Schweiz gehen konnte. Wenn sie schon nicht alleine reisen wollte, so sollte sie doch eventuell Lili mitnehmen. Alma aber wollte Österreich nicht verlassen, nicht mit Anna, nicht mit Lili, mit niemandem. Wie die meisten Menschen damals glaubte sie, der Krieg würde bald zu Ende sein. Schließlich hatte sie gerade ihr neues Haus bezogen und kümmerte sich herzlich wenig darum, was an der Kriegsfront vor sich ging.

Zwar behaupteten sie beide, sich voneinander zu entfernen, doch fuhren Alma und Oskar in den ersten Kriegsmonaten regelmäßig auf den Semmering. Das war keine sehr lange Fahrt, aber wegen schlechter Zugverbindungen nur schwer an einem Tag hin und zurück zu schaffen. Fast den ganzen Sommer blieben sie der Stadt fern, und in den Herbst- und Wintermonaten versuchten sie immer, ein langes Wochenende auf dem Land herauszuholen. In Wien hatten sie weiterhin getrennte Wohnadressen, Oskar verbrachte aber meistens die Nacht in ihrer großen Wohnung. Oft sprach er davon, sich freiwillig zu melden, schob jedoch die endgültige Entscheidung immer auf. Einer Mode entsprechend, bemalte er Fächer und schenkte Alma sieben davon für ihr neues Haus. Außerdem arbeitete er an seiner Bachmappe, die erst einige Jahre später signiert und veröffentlicht wurde und deshalb schon einer anderen Frau gewidmet war. Die Bachmappe enthält die Interpretationen des Künstlers zur Bach-Kantate Nr. 60 mit dem Titel ›*O Ewigkeit, du Donnerwort*‹[39], eine Komposition, die auf einem Dialog zwischen Furcht (Frauenstimme) und Hoffnung (Männerstimme) beruht. Der Mann, den Oskar mit seiner eigenen Person darstellt, wird vom Weib auf die schreckhafte Vorstellung des Todes hingewiesen.

8

Alma Schindler-Mahler-Gropius

Alma beging am 31. August 1914 ihren fünfunddreißigsten Geburtstag. Einige Tage später vermerkte sie in ihrem Tagebuch:

»Der schreckliche Krieg geht immer noch weiter. Die Erde wird befruchtet mit dem Blut der besten Männer... Wien ist ein Ghetto geworden. Oskar Kokoschkas Worte: ›Österreich kann nicht gewinnen – nur verlieren‹... Die Menschen werden nur an sich selbst denken. Sie werden die Kunst aus ihrem Leben verbannen, sich die Augen reiben und feststellen, daß Deutsche immer Deutsche und Franzosen immer Franzosen bleiben. Romantiker werden immer den Globus umrunden und vom Internationalismus erzählen. Aber jede Nation wird immer wieder ihre eigene Individualität finden, das Höchste und Schönste, das jedes Volk hat.

Ich möchte von Oskar loskommen. Er paßt nicht mehr in mein Leben. Er nimmt mir meine Antriebskraft... So lieb und hilflos er als das große Kind ist, so unzuverlässig und trügerisch ist er als erwachsener Mann... Ich weiß, er hat mich krank gemacht – jahrelang krank – und er konnte mich nicht verlassen. Aber jetzt ist der Augenblick gekommen. Ich habe ihn bei einigen Lügen ertappt, und das muß das Ende sein... Aber er gefällt mir immer noch *so* sehr – *zu* sehr!

Gott strafte mich, als er mir diesen Mann schickte...

Vor einigen Wochen habe ich endlich wieder einmal Klavier gespielt – Meistersinger. Für die Musik würde ich jeden Mann aufgeben. Musik bedeutet mir alles. Wagner bedeutet mir mehr als irgend jemand sonst. Seine Zeit muß einmal wiederkommen. Dieser Krieg muß uns lehren, unsere Meister wieder zu lieben... Süße, innigst geliebte Musik. Und nur ›deutsche Musik‹. Seit Anfang des Krieges habe ich nicht mehr spielen wollen – aber jetzt weiß ich, daß ich nur im Tod *singen* werde! Dann werde ich niemandes Sklave sein, denn ich werde nur auf mein Wohlergehen und mich selbst achten.«[1]

Und am 6. Oktober:
»Ich möchte einen anderen Mann finden, aber einen, der weggeht, aus meinem Leben verschwindet, ehe alles auseinanderbricht.

Gestern abend bin ich Oskar weggelaufen.

Ich fühlte mich den ganzen Tag nicht wohl, und bat ihn, am Abend nicht zu kommen. Um halb elf Uhr abends ging ich mit einer Freundin zu Karl Reininghaus [ein Kunstsammler]. Ich ging befangen in einen Salon voller Menschen und sah sofort Gustav Klimt und Hofrat Strzygowski [ein Archäologe]. Ich fühlte mich geborgen. Mit diesen beiden, umwimmelt von einer Menschenmenge, sprach ich bis drei Uhr morgens... Ich war fast glücklich diese Nacht – nach der langen Isolierung der letzten Jahre durch Oskar Kokoschka.

Wir sprachen auch über Gustav Mahler und sein Ringen, um vom Judentum loszukommen, und Strzygowski sagte: ›Bei Mahler war die Menschlichkeit in jedem seiner Worte, nie Verstand allein. Aber vergessen Sie nicht, wie Sie ihm dabei geholfen haben. Wenn er mit Ihnen war, so war er gleichsam heller. Ich sah ihn einmal mit Schönberg und dessen Schülern vollkommen untergehen im Dunkeln.‹

Ich bebte vor Freude, denn das hatte ich immer gefühlt. Aber glücklich war ich doch, daß ich das Wort endlich von einem anderen gehört hatte... So war mein Leben mit ihm doch eine erfüllte Mission. Das war es allein, was ich wollte.«[2]

Das sogenannte ›jüdische Problem‹ war in Almas Bewußtsein ebenso fest verankert wie in dem vieler Menschen der damaligen Zeit. Alma glaubte, daß ihre Stärke, ihr ›Glückszauber‹, von der Tatsache herrührte, daß sie als Christin geboren wurde und sie damit Wesenszüge geerbt hatte, die einem Juden verweigert waren. Gustav, der zum Christentum konvertiert war, konnte sich damit nicht die ›Helligkeit‹ erkaufen, die ihr in die Wiege gelegt worden war. Gustav war und blieb ein Jude, und damit war er in den Augen Almas und in denen ihrer Zeitgenossen auch mit den ›Problemen‹ des Judentums behaftet. Alma war durch ihre Ehe mit Gustav auch Teil dieses ›Problems‹ geworden, eine Tatsache, die sie nie vergessen konnte. Sie fragte sich, was für einen Preis sie möglicherweise dafür zahlen müßte.

Alma erhielt einen Brief von Dr. Joseph Fraenkel, der auf eine Bemerkung von ihr mit den Worten einging: »Es ist nicht wahr, daß die Juden mehr nehmen als sie geben.«[3] Alma las seine Meinung, konnte sie aber nicht akzeptieren. »Wie steht es *jetzt* mit der jüdischen Frage?« schrieb sie in ihr Tagebuch. »Die Juden Europas *haben* mehr bekommen als sie gegeben haben. Der analytische Geist, ein Ding namens Sozialdemokratie, selbst der Liberalismus – alle diese ›Erleuchtungen‹ stammen von Juden. Heute jedoch sind sie anders. Ohne mich wären sie *nie* Menschen geworden – und so war es mit ihnen allen! Sie brauchen Hilfe und Lenkung – *unser* Denken und Fühlen!«[4] Zumindest Oskar war kein Jude.

Almas politische Vorstellungswelt war – und blieb – naiv. Sie bezog ihre Meinung hauptsächlich aus Äußerungen und Bemerkungen, die sie bei irgendwelchen gesellschaftlichen Anlässen aufschnappte. In ihrem Klischeebild war der Jude eine minderwertige Person, die ausschwärmte und ihr Opfer förmlich sezierte. Daraus schuf sie sich ein Konzept von internationaler Politik, das an Ungerechtigkeit, Kurzsichtigkeit und Realitätsferne kaum noch zu überbieten war. Ungeschickt vermischte sie allgemeine Aussagen mit spezifischen und kam nie auf die Idee, daß die Menschen, mit denen sie zufällig sprach, sich betroffen fühlen könnten. Sie glaubte, immer nur allgemein über die ›anderen‹ zu sprechen. Manchmal funktionierte ihre Taktik auch.

Gegen Ende Oktober 1914 schrieb sie in ihr Tagebuch zum ersten Mal einen Ausdruck, der im Laufe ihres weiteren Lebens immer wieder auftauchen sollte: Oskar war der ›böse Geist‹, der ›böse Genius‹ in ihrem Leben. »Er will mich zerstören. Man kann nicht rein machen, was schon befleckt ist, und als er mich zum ersten Mal in seine Arme nahm, sträubte sich alles in mir gegen seine bösen Blicke. Aber ich wollte ihn gut machen. Und dabei habe ich mich fast selbst verloren.

Oh, diese Faszination des Bösen. Meine Nerven sind ruiniert, meine Fantasie zerstört. Welches Ungeheuer hat er in mich eingebracht?!«[5]

Sie ließ es jetzt nicht mehr zu, daß Oskar Kokoschka sie von ihrem Freundeskreis fernhielt. Als Hans Pfitzner nach Wien kam, um an seiner Oper ›Palestrina‹ zu arbeiten, verlangte er, in ihrer Wohnung Logis zu nehmen. Sie aber sorgte dafür, daß er in einem Hotel untergebracht wurde. Dort war es ihm jedoch zu laut und zu ungemütlich. Er erschien so aufgebracht, daß Alma ihn schließlich bei sich aufnahm. Hier nun störte ihn Oskars Porträt von Alma, das über dem Sofa hing. Er wollte nur Alma und nichts von Oskar um sich haben. Sie wies seine Liebesbezeigung zurück, und er fuhr früher als geplant wieder ab.

Als nächster kam der Chordirigent Siegfried Ochs, dessen Bachinterpretationen es Alma besonders angetan hatten, zu Besuch. Er brachte ihr die herrlichsten Geschenke – seine retuschierte h-Moll-Messe von Bach, ein Goethe-Autograph und eine Kopie des ›Christus‹ von Dürer, die Alma sich immer gewünscht hatte. Ochs wollte ihr Haus am Semmering sehen. Als Alma ihm ausweichend klarmachte, daß die Fahrt hin und zurück in einem Tag schwer zu bewerkstelligen sei, schlug er aufgeräumt eine Übernachtung dort vor. Alma verkürzte seinen Besuch schließlich auf ein paar gemeinsame Stunden im Prater.

In ihren Beziehungen zu Frauen war sie, wie immer, weniger erfolgreich. Wieder stieß sie mit Justi Mahler-Rosé zusammen, als diese sie als Komplizin zu einem Liebesabenteuer mit einem Offizier anheuern wollte. Justi Rosé wollte erreichen, daß sich besagter Herr an Alma heranmachte, und ihn dann für sich beanspruchen. Das Komplott platzte in dem Moment, als Arnold Rosé kam, um seine Frau nach Hause zu holen. Der Offizier verschwand auf Nimmerwiedersehen. Alma täuschte Entsetzen darüber vor, daß Justi sich zu so etwas herablasse. Dabei ließ sie allerdings ganz außer acht, daß ihr eigener Lebenswandel nicht gerade dem damals üblichen Moralkodex entsprach.

Alma besuchte wieder den Salon von Reininghaus, unterhielt sich, tanzte und hörte Musik. Dann ging sie mit Lili und Strzygowski zum Essen aus. Es gab Hummer und Champagner, und Reininghaus hatte zur Erbauung noch ein Streichquartett engagiert, das in einem Nebenraum des Restaurants spielte. Alma schrieb jedoch in ihr Tagebuch: »Die Schönheit drang nicht durch, denn da saß ein alter, gebrechlicher Mann, der mich begehrte. Ach!«[6] Zur selben Zeit flehte Oskar sie an, zu ihm zurückzukehren, damit sie gemeinsam »in unser Haus ziehen konnten, das Du gebaut hast, um mit mir zusammen darin zu leben. Ich möchte Dein Ehemann werden, und ich werde Dir, und nur Dir, immer wieder danken können, wenn ich etwas aus mir mache. Sollte ich Fehler gemacht haben und dafür damit bezahlen müssen, daß ich Dich nicht als meine Geliebte und verehrte Frau bekommen darf – dann ist das eine zu harte Strafe, und Du mußt mich retten.«[7]

Alma war Oskars Flehen unangenehm, und sie ging wieder einmal zu Bertha Zuckerkandl, jener klugen Vertrauten, die schon bei der Verbindung mit Gustav Mahler ein feines Gespür für die Wünsche und Bedürfnisse Almas gezeigt hatte. Bertha erinnerte Alma an den jungen, gutaussehenden Architekten Walter Gropius, der Alma den Hof gemacht hatte.

Alma machte sich sofort auf die Suche nach Walter Gropius. Sie erfuhr, daß er sich schon früh zum Militär gemeldet hatte und verwundet worden war. Am 23. Dezember notierte sie in ihrem Tagebuch: »Heute schrieb ich an Walter Gropius. Ich bin selten allein – ich habe zu viele Gäste – ich weiß, daß ich alleine überleben könnte, aber ich möchte für jemanden dankbar sein.«[8] Die Neujahrsnacht verbrachte sie mit Oskar. Die ganze Nacht sprachen sie über seine Zukunft, und Alma glaubte, sehr streng und hart mit ihm gewesen zu sein. Am 2. Januar 1915 schrieb er ihr:

»Du hast eine übermenschliche Fähigkeit, zu fantasieren. Ich glaube, ich war ehrlich mit mir, denn ich sehe, was Du als nicht gut genug erkannt oder empfunden hast. Aber plötzlich beschwörtest Du aus dem heiteren Himmel um mich herum in aller Güte jene Erklärung, die ich in meinem ziellosen Geist übersehen habe.

Die Art, wie Du mich wieder in Dein Bett genommen hast, war unvergeßlich schön und unvergleichlich... Deine Worte in der Neujahrsnacht legten mein ganzes Streben in Deine lieben, wunderschönen Hände, und ich meine es mit all meinen Versprechungen ganz ernst und ehrlich. Ich liebe Dich und möchte Dir ein guter Ehemann sein, damit Du Deine eigene Unzufriedenheit vergißt und die Liebe in Deinem Leben vermehrst. Du wirst in meine Arme zurückkommen in dem Vertrauen, daß ich es geschafft habe, Dir keine Schande mache und nicht vom Weg abweiche... Mein Engel, ich sehe mit Bangen in die Zukunft, bis wir verheiratet sind und all Deine Hoffnungen auf mich gerichtet sind.«[9]

Einige Tage später schlug Oskar Alma vor, mit ihr eine Reise zu machen. Noch ein letztes Mal wollte er versuchen, mit ihr das Glück zu finden.

Am 15. Januar berichtete sie in ihrem Tagebuch, daß Walter Gropius schwer verletzt in einem Feldlazarett liege. »Ich fühle oder ahne es: er wird in meinem Leben etwas bedeuten.«[10] Sie beschloß, ihn zu besuchen. Unterdessen schickte Oskar weiterhin drängende Briefe, wenn auch mit zunehmender Hoffnungslosigkeit. Er sprach oft von seinem Tod und wollte wohl damit andeuten, daß Alma daran Schuld haben würde. Schließlich hatte er ihr die Gelegenheit gegeben, ihn, und mit ihm auch sich selbst, zu retten. Sie aber hatte sich geweigert.

Oskar beschloß nun endgültig, sich freiwillig zu melden, aber auch bei der Armee wurde er nicht gleich mit offenen Armen empfangen. »Für die Infanterie war ich nicht rüstig genug, für die Artillerie zu schwach in Mathematik. Loos hatte es durchgesetzt, daß ich bei der Kavallerie diente, also dort, wo ich mich auf ein Pferd verlassen konnte. Männerfreundschaften sind wirklich etwas Verläßliches; denn Adolf Loos, von dem ich in den Jahren des Zusammenseins mit Alma Mahler getrennt war, hat sein Bestes getan, um zu ermöglichen, daß ich den Krieg überlebte. Es muß ihm eine gewisse Genugtuung gewesen sein für die Feindschaft, die Alma Mahler ihm immer nachgetragen hat, meine Unterbringung im vornehmsten Reiterregiment der Monarchie, in welchem der Hochadel aller Kronländer und Prinzen aus dem kaiserlichen Haus dienten, ermöglicht zu haben.«[11]

Oskar mußte sein eigenes Pferd mitbringen, also gingen seine Mutter und Loos zum Besitzer eines Tattersalls. Um das Pferd erstehen zu können, hatte Oskar ein Bild verkauft und bekam dafür ein Halbblut namens ›Minden Lo‹, was soviel wie ›alle Pferde‹ bedeutet. Danach wurde Oskar standesgemäß beim Schneider eingekleidet, dessen Salon gegenüber der Hofburg Loos' gebaut hatte. Bevor er in den Krieg zog, gab er seiner Mutter eine Halskette mit blutroten Glasperlen, ein Andenken von Alma, zur Aufbewahrung. Seine Mutter steckte die Kette achtlos in einen Blumentopf am Fensterbrett.

Nicht Verpflichtung und nicht Einengung sah Oskar in seinem neuen Abenteuer, sondern ein Entkommen, eine Möglichkeit, sich selbst von den Ketten zu befreien, die ihn an Alma banden. Sie hatte inzwischen ihre ganze Aufmerksamkeit auf Walter gerichtet. Kaum ein Lebewohl hatte sie noch für Oskar übrig. Am 2. Februar schrieb sie in ihr Tagebuch: »Mein einsames Dasein kennt keinen Glückszustand, kein Kind, keinen Mann... Ich habe das Gefühl [Walter Gropius] liebt mich nicht mehr. Er sieht mich als eine andere Frau. Ich hätte viel zur Vorbereitung tun müssen, um in seinen Augen immer ›verfügbar‹ zu sein... Dieser Deutsche wird mir *nicht* untreu werden wie O. K. Ihn werde ich rasch vergessen.«[12]

Alma fuhr mit Lili nach Berlin in dem einzigen Bestreben, ihre Beziehung mit Walter Gropius, der immer noch nicht ganz genesen war, wieder aufzunehmen. Es dauerte länger, als sie gedacht hatte, die Befangenheit ihres letzten Treffens zu überwinden und ihn von ihren Absichten zu überzeugen. Sie wollte mit ihm über ihre Bindung mit Oskar sprechen, er konnte das nicht verkraften. Innerhalb von zwei Wochen hatte sie es jedoch geschafft. Sie glaubte, so von ihm geliebt zu werden, wie sie gerne geliebt werden wollte. Für sie war es kein Zufall, daß Walter Gropius' Geburtstag am 18. Mai mit dem Todestag Gustav Mahlers zusammenfiel.

Ihrem Tagebuch vertraute sie an: »Ich fuhr auf vierzehn Tage nach Berlin in der schändlichen Absicht, diesen großbürgerlichen Musensohn wiederzusehen. Tage wurden weinend verfragt... Nächte weinend beantwortet. Schließlich verliebte er sich – im Laufe einer Stunde – wieder in mich. Wir saßen (in einem Restaurant), wo Wein und gutes Essen Stimmung und Gefühl hoben. Und die Abschiedslaune tat das ihre, denn er mußte in einer Stunde zu seiner Mutter reisen. Ich brachte ihn auf die Bahn, dort überkam es ihn derart, daß er mich noch kurzerhand in den schon fahrenden Zug hinaufzog und ich nun wohl oder übel nach Hannover mitfahren mußte. Ohne ein Nachthemd oder sonst irgend etwas mitzuhaben, fast mit Gewalt, war ich die Beute dieses Mannes geworden. Ich muß sagen, es gefiel mir sehr wohl.«[13] Alma fuhr am nächsten Tag nach Berlin zurück. Dort traf sie sich wieder mit Lili, die sie immer noch verführen wollte, wenn auch nicht mehr ganz so offensichtlich. Alma war bereit, ihre Freundschaft mit Lili aufrechtzuerhalten, das Bett wollte sie jedoch nicht mit ihr teilen. Lili gab sich mit aneinander angrenzenden Räumen, die durch ein Bad getrennt waren, zufrieden.

Walter kam noch vor Almas und Lilis Abreise nach Berlin, um seine Rückkehr an die Front vorzubereiten. Sie schrieb: »Ich war nicht glücklich. Er benahm sich plötzlich wie ein Ehegatte – er setzte alles dran, mich zu einer Heirat zu bringen, und ich bebe immer noch bei dem Gedanken, daß es passieren könnte.«[14]

Nach seiner Abreise fuhren Alma und Lili nach Zehlendorf, um Arnold Schönberg zu besuchen. Alma freute sich, ihn inmitten eines Kreises von Bewunderern und Freunden vorzufinden. Jedoch lebte der Komponist, dessen Talent Gustav so hoch gepriesen hatte, unter primitiven Bedingungen. Deshalb schlug sie ihm ein Konzert in Wien vor, bei dem er Beethovens Neunte Symphonie mit den Mahlerschen Retuschen dirigieren sollte. Lili wollte finanziell für das Konzert garantieren. Alma sollte diesen Plan später bereuen, aber es war schon alles arrangiert, als die beiden Frauen in den Zug zurück nach Wien einstiegen.

Zu Hause lud Alma Pfitzner, Hauptmann und andere alte Freunde zu sich ein. Oskar schrieb von der Front und berichtete von seiner Ausbildung und den Lebensumständen, die jegliche Annehmlichkeiten, an die er gewöhnt war, entbehren ließen. Er wußte, daß Alma sich in seiner Abwesenheit mit Musikern, Schriftstellern und Künstlern umgab, die produktiver waren als er, und er war eifersüchtig. Er könnte nie so sein, schrieb er, wie ›einer dieser Bach-, Brahms- oder Wagneranhänger‹[15], die sie so verehrte. Gustav Mahler war der einzige, der ihm mehr bedeutete – und vielleicht noch Schönberg. Oskar und Alma tauschten weiterhin Briefe aus – er schrieb öfter, als sie antwortete. Selbst wenn sie ihn in Wien wußte, versuchte sie, ihm aus dem Weg zu gehen. Alma war unzufrieden. Sie hatte das Gefühl, ihren eigenen Erwartungen nicht gerecht zu werden. Der Psychologe Julius Wagner, den sie um Hilfe bat, konnte ihr auch keine aufschlußreichen Ratschläge geben. Trotz aller Schwierigkeiten war sie noch immer unschlüssig, ob sie ihr Leben nicht vielleicht doch Oskar widmen sollte, selbst jetzt, nachdem sie sich solche Mühe gegeben hatte, Walter zurückzugewinnen, der so talentiert, so gutaussehend und so arisch war.

Wie sie es immer in Zeiten der Verwirrung und der Umwälzungen tat, so flüchtete sie sich auch diesmal in die Musik. Sie widmete sich vier ihrer eigenen Lieder für Klavier und Mezzosopran, die später auch bei Gustavs früherem Verleger Universal erschienen. Diesmal gab es auf der Titelseite keinen Hinweis auf Gustavs Werk, und es deutete auch nichts darauf hin, daß die Lieder Aufmerksamkeit erregt hätten oder gar aufgeführt worden wären. Wahrscheinlich war auch die mangelnde Reaktion der Grund dafür, daß Alma sich nicht weiter um das Komponieren kümmerte.

Sie hatte andere Verpflichtungen. Der Preis der Mahler-Stiftung mußte vergeben werden. Im Jahr zuvor war er an Schönberg gegangen. Jetzt beabsichtigte Alma, ihn Bittner zu verleihen, dessen Werk sie bewunderte, obwohl Mahler ihn eigentlich nie näher gekannt hatte. Zu diesem Anlaß lud sie Siegfried Ochs, Kolo Moser und seine Frau und einige andere Freunde zu einem Konzert in ihr rotes Musikzimmer ein. Danach hatte sie genug von Wien und fuhr mit Gucki auf den Semmering. Dadurch entging sie dem Klatsch und den Proteststürmen nach dem Fiasko des Schönberg-Konzerts.

Walter sprach in seinen Briefen von Eifersucht auf Oskar. Alma änderte wieder einmal ihre Meinung: »Oskar hat ein Recht, unbedacht zu sein, aber dieser Mann hat das nicht, nicht dieser kleine, gewöhnliche Mann!«[16] Sie legte die Feder weg und stellte fest, daß sie die Abgeschiedenheit des Landlebens nicht mehr länger ertragen konnte. Also fuhr sie mit Gucki wieder nach Wien zurück. In ihrer Wohnung fand sie einen kurzen Brief von Walter vor. Nachdem sie ihn gelesen hatte, war sie sich sicher, Walter zu lieben. Anfang Juni fuhr sie mit ihrer Tochter nach Franzensbad, kaufte sich eine Bibel und versuchte darin zu lesen. Doch ihr eigenes Schicksal lag ihr mehr am Herzen. Sie hatte den Wunsch, irgendwo mit einem Mann in Frieden zu leben, der sie glauben machte, daß sie ihm etwas bedeutete. Eine Weile wollte sie nun einfach nichts tun, nur mit ihrer Tochter zusammensein und mit ihren alten Freunden ein stolzes, befriedigendes Leben führen.

Am 18. August 1915 heiratete Alma Walter Gropius.

Sie glaubte ihn zu lieben. Aber sie hatten wenig Zeit gehabt, sie näher kennenzulernen – noch weniger als mit Gustav vor ihrer Eheschließung. Keiner konnte wissen, was passieren würde, wenn der Krieg sie nicht mehr voneinander trennte. Die Frage, wo sie ihren endgültigen Wohnsitz haben würden, blieb ungestellt und ungelöst. Durch ihre Wiederverheiratung verlor Alma die Pension, die ihr als Witwe des

Operndirektors zustand. Das würde sie zwar nicht arm machen, aber es mußte doch irgendein Ersatz gefunden werden. Walters Zukunft mußte ernsthaft geprüft und an seiner Karriere gearbeitet werden.

Alma dachte an eine Übersiedlung nach Amerika (wo sie auch beide landeten, wenn auch nicht miteinander). Sie erzählte ihrem Mann alles, was sie über den Architekten Frank Lloyd Wright wußte und von den riesigen, prächtigen Gebäuden, die sie auf ihren Reisen mit Gustav in New York gesehen hatte. Walter zeigte an diesen Dingen wenig Interesse. Er gehörte der oberen Mittelklasse Deutschlands an, eine Gesellschaftsschicht, die Alma so fremd war, daß sie in seinem Elternhaus nervös Zöpfchen in die Tischtuchfransen flocht. Sie hatte das Gefühl, diese höflichen und ordentlichen Leute betrachteten sie als einen Emporkömmling und, was noch schlimmer war, sie war die Witwe eines Juden. Die eingeübte Mischung von praktischem Denken und Vornehmheit im Hause Gropius beeindruckte die neue Schwiegertochter, die sich davon etwas abschauen wollte. Alma sah, daß sie nicht in die Familie paßte, und sie befürchtete jetzt schon, daß sie wohl nie hineinpassen würde.

Sie hatte einen eleganten Mann und ein Kind gewollt. Walter war so auffallend gutaussehend, daß ein Kind von ihm einfach wunderschön werden mußte. Darüber hinaus, so gingen ihre Überlegungen, würde sie die Ehe mit Walter von dem Stigma des Mahlerschen Judentums und den Ketten von Oskars Abhängigkeit von ihr erlösen. Bei Walter würde sie ihr Gleichgewicht und Erfüllung finden.

Am Tag nach der Hochzeit schrieb sie in ihr Tagebuch: »Gestern habe ich geheiratet. Nichts soll mich fortan aus meiner Bahn schleudern. Klar ist mein Wollen... nichts will ich, als diesen Menschen glücklich machen! Ich bin gefeit, ruhig, erregt, glücklich wie nie zuvor. Gott erhalte mir meine Liebe!«[17]

Walter bekam nur sehr selten und sehr kurz Urlaub. Alma versuchte ihn zu besuchen, so oft sie konnte, und zunächst fühlte sie sich sehr wohl in der Rolle der Ehefrau. Doch schon bald änderte sie ihre Meinung. Am 16. September trägt sie in ihr Tagebuch ein:

»Das ist sicherlich die merkwürdigste Ehe, die sich denken läßt. So unverheiratet... so frei, und doch gebunden. Niemand gefällt mir. Die Frauen sind mir heute fast lieber, weil sie nicht so aggressiv sind. Aber endlich möchte ich schon in einen Hafen einlaufen... Gustav erkannte mich nie als lebendes Wesen neben sich. Er hatte seine Bedürfnisse: schweigsame Mahlzeiten, ein warmes Haus und reichlich Gelegenheit, an seiner Musik zu arbeiten, Tag und Nacht. Er wollte nicht mehr, brauchte nicht mehr, kam gar nicht auf die Idee, daß ich etwas anderes vom Leben erwarten könnte, oder daß ich einfach aus Mangel an Liebe umgekommen wäre, wenn die Dinge so weitergegangen wären. Als ich dann daran gewöhnt war, mein Leben für mich zu leben, schob ich alle Schuld für meine Traurigkeit auf meine eigene Unfähigkeit, das Leben glücklicher zu gestalten. Ich wollte Musik, aber das Haus mußte ruhig sein, wenn Gustav müde und ausgepumpt von der Oper nach Hause kam. Ich wollte meine eigene Musik, oder eine Musik, die ich tief empfinden konnte, denn Gustavs Musik war mir fremd... Aber ich arbeitete mit ihm, fühlte mit und für ihn, war immer bei seinen Aufführungen und lebte so, daß in mir ein eigentlich fremdes Gefühlsleben und fremde Schöpfungen wuchsen. Ich glaubte, alt und hassenswert zu sein... und plötzlich trat ein Mann in mein Leben, der mir neu und sofort von mir eingenommen war. Als er mir zum ersten Mal sagte, daß er mich liebte, war ich glücklich, wie schon Jahre nicht mehr. Das geschah unmittelbar, nachdem ich mein schönes Kind verloren hatte. Ich war verzweifelt und litt. Ich schickte Annie zu Mama zurück und fuhr sofort nach Wien, wo ich auf einmal zu nichts mehr die Energie aufbrachte, weil ich bislang nur für Ehemann und Kinder dagewesen war. Es gab keine Zukunft für mich.«[18]

Oskar beendete seine Ausbildung und wurde an die Front geschickt. Er sah elegant aus auf dem Rücken seines Pferdes. Am 7. November schrieb er an Alma: »Ich habe sehr guten

Grund, einige Stunden in Wien zu verbringen, denn als ich mich am 1. Februar meldete, habe ich es fertiggebracht, es nicht als Soldat zu tun, sondern als Deserteur. Zumindest kann ich Dich jetzt noch einmal sehen, und darauf freue ich mich sehr. Sieh zu, daß Du keine Besucher hast. Ich komme zum Mittagessen. Du hast mir Geld geschickt. Das schicke ich Dir jetzt zurück, denn momentan, ohne Gelegenheit zu malen, haben meine Gläubiger auch keine Aussicht auf Rückzahlung.«[19]

Kurz darauf ritt Oskar, einige andere Pferde an den Zügeln mitführend, durch den Fluß Bug, als er von feindlichen Kosaken angegriffen wurde. Er ritt so schnell er konnte, wurde jedoch von einem Schuß am Kopf getroffen. Um sicherzugehen, daß er auch bestimmt tot war, stießen ihm die Kosaken noch ein Bajonett in die Brust. Oskar lag halb bewußtlos im Wald, seine rechte Seite war gelähmt. Schließlich fanden ihn österreichische Kameraden und er wurde, sobald er transportfähig war, in ein Lazarett nach Wien gebracht.

Dort erfuhr er von Almas Hochzeit mit Walter. Wohl wußte er, daß sie während seiner Abwesenheit ihr eigenes Leben weitergeführt hatte, er hatte ihr aber trotzdem die Schlüssel zu seinem Atelier anvertraut und wohl darauf gehofft, daß sie sich nach seiner Rückkehr ein neues gemeinsames Leben aufbauen könnten. In der Wiener Presse war sein Tod bekanntgegeben worden. Oskar schrieb später dazu:

»Da hat es Alma Mahler nicht verdrossen, sofort aus meinem Atelier, wozu sie den Schlüssel hatte, Säcke voll ihrer Briefe abholen zu lassen... Weniger wichtig schien mir, daß sie auch das an Entwürfen, Skizzen und Zeichnungen, was ich in der törichten Hoffnung, der Krieg würde nicht lange währen, im Atelier zurückgelassen hatte, wegräumen ließ... Sie soll später... solche Zeichnungen an junge Maler verschenkt haben, die diese leider verstümmelten, indem sie sie vervollständigten, um sie verkäuflich zu machen. Vielleicht hat sie damit Gewissensregungen abreagieren wollen... Natürlich wußte sie nicht, daß einer wiederkommen würde, den man für tot hält.«[20]

Oskar sehnte sich danach, Alma zu sehen, und schickte Loos, sie zu einem Besuch im Spital zu überreden. Sie weigerte sich jedoch. Oskar schwankte zwischen der Hoffnung, es werde eine Zeit kommen, da er mit Alma wieder vereint sein würde, und dem Wunsch, alles hinter sich zu lassen, was ihn an Alma und an Frauen allgemein erinnerte. Sie war zu der Überzeugung gekommen, daß sie ihre Zeit nicht an seine Schwäche vergeuden sollte. Mit Menschen, die ihre Hilfe zu brauchen schienen, hatte sie nichts im Sinn.

Sie war zufrieden mit Walter und schrieb darüber zu Beginn des Jahres 1916: »Ich hoffe, daß ich gesegnet sein werde. Unsere Stunden der Liebe scheinen Monate anzudauern – dann dieser schmerzvoll-süße Abschluß. Es gibt nichts Schöneres auf der Welt.«[21] Sie wollte ein Kind haben; alles andere kümmerte sie wenig. Obgleich Walter ihr einmal gesagt hatte, Mann und Frau könnten nie nur Freunde bleiben, war sie immer noch stolz auf die Männer, die sie zu ihren Freunden zählte. Sie traf sich mit Ochs und Albert von Trentini. Wenn einer der Männer, die sie in ihr Haus einlud, sich zufällig in sie verliebte, dann war das schließlich nicht ihre Schuld. Es hatte eine Reihe von Männern gegeben, die ihre Freunde waren, sie aber nicht liebten. Doch es gab einen, der sie liebte, und sie hatte einen Beweis dafür. Sie war schwanger.

Oskar erfuhr davon und war sehr gekränkt. Auch der Anblick Wiens, das unter dem Krieg schwer litt, tat ihm weh, als er das Spital verlassen durfte. Er ging auf direktem Weg zu seiner Mutter und fragte sofort nach den Perlen, um deren Aufbewahrung er sie gebeten hatte. Sie nahm den Blumentopf, ließ ihn fallen und las die Perlen zwischen den Scherben auf. Ihr Sohn verstand die Symbolik ihrer Handlung, wollte sie jedoch nicht akzeptieren. Er schrieb: »Immerhin machte es mir einige Jahre lang Vergnügen ... in der Asche eines verglühenden Schmerzes zu stöbern, ohne Rücksicht darauf, ob auch Almas seelische Wunden so gut verheilt wären wie meine körperlichen. Immer wieder fand sich eine Gelegenheit, dies zu erproben. Plötzlich schrieb ich zum Beispiel einen Brief, der alles Vergangene wie einen Rechenfehler mit dem Schwamm von der Tafel wegwischte, oder ein Telegramm voller Ergebung und ohne jeden Vorwurf oder Gegenbeschuldigung, ein anderes Mal Blumen und zuletzt eine Einladung zur Erstaufführung meines Stückes ›*Orpheus und Eurydike*‹ in Frankfurt.«[22] Das Stück war aus Halluzinationen entstanden, die Oskar während der schlimmsten Zeit seiner Verletzung erlebt hatte. »Manchmal brach meine Erinnerung an die Vergangenheit so stark hervor, daß ich die Frau, von der ich mich so schwer getrennt hatte, leibhaftig vor mir sah. Ich glaubte, ihrer Anziehungskraft zu erliegen, mich nicht trennen zu können. Da durch den Kopfschuß meine Bewegungsfähigkeit eingeschränkt und auch mein Sehsinn gestört war, habe ich die Worte der Zwiegespräche mit ihr, mit diesem Phantom, mir so lebhaft eingeprägt, daß ich sie, ohne sie aufschreiben zu müssen, in der Fantasie mehr und mehr erweitern konnte, bis sie sich zu wirklichen Szenen entwickelten.«[23]

Oskar erholte sich schneller, als die Ärzte vermutet hatten, und bat darum, als Verbindungsoffizier an die italienische Front geschickt zu werden. Dort gesellte er sich einem ungarischen Regiment zu, dessen Oberst er sehr gut kannte. In Italien war er mehrfach in Lebensgefahr. Dann explodierte eine Sattelbrücke, auf der er sich gerade befand. Es folgte wieder ein längerer Spitalaufenthalt, um wegen einer Kriegsneurose behandelt zu werden. Auch jetzt wollte ihn Alma nicht besuchen. Nachdem er aus dem Spital entlassen worden war, ging er nach Berlin, dann nach Dresden. Von Wien wollte er zunächst einmal nichts mehr wissen.

Alma verbrachte die Zeit ihrer Schwangerschaft am Semmering – diesmal in Gesellschaft von mehr Frauen als sie es sonst tat –, mit Nora Draskowitsch, die nach Almas Meinung ebenso intellektuell wie schön war, und mit Gräfin Gretl Cudenhove, deren warme Ausstrahlung ihr auffiel. Alma dachte über sich selbst nach – sie als Gustavs Witwe und Walters Frau – und stellte in ihrem Tagebuch fest: »Die Juden haben uns den Geist gegeben, aber unsere Herzen gefressen.«[24] War sie wirklich dieselbe Frau, die einen Gustav Mahler geheiratet hatte? Wieder spürte sie einen Sinneswandel.

Am 5. Oktober 1916 wurde Manon Gropius geboren. Sie wurde nach der Heldin der Puccini-Oper ›*Manon Lescaut*‹ genannt. Vom Augenblick ihrer Geburt an verliebte sich jeder, der sie sah, sofort in sie. Walter war nicht da, aber er schickte ihr als Geschenk Edvard Munchs ›*Mitternachtssonne*‹, ein Gemälde, das Alma seit langem liebte.

Alma hatte nun zwei Töchter, aber keinen Ehemann, zumindest empfand sie es so. »Er ist im Feld. Wir sind über ein Jahr verheiratet. Wir haben uns nicht, und manchmal habe ich Angst, daß wir einander fremd werden. Dieses Provisorium-Leben habe ich nun bald satt. Immer nur ›wenn‹, ›und‹ und ›aber‹!«[25]

Sie hätte zu Oskar zurückkehren können, aber das wollte sie nicht. »Er ist mir ein fremder Schatten geworden... nichts interessiert mich mehr an seinem Leben. Und ich habe ihn doch geliebt! Was soll aus all dem noch werden? Ich gehe und gehe, und meine Füße sind oft so müde... Ich kann nicht ruhen. Ich bin froh, genug Frieden in mir zu haben, um Walter treu zu bleiben, denn ich liebe ihn und werde ihn nicht verlassen...«[26]

Alma betrachtete die Männer in ihrem Leben:
»Gustav Mahler – aus den Wirren der Abstraktion
Oskar Kokoschka – das Genie
Walter Gropius – der Improvisator von Kulturen und Wünschen – und Joseph Fraenkel, der geniale Improvisator...
Von Walter möchte ich Kinder – von Oskar Werke – von Fraenkel den Triumph des Geistes, den er mir nie angeboten hat. Ich wollte, Fraenkel wäre in mein Haus gezogen und hätte den Rest seines Lebens mit mir verbracht.«[27]

Alma zog sogar in Erwägung, sich der Kirche zu widmen, aber das wäre weder möglich noch klug gewesen. »Für Fraenkel war ich zu irdisch – für Oskar war ich nicht mehr stark genug, alles andere war in Ordnung... Dann wieder, wenn ich meine zwei Mädeln anschaue, geht mir das Herz auf. Das ist mein Glück jetzt, und kaum wird noch ein anderes kommen. Alles um mich herum wird so still und geräuschlos. ›Ehemann‹ bedeutet mir nichts mehr. Walter ist zu spät gekommen!«[28]

Anna, die inzwischen dreizehn Jahre alt war, brauchte ihre Mutter nicht mehr. Sie war Mahlers Tochter, etwas ganz Besonderes, und sie wurde ihrer Mutter immer ähnlicher. Anna war ruhig, klug, entschlossen und drauf und dran, sich ihr eigenes Leben aufzubauen. Sie hatte früh gelernt, unabhängig zu sein, und blieb immer auf Distanz, als ob sie einem separaten Kreis angehörte. Anna kümmerte sich gern um Manon und wurde fast so etwas wie eine zweite Mutter für die kleine Schwester. Ihren Stiefvater verehrte sie, obgleich sie ihn sehr selten sah. Wenn er zu Hause war, war Walter fast immer ein perfekter Gentleman. Sein Temperament ging ihm jedoch gelegentlich durch; so warf er einmal in einem Eifersuchtsanfall den siebten, letzten und intimsten Fächer, den Oskar für Alma bemalt hatte, ins Feuer. Anna konnte solche Wutausbrüche überhaupt nicht verstehen.

Sobald sie sich von Manons Geburt erholt hatte, nahm Alma ihr gesellschaftliches Leben wieder auf. Sie kam mit Paul Kammerer, Alban und Helene Berg, Schönberg und Klimt zusammen. Sie wollte ihre Zeit nicht nur mit alten Freunden und Musikern verbringen, sondern auch Literatur in ihren Kreis mit einbeziehen. Dazu gehörte Franz Blei, den sie im Jahre 1917 in Wien und am Semmering sah und den sie vielleicht als Liebhaber in Betracht gezogen haben mochte. Seine brillante Argumentationsgabe war ebenso ärgerlich wie faszinierend, und selbst Walter, der Heimaturlaub hatte, war von Almas neuem Freund angetan. Nachdem Blei gegangen war, nannten Alma und Walter dieses neue Phänomen ›Bleivergiftung‹. Blei erbot sich, an Almas geselligen Zusammenkünften teilzunehmen – und er versprach, demnächst den jungen Schriftsteller Franz Werfel mitzubringen. Alma kannte den Namen von einem Gedicht mit dem Titel ›Der Erkennende‹[29], das sie in Berlin gelesen hatte, während sie versuchte, Walter Gropius zurückzugewinnen. Später hatte sie das Gedicht vertont. Sie hatte ganz und gar nichts dagegen, diesen Franz Werfel kennenzulernen.

9
Franzl – Dichter und Revolutionär

Es war Herbst geworden, als Blei den siebenundzwanzigjährigen Franz Werfel mitbrachte und ihn Alma vorstellte. Franz Werfel war der Sohn des Industriellen Rudolf Werfel, dessen Handschuhfabrik Werfel & Böhm Filialen in Prag, Tuchkov, London, Glasgow, Paris, Brüssel und Berlin hatte. Franz war in den ersten Kriegstagen zum Militär eingezogen worden und hatte die meiste Zeit in Italien verbracht. Er hatte sich in dieses Land verliebt – es entsprach der weichen, fast femininen Seite seines Charakters. Der verwöhnte, einzige Sohn – er hatte nur noch zwei Schwestern – einer jüdischen Familie gewöhnte sich schwer an die militärische Disziplin. Nichtsdestotrotz hatte er sich so weit hochgedient, daß er Einfluß auf seine Dienstverwendung nehmen konnte. Darüber hinaus waren seine Vorgesetzten, ähnlich wie bei Oskar, auf ihn aufmerksam geworden. Franz Werfel hatte sich damals schon einen Namen als einer der besten jungen deutschsprachigen Dichter gemacht. Die kommandierenden Offiziere, die sich seiner Berühmtheit bewußt waren, behandelten ihn auch freundlich und hatten ihn gerne um sich.

Franz verletzte sich am Fuß, als er an einem freien Tag in den italienischen Alpen zu früh von einer Seilbahn absprang. Dank der Intervention eines Gönners, der seine Gedichte bewunderte, wurde er der militärischen Presseabteilung in Wien überstellt. Der Dienst dort war alles andere als aufreibend, und seine Uniform mußte er nur bei besonderen Anlässen hervorholen. Er wohnte im Hotel Bristol und hatte dort jeden Komfort, der unter Kriegsbedingungen zu bekommen war. Es gab jede Menge Zeit für gesellschaftliche Aktivitäten. Franz verbrachte diese Zeit meist in Kaffeehäusern bei Unmengen Kaffee und Zigaretten. Alma hatte eine Abneigung gegen solche Kaffeehauszirkel. Diese Menschen rochen oft stark nach Rauch und Alkohol und symbolisierten für sie den unangenehmen Teil der Wiener Gesellschaft – arme Obdachlose, die in den schäbigeren Kaffeehäusern Wärme, Zuflucht und fließendes Wasser suchten. Und dann trafen sich dort auch die zynischen, oft jüdischen Intellektuellen, die die Zeit mit klugen Parolen totschlugen und hochnäsig die soziale Ordnung bekrittelten. Frauen waren in diesen Kreisen nicht willkommen, und für Alma war eine reine Männergesellschaft genauso schrecklich wie ein Damenkränzchen.

Als Blei Werfel zum ersten Mal in ihre Wohnung brachte, sah sie ihr eigenes Klischee von einem typischen Juden vor sich: ein kleiner rundlicher Mann mit Gesichtszügen und einem Gehabe, das ihn älter machte als er eigentlich war; ganz bestimmt sah man ihm nicht die elf Jahre an, die er jünger war als sie. Sein Stern am Dichterhimmel ging bereits auf, aber er war noch weit entfernt vom Status eines Mahler, eines Klimt oder eines Kokoschka. Franz Werfel war in gewissen Kreisen für seine außergewöhnlichen Vorträge seiner eigenen Werke und auch der anderer deutscher Schriftsteller bekannt geworden. Mit seiner schönen Sprechstimme hielt er die Zuhörer gefangen. Es gab jedoch auch Leute, die seine theatralischen Rezitationen übertrieben, ja sogar läppisch fanden. Er war intelligent und schien es, anders als sein Freund Blei, nicht für nötig zu halten, bei einem Gespräch alle Aufmerksamkeit auf sich zu lenken. Er hatte einen stillen, feinen Sinn für Humor, bei dem er seine eigene Person nicht aussparte. Nur seine politischen Anschauungen konnte Alma nicht ertragen. Nach ihrem ersten Zusammentreffen schrieb sie: »Werfel trat zuerst sehr vehement für die Sozialdemokratie ein, aber im Laufe des Abends wurde er besser, freier, lockerer. Und da ich seine Gedichte liebe, von denen ich eines auch vor zwei Jahren vertont habe, fühlte er sich gleich sehr zu Hause... Werfel ist ein ziemlich beleibter

Jude mit vollen Lippen und glänzenden, mandelförmigen Augen. Er gewinnt, je mehr er sich gibt. Seine übertriebene Menschenliebe und Phrasen wie: ›Wie kann ich glücklich sein, wenn ein Geschöpf auf Erden noch leidet‹, habe ich wörtlich schon einmal von einem Egozentriker par excellence, nämlich Gustav Mahler, gehört!«[1]

Franz hatte überdies ein natürliches musikalisches Talent, das seine mangelnde Ausbildung auf diesem Gebiet wettmachte. Ganz besonders liebte er die Werke Giuseppe Verdis und konnte mit seiner schönen Tenorstimme ganze Passagen aus Verdi-Opern auswendig singen. Kurz vor Weihnachten – Walter Gropius war auf Urlaub zu Hause – waren Blei und Werfel wieder einmal bei Alma zu Besuch. Alma spielte die ›Meistersinger‹ und ›Louise‹, und Franz sang dazu. Dann trug er einige seiner neuen Gedichte vor. Alma fühlte, daß sie mit diesem Menschen etwas verband, das sie bei Walter nie gespürt hatte. Ein seltsames Gefühl der Enttäuschung durchfuhr sie, als ihr Ehemann verkündete, er könne seinen Urlaub verlängern und die Weihnachtsfeiertage zu Hause verbringen. Alma hatte sich bereits darauf gefreut, Weihnachten mit ihren beiden Töchtern und einigen Freunden zu feiern. Sie kämpfte gegen den inneren Drang an, Walter möglichst fernzuhalten von der kleinen Manon, und sie wollte ihre Zeit mit Franz verbringen.

Als Walter kurz vor dem Neujahrstag des Jahres 1918 wieder ins Feld mußte, wußte Alma, daß sie einander bald zum letzten Mal Lebewohl sagen würden. An jenem Morgen brachte sie ihn nicht zur Bahn – sie hatte wichtigere Dinge zu tun. Mengelberg und sein Orchester waren aus Amsterdam nach Wien gekommen, um eine Reihe von Konzerten zu geben. Am Nachmittag sollte das erste dieser Konzerte im Musikverein mit dem ›Lied von der Erde‹ beginnen, und Alma und Anna Mahler würden daran teilnehmen. Während Alma sich anzog, läutete es an der Tür. Walter war zurückgekommen. Er hatte den Zug versäumt und mußte nun auf den nächsten warten, der erst abends fahren würde. Er wollte ebenfalls in das Konzert gehen, aber Alma war nicht bereit, eine ihrer beiden Karten herzugeben. Um Diskussionen zu vermeiden, rief Alma Anna und Carl Moll an und bat sie, zum Abendessen zu kommen. Der Abend verlief trotzdem sehr gedrückt, und Walter ging diesmal zeitig zur Bahn. Von der Grenze depeschierte er seiner Frau: »Zerbrich das Eis in Deinen Zügen«[2] – ein Zitat aus einem Werfel-Gedicht.

Die letzten Tage des Jahres 1917 vergingen wie im Fluge mit Konzerten von Mengelberg und seinem Orchester. Am Neujahrstag standen Gustav Mahlers Vierte Symphonie und Richard Strauss' *Ein Heldenleben* auf dem Programm. Danach gab Alma ein kleines Abendessen für die Mengelbergs und öffnete ihre Räume für etwa siebzig geladene Gäste, unter ihnen viele klingende Namen von Grafen und Gräfinnen sowie Schreker, Bittner, Berg, Wallesz, Blei und Werfel. Die Einladung muß wohl ein Erfolg gewesen sein, denn Mengelberg blieb bis drei Uhr früh. Alma sinnierte in ihrem Tagebuch: »Die besten Augenblicke waren die, in denen ich unbeobachtet mit Werfel sprechen konnte. Ein Hoch diesem bereichernden Mann! Ich muß mein Herz im Zaume halten, sonst verliere ich es!«[3]

Das passierte wohl auch gleich drei Tage später, wie Alma in ihrem Tagebucheintrag vom 5. Januar gestand. Sie und Franz hatten getrennt eines von Mengelbergs Konzerten besucht, aber sie konnten die Blicke nicht voneinander wenden – zuerst befangen, dann leidenschaftlich. Er kam in der Pause zu ihr, und sie gingen in ihre Wohnung. »Unser beredtes Schweigen brachte uns an den Rand. Es konnte ja gar nicht anders kommen, als daß er meine Hand ergriff und sie küßte – und daß sich unsere Lippen fanden, und daß er Worte stammelte, ohne Sinn und Zusammenhang... Es mußte kommen, daß ich ihn liebe.«[4]

Alma machte sich nun wegen des Altersunterschiedes Sorgen, ähnlich wie es auch Gustav getan hatte. »Wenn ich zwanzig Jahre jünger wäre, würde ich alles hinhauen und mit ihm gehen. So aber muß ich ihm mit tiefer Trauer nachsehen, wenn er seinen Götterlieblingsweg dahingeht. Franz Werfel!« Alma sah ihm jedoch nicht nach.

»Ich liebe Werfel und will das Beste für ihn. *Ich* komme hier nicht in Betracht. Wenn ich doch nur die Stärke hätte, ihm all die Schönheiten eines unschuldigen Daseins zu zeigen. Ich fühle keinen Frieden! Ich muß meinen Weg verbrennen... Die Bourgeoisie bringt mich zu Fall. Jetzt lebe ich zum ersten Mal mit vollem Herzen. Gott, gewähre mir *dieses* Leben!«[5]

Franz wollte, daß Alma ihn besuchte. Sie aber zögerte noch. Was sollten die Leute denken, wenn eine verheiratete Frau von angesehener Reputation einen jungen Mann alleine in seinem Hotelzimmer besuchte? Aber sie fand einen plausiblen Vorwand, um ins Hotel Bristol zu kommen. Franz war hoffnungslos mit dem Fahnenlesen seines ›*Gerichtstags*‹ im Verzug, und nur wenn sie an seiner Seite saß, war er dazu zu bewegen, konzentriert zu arbeiten. So geschah es auch in jenen ersten Januarwochen, bis ihn die Armee in die Schweiz schickte, wo er Vorträge über die Kriegsbemühungen Österreichs halten sollte. Er fuhr am 18. Januar. Alma war schwanger.

Von der ersten Zugstation schrieb er ihr, er habe während der Fahrt die Musik gehört, die sie beide liebten, *ihre* Musik, Pfitzners Klaviertrio, »das Du so wunderschön spielst. Es ist so viel von Dir in diesem Thema. Dein *Heroismus* ist darin.« Ihre gemeinsame Zeit war so kurz, daß er Angst hatte, sie werde ihn sofort wieder vergessen, »weil Du so rasch lebst, Alma, ich weiß das von Deiner Musik«. Er sehnte sich nach ihrer Wohnung, nach ihrem roten Musiksalon, nach ihrem goldenen Abendkleid. Beim Abschied hatte sie ihn gebeten, ihr treu zu sein, aber nach einer Woche schon hatte sie ihn freigegeben. »Warum soll ich mich nicht an Dich gebunden fühlen? Du darfst meine Sensibilität nicht unterschätzen... Nein! Ich werde Dich nicht gehen lassen! Ich will keine Gnade, das ist schwach. *Du* mußt auf mich warten!!!«[6]

Franz traf Busoni in Zürich, der sich nach Alma erkundigte. Hocherfreut schrieb er ihr, doch schon bald schien es ihm, als ob sich alle nach ihr erkundigten. »Gestern berichtete mir Ehrenstein, Kokoschkas bester Freund, wie O. K.

Weinkrämpfe hatte, weil Du ihm nicht erlaubtest, Dich zu besuchen... dieser K. ist Dir immer noch zugetan. Dieses Gespräch hat mich aufgeregt, weil ich so tun mußte, als ob ich von nichts wüßte.«[7]

Am 6. Februar starb Klimt nach einem Schlaganfall. »Mit ihm geht ein großes Stück Jugend aus meinem Leben. Wie hatte ich ihn einst verstanden! Und ich habe nie aufgehört, ihn zu lieben.«[8]

Walter war zu weit entfernt an der Front eingesetzt, um in den wenigen Urlaubstagen nach Wien zu kommen. Obgleich Alma darüber nicht sonderlich traurig war, fand sie doch, Manon sollte ihren Vater sehen. Außerdem wollte sie den Schein einer Ehe aufrechterhalten. Wann immer es Walters Fronturlaub und ihre Gesundheit zuließ, fuhr sie mit ihrer jüngeren Tochter nach Berlin, um sich mit ihrem Mann zu treffen. Er wurde in dem Glauben gelassen, er sei auch der Vater des Kindes, das sie trug, und er stellte wenige Fragen nach ihrem jetzigen Leben. Bei einem ihrer kurzen Besuche verspürte sie den Drang, das Bild, das Oskar von ihr gemalt hatte, wieder zurückzubekommen. Sie hatte es mit einigen seiner Zeichnungen einem von Karl Osthaus gegründeten Museum, dem Folkwang-Museum in Westfalen, gegeben. Sie schrieb dem Gründer und forderte das Bild unverzüglich zurück. Er kam der Bitte nach. Kurz nachdem sie das Bild wieder in Händen hatte, starb Osthaus, und das Museum und die Sammlung wurden aufgelöst.

Sobald es wärmer wurde, nahm Alma Anna und Manon mit auf den Semmering, wo sie bis zur Geburt ihres Kindes im Frühherbst blieb. Sie wollte sich ein wenig Ruhe gönnen, hatte jedoch oftmals mehr Gäste im Haus, als sie unterbringen konnte. Der Semmering war für Franz nicht der beste Ort zum Arbeiten, deshalb versuchte ihn Alma davon abzuhalten, sie zu besuchen. Sie wußte, daß er nur unter Druck leistungsfähig war, wenn es sich einfach gar nicht mehr aufschieben ließ. Wenn er dann einmal an seinem Schreibtisch saß, arbeitete er Tag und Nacht, bis zur totalen Erschöpfung. Alma fand das nicht richtig und legte es ihm als mangelnde

Disziplin aus. Die Zigaretten und die Kaffeehäuser waren ihrer Meinung nach daran schuld. In seinen Briefen versicherte er ihr, die Gesellschaft seiner Freunde und Kollegen so viel wie möglich zu meiden, weniger zu rauchen, nicht allzuviel Kaffee zu trinken und einen großen Bogen um Kaffeehäuser zu machen.

An einem Wochenende wollte er sich gerade auf den Weg zum Semmering machen, als er Walter in Wien traf. Franz verschob seine Reise, da er sich dachte, Walter wäre wahrscheinlich ebenfalls gerade auf dem Weg aufs Land. Er sah dieses Zusammentreffen als einen Wink des Schicksals, das Alma und ihn schützen wollte. Außerdem würde ein Ehemann natürlich seine schwangere Frau so oft wie möglich sehen wollen. Also fuhr Franz statt dessen zu seiner Familie nach Prag, wo seine Schwester Hanna Werfel-Fuchs-Robettin gerade ein Kind zur Welt gebracht hatte. Die Familie Werfel verband solche Ereignisse immer mit einem größeren Familientreffen. Alma paßte diese Reise Werfels nach Prag gar nicht, da sie wußte, daß er dort lange Zeit mit einer Frau befreundet war, einer Frau, die die Zustimmung seiner Familie gefunden hatte. In seinen Briefen versicherte er Alma, er verbringe seine ganze Freizeit alleine. Ende Juli machte er dann schließlich die lange aufgeschobene Reise auf den Semmering.[9]

Die Tage und Wochen, die folgten, gehörten zu den schlimmsten in Werfels Leben. Alma empfing ihn warmherzig in ihrem Haus, stolz und glücklich im siebten Monat ihrer Schwangerschaft. Sie tat alles, um ihn spüren zu lassen, daß er nicht nur ein Gast von vielen war. Er bekam das Schlafzimmer neben dem ihren. Nach dem Abendessen spielten Alma und ihre Tochter Anna Gustav Mahlers Achte Symphonie vierhändig auf dem Harmonium. Franz ging früher auf sein Zimmer als die anderen. Er wartete, bis Alma ins Bett gegangen war, und ging dann zu ihr. Nach monatelanger Trennung liebten sie sich wieder. Danach ging Franz stolz und zufrieden in sein Zimmer zurück. Er sah eine rosige Zukunft für Alma und sich.

In eben jener Nacht setzten bei Alma schwere Blutungen ein. Das Dienstmädchen weckte Werfel und bat ihn, rasch einen Arzt aus dem Ort heraufzuholen. Auf der Suche nach einer Abkürzung über regenaufgeweichte Wiesen verirrte er sich und wußte nicht mehr, wo er war. Es vergingen Stunden, bis er den kränklich aussehenden Arzt fand und ihn zu einem Besuch Almas überreden konnte. Unterdessen hatte Anna einen Spezialisten in Wien angerufen. Franz schwankte zwischen Schuld- und Hoffnungsgefühlen, als er den Landarzt zu dem Haus führte, in dem die von ihm geliebte Frau litt. Alma ging es etwas besser, aber sie durfte sich keinesfalls bewegen. Sie ließ Franz holen, um ihm zu sagen, daß sie das Kind behalten wollte, auch wenn das ihren eigenen Tod bedeutete. Danach schickte sie ihn weg.

Auf dem Bahnhof sah Franz aus einem Militärzug Almas Ehemann Walter und den Arzt, den man gerufen hatte, aussteigen. Franz erreichte Wien erst nach acht Uhr abends, zu einer Zeit, da die Telefonverbindung nach dem Semmering für die Nacht schon abgeschaltet war. So mußte er bis zum Morgen warten, um etwas Neues über Almas Zustand zu erfahren. Er rief die Molls an, um ihnen von der Sache zu berichten. Am nächsten Tag erfuhr Franz von dem Landarzt, daß der Wiener Spezialist einen chirurgischen Eingriff für unerläßlich hielt. Franz wußte nicht genau, was damit gemeint war. Am 31. Juli wurde Alma ohne sein Wissen nach Wien gebracht.

Franz hatte ein Gelübde abgelegt, nie wieder zu rauchen, wenn Alma das überleben würde. Als er erfuhr, daß sie ohne sein Wissen in ein Spital nach Wien gebracht worden war, brach er sein Gelübde. Weiterhin hielt er sich allerdings an das, was er ›Dankfasten‹ nannte, das heißt, nur zwei Mahlzeiten pro Tag. Wenigstens konnte er jetzt mit Alma am Telefon sprechen. Ihre Stimme klang sehr schwach, das Kind, sagte sie, hätte wenig Überlebenschancen.

Allein an seinem Schreibtisch, angsterfüllt und hilflos angesichts ihres Leidens, schrieb er ein Gedicht:

Einst war Musik der schwingenden Stimme Drang.
Stumm kriecht die Not' jetzt ins Papier verstoßen.
Der Vers war einst der Lippe Überschwang.
Krepiert starrt Wort jetzt ins Papier verstoßen.
Gold ist: Geheime Wandlung Sonnenstrahls. –
Sein letzter Staub ist längst papierverstoßen.
Gesang und Wort, des Goldes starker Klang,
Was tönt und gilt ist ins Papier verstoßen.
Wo ist der Wert, den kein Papier verschlang?
Alma, die Seele, Gottes Tag-Gesang,
Kein Tod kann je sie in Papier verstoßen.[10]

In derselben Nacht setzten bei Alma die Wehen ein. Am nächsten Morgen wurde sie von einem Buben entbunden. Walter war bei ihr. Franz telefonierte ständig, um sich nach ihrem Zustand zu erkundigen. Als er endlich die gute Nachricht bekam, Mutter und Sohn lebten, und es gehe beiden verhältnismäßig gut, schrieb er ein weiteres Gedicht mit dem Titel ›Geburt‹:

Heut ward ein Kind geboren in die Welt. –
Anders und selig beugen sich die Bäume.
Versunkener das Licht vom Zelte wellt.
Wie Milch rinnt neue Hoffnung durch die ganz ver-
   dorrten Räume.
Das Ächzen des Alls löst sich in Atem zart.
Denn Hoffnung ward geboren in die Welt.

Ein Sohn heut in die Welt geboren ward.
Heilig ein weißer Tropfen hängt an allen Wesen,
Und alles Blicken ist von anderer Art.
Es schweigt einander zu: Wir sind erlesen,
Von Gott gesegnet neu in seinem ersten Bad,
Weil eine Hoffnung heut geboren ward.

Ein Mensch, ein Mensch in unser Altern trat,
Und dies Geheimnis wissen Stern' und fernste Hänge.

Im Blumengrund und im Kristall taut Überwindertat.
Schweigsamer werden die schwarzen Laub-Gesänge.
Aus den Geschöpfen groß ein Innen-Leuchten taucht,
Weil Hoffnung neu in unser Alter trat.

Ein Geist erhob sich heut, der mit uns haucht.
Aus Todesschmerz erschien er unserm Scheinen.
In dieser Stunde waren die Verbrauchten unverbraucht,
Und ein Verheißungswind stieg auf in Krüppelbeinen.
Verzerrtes löste sich, das starr in Brand und Eiter lag,
Weil neue Hoffnung wieder mit uns haucht.

Ein Menschen-Sohn schlägt neuen Herzensschlag.
In Wehen lagen wir. Und alles war um ihn gelitten.
Nun aber wissen wir: Weihnacht ist aller Tag.
Der Heiland wird aus jedem Muttermund erstritten,
Der uns mit seinem Schrei aus der Vernichtung hebt,
Drum beten wir zu diesem neuen Herzensschlag.

Ein Kind, ein Sohn, ein Mensch, ein Geist, ein Menschen-Sohn verwebt
Sich durch Geburt mit uns. Gott selbst in seinem Traume
In tiefster Ruh' regt sich vor Freude und bebt.
Aus dem verkohlt zerschossenen Lebensbaume
Ein Vogelschwarm Verklärung schwirrt hinauf und schwebt.
Gott lächelt und sein Traum der zur Verwesung strebt,
Weil ihnen beiden ein Erlöser lebt,
Weil neu uns allen ein Erlöser lebt.[11]

Das Kind war vorzeitig zur Welt gekommen und sehr schwach. Die Mutter war fast neununddreißig Jahre alt. Die Ärzte machten bedenkliche Gesichter. Alma schrieb an Franz und versicherte ihm, daß das Kind sein Sohn sei. Drei Tage nach der Geburt lud sie ihn ein, sie zu besuchen. Franz kam und war erstaunt, wie sehr das Kind ihm ähnelte, wie vollkommen ausgebildet und doch klein es war, und was für einen lebendigen Gesichtsausdruck es hatte. An diesen Besuch dachte er auch, als sich in seinem letzten und größten Buch ›*Stern der Ungeborenen*‹ die Hauptperson F. W. die Frage stellt, was die größten Augenblicke seines Lebens gewesen seien:

»Das erste, was ich sehe, ist die weiße Tür, die ich unendlich behutsam hinter mir geschlossen habe, als könnte ich dadurch die Wirklichkeit ein bißchen hinausschieben. Ich bin zu dieser Tür über einen langen Korridor gekommen und habe einige schwere Herzschläge lang gezögert, ehe ich klopfte und die Klinke niederdrückte. Man erwartet mich. Ich trete in eine Stille, die viel tiefer ist als die Stille draußen. Ein kahler weißer Raum. Viele Blumen. Ein Hospitalzimmerchen. Das Fenster steht offen. Es ist August, vier Uhr nachmittags, und die schwere Luft eines großstädtischen Sommertags dringt herein. Auf dem weißlackierten Krankenbett liegt die Frau, die ich liebe. Sie kann sich nur wenig bewegen. Mit einem Blick begrüßt sie mich, in dem ein Lächeln des Glücks und des Entsetzens der letzten Tage miteinander lebt. Ihr langes blondes Haar liegt offen neben ihr auf dem Kissen. Sie ist blutlos weiß im Gesicht, aber niemals war ihre Schönheit glorreicher. Die Frau, die ich liebe, ist nicht meine Frau, noch nicht. Ich bin sogar verpflichtet, in dieser furchtbaren Situation fremd und harmlos zu tun. Eine Krankenschwester neigt sich dort über das Körbchen, in dem das Kind liegt. Ich muß mich beherrschen, um nicht laut aufzustöhnen. Wie ist es nur möglich, daß man von der eigenen Verworfenheit so überzeugt sein kann wie ich und doch weiterlebt? In andern Stunden sage ich mir manchmal als Strafverteidiger meiner selbst: Es gehören zwei dazu. Jetzt aber weiß ich, daß die Frau, selbst als Sündige, die Heldin ist und das Opfer. Ich war nichts als ein leichtsinniger, gedankenloser, verantwortungsferner Ausbeuter des berauschenden Gefühls, das ich Liebe nenne. Wieso ist das Liebe? Liebe beginnt erst dort, wo man etwas aufs Spiel zu setzen und zu verlieren hat. Was habe ich zu verlieren? Ich bin ein Bohemien oder so etwas Ähnliches. Ich mache Gedichte und schreibe Theaterstücke, von welcher ebenso schleuderhaften wie ehrgeizigen Tätigkeit ich und meinesgleichen den sonderbaren Anspruch ableiten, über der ›bürgerlichen Weltordnung‹ zu stehen. Ich zweifle selbst in dieser Sekunde nicht daran, daß man mich mit andern Maßen messen muß. Zugleich aber durchdringt mich immer eisiger, immer schneidender die Erkenntnis, daß wir beide uns nicht nur gegen die bürgerliche, sondern gegen eine höhere Weltordnung vergangen haben. Mann – Weib – Kind, diese heilige Begegnung darf nicht so sein wie hier und jetzt. Ich hätte nicht eintreten dürfen in dieses weiße Zimmer mit einem lächelnden Gruß, mit einem beherrschten Gesicht wie irgendein Freund und Bekannter. Das letztemal, daß wir uns sahen, war in dem einsamen Haus, in der schrecklichen Nacht, da sie auf Tod und Leben erkrankte ... Und erst heute ... bekam ich Erlaubnis als ein guter Freund wie andre gute Freunde, sie wiederzusehen. Ich blicke sie so wenig wie möglich an, denn meine Selbstbeherrschung ist aufgebraucht. Jetzt müßte einer von uns endlich sprechen. Da spricht sie schon. Aber nicht zu mir. Sie schickt die Krankenschwester mit einem Auftrag aus dem Zimmer. Ich warte, scharf horchend, bis die Schwester die innere und die äußere Tür geschlossen hat, dann sinke ich neben dem Bett auf die Knie. Diese Kombination zwischen berechnendem Abwarten und plötzlichem Niederknien erscheint mir theatralisch und macht mich unglücklich wie alles andre, was ich in diesen schwerflüssigen Minuten tue. Die Frau fährt mir übers Haar. Sie sagt: ›Das Kind ... Dein Kind ...‹

Ich stehe auf. Auf Zehenspitzen gehe ich zu dem kleinen Korb am Fußende des Bettes. Ob die Schwester draußen horcht? Warum denke ich an die Schwester? Ich fürchte mich, das Kind zu sehen. Der Arzt, den ich unten ausfragte, hat mit den Achseln gezuckt: ›Es ist kaum anzunehmen, daß es leben wird.‹ Das erste: Verwunderung, daß dieses zu früh geborene Kind ein voller Mensch ist, eine unsagbar ausgebildete Persönlichkeit, die von dem kleinen Körper zwar fugenlos begrenzt wird, aber nicht identischer ist mit ihm als ein Bild mit der Leinwand, auf der es gemalt ist. Ich sehe diese wohlgegliederten Händchen und Fingerchen. Ich sehe das feine, beinahe weiße Gesicht, die hohe Stirn, den überaus runden Schädel mit den rasch pulsenden Fontanellen. Es wird mir lächerlich klar, daß in diesem kugelrunden Köpfchen eine eigene, unabhängige, charaktervolle Dauer lebt, die älter ist als zwölf Tage, die so alt ist wie die Welt. Ich bin der Vater, und dies ist mein kleiner Sohn. Ich bin die Ursache, und hier ist die Folge, und die Kette von Ursache und Folge geht zurück bis zum Anfang aller Dinge. Ich sollte jetzt eine feierliche Zusammengehörigkeit empfinden, das Wunder der allernächsten Verwandtschaft auf Erden, den würgenden Schmerz des nahen Verlusts. Nichts empfinde ich, obwohl ich den schwachen Versuch mache, mir einiges davon einzureden. Doch obwohl sonst ein erprobtes Opfer von Autosuggestionen, jetzt bin ich nicht imstande, jene Regungen in mir zu erzeugen, welche die schwierige Situation fordert... Das Kind ist still. Würde es schreien, wäre alles gut. Doch es fiebert hoch, und die großen blauen Augen wandern. Ich weiß, daß ich der Mutter Hoffnung geben muß. Ich will auch mir Hoffnung geben. ›Wir werden schon durchkommen‹, sage ich oder etwas Ähnliches.

Noch einmal, ein letztes Mal, neige ich mich über das runde Köpfchen. Plötzlich ist mir das Kind näher. Ich kenne diesen kleinen fiebernden Knaben. Die Krankenschwester ist wieder ins Zimmer getreten. Ich lege mein lügnerisch harmloses Gesicht an. Die Frau sagt mit leiser Stimme: ›Als Sie vorhin ins Zimmer traten, war draußen eine Trauermusik...‹ Diese Worte geben mir die Möglichkeit, ans offene Fenster zu treten und hinauszusehen. Eine öde Straße in dem Bezirk der Hospitäler, an deren Ende die Bäume eines kleinen Parks im Spätsommer verdorren.

›Ich sehe nichts‹, sage ich.

›Schließen Sie bitte das Fenster‹, sagt die Frau.

Ich schließe das Fenster. Ein kurzes stummes Aufschluchzen widerfährt mir. Ich drücke meinen Kopf gegen die Scheibe...«[12]

Werfels Darstellung des wichtigsten Augenblicks in seinem Leben ist eine anschauliche Beschreibung dessen, was er und Alma bei der Geburt ihres Sohnes durchgemacht haben, und es ist auch die einzige Stelle in seinem Romanwerk, in der Alma direkt vorkommt. Zwar gibt es andere Charaktere in seinen Werken, die teilweise Almas Züge tragen, aber diese Passage aus einem heutzutage fast in Vergessenheit geratenen Roman ist Zeugnis der Erinnerungen des Autors an jenen ganz bestimmten Augustnachmittag. Er sieht auch hier schon ganz klar, daß sein Sohn nicht überleben würde.

Trotzdem versucht man, sich gegenseitig Hoffnung zu machen. Gelegentlich konnte er mit Alma persönlich sprechen, meist jedoch hatte er Anna, Walter, einen von der Moll-Familie oder eine Krankenschwester an der Leitung. Walter war nach Hause geeilt, um an der Seite seiner Frau und des Kindes – er glaubte immer noch, es wäre sein Sohn – zu sein. Folglich konnte Franz Alma nicht zu jeder Zeit besuchen. Er bewunderte Walters Hilfe und Besorgnis. Alma kam nur sehr langsam zu Kräften, der Zustand des Kindes hatte sich stabilisiert. Franz schrieb Tagebuch, um seinen Gefühlen der Einsamkeit und der Sorge Ausdruck geben zu können. Aber es bestand die Möglichkeit, daß er aus Wien militärisch abberufen wurde. Diese Vorstellung machte ihn fast verrückt. Glücklicherweise kam es nie zu diesem Befehl.

Alma war schwach und entmutigt. Einmal war sie glücklich, stolz auf ihren Sohn und ganz sicher, er werde überleben und gut gedeihen. Franz gab sich in seinen Briefen an sie sehr optimistisch, zum Teil aus Überzeugung, zum Teil aus dem Wunsch, ihr zu helfen. Alma war sich sicher, daß sie, was immer auch kommen möge, nicht voneinander lassen würden. Dann wieder gab es Zeiten, in denen sie um sich selbst, um ihr Kind und um ihren Liebhaber bangte. Was sollte aus ihnen allen werden? Schuldgefühle plagten sie. Das kranke Kind war sicherlich die gerechte Strafe für all das

Böse, das sie über ihren Mann und ihre Familie gebracht hatte. Walter hatte ihr Manon geschenkt und wollte nur das Beste für sie. Er war immer gütig, freundlich und geduldig. Wenn Franz sich nach Almas Befinden erkundigte, gab Walter bereitwillig Auskunft und freute sich über das Interesse des Mannes, den er als Freund der Familie betrachtete.

Franz half Alma auch dabei, einen Namen für das Kind auszusuchen. Als sie wieder soweit bei Kräften war, daß sie regelmäßig mit Franz Briefe wechselte, begannen sie beide die verschiedenen Möglichkeiten zu diskutieren. Franz schlug Gerhart vor (aber er fragte sich auch gleich, ob Gerhart Hauptmann das akzeptieren würde), oder Benvenuto (aber so hatte Hauptmann seinen eigenen Sohn genannt). Er schlug auch Martin, Gabriel, Daniel, Matthias, Albrecht, Lukas und Klemens vor. Die beiden einigten sich vorläufig auf Imanuel, aber schließlich wurde das Kind Martin Carl Johannes genannt.[13]

Als Alma und Franz eines Sonntagmorgens am Telefon miteinander wegen des Namens für das Kind plauderten, kam Walter herein und hörte Alma in sehr zärtlichem Ton den Namen Franz aussprechen. Da wußte er die Wahrheit. Ruhig stellte er ein paar Fragen. Alma gab keine Antwort, aber ihr Gesichtsausdruck und ihr Schweigen waren Antwort genug. Walter verlor kein Wort mehr über die Affäre, weder damals noch irgendwann in der Zukunft. Nie gab er sich nach außen hin eifersüchtig oder vorwurfsvoll. Allerdings schrieb er an Franz Werfel und bat ihn, Alma ihret- und des Kindes wegen zu schonen. Franz antwortete und versicherte, er werde sich danach richten. Mit schmerzlichen Worten erwiderte Walter, daß der Vater ›unseres‹ Kindes eine ›christliche Mission‹ hätte. Jedoch bat er den Juden Franz Werfel, Alma häufig zu besuchen. Er schien seine Frau der Obhut ihres Liebhabers zu übergeben.[14]

Alma gestand in ihrem Tagebuch: »Das Geheimnis ist raus. Mein Geheimnis, daß ich Werfel mehr als irgend jemand sonst liebe – daß ich für immer ihm gehöre.« Aber sie fuhr fort: »Ich will und werde bei Gropius bleiben – meine Pflicht ruft – während mein Herz Werfel gehört... Die Person und der Mann sind mir gleich wichtig, und das ist zum ersten Mal passiert.«[15]

Franz konnte die vornehme Würde, die Walter angesichts der Situation zeigte, kaum fassen. Sie machte es für Werfel nur noch schwieriger und verstärkte seine Schuldgefühle. Alma war in einem schlechten seelischen Zustand – sie fürchtete um sich und um das Kind und war ziemlich ärgerlich, daß Franz Logierbesuch hatte und sich später auch noch um seine Schwester Mizzi kümmern mußte.

Alma durfte ihr Kind mit nach Hause nehmen. Zu Hause kamen ihr aber erst recht die Härten des Krieges zum Bewußtsein. Es war unmöglich, einen Brutkasten für das Kind aufzutreiben, Nahrungsmittel, Papier und verschiedene andere Produkte, die ihr das Leben leichter gemacht hätten, waren knapp. Der kleine Martin war zu schwach, um nach etwas zu schreien, was er gerne gehabt hätte – etwa Spielzeug, Liebe, ja nicht einmal wenn er hungrig war, rührte er sich. Alma hatte nur an Franz eine Hilfe. Im September schrieb sie in ihr Tagebuch: »Wie unerhört wir ähnlich sind. Panerotisch nannte Franz Werfel es gestern. Und das ist wahr.« Und sie fragte sich: »Wie soll ich von diesem Menschen jemals loskommen? Ich liebe ihn. Friedlich liebe ich ihn. Er hetzt mich nicht so zu Tode wie die anderen; er ist die bewegteste Ruhe, wie das Meer.«[16]

Sie glaubte ihn verlassen zu müssen und schrieb:

»Oskar Kokoschka hatte recht. Er sah jede Begegnung symbolisch und sah in allem immer eine tiefe erotische Bedeutung – manchmal ärgerte ich mich darüber –, aber jetzt sehe ich, daß er alleine recht gehabt hat. Die Tatsache, daß mich so viele Juden beeinflußten, hat mich diese Moral gelehrt, so daß ich nicht in der Lage war, diese wahre Feststellung von O. K. zu akzeptieren. Werfel ist unmoralisch, ohne es wahrzunehmen. Gestern brachte mich Walter zu ihm. Er lebt in einem möblierten Zimmer, wie ich noch nie zuvor eines gesehen hatte... Ich war bestürzt und verängstigt. Der Raum roch förmlich nach Unmoral – schlechte, deprimierende, mystische Bücher von Swedenborg, Kierkegaard und alten Geistlichen, die ihr aufgeklärtes Leben dort unter schmutzigen Händen fristen mußten. Ein schrecklicher Sturm wütete über uns. Sein armseliges, einziges Bett, in dem er schläft, erschien mir modrig... Ich hatte das Gefühl, in diesem Raum auf eine alte Matratze zu stoßen.«[17]

Bei diesem Besuch sah Alma ganz deutlich, wie sehr Franz sie brauchte. Sie konnte ihm die Umgebung bieten, in der er arbeiten und gedeihen konnte. Je mehr er sie brauchte, um so mehr schien sie ihn ebenfalls zu brauchen. Walter wußte, daß etwas getan werden mußte, also schrieb er Alma einen Brief, in dem er sie bat, ihm Manon zu geben und mit Franz Werfel und ihrem Sohn weiterzuleben. Alma blieb hartnäckig – sie wollte Franz, aber sie würde um keinen Preis der Welt Manon, diesen einzigen Schatz aus ihrer Verbindung mit Walter, hergeben. Am Abend desselben Tages kamen Franz und Walter zu ihr zu Besuch. Sie teilte ihnen ihren Entschluß mit, auf beide zu verzichten. Sie sollten ihr ihre Kinder lassen und sie ihren Weg alleine zu Ende gehen lassen. Walter fiel auf die Knie und beschwor sie, ihm zu verzeihen. Alma fand es höchst unpassend, daß er sich in Gegenwart eines Dritten so erniedrigte. Franz reagierte besonnen und beruhigte mit ein paar Worten alle Beteiligten. Alma schrieb in ihr Tagebuch: »Ich liebte ihn über alles. Sein edles Gesicht war ruhig, mitfühlend, aber ohne Sorge. Er *wußte*, daß ich ihn nicht verlassen würde.«[18]

Franz war allerdings nicht immer so geduldig und beruhigend:

»Wenn Walter Dich auch liebte, dann müßten wir beide [mit dir] verheiratet sein, denn alles andere wäre ein Schwindel und müßte als solcher erkannt werden. Was will er denn? Er macht Dich nur krank. *Wir* machen uns, im Gegensatz dazu, glücklich. Er gehört nicht zu Dir, und er sollte seinen Fehler einsehen. Selbst wenn es mich nicht gäbe, gehörte er nicht zu Dir! Sag ihm das! Sei nicht schwach und gefällig... Sag zu ihm: ›Du siehst, daß ich krank wurde, als Du herkamst. Was willst Du?... Du verstehst nicht, daß ich mich zu einem anderen Schicksal weiterbewegt habe und mir nichts mehr wünsche, als von meinen Verpflichtungen Dir gegenüber weg und in ein Leben hineinzugehen, das Lichtjahre von Deinem entfernt ist. Verletze mich nicht mit Deinem eigenen Schmerz!‹ – Und selbst wenn Du ihm das nicht alles sagst, dann mußt Du ihn von Deiner Krankheit wissen lassen. Sage zu ihm: ›Wenn wir nicht verheiratet wären, würdest Du Dir nicht erlauben, den ganzen Tag mit mir zu verbringen, mich melancholisch und mein Leben bitter zu machen, oder mich von dem Menschen fernzuhalten, mit dem ich meine Zeit verbringen möchte. Und nur weil wir eben verheiratet sind, muß ich das ertragen?‹ Du solltest Dir das nicht gefallen lassen und Dich zum Sklaven einer vergangenen Torheit machen lassen... Wenn Du nicht den Mut hast, unser Leben zu verändern, werde ich es tun.«[19]

Alma hatte den Mut nicht. Tief in ihrem Innern erinnerte sie etwas daran, was mit dem ersten Kind passiert war, das sie außerhalb des Ehesegens empfangen hatte, und dann, was mit dem Vater passiert war. Das Ehegelübde gebot Ehrfurcht, auch wenn sie es nicht fertigbrachte, danach zu leben. Darüber hinaus verletzte sie Menschen nicht gerne, und ganz besonders nicht Walter, der sich anständiger benommen hatte, als man es den Umständen entsprechend von ihm erwarten konnte. Sie wollte, daß Manon ihren Vater kennen – und lieben lernte. Und wenn Alma auch keine Zweifel über ihre Liebe zu Franz hatte, so bedrückte sie immer noch der Altersunterschied – besonders, da sie vor ihrem vierzigsten Geburtstag stand. Schließlich wußte sie auch, daß die unterschiedlichen politischen und religiösen Auffassungen zwischen ihnen beiden Grund zu Auseinandersetzungen geben könnten.

Politische Fragen sollten zu den heiß diskutierten Themen zwischen Alma und Franz werden. Ganz besonders war das im November 1918 der Fall, als in Wien die Revolution ausbrach. Alma haßte die Randalierer, Proletarier und Rowdies, die in den Straßen Amok liefen. Es kam soweit, daß sie, wenn sie alleine ausging, dies nicht ohne Pistole tat. Am Tag nach der Revolution erschien Werfel an Almas Tür in Uniform, bereit zum Kampf. In den Kaffeehäusern von Wien hatten die Literaten die ›Rote Garde‹ gegründet. Franz roch nach Tabak und Fusel, und Alma schickte ihn weg. Werfels Teilnahme an der Revolution erregte einiges Aufsehen bei Journalisten und Leuten, die Alma kannten. Manche wollten sie schützen, andere wieder griffen die Gelegenheit nur allzugern auf, um über sie herzuziehen. Franz wurde einer der profiliertesten Sprecher der Sache, die schließlich zum Sturz des habsburgischen Herrscherhauses führte. Er wurde von der Polizei gesucht, und nur durch die Intervention von Walter Gropius konnte er einer Festnahme entgehen. Die Situation war schrecklich, aber sie akzentuierte auch ein weiteres Mal Almas Verbundenheit mit einem Juden, der ein Aufrührer war. Bertha Zuckerkandl versuchte Franz im ›Neuen Wiener Journal‹ zu verteidigen:

»Seit einigen Wochen spricht man von dem Revolutionär Franz Werfel mit leidenschaftlicherem Interesse, als je dem Dichter Werfel zuteil wurde. Des Fragens und des Schreibens ist kein Ende, seitdem es hieß, Werfel sei in die Rote Garde eingetreten. Ich verehre Werfel als Dichter, liebe ihn als Menschen und stehe ihm als ›aktivistischem Denker‹ mit größtem Vorbehalt gegenüber. Weil sein Denken zutiefst aus dem Elementaren quillt. Aus dem Gefühl. Ein Utopist lebt in ihm, der in seinem Werk den Weltgedanken immer beflügeln wird, in seiner Tat aber immer Schiffbruch erleiden muß. Deshalb interessierte mich der ›Fall Werfel‹ wenig. Bis das Traurige geschah, daß in diesen Tagen, wo es gilt, Träger der Geistigkeit, mögen sie den konträrsten Richtungen angehören, zu schützen, zu einen, gegen den sittlichen Menschen in Werfel die Verfolgung einsetzte... Der Politiker Werfel mag mit Recht Angriffe erdulden. Wer sich heutigentags ins Chaos stürzt, darf nicht wehleidig sein. Aber für die menschliche Qualität Werfels muß man eintreten. Denn er gehört zu der Klasse der sittlich Unantastbaren.«[20]

Alma war sehr verärgert über die ganze Episode, besonders über die damit verbundene Aufmerksamkeit, die Werfel entgegengebracht wurde. Walter war in einer äußerst prekären Lage. Als hochangesehener Militär war er auch verantwortlich für das Tun und Lassen seiner Frau, für sein Kind Manon, für Almas Tochter Anna und das neugeborene Kind Martin. Und doch betrachtete er Franz als Freund und erkannte den Wert des jungen Mannes an.

In der vergeblichen Hoffnung, daß sie alle Freunde sein und ein seiner Ansicht nach anständiges Leben führen könnten, hielt Walter die Verbindung zu Franz aufrecht, schrieb ihm aufmunternde Briefe, forderte ihn auf, zu einem Besuch oder auf eine Tasse Kaffee vorbeizukommen. Walter war mit der Planung eines Projekts befaßt, das von größtem Einfluß auf seine Karriere sein und gleichzeitig auch seine Ehe, oder was davon noch übrig war, retten sollte. Er wollte mit seiner Familie nach Deutschland übersiedeln und dort eine neue Architekturschule gründen, so etwas wie die Sezession und die Wiener Werkstätte. ›Bauhaus‹ wollte er diese neue Idee nennen. Gerne hätte er seine Pläne mit Alma diskutiert, die von der Sezession so fasziniert gewesen war, aber sie zeigte keinerlei Interesse daran. Er konnte wenig mit ihrer Musik anfangen – sie wollte nichts von seiner Architekturschule wissen. Ob sie angedeutet hatte, mit Walter nach Deutschland zu gehen oder nicht, er war in dem Glauben, sie würde mitkommen. Es war seine letzte Hoffnung und Inspiration. Sie machte sie nicht zunichte.

Gropius träumte seinen Traum weiter. In seiner Abwesenheit fuhren Alma und Franz auf den Semmering, schwelgten dort in Zweisamkeit und versuchten, die Revolution und ihre Begleiterscheinungen zu vergessen. Alma wollte für Franz ein Heim in ihrem Haus am Semmering schaffen, wo er ungestört und fern aller Versuchungen arbeiten konnte. Als es auf Weihnachten zuging, änderte sie allerdings ihre Ansicht – Gustav Mahler stieg wieder in ihrer Erinnerung auf –, sie wußte, daß Franz diesen christlichen Feiertag nicht so beging, wie sie es für angebracht hielt. Sie fühlte sich diesem

Mann entfremdet, obgleich sie ihm so nahestand. Sie wußte von seinem geplanten Besuch bei seiner Familie in Prag und konnte seine Abreise kaum erwarten. Sie hoffte, er würde nicht zurückkehren. Eine äußere Kraft sollte sich zwischen sie und Franz stellen, und diese Kraft, hoffte sie, würde aus Werfels Familie kommen. Alma inszenierte einen künstlichen Aufruhr wegen der geplanten Reise und machte Werfels unverheiratete Schwester Mizzi für all die Probleme verantwortlich. Franz versuchte ihr klarzumachen, daß er nur sehr kurz verreisen würde und nicht gewillt war, seine Pläne wegen ihrer selbstsüchtigen Gründe zu ändern. Den ruhigen, vernünftig vorgetragenen Gründen Werfels hatte Alma, wie später so oft, nichts entgegenzuhalten, besonders als er ihr erklärte, er müsse als älterer Bruder und einziger Sohn der Familie seiner Schwester zur Seite stehen.

10

Die komplizierte Familie

Zu Beginn des Jahres 1919 wandten sich Almas Gedanken der Politik und der Religion zu. Am 9. Januar schrieb sie in ihr Tagebuch: »Ich habe plötzlich und wie durch höhere Inspiration die tiefere Bedeutung des Bolschewismus, der Religion der Zukunft, verstanden. Er ähnelt den Anfängen des Christentums, dessen Vorbereitung durch das Warten der Juden auf einen neuen Messias geschah, der sie erleuchten würde. Jetzt erheben sie sich überall in der Welt mit Feuer und Schwert, aber damals waren sie nur von einer Idee beseelt: Liebe Deinen Nächsten wie Dich selbst... Ein neuer Christus wird kommen, aber nicht aus den Reihen der Juden... Alles ist bereit für ihn, für seine Kreuzigung, und seine Zeit ist gekommen. Wenn ich mich nicht täusche, wird er aus Rußland oder aus der Sklaverei kommen. Aber die Juden sind gleichzeitig eine beispiellose Gefahr und das größte Glück der Menschheit.«[1]

Wahrscheinlich hatte Alma nicht die geringste Ahnung, was man unter Bolschewismus zu verstehen hatte. Sie bezog ihre Weisheiten aus gelegentlichen Bemerkungen von Freunden und Bekannten und hatte große Probleme, ihre Gedanken über die Juden, über ihr eigenes arisches Leben und über das rasch wechselnde politische Klima zu ordnen und zu einer eigenen Meinung umzuformen.

Familiäre Angelegenheiten lagen ihr näher. Manon hatte mit ihren zweieinhalb Jahren ein Alter erreicht, in dem sie fragte, wo ihr Papa sei. ›Onkel Werfel‹ konnte nicht seinen Platz einnehmen. Durch den Krieg hatte Alma Personal eingebüßt, und Anna kümmerte sich sehr viel um Manon. Zusätzlich verlangte der kränkelnde Martin noch sehr viel Aufmerksamkeit und Pflege. Alma rief häufig Anna Moll zu Hilfe. Die wunderbare alte Frau war immer sofort zur Stelle und verlor kein Wort darüber, wie seltsam es war, daß ihre erwachsene Tochter kaum ein Ei kochen konnte.

Martin wurde schwächer und mußte ins Spital gebracht werden. Am 28. Januar wagten die Ärzte einen chirurgischen Eingriff an dem Kind, jedoch ohne Erfolg. In ihrem Tagebuch notierte sie: »Das schlimmste in dieser ganzen Zeit war die Unsicherheit, ob dieses Kind wirklich von Franz ist. Ich vermute es, ich hoffe es, aber ich bin nicht absolut sicher. Aber dieses arme, kleine, süße, wunderbare Kind, *sein* Sohn, mußte all dieses schreckliche Ringen mitmachen. Das war *meine* Schuld, die Tatsache, daß es überhaupt möglich war, nicht zu wissen, wer der Vater des Kindes war.«[2] Sie dachte sogar daran, sich aus dem Fenster zu stürzen, konnte aber weder den Mut noch den Willen dazu aufbringen.

»Werfel ist meinem Denken fern, Walter ist nur verschwommen da, Fraenkel ist verloren und vergessen, und Oskar ist nah. Warum habe ich dieses Genie nie verstanden? Miteinander hätten wir die Welt aus den Angeln heben können. Ich glaube, ich habe ihm den größten Schaden zugefügt und den schlechtesten Dienst erwiesen. Weil er glaubte – an mich glaubte! Heute habe ich all seine Briefe noch einmal gelesen, und da stieg ein wunderbarer junger Mann vor meinen Augen auf. Ich aber habe seine Jugend vergiftet. Ich habe nie geirrt. Alles, was ich *wirklich* erlebt habe, war echt und war für mich wie am ersten Tag. Alles ist gleichzeitig. Ich kann keinen verneinen – Gustav, Fraenkel, Kokoschka, alles war und ist wahr. Wie gern wüßte ich, wie ich nun in den Köpfen dieser Menschen zur Ruhe gegangen bin... [Wie so oft gingen ihre Gedanken zu Oskar zurück.] War ich zu alt für ihn? Innerlich zu aufgebracht, um eine so wunderbare Jugend zu befriedigen. Die vielen Glücks- und Unglücksmomente tiefsten Verbundenseins mit Oskar Kokoschka... wo sind sie? Ich habe nur ein paar farbige Stimmungen im Kopf – seine innere Schönheit, irgendeine Landschaft, seine Worte, aber nichts anderes. Gestern nacht hatte ich meine genäschigen Finger hart am Todesrand des offenen Fensters. Aber es ist mir immer noch schwer zu sterben, obgleich mein Leben, mein ständig vorbeiziehendes und loderndes Leben, vorbei ist.«[3]

Sie beschloß, ihre sonntäglichen Einladungen wieder aufzunehmen, die sie während der Monate des Alleinseinwollens mit Franz und während ihrer Schwangerschaft vernachlässigt hatte. Franz waren diese Zusammenkünfte eher unangenehm, da er nicht wußte, wie er sich in Gegenwart von Almas Freunden verhalten sollte. So verbrachte er diese Nachmittage für gewöhnlich in Kaffeehäusern, wo er mehr rauchte und trank, als Almas Ansicht nach gut für ihn war. Deshalb hatte es oft Auseinandersetzungen zwischen Alma und Franz gegeben, aber nun hatte Alma beschlossen, daß sie ihre Freunde wieder um sich brauchte. Sie lud Schönberg mit Frau und Tochter zum Mittagessen ein. Nach dem Essen kamen noch andere Freunde und Schüler Schönbergs. Zwei junge Pianisten spielten die Sechste Symphonie von Mahler vierhändig. »Die ganze Zeit hatte ich das Gefühl, ich sollte meine Kasten öffnen und sie alle bitten, sich zu nehmen, was ihnen gefiel«, schrieb Alma. »Ich hatte ein tiefes Schuldgefühl, daß es mir besser ginge als ihnen und daß ich schöner sei als sie... Ich schenkte der Tochter Schönbergs ein schönes Platinarmband mit Brillanten und werde ihr wohl noch mehr, viel mehr schenken.«[4]

In ihrem roten Salon und ihrem goldfarbenen Kleid war sie Alma Mahler, nicht die Frau von Walter Gropius, die sich in Franz Werfel verliebt hatte. Am 2. Februar schrieb sie: »Jetzt weiß ich plötzlich mit unglaublicher Deutlichkeit, daß ich Gustav liebe und ihn immer lieben werde. Und daß ich immer nach ihm suchen werde, auch nach seinem Tod – aber ihn nicht finden werde. Alle, die in meine Nähe kommen, sind unreif und nebensächlich – Kokoschka, Werfel, bedeutende Künstler – sie sind nichts neben ihm, und etwas Wichtiges fehlt immer, also bin ich auch immer unzufrieden. Ich war so dumm, überhaupt zu suchen.«[5]

Martin ging es immer schlechter, und der Arzt teilte Alma mit, das Kind habe keine Überlebenschance. Plötzlich hatte sie das Gefühl: »Werfel muß aus meinem Leben verschwinden – ich weiß, daß er der Grund all meines Unglücks ist, und daß mein Wunsch zu lieben die Oberhand gewonnen hat über mein eigenes Wohlergehen. – Es ist höchste Zeit zur Umkehr. Ich schickte ihn zum Arbeiten auf den Semmering, und dort soll er bleiben. Ich habe nicht den Wunsch, ihn wiederzusehen. Das Kind ist hoffnungslos krank. Daß dieses Kind zugrunde gehen muß, ist der Fluch unseres Leichtsinns. Ich spielte mit hohem Einsatz, und ich habe verloren – aber ich habe auch Werfel verloren!«[6]

In diesen Monaten verursachte eine von Kokoschkas Kapriolen wieder einmal Gelächter hinter ihrem Rücken und Getuschel, das ihrem Ruf schadete. Sie selbst wußte jedoch anscheinend nichts davon oder kümmerte sich nicht darum. In den eingeweihten Kunstkreisen aber sprach alle Welt davon, daß Oskar sich eine lebensgroße Puppe hatte machen lassen, ein Ebenbild Almas, die er in Dresden immer bei sich hatte, die er in die Oper und in Konzerte mitnahm, und die ihm alles war, was Alma ihm nicht mehr sein wollte. Er war im Haus von Dr. Posse untergebracht, der seine Gäste aufforderte, pornografische Bilder in sein Gästebuch zu malen. Hulda, das Dienstmädchen, erklärte sich bereit, Kammerzofe der Alma-Mahler-Puppe zu sein. Oskar kaufte für die Puppe elegante Pariser Kleider und Unterwäsche, wie er sie immer an Alma hatte sehen wollen, zog sie an und plante eine große Einladung für sie:

»Bei einem großen Fest mit meinen Freundinnen und Freunden mit Champagner wollte ich das Dasein meiner Lebensgefährtin, um welche so viele wilde Geschichten in Dresden kursierten, beenden. Ein Kammerorchester der Oper war bestellt, die festlich gekleideten Musiker spielten im Becken der barocken Gartenfontäne, die Wassergarben kühlten den heißen Abend. Wir alle hatten viel getrunken. Fackeln waren entzündet. Eine venezianische Kurtisane, für ihre Schönheit berühmt, hatte es sich, in Erwartung einer Rivalin, nicht nehmen lassen, die ›Stille Frau‹ [wie die Puppe genannt wurde] von Angesicht zu Angesicht zu sehen. Sie muß sich wie eine Katze vorgekommen sein, die einen Schmetterling fangen will, der hinter dem Glasfenster flattert; denn sie verstand das Ganze nicht. [Das Dienstmädchen] paradierte die Puppe wie bei einer Modenschau; die Kurtisane fragte mich, wie teuer die Puppe gewesen sei, und ob sie jemand ähnle, den ich geliebt hätte. In ihrem eigenen Schlafzimmer hingen Tapisserien mit Schäferszenen, ein Tigerfell läge vor ihrem Spitzenbett, in welchem ich willkommen wäre, falls ich es einmal satt hätte, die Puppe zu wärmen... Bei dem Gelage hat die Puppe ihren Kopf verloren und ist mit Rotwein übergossen worden. Wir waren alle betrunken.

Früh am nächsten Morgen, als das wilde Fest fast vergessen war, schellte die Polizei am Haustor. Die Schupos hatten einen dringenden Verdacht zu klären. Man habe gemeldet, im Garten liegt eine Leiche. Der Postmann! Postmänner sind immer die frühesten, die solche Moritaten melden! ›Was für eine Leiche?‹ frage ich. Auch Direktor Posse war geweckt worden, und noch in den Schlafröcken gingen wir in den Garten hinunter, wo die Puppe, wie von Blut übergossen, mit abgerissenem Kopf, lag. Auch die Polizisten mußten lachen, trotzdem haben sie mich wegen Erregung öffentlichen Ärgernisses notiert. Aber dank Dr. Posses Verbindungen ging es noch glimpflich ab. Das öffentliche Ärgernis mußte auf jeden Fall entfernt werden. Die Müllabfuhr hat im grauen Morgen den Traum der Wiederkehr der Eurydike abgeholt. Die Puppe war eine Effigie, die kein Pygmalion zum Leben erweckt.«[7]

Das war nicht das einzige Mal, daß Kokoschka mit solchen Eskapaden auffiel. An einem Abend lud er zwölf Frauen, in die er verliebt gewesen war, zu einer Aufführung von Mozarts ›*Don Giovanni*‹ ein und danach zum Abendessen in seine Wohnung. Ein weißbehandschuhter Kammerdiener servierte und hatte bei jedem Teller den Daumen schön tief in der Suppe. Auch über dieses Fest wurde viel geredet. Das verrückte Genie hatte ein Mittel gefunden, sich an den Frauen zu rächen, die ihm seinen Gleichmut geraubt hatten. Meistens waren die Betroffenen sehr verärgert. Alma war eher erfreut als erzürnt, und glücklicherweise wußten die wenigsten Menschen in Kokoschkas Umgebung, wer die Person war, deren Ebenbild er sich als Puppe hatte anfertigen lassen.

Alma versprach Walter, daß sie und Manon ihn regelmäßig in Weimar besuchen würden, wo er seine Bauhaus-Idee verwirklichte. Anfang März 1919 entschloß sie sich zu einem dieser Besuche. Sie wollte ein wenig aus dem Alltagstrott heraus, und Manon sollte ihren Vater sehen. Irgend etwas in Alma wollte sich nicht von Walter trennen; er war ihr Ehemann, und manchmal schien es, als ob er der beste für sie wäre. Als sie die Reise vorbereitete, schrieb sie: »Wie oft habe ich es zutiefst bedauert, Oskar verlassen zu haben... Er liebte mich mehr als alle anderen, mehr als Franz, der mich wirklich liebt... Aber die ganze Stadt schrie, daß es nicht angemessen sei. Oskar war nicht angemessen für mich, und jetzt scheint Franz Werfel nicht angemessen zu sein. Aber es ist angemessen, für den Rest meines Lebens mit Walter Gropius in Weimar dahinzuvegetieren.«[8] Alma widerstrebten die Normen, die ihr von der Gesellschaft auferlegt wurden. Andererseits war auch sie ein Kind ihrer Zeit und konnte sich von diesen Normen und Moralbegriffen nicht so einfach lösen. Eine offene Rebellion entsprach nicht ihrem Naturell.

Die Reise nach Deutschland wurde verschoben, weil Martin immer schwächer wurde. Alma fühlte sich gefangen, so als ob ihr alles danebenginge. An einem Nachmittag brachten Franz und sein Freund Blei den Schriftsteller Baron Dirzstay in ihre Wohnung. Nach glücklichen Stunden bei Musik und Gedichten blieb der Baron noch eine Weile, um Alma eine private Botschaft von Oskar zu überbringen: Er liebte sie nach wie vor und wollte wieder in irgendeine menschliche Beziehung zu ihr kommen, auch wenn er jetzt bei einer anderen Frau lebte. »Ich sagte Baron Dirzstay alles, was mich von

Oskar Kokoschka trennte: seine Frivolität, seine zügellose Fantasie.«[9]

Aber sie fuhr fort: »Manchmal will es mir scheinen, als ob Franz Werfel nicht der richtige für mein physisches Stadium ist. Er ist so jung und sinnentrunken. Ich kann und will ihn nicht bändigen.«[10] Bertha Zuckerkandl kam zu Besuch. Franz hatte sie gebeten, ihm und Alma bei der Auswanderung in die Schweiz behilflich zu sein. Alma dachte jedoch insgeheim eher an Amerika, wenn sie überhaupt Österreich verlassen wollte. Irgendwo auf dem riesigen Kontinent Amerika müßte es doch einen Ort geben, wo man ruhig und zufrieden leben könnte. Statt dessen machte sie jedoch ihre geplante Reise zu Walter, wo sie einen Brief von Franz erhielt: »Die Liebe Kokoschka-Alma war eine hohe, segensvolle. Die Liebe Gropius-Alma war als solche nicht Dein Weg und mußte sich ad absurdum führen.«[11] Er arbeitete auf eine dauerhafte Trennung Almas von ihrem Mann hin. Während des Besuchs kam Alma mit sich selbst überein, daß etwas geschehen müsse, jedoch nicht das, was Franz im Sinne hatte. Sie war zu dem Entschluß gekommen, sie müsse einen Weg zurück zu Oskar finden und mit ihm in den Süden gehen.

Während Alma und Manon bei Gropius waren, starb Martin. Als Gropius seiner Frau die Nachricht überbrachte, sagte er, er wäre lieber selber gestorben. Alma telegrafierte die traurige Nachricht zum Semmering, wo Franz arbeitete und gerade eine Reise zu seiner Familie nach Prag vorbereitete. Auf der Rückreise wollte er Alma in Berlin treffen und mit ihr zurückfahren. Alma sprach mit Walter über die Scheidung und schlug vor, Manon sollte bei ihr in Wien leben, jedoch auch jedes Jahr längere Zeit bei ihrem Vater sein können. Das Thema wurde aber wieder fallengelassen, und Alma machte sich unter dem Vorwand, Manon sollte die Zeit mit ihrem Vater allein verbringen, heimlich in Berlin auf den Weg, Oskar zu suchen, der sich angeblich dort aufhielt. Sie fand ihn nicht, und als sie Manon zur Heimreise abholte, bemerkte sie, wie sehr sie Franz vermißte.

Den Sommer über auf dem Semmering sah Alma um sich

und bemerkte: »Alles hier atmet den Geist Oskar Kokoschkas... Das einzige, was mir geblieben ist, ist ein offenes Fenster. Ich habe O. K. weggeworfen. Was für einen Grund hatte ich?«[12] Oskar schrieb ihr: »Geschätzte Freundin, ich schicke Dir, wie gewünscht, Deine Briefe zurück. Ich kann nicht glauben, daß Du wirklich etwas von mir wolltest. Ich hoffe, Du hast Dir Dein Leben so eingerichtet, daß Du glücklich bist. Ich möchte fair zu Dir sein und bezweifle, daß es richtig wäre, Dich zu treffen und Dir ins Gesicht zu sehen. Das Letzte, was ich möchte, ist, daß Du leidest.«[13] Alma verbrannte die Briefe, die er ihr zurückschickte.

Anfang Juli fuhren Alma und Franz nach Wien, um einige Tage allein miteinander zu verbringen. Er war mit seiner Arbeit an der ›Schwarzen Messe‹ steckengeblieben, die im übrigen auch ein Fragment blieb. Im Wurstelprater wollten sie sich ein paar schöne Stunden machen. Alma fiel ein Junge ein, den sie vor Jahren hier mit Oskar gesehen hatte. Der Bub hatte mit trostlosem Blick bei der Bude seines Vaters gestanden. Oskar hatte damals vorhergesagt, daß es mit einem Wunder zugehen müsse, wenn dieser Junge nicht eines Tages zum Mörder würde. An diesem Abend sah Alma den Buben nicht auf Anhieb, ihr fiel aber auf, daß sich eine große Menge Leute in sicherer Entfernung um eine der Buden drängte. Franz und Alma kamen ebenfalls näher. Der Junge, der Oskar damals aufgefallen war, hatte gerade seinen Vater erschlagen. Anna fiel das Sprichwort ein, das man ihr vor dem Antritt ihrer Reise mit Fraenkel nach Korfu gesagt hatte: »Nicht der Mörder, der Ermordete ist schuldig.«

Bald danach begann Franz Werfel an einem neuen Roman zu arbeiten, dem er dieses Sprichwort als Titel gab. Sie fuhren zurück auf den Semmering, wo Alma in ihr Tagebuch schrieb, wie unendlich glücklich sie mit Franz war, »immer mit dem Gefühl, mich nicht auf die Entfernung an Gropius binden zu können – er ist so weit weg, und der Name Gropius liegt wie ein Stück Stacheldraht auf mir. Ich *bin* nicht Gropius und kann mich deshalb auch nicht mit diesem Namen anreden lassen. Mein Name ist *Mahler*, auf ewig.«[14]

Sie schrieb an Walter und bat um seine Einwilligung zur Scheidung. Franz ermutigte sie in diesem Bestreben: »Almitschka, lebe für mich! Ich sehe meine Zukunft nur in Dir. Ich möchte Dich heiraten! Und nicht nur aus Liebe! Sondern aus der tiefsten Erkenntnis, daß, wenn es einen Menschen auf Erden gibt, der mir Erfüllung bringen und mich zum Künstler machen kann, Du allein dieser Mensch bist. – Ich sage das im vollen Bewußtsein des Leids und der Schmerzen, die wir uns gegenseitig schon zugefügt haben.«[15]

Sie wollte Franz nicht ständig um sich haben und glaubte, er könne besser arbeiten, wenn sie nicht in seiner Nähe war. Er dagegen war ganz sicher, daß ihm intensives Schaffen nur in ihrer Nähe möglich sei. »Franz ist wie ein winziger Vogel in meiner Hand«, schrieb sie, »mit Herzklopfen und wachsamen Augen, den ich vor Wetter und Katzen schützen muß.« Manchmal versuchte er zwar, ein Held zu sein, »aber als kleinen Vogel liebe ich ihn mehr, weil der andere Teil seines Wesens mich nicht braucht und wahrscheinlich auch niemand anderen«.[16]

Gegen Ende Juli antwortete Walter, er werde in eine Scheidung einwilligen, konnte sich jedoch nicht damit abfinden, dadurch seine kleine Tochter zu verlieren. »Sein Brief ist gut und ehrenhaft, erscheint mir aber seltsam«, vertraute Alma ihrem Tagebuch an. »Was soll ich jetzt tun? Ich liebe Franz und will ein Kind von ihm haben. Es ist wie eine fixe Idee: Ich muß ihm noch einmal ein Kind schenken. Das Schicksal hat mich dafür vorgesehen. Er ist das einzige, wofür es sich zu leben lohnt. Er arbeitet mit Energie und Kraft, und das ist mir wichtiger als irgendein Gut, das ich in der Welt finden könnte.«[17]

So sehr sie sich auch wünschte, von Walter frei zu sein, ihre Manon würde sie nicht hergeben – dieses wunderschöne, besondere Kind, das eines Tages, als Alma in einem langen weißen Sommerrock über den Rasen ging, jammerte: »Mami, Du störst das Gras.«[18] Manon war das einzige Kind, das ihr noch verblieben war. Anna war sehr selbständig geworden und verbrachte die meiste Zeit mit dem jungen Rupert Kollner und seiner Familie in der Nachbarschaft. Als Anna sich im Spätsommer eine schwere Ohrenentzündung zuzog, brachte Alma sie zur Behandlung nach Wien. Dann bekam sie selbst eine Angina. Am Semmering ließen sich Mutter und Tochter von der geliebten Oberschwester Ida Gebauer gesund pflegen. Sobald es ging, war Anna wieder bei den Kollners. Eines Abends, nachdem sie bei großer Kälte von dort zurückgekommen war, gestand sie ihrer Mutter, daß sie sich mit dem Soldaten Rupert Kollner verlobt hatte.

Alma hatte nichts gegen die Romanze der beiden jungen Leute; eigentlich nahm sie das Ganze nicht so recht ernst. In Wien standen die Premiere von Richard Strauss' Oper ›Die Frau ohne Schatten‹ und eine Aufführung von Mahlers Sechster Symphonie auf dem Programm. Alma wollte dabeisein und traf auf der Fahrt Fritz von Unruh, einen Schriftsteller, dessen Werk sie schon lange bewunderte und mit dem sie kurze Zeit korrespondiert hatte. Sie lud ihn zu sich ein und ließ ihre Gedanken sogar dahin gehen, daß dies ein Mann wäre, mit dem sie glücklich zusammenleben könnte. Sie war fasziniert von seinem Aussehen, seine Eindringlichkeit und seiner Artikuliertheit. Allerdings wurde ihr auch klar, wie ähnlich Fritz ihrem Ehemann war. Und damit war die Begeisterung schon wieder ein wenig geschwunden. Alma sinnierte in ihrem Tagebuch: »O. K. wollte von ganzem Herzen ein Kind mit mir haben, und ich ließ es mir nach drei Monaten nehmen. Franz wollte das nie, und ich gebar ihm einen Sohn.«[19]

In ihrem Landhaus arbeitete Alma im Garten, mehr aus Langeweile denn aus wirklichem Interesse. Als sie sah, daß es Anna und Rupert mit ihren Plänen erst war, lud Alma den jungen Mann ein und wünschte ihm alles Glück und Wohlergehen für das Leben mit ihrer Tochter. Die Aussicht, Schwiegermutter und eventuell Großmutter zu werden, behagte ihr allerdings überhaupt nicht. Gerade zur rechten Zeit kamen zwei hingebungsvolle Liebesbriefe von dem Dirigenten Ochs und dem Dichter Trentini. Diese Briefe bestärkten sie in der Hoffnung, noch nicht alt und häßlich zu sein und noch etwas im Leben zu haben, woran sie sich freuen konnte.

Mitte November fuhr sie nach Wien, um dort den Winter zu verbringen. Franz besuchte mittlerweile seine Familie in Prag. »Das Leben ohne Franz Werfel hat keinen Sinn«, schrieb Alma. »Nicht für ihn sorgen können, nicht seine Freuden zu teilen, nicht gleich immer wissen, was er gearbeitet hat. Hier in Wien: ein ewiges Telefonieren!«[20] Alma war eine der ersten, die sich ein privates Telefon hatte einrichten lassen. Obgleich sie für gewöhnlich Dinge, die Fortschritt signalisierten, sehr gerne mochte, konnte sie dem Telefon nie eine größere Wertschätzung abringen. In ihrem Leben konnte das Telefon Briefe oder Besuche nicht ersetzen, und im Augenblick beneidete sie Franz, der in Prag alte Freunde wie den Kritiker und Schriftsteller Willi Haas, Franz Kafka und den Musiker George Szell wiedersah. Treulich berichtete er Alma über alles und versicherte ihr auch, daß er seine frühere Freundin nicht besuche. Er wollte Alma seiner Familie vorstellen, sie weigerte sich jedoch. Ihre Gedanken wanderten wieder einmal zu Oskar zurück, der ihr einen eigenartigen, aufwühlenden Brief geschrieben hatte. Wieder und wieder las sie seine Zeilen, und der ›böse Geist‹ stieg von neuem in ihrer Erinnerung auf. Sie versuchte ihn aus ihrem Gedächtnis zu verbannen. Jedesmal, wenn ihr das gelang, flatterte ihr tags darauf ein Brief ins Haus, der sie daran erinnerte, daß er immer noch Einfluß auf sie hatte.

Zu Beginn des Jahres 1920 fuhren Alma, Franz, Manon und Oberschwester Ida nach Italien. Der Zug hatte Stunden Verspätung. Der Komponist Alfred Casella holte sie am Bahnhof mit der Nachricht ab, es sei unmöglich, irgendwo Hotelzimmer zu bekommen. In diesem Stil ging es dann auch weiter. Die ganze Reise über regnete oder hagelte es, sie hatten unerwartete Ausgaben, schlechte Hotelzimmer und mußten sich mit fiebrigen Erkältungen herumplagen. Manon ging es dabei am schlechtesten. Als sie schließlich die Rückreise antraten, war Alma froh, dieses Land, das ihr immer so paradiesisch erschienen war, verlassen zu können.

Kaum nach Wien zurückgekehrt, mußte Alma die nächste Reise mit Manon zu Walter vorbereiten. Unglücklicherweise fiel der Zeitpunkt der Fahrt mit dem der Premiere von Werfels ›Troerinnen‹ am Burgtheater in Wien zusammen. Auch auf dieser Reise war sie vom Pech verfolgt. Kurz nachdem sie und Manon in ihrem Hotel in Weimar, wo das Bauhausprojekt Wirklichkeit geworden war, abgestiegen waren, wurde in Deutschland ein Generalstreik ausgerufen, der es der ohnehin schon armen Künstlergemeinde noch schwerer machte. Alma mußte mit Manon aus dem Hotel in Walters kleine und armselig ausgestattete Wohnung ziehen. Es gab kein elektrisches Licht und keine Zeitungen. Straßenschlachten hinterließen ein unvorstellbares Chaos. Da die Nachricht von diesem Aufruhr nicht sehr weit über das betroffene Gebiet hinaus verbreitet wurde, fürchtete sie, Franz könnte glauben, sie hätte ihn vergessen oder sich entschlossen, bei Walter zu bleiben. Sie traf Vorkehrungen, um so schnell wie möglich die Heimreise antreten zu können. Franz holte sie in Berlin ab, und sie fuhren zusammen nach Hause.

Alma bestand darauf, daß Franz auf den Semmering fahren und dort arbeiten sollte. Als Helfer und Gefährten gab sie ihm ihren Diener Ernst mit. Franz versuchte zu arbeiten, konnte sich aber zu nichts aufraffen und bat Alma, doch zu ihm zu kommen, oder er würde nach Wien zurückkehren. Sie wollte nicht nachgeben, und selbst als er behauptete, es ginge ihm nicht gut und er würde nichts schaffen, bestand sie darauf, daß er bliebe, wo er war, und zwar ohne sie. Sie wollte mit Anna zu Mengelbergs Mahler-Fest in Amsterdam. Manon und Schwester Ida würden die Zeit bei Gropius verbringen. Für Franz gab es in ihren Plänen keinen Platz.

In Amsterdam hatte Mengelberg dafür gesorgt, daß Alma und Anna fürstlich behandelt wurden. Nach jeder Aufführung gab es Feste und Empfänge, auf denen sie von Freunden und Verehrern umschwärmt waren.[21] Alma überreichte dem Dirigenten, der sich sehr um das Werk ihres verstorbenen Mannes verdient gemacht hatte, das Partitur-Manuskript von Mahlers Siebenter Symphonie. Sie hörte sich Reden und Gedenkfeiern an, wurde der holländischen Königsfamilie vorgestellt und gab der Gründung einer Mahler-Gesellschaft ihren Segen. Am glücklichsten war sie jedoch in den Stunden, die sie mit Anna und den Schönbergs allein verbringen konnte. Am 18. Mai, Gustavs Todestag und Walters Geburtstag, stahl sie sich davon und sah sich die Museen in der Stadt an. Sie meinte, trauern zu müssen, konnte es jedoch nicht. Eigentlich war sie müde geworden, Gustavs Witwe zu sein und zu seinem Gedenken hofzuhalten. Schließlich war er jetzt fast zehn Jahre tot. Sie war viel eher daran interessiert, die Frau eines lebenden, aktiven Genies und nicht länger die Witwe eines toten zu sein.

Sie versuchte sich ganz ihrem Franz zu widmen und sah geduldig über seine schwachen Seiten hinweg. Bis auf eine: Sie wollte ihn auf keinen Fall in das Kaffee-, Alkohol- und Tabakmilieu der Kaffeehäuser zurückkehren lassen. In Wien war das schier unmöglich, also versuchte sie ihm immer wieder die Vorzüge des Semmering schmackhaft zu machen. Wenn sie in Wien ausging, ließ sich sich von ihm begleiten, damit seine Stunden nicht leer waren und er nicht in Versuchung geführt würde. Im Juni nahm sie ihn zu einer Aufführung von Schönbergs ›Gurreliedern‹ mit und konnte sich nicht genug wundern, wie lange es dauerte, bis Franz an den wunderschönen, gefühlvollen, symphonischen Liedern ihres Freundes Gefallen fand. Doch sie machte ihm deshalb keine Vorwürfe.

Die Entschlossenheit, sich ganz Werfel zu widmen, hielt sie so gefangen, daß sie kaum auf die Nachricht von Joseph Fraenkels Tod reagierte. Sie war zu sehr mit ihrem eigenen Leben beschäftigt und wartete auf die Scheidung von Walter, die nun bald offiziell sein würde. Dann würde es einen neuen Beginn mit Franz geben.

Diese Scheidung verzögerte sich jedoch mehrfach, aber alleine die Tatsache, daß sie eingeleitet worden war, machte Alma zufrieden. Gegen Ende des Jahres 1920 lebten sie und Franz zusammen, genau genommen aber unter zwei verschiedenen Dächern. Sie bestand immer noch darauf, daß er ein Pendelleben zwischen Wien und dem Semmering führte, und so verbrachten sie schließlich auch nicht mehr Zeit miteinander als in den letzten zwei Jahren.

Alma hielt es für wichtig, daß Manon ihren Vater sehen sollte, also fuhr sie im Oktober wieder mit ihrer Tochter nach Weimar. Offensichtlich während dieser Trennung schrieb Werfel sein vielleicht schönstes Gedicht für Alma:

> Noch umstellen mich rings
> Die Teufel der Buntheit
> Süß verführt mich
> Von allen Seiten
> Wind der Kulissen-Wüste.
>
> Nicht kann ich in Jahren der Wende
> Wissen die Schlucht des Schlusses
> Die mich vielleicht schon verschlang.
>
> Du bist mir das große Stromrauschen
> An dessen Ufer ich
> Der Stimme kundig ward.
>
> Du bist mir der warme Brotduft der Flächen
> Der mich zum Blumenwisser erzieht.
> Du bist das heilig gelbe Licht
> Das weltfruchtbare gelbe Licht,
> durch das ich wachen muß,
> um *weißes* Licht zu werden.
>
> Aus allen Grüften der Zerfahrenheit
> Versammelst Du mich neu in Deinem Schoß.
> O gelbes Licht! Gebärerin,
> Sei mehr als Mutter mir!!
> Sei Wöchnerin meiner
> Wiedergeburt![22]

Alma irritierte Franz mit der Bemerkung, daß sie ›ihn und die Juden‹[23] vermißte. Wie, so fragte er, könne sie nur ›und‹ sagen? Hatte sie vergessen, daß auch er Jude war? Mußte sie sie alle in eine Kategorie einreihen und damit andeuten, daß sie andere waren, getrennt vom Rest der Gesellschaft. Die Bemerkung deutete ein weiteres Mal auf den Zwiespalt hin, den Alma in ihrem eigenen Dasein erlebte. Einerseits hatte Walters Christentum einen großen Eindruck auf sie gemacht, aber im praktischen Bereich bedeutete ihr das sehr wenig. Mit Juden – wie Gustav, Franz und anderen Freunden – verbrachte sie am liebsten ihre Stunden. Jedoch fürchtete sie, daß ihr ihre christliche ›Helligkeit‹ verweigert werden würde, daß man sie den Menschen zuordnen würde, die sie als die anderen bezeichnete.

In den vergangenen Monaten war Franz Werfel jedoch von einem vielversprechenden jungen Poeten zu einem der brillantesten Schriftsteller deutscher Sprache aufgestiegen. Er war sehr stolz auf seinen wachsenden Ruhm, der ihm Selbstvertrauen gab und die nötige Energie, um seine Diät anzufangen.

An zwei aufeinanderfolgenden Tagen durfte er nur Milch trinken und ein Ei essen, am dritten Tag dann reguläre Mahlzeiten. Er nahm zwar nicht so schnell ab, wie er das gehofft hatte, aber er hatte ein gutes Gefühl, kam sich edel und stark vor und prahlte Alma gegenüber, daß er die Diät durchhalten würde. Er war gebeten worden, einen Vortrag über Jules Vernes ›Zwanzigtausend Meilen unter dem Meer‹ zu halten und arbeitete eifrig daran. Trotzdem nahm er die Gelegenheit von Almas Abwesenheit wahr, um seine Familie in Prag zu besuchen. Dort allerdings verlor er die Geduld: »Du bist jetzt mehr als vierzehn Tage in Deutschland«, schrieb er an Alma. »Ich habe Dir Brief um Brief geschrieben, Telegramm um Telegramm geschickt und gefragt, ob, wann und wohin ich kommen soll [Ich war hier drei Tage nach meiner Ankunft schon wieder zur Abreise bereit.] Aber erst heute erhielt ich einen Brief von Dir, der zur selben Zeit geschrieben wurde wie meiner... und der keine meiner Fragen beantwortet. Statt dessen heißt es da: ›Was soll ich tun?‹«[24] Franz wollte, daß Alma sich um ihre Angelegenheiten selbst kümmerte, aber er wollte sie auch wissen lassen, daß er auf ihren Wunsch jederzeit zur Stelle sein werde, um sie zu treffen.

Alma befürchtete indes, Walter könnte sich falsche Hoffnungen machen, wenn sie und Manon unter seinem Dach wohnten. Er schätzte es sehr, eine Frau in seiner Nähe zu haben und wurde sehr vertraut mit Manon, an die er sich bei jedem Besuch neu gewöhnen mußte. Alma hielt es für das beste, bald abzureisen, aber irgend etwas hinderte sie, wieder zu Franz zurückzukehren. Er schrieb noch einmal: »Ich habe genug von diesem ewigen Warten und Hoffen. Alles hier ist auf Deinen Besuch eingerichtet, und sogar mein Vater ist aufrichtig glücklich, daß Du endlich hierherkommst. Schreibe doch endlich eine Zeile, ob ich zu Dir nach Deutschland kommen soll oder ob Du alleine hierher nach Prag kommen möchtest.«[25]

Alma fuhr schließlich ohne ihre Scheidungspapiere aus Deutschland ab. Sie kam nach Prag und machte sich sofort daran, weitere bürokratische Schritte zu unternehmen. Ihre Tochter Anna konnte aufgrund der Nationalität ihres Vaters die tschechische Staatsbürgerschaft bekommen. Das wiederum ermöglichte Visum, Einreisegenehmigung und sogar die Staatsbürgerschaft in Amerika. All das mußte vor ihrer Eheschließung geschehen, denn mit der Verheiratung würde sie automatisch die Nationalität ihres Mannes annehmen [Alma war während ihrer Ehe mit Walter Gropius Deutsche]. Doch der Versuch, ihrer Tochter den Weg zu ebnen, scheiterte. Das machte ihr Sorgen, denn die Verlobungszeit ihrer Tochter war nicht glücklich gewesen. Sie war erfreut, daß Anna begonnen hatte, sich intensiver mit Kunst und Musik zu beschäftigen. Auch Franz gelobte wieder einmal, allen Versuchungen zu widerstehen. Er versprach sogar, mehr wie Walter zu werden.

In den ersten Monaten des Jahres 1921 wurden Manon die Mandeln entfernt, Anna heiratete ihren Rupert Kollner, und Alma verfrachtete Franz auf den Semmering. Er fühlte sich verlassen und einsam und vermißte Manon, die er immer mehr als sein Kind, als seines und Almas, betrachtete. Auch Anna hatte eher ein mütterliches Verhältnis zu ihrer kleinen Halbschwester. Manon verzauberte alle mit ihrer Schönheit und einem Sinn für Humor, der bei keinem Elternteil so offensichtlich war. Sie schaffte es, die Erwachsenen um sich herum näher zusammenzubringen. Franz war zu Anfang sehr vorsichtig, fast verschüchtert mit ihr umgegangen, aber schon bald war das Eis gebrochen, und ›Onkel Werfel‹ war ihr genauso lieb wie sie ihm.

Die Familie bereitete sich auf einen fröhlichen Sommer auf dem Semmering vor.

Alma war nicht überrascht, als die jungvermählte Anna schrieb, um sich zu einem längeren Besuch – alleine – anzumelden. Anna war sehr unglücklich. Offensichtlich bekam sie von der Mutter nicht die Hilfe, die sie sich erhofft hatte. So fuhr sie zu Walter Gropius nach Berlin und mietete sich dort eine eigene Wohnung. Das wiederum kam Almas Vorstellungen sehr entgegen. Sie wußte, daß Walter ihrer Tochter helfen würde und hielt es für das beste, wenn die junge Frau in anderer Umgebung wäre.

Alma war mehr mit ihrer eigenen Zukunft beschäftigt. Trotz der schlechten Erfahrungen auf ihrer letzten Italienreise blieben Alma und Franz diesem Land verbunden, und Alma plante eine Fahrt nach Venedig, um dort ein geeignetes Haus für sie alle zu finden. Obgleich ihr nicht die finanziellen Mittel für ein solches Haus fehlten, war sie doch besorgt, wie lange ihr eigenes Geld wohl reichen würde, wenn sie nicht nur für sich selbst, sondern auch für Manon, Franz und das Personal in den diversen Häusern aufzukommen hätte. Alma war sicher, daß Franz erfolgreich sein würde, doch war nicht vorhersehbar, wann ihm der endgültige Durchbruch gelingen würde. Sein Drama ›*Bocksgesang*‹ sollte in diesem Herbst in Leipzig aufgeführt werden, und sein Vater war bereit, einen kleinen monatlichen Zuschuß zu zahlen – zumindest solange er es sich leisten konnte und Franz das Geld brauchte. Alma kaufte bei dieser Reise noch kein Haus in Italien, aber sie kehrte voll Hoffnung und Tatkraft nach Wien zurück und träumte von ihrem zukünftigen Leben in diesem wunderschönen Land.

In ihrem roten Musiksalon fanden sich Pfitzner, Maurice Ravel und Casella zusammen. Ein andermal arrangierte sie zwei Parallelaufführungen von Schönbergs ›Pierrot Lunaire‹ für Gesang und Kammerorchester. Die Komponisten Francis Poulenc und Darius Milhaud waren unter den Gästen, konnten jedoch den neuen Wiener Stilarten nichts abgewinnen. Diese Aktivitäten beschäftigten Alma sehr und lenkten sie von Werfels Bitten ab, der sie von Prag aus mit Briefen bombardierte. Er bestand darauf, sie sofort zu heiraten, er wollte sie als seine Frau, und er war nicht willens, ein ›Nein‹ hinzunehmen. Alma gab keine Antwort.

Fast alle Veränderungen des Jahres 1922 brachten eine Wende zum Besseren. Alma fuhr mit Franz nach Leipzig, Prag und München, um Aufführungen seines Stückes ›Spiegelmensch‹ beizuwohnen. Von ihrer Mutter ermuntert, kaufte Alma in Venedig ein Haus an einem Kanal, San Toma 2542. Die Formalitäten des Landerwerbs in Italien erschwerten sich noch durch Schwierigkeiten mit den damaligen Bewohnern des Hauses. Sie ließ jedoch nicht locker und hatte keine Zweifel, richtig gehandelt zu haben. Ihre Wohnung in der Elisabethstraße in Wien wollte sie beibehalten. Das Haus am Semmering war eine wunderbare Sommerfrische, auch wenn es Alma so sehr an Oskar erinnerte, daß sie nicht ständig dort wohnen wollte. Für Franz war es ein gutes Refugium zum Arbeiten. Das Haus in Venedig würde nur ihnen beiden allein gehören. Auch wenn dieses Haus nur als Provisorium für einige Jahre gedacht war, wußten sie doch beide, daß sie sich dorthin zurückziehen konnten, wenn die politische Lage so unerträglich und gefährlich werden würde, daß sie ihre Heimat verlassen mußten.

Die Hetzjagd gegen die Juden machte sich in allen Gesellschaftsschichten breit. Franz war sich der Bedrohung eigentlich nicht so recht bewußt, dafür hatte Alma für beide Angst, und das nicht nur, weil sie die Frau des Juden Gustav Mahler gewesen war. Sie war auch eine Katholikin, die sich von dem guten Arier Walter Gropius scheiden lassen wollte, um mit einem weiteren Juden, Franz Werfel, zusammenzuleben. Für die Wiener Gesellschaft kam es zudem einer Familientragödie gleich, daß Anna Mahler sich von einem herzensguten Mann getrennt hatte und in Berlin mit dem mittellosen Komponisten Ernst Křenek zusammenlebte und ihn auch bald heiraten wollte. Alma dachte ernsthaft daran, ihr Heimatland aus emotionalen und aus politischen Gründen zu verlassen.

Als Werfels Stück ›Spiegelmensch‹ in Wien aufgeführt wurde und vernichtende Kritiken bekam, befand sich Alma in Venedig, um die letzten Formalitäten des Hauskaufs zu erledigen und die ersten Umbauarbeiten zu beaufsichtigen – und um Oskar zu sehen.[26] Seine Werke wurden bei der Internationalen Ausstellung gezeigt, und Alma war tief beeindruckt von der Ausstellung und der Aufmerksamkeit, die man Oskar entgegenbrachte. Sie hätte ihn sicher öfter gesehen, wäre nicht Franz aus Wien gekommen – völlig gebrochen wegen des Mißerfolgs und wegen seiner Arbeit im allgemeinen. Werfel und Alma verbrachten einige gemeinsame Tage in Venedig und sprachen über seine Idee, einen Roman über das Leben Verdis zu schreiben. Alma gefiel dieses Projekt eigentlich gar nicht. Zum einen liebte sie Wagner und nicht Verdi, zum anderen hielt sie das Thema auch nicht passend für Werfel. Er war jedoch dazu entschlossen, und da sie sah, daß ihm die Arbeit neuen Auftrieb gab, half sie ihm dabei, indem sie ihm alle Klavierpartien von Verdis Opern vorspielte. Sie vertieften sich gemeinsam in die Lebensstationen des Komponisten und suchten in Wirklichkeit oder in der Fantasie die Orte auf, an denen Verdi gelebt oder sich aufgehalten hatte.

Der Roman gedieh auch während des Sommers 1923 auf dem Semmering. Schwierigkeiten gab es erst, als Anna und Křenek zu Besuch kamen. Es gab Dispute und Zwistigkeiten, da das Haus nicht groß genug war, um den Bedürfnissen eines Komponisten und eines Schriftstellers gerecht zu werden. Doch Werfel machte trotzdem Fortschritte. Das Buch wurde eines der ersten, die Paul von Zsolnay verlegte, den Alma und Franz im Hause der Molls kennengelernt hatten. ›Verdi‹ erschien im selben Monat, in dem das Haus in Venedig endlich soweit war, daß es sich gemütlich darin leben ließ.

Für Alma und Franz bedeutete der Einzug in das Haus in Venedig einen Bruch mit der Vergangenheit, eine Bestärkung ihrer Bindung und ein Ende all der Qualen, die sie miteinander in den letzten Jahren durchgemacht hatten. Alma richtete alles in dem Haus am Kanal her, während Franz sich um seine und ihre Angelegenheiten in Wien kümmerte. Alma hatte Lili dazu bewegt, sich finanziell an den Druckkosten der Partitur von Alban Bergs ›Wozzeck‹ zu beteiligen. Aus Dankbarkeit widmete Berg Alma dieses Werk. Es gehörte zu Werfels Aufgaben, den Fortgang der Oper im Auge zu behalten, solange Alma nicht da war. Anna Moll war glücklich, einen so fähigen Mann im Namen Almas handeln zu sehen. Bei Almas Freunden wurde die Stellung, die Werfel in ihrem Leben einnahm, nicht immer mit Wohlwollen bedacht. Wenn sie Einladungen aussprachen oder Bitten an Alma vorbrachten, so machten sie keinen Hehl daraus, daß eine Antwort aus zweiter Hand von einem Juden mit zweifelhafter beruflicher Qualifikation nicht erwünscht war.

Den Sommer des Jahres 1924 verbrachten Alma, Manon und Franz wieder auf dem Semmering. Werfel arbeitete an seinem Stück ›Juarez und Maximilian‹. An den Abenden nach dem Nachtmahl planten sie eine Herbstreise in den Nahen Osten. Alma reiste sehr gerne und glaubte, es würde auch Franz guttun. So würde er endlich wieder einmal von seiner Nachtarbeit mit den unzähligen Zigaretten loskommen und neue Anregungen erhalten. Erste Station ihrer Reise war Kairo, wo sie einer Aufführung von ›Aida‹ am Ort der Premiere beiwohnten. Dann fuhren sie den Nil hinauf, an den Pyramiden vorbei und weiter nach Palästina und Jerusalem. Dort genoß Alma die komfortablen Zimmer im Allenby-Hotel. Sie waren beide zutiefst bewegt von der Stadt und den

Menschen und wollten auf jeden Fall noch einmal in diese Stadt zurückkehren. Alma bemerkte jedoch, daß ihr die Strapazen und die unvorhersehbaren Dinge einer solchen Reise mehr zusetzten als Franz. Auf dem Rückweg machten sie Zwischenstation in Sizilien, wo sich Anna Mahler zu ihnen gesellte. Alle gemeinsam unternahmen sie dann sehr entspannende Besichtigungsfahrten. Alma freute sich, jetzt ganz offen mit Franz verreisen zu können. Vorbei waren die Zeiten der heimlichen Treffen in Prag und anderswo. Oft begleitete sie ihn auch auf seinen Vortragsreisen durch deutschsprachige Länder. Zu Hause arbeitete Franz mit Feuereifer und machte so gute Fortschritte, daß Alma daran denken konnte, selbst auch etwas zu tun. Sie wollte drei ihrer Lieder in einer Symphonie verarbeiten und sprach mit Franz darüber. Das Projekt wurde jedoch nie realisiert. Mehrmals im Jahr trennten sich die beiden in dem Einvernehmen, wieder zusammenzukommen, wenn er seine derzeitige Arbeit fertiggestellt oder zumindest erhebliche Fortschritte gemacht hätte. Sie war in Venedig, während er auf dem Semmering Kurzgeschichten schrieb. Im Jahre 1925 nach einem Besuch an der italienischen Riviera, von wo er über Genua nach Nervi und dann nach Santa Margherita weiterreiste, arbeitete er am ›Abiturientetag‹. Alma blieb in Nervi und genoß die Gemeinschaft der ständig wachsenden deutschen Künstler- und Schriftstellergruppe. Während dieser Reise an die italienische Küste wurde den beiden klar, wie wunderschön und freundlich die neue Umgebung sein würde.

Die Premiere von Alban Bergs ›Wozzeck‹ am 14. Dezember 1925 in Berlin durften sie allerdings nicht verpassen. Schließlich hatten sie sich finanziell an der Oper engagiert, sie war außerdem Alma gewidmet, und darüber hinaus zählten Alban und Helene Berg zu den besten und wichtigsten Freunden Almas. Der große, vergeistigte, hochtalentierte Alban wirkte sehr elegant, auch wenn er nörgelig bis zum Unerträglichen sein konnte. Helene war die uneheliche Tochter Kaiser Franz Josephs und eine wunderschöne, sensible Frau, die in Alma verliebt war. Alma erwiderte zwar ihre Zuneigung nicht, fühlte sich jedoch den zerbrechlichen Bergs sehr nahe, vielleicht sogar verantwortlich für sie.

Unter Umständen war es auch Alma, die vorgeschlagen hatte, Alban sollte im imposanten Haus von Werfels älterer Schwester Hanna und ihrem Mann, dem Industriellen Fuchs-Robettin, absteigen. Der Komponist war im Mai 1925 nach Prag gefahren, um Alexander von Zemlinsky als Dirigenten der drei symphonischen Fragmente aus ›Wozzeck‹ beim Musikfest der Internationalen Gesellschaft für Zeitgenössische Musik zu hören. Alban lernte die gesamte Werfel-Familie kennen und hatte viel Freude mit den Kindern der Fuchs-Robettins. Der Junge und das Mädchen bestaunten ehrfürchtig den berühmten Komponisten. Alban erzählte in seinen Briefen von dem guten Wein und der Gastfreundschaft, die ihm widerfahren war. Wovon er nichts schrieb, war, daß er und Hanna sich verliebt hatten. Die Liebesaffäre dauerte bis zu seinem Tod.

Auf seinem Weg nach Berlin zu den Vorbereitungen der Premiere von ›Wozzeck‹ war Alban wieder zu Gast im Hause Hannas. Als Helene ihrem Mann nachreiste, keimte wohl in ihr der Verdacht, daß da noch mehr dran sein müßte als nur der gute Wein, die Hummeressen und staunende Kinderaugen. Auch sie wurde im Haus Fuchs-Robettin herzlichst aufgenommen und wollte gerne wieder zu ihren neuen Freunden zurückkommen.

Der Erfolg von ›Wozzeck‹ legte den Grundstein zu Bergs internationalem Ruhm. Der Anlaß an sich war nicht für alle Beteiligten gleichermaßen beglückend. Zum Kreis um den Komponisten gehörten nicht nur Musiker, sondern auch seine Frau, die Fuchs-Robettins, Alma und Franz. Alma war so etwas wie eine Vertraute für Helene gewesen, aber in den vergangenen Monaten waren ihre Verbindungen zu Alban immer enger geworden. Dabei wurde ihnen die Innigkeit und Leidenschaftlichkeit seiner Affäre mit Franz' Schwester bewußt. Alban rechnete auf Alma und Franz als Überbringer seiner diversen Botschaften an Hanna. Die Bande der Verschwörung verwoben die drei enger als je zuvor miteinander. Als Alma und Franz im Jahre 1926 wieder an die italienische Riviera fuhren, zahlte sie die Reise für die Bergs, damit diese mit ihnen kommen konnten. Alban dachte daran, eine Oper nach Gerhart Hauptmanns Stück ›Und Pippa tanzt‹ zu schreiben. Alma benützte diese Gelegenheit, Alban dem Dramatiker vorzustellen, mit dem sie und Franz sehr viel Zeit zusammen in Italien verbrachten. Hauptmann war hingerissen von Alma und erklärte in Gegenwart seiner Frau, er werde im nächsten Leben Almas Liebhaber. Worauf Hauptmanns Frau trocken antwortete, auch in einem nächsten Leben werde sicher schon einer vor ihm da sein.

Gegen Ende des Jahres 1926 versammelte sich derselbe Zirkel zu den ersten Aufführungen des ›Wozzeck‹ in Prag. Diesmal gab sich Alban Berg, angeregt durch den vorhergegangenen Erfolg, jede nur erdenkliche Mühe, der Aufführung den Anstrich eines besonderen Anlasses zu geben. Die Loge, in der er und seine engsten Freunde der Aufführung beiwohnen wollten, war mit riesigen Blumenbouquets geschmückt. Anstelle des erwarteten Triumphes gab es einen organisierten Proteststurm. Die so großartig kenntlich gemachte Loge wurde Zielscheibe der wüstesten Beschimpfungen. Antisemitische Parolen tönten den Ehrengästen entgegen. Ironischerweise waren die Angreifer davon ausgegangen, daß Alban Berg und seine Frau Juden wären, was nicht der Fall war. Alban und Helene waren längst verschwunden, und so bekamen Franz, seine Schwester und sein Schwager – allesamt Juden – all die Beleidigungen ab. Die Werfels und Alma wurden von Polizisten zum Wagen eskortiert.

Zum ersten Mal erkannte Franz, wie explosiv das politische Klima war und wie sehr sich der Haß des Volkes gegen ihn als Juden entlud. Vorher hatte er das nie glauben oder wahrhaben wollen, aber an diesem Abend war er doch beunruhigt und erschrocken. Er, seine Verwandten und sogar Alma hätten beinahe körperlichen Schaden genommen. Er wußte auch, daß Alma eigentlich nicht davon betroffen war – sie war keine Jüdin. Als er an die wunderschönen Blumenarrangements dachte, die anläßlich der Opernaufführung die

Loge geschmückt hatten, fiel ihm Almas Beobachtung ein, Juden würden Blumen nicht richtig schätzen. In Jerusalem war ihr aufgefallen, wie wenig Blumenschmuck es gab, und sie führte das darauf zurück, daß die Einwohner von Jerusalem Juden waren.

Alma hatte sich in ihr Haus am Semmering elektrisches Licht legen lassen und saß dann doch wieder im Dunkeln, nachdem es in Wien zu schweren Ausschreitungen und zum Generalstreik gekommen war.[27] Das machte ihr nicht allzuviel aus. Das elektrische Licht war noch nicht so sehr zum Bestandteil ihres Lebens geworden, daß sie nicht darauf hätte verzichten können. Sie würde schon irgendwie zurechtkommen, solange sie ihr Haus auf dem Land nur behalten und weit weg von den Menschenhorden und Gewalttätigkeiten sein konnte. Almas Fantasie lieferte auch den Stoff für mehrere Kurzgeschichten, die Werfel in dieser Zeit schrieb – einer Zeit, die gekennzeichnet war von Fahrten zwischen Wien, Semmering, Venedig (im Herbst) und der italienischen Riviera. Nur zwei Menschen schienen Alma aus dem Gleichgewicht bringen zu können: ihre Tochter Anna, die sich nach wenigen Monaten von Křenek wieder scheiden ließ, und Oskar, den sie eines Tages in Venedig gesehen hatte, und der daraufhin wieder einen seiner taktischen Briefe schrieb, in dem er sie bat, ihn auf einer Reise nach Afrika zu begleiten. Es war eine Reise, die sich Alma immer gewünscht hatte, und Oskar wußte das. Sie war der Meinung, es wäre wichtig für seine Kreativität. Sie fuhr nicht mit ihm und schrieb in ihr Tagebuch: »Roheit war die Ursache, daß ich O. K. verließ, Roheit wird mich auch von Franz Werfel entfernen.«[28]

Das Weihnachtsfest verbrachte sie wieder einmal in Gesellschaft von Menschen, die dieses christliche Fest nicht begingen – Franz Werfel und sein Verleger Paul von Zsolnay. Alma war deprimiert und schrieb vor dem Zubettgehen in ihr Tagebuch, sie könne weder mit noch ohne Juden leben und hätte doch wohl lieber mit Oskar weggehen sollen. Statt dessen besuchte sie Margherita Sarfetti, Mussolinis Geliebte, und diskutierte mit ihr über etwas, was sie internationalen Faschismus nannten, der sich über die primitiven Ideale des Nationalismus hinaushebe und, nach Almas Meinung, geeignet war, die Weltordnung zu erhalten. Obgleich ihre Ideen naiv und unausgegoren waren, fand sie Menschen, die ihrer Meinung waren und die Realität der Ereignisse um sie herum nicht wahrhaben wollten.

11

Der Inbegriff eines Priesters

Alma begann im Alter von fast fünfzig Jahren die ersten Anzeichen der Wechseljahre zu spüren. Das bereitete ihr großen Kummer, nicht so sehr wegen der körperlichen Beschwerden, sondern weil sie sich dadurch alt fühlte und die Hoffnung begraben mußte, mit Franz noch ein Kind zu haben. Sie mußte allerdings zugeben, daß es für sie beide schwierig gewesen wäre, sich um ein Kleinkind zu kümmern und gleichzeitig ihren Lebensstil beizubehalten, der sich zwischen so vielen Häusern, Hotels und Ländern bewegte. Sie wußte auch, daß sie Franz heiraten würde, wenn sie schwanger werden würde. Die Schicksale von Maria und Martin hatten bewiesen, welches Unrecht es war, ein Kind außerhalb einer rechtmäßigen Ehe zu empfangen.

Franz wollte sie heiraten. Er war gut zu ihr, aufmerksam und hatte Verständnis für ihr Freiheitsbedürfnis. Gelegentlich drohte sie ihm, ihn zu verlassen, doch wußte sie, daß sie das nie fertigbringen würde. Er war schneller gealtert als sie, und so schienen sie jetzt beinahe gleichaltrig. Oskar lag ihr immer noch am Herzen, aber der Gedanke, mit ihm durchzubrennen, kam ihr nun nicht mehr so oft in den Sinn. Alma wollte sich eigentlich nicht noch einmal mit einem Juden verheiraten. Andererseits war es auch recht peinlich geworden, wenn Manon mit ihren Freunden immer von Mami und Onkel Werfel sprach.

Am 6. Juli 1929 heirateten Alma und Franz. Wie von ihren vorhergehenden Hochzeitstagen nahm sie auch von diesem recht wenig Notiz. Sie hatte ja immer gewußt, daß eine Heirat an ihrem täglichen Leben so gut wie nichts ändern würde.

Doch mußte sie sich damit abfinden, daß sie als Frau eines Juden eher Belästigungen ausgesetzt sein würde.

Kurz nachdem Alma zum dritten Mal geheiratet hatte, tat auch ihre Tochter desgleichen. Als Frau des Verlegers Paul von Zsolnay heiratete sie in die Familie von Werfels Verleger, kam zu Geld und gesellschaftlichem Ansehen. Das kümmerte Alma herzlich wenig. Das Privatleben ihrer Tochter interessierte sie kaum, doch erwartete sie, daß auch diese Verbindung, wie die anderen, stürmisch sein würde. Anna wurde bald schwanger und nannte ihre Tochter Alma. Die so Geehrte beeindruckte das nicht. Eine Großmutter wollte sie beileibe nicht sein, eigentlich wollte sie lieber noch ein eigenes Kind.

Alma dachte lange darüber nach, wie sie sich jetzt, da sie mit Franz verheiratet war, nennen sollte. Sie hatte nie den Namen Alma Gropius benutzt, hatte jedoch nichts gegen Alma Werfel einzuwenden. Franz hatte sie lange vor ihrer Heirat mit Alma Maria Werfel angesprochen, und das hatte ihr gefallen. Fast dreißig Jahre lang war sie Alma Mahler gewesen. Das war der Name, mit dem sie ihr Leben aufgebaut hatte. Also wollte sie entweder Alma Mahler oder Alma Mahler-Werfel sein. Eigentlich hatte sie recht wenig Interesse daran, weiterhin Mahlers Witwe zu spielen, aber der Name brachte ihr finanzielle und gesellschaftliche Vorteile, auf die sie mit dem Namen Werfel nicht zählen konnte, und schon gar nicht mit zwei jüdischen Nachnamen. Letztlich kam sie zu keiner klaren Entscheidung. Sie nannte sich ebensooft Alma Mahler wie Alma Werfel und Alma Mahler-Werfel.

Franz schrieb in dieser Zeit sein Buch ›*Die vierzig Tage des Musa Dagh*‹. Nach diesem Werk, das für den Nobelpreis nominiert war, wurde er damals in einem Atemzug mit Thomas Mann genannt. Heute kennt man bestenfalls noch den Titel des Buches, wenn überhaupt. Die Idee dazu entstand auf der Hochzeitsreise, die Franz und Alma einige Monate nach der Eheschließung unternahmen. Sie führte sie noch einmal nach Ägypten, Palästina und Jerusalem, wo das jetzt so berühmte König-David-Hotel gerade gebaut wurde. Die Reiseroute schloß auch Damaskus, Baalbek, den Libanon und Beirut ein. Alma fand den Schmutz und die Armut unerträglich, Franz interessierte und faszinierte das Schicksal und der Mut der Armenier. Aus diesen Eindrücken wuchs der neue Roman. Die Saga stieg im Laufe der folgenden Wochen und Monate vor seinem geistigen Auge auf, wenn Alma ihm lange, fantasievolle Geschichten über Siegfried, den furchtlosen Helden, der Wagner zu seiner Oper angeregt hatte, erzählte.

In Wien drängten Almas Freunde, sie solle sich doch nach einem neuen und besseren Haus umsehen. Die alte Wohnung war unzureichend geworden. Obgleich Alma nicht so gerne die Räume in der Elisabethstraße verließ, die sie nach Gustavs Tod gemietet hatte, gab es tatsächlich nicht genug Platz dort für Franz' Arbeit, für ihr eigenes Leben, für Manon und ihre Freunde und die Dienerschaft.

Alma fand und kaufte unter ihrem Namen ein imposantes 28-Zimmer-Haus auf der Hohen Warte, gar nicht weit von dem der Molls entfernt. Manche Leute bezeichneten es als Herrenhaus. Franz bekam im obersten Stockwerk ein Studio, Alma hatte unten ein Musikzimmer. Zu Beginn des Jahres 1931 zogen sie in das neue Haus mit einer Sammlung von Schätzen ein, für die das Haus sogar noch größer hätte sein dürfen. Darunter waren auch Gustav Mahlers Schreibtisch und seine Partitursammlung (mit dem Manuskript von Anton Bruckners Dritter Symphonie), Bücher und Kunstwerke. Bevor alles an seinen endgültigen Platz gestellt wurde, gaben die Werfels ein Einweihungsfest für und mit Freunden aus den Bereichen Theater, Film, Musik und Literatur. Die Gästeliste schien anzudeuten, wo in der Wiener Gesellschaft Franz und Alma zu stehen gedachten.

Alma hielt sich nicht für besonders wohlhabend, aber immerhin besaß sie ein Haus in Venedig und zwei in Österreich, von denen das in Wien zu den größten der Stadt gehörte. Das Haus in Venedig war beträchtlich im Wert gestiegen, nachdem man es unter Denkmalschutz gestellt hatte. Almas Tochter war mit einem angesehenen, begüterten Mann verheiratet. Und Almas Mann war die Karriereleiter immer weiter nach oben geklettert.

Obgleich Carl Moll in betrügerische Kunstmachenschaften verwickelt war, gehörte die Familie Moll zu den besten Freunden der Werfels. Die beiden Molls liebten Franz und Manon und halfen den Werfels bei der Bewältigung des Alltags. Als Carl ein Buch über Almas Vater veröffentlichte, war sie wütend, weil sie der Ansicht war, ihr Stiefvater dringe unberechtigterweise in ihr Reich der Erinnerungen ein. Doch als der Umzug in das neue Haus endlich beendet war und es sich die Familie bequem gemacht hatte, war sie mit sich selbst und der Welt wieder zufrieden.

Am 18. Mai 1931 schickte Alma Rodins Mahlerbüste anläßlich des zwanzigsten Todestages Gustav Mahlers an die Wiener Oper. Clemens Krauss bedankte sich für das wertvolle Geschenk mit der Aufführung des Adagietto aus der Fünften Symphonie. Das war jener Satz in Mahlers Werk, der Almas und Gustavs Zusammenleben am deutlichsten nachvollzog. Gegen Ende des Jahres 1931 fuhr Manon zu ihrem Vater. Alma begleitete indes Franz auf einer seiner Vortragsreisen durch Deutschland. In dieser Zeit erreichte sie die Nachricht von Annas Entschluß, sich von Zsolnay zu trennen. So ungern sie es auch sah, daß Anna ihren dritten Ehemann verließ, so wußte sie doch, daß sie nichts dagegen tun konnte. Wegen der beruflichen Bindung zwischen Franz und den Zsolnays würde diese Trennung für beide Familien schwieriger sein als Annas frühere Partnerschaften, die in die Brüche gegangen waren. Die Werfels und die Zsolnays blieben jedoch Freunde, und das große Radio, dem Alma und Franz an den Abenden auf dem Semmering lauschten, war ein Weihnachtsgeschenk von Pauls Familie.

Franz war sehr auf das Wohlwollen seines Verlegers angewiesen. Sein neuestes Stück ›*Reich Gottes in Böhmen*‹ war wieder sehr verhalten aufgenommen worden. Darauf folgte eine schriftstellerische Durststrecke, es mangelte ihm an Ideen und neuem Zündstoff. Die finanziellen Sorgen belasteten ihn, wahrscheinlich mehr als nötig. Er und Alma besaßen zwar beachtliche Immobilienwerte, Bargeld war jedoch immer knapp. Natürlich wollten sie auch keines der Häuser, die ihnen lieb waren und so viele Möglichkeiten boten, aufgeben, und so mußten sie zumindest daran denken, bei Reisen und Einladungen zurückzustecken sowie bei den enormen Kosten für Essen und Trinken etwas einzusparen.

Es gab verschiedene Gründe für den finanziellen Engpaß. Franz war wie Gustav nicht bereit, sich mit dem Alltagskram der Haushaltsführung zu befassen. Und er hatte eine ausgesprochene Schwäche für die schönen Dinge des Lebens. Alma hatte Verständnis für diesen Wesenszug, bemerkte jedoch mit Unbehagen, daß sein Einkommen und auch ihre Einnahmen aus Gustavs Kompositionen immer geringer wurden. In beiden Fällen waren andere Modeerscheinungen dafür verantwortlich zu machen. Ganz sicher jedoch lag es auch an dem wachsenden Antisemitismus in den deutschsprachigen Ländern. Ein Großteil von Werfels Geld stammte aus Honoraren für seine Vortragsreisen, aber er wurde nicht mehr eingeladen, in Deutschland, der Schweiz und Österreich zu sprechen. Nicht einmal seine Freunde und Förderer wagten es noch, einen Juden einzuladen.

Die Werfels überlegten, ob sie ihr Haus in Wien vermieten sollten. Bevor es jedoch dazu kam, flatterten auf einmal wieder Schecks aus aller Welt ins Haus, die vom großen Erfolg der ›Musa Dagh‹-Übersetzungen zeugten. Alma atmete auf. Dieser Triumph ermöglichte es Franz, sich auf einen Roman zu konzentrieren, anstelle der Kurzgeschichten, Gedichte und Theaterstücke. Eine weitere Erleichterung für Alma war, daß ihre ältere Tochter sich der Bildhauerei zugewandt hatte und in großen, fast mythologischen Formen arbeitete, die ihr die Erfüllung zu geben schienen, die sie in drei Ehen nicht gefunden hatte. Nun, da Franz und Anna produktiv arbeiteten, wandte sich Alma wieder einmal dem Koffer zu, in dem sie ihre alten Kompositionen aufbewahrte. Dabei stellte sie fest, daß sie das Werk einer jungen, unreifen Frau vor sich hatte. Es lohnte sich nicht, daran weiter Zeit und Mühe zu verschwenden.

Ihre Gedanken gingen zu Oskar. Er schrieb ihr immer noch, versicherte sie seiner Zuneigung und schlug ihr gelegentlich eine gemeinsame Reise quasi zur Versöhnung vor. Alma ermutigte ihn in keiner Weise. Es gab andere Frauen in seinem Leben, und er würde bald Olda Palkovska, die Tochter eines Prager Arztes, heiraten. Die Kokoschkas verließen die Tschechoslowakei im Jahre 1938, ließen sich in London nieder und siedelten dann in die Schweiz über.

Alma kam mit den Familien Hauptmann und Strauss zusammen und lud andere Freunde zu sich ein. Sie hörte sich mit Franz eine Ansprache Adolf Hitlers an. Die charismatische Redekunst des Führers faszinierte Alma. Franz äußerte sich nicht dazu. Alma erinnerte sich an die Gespräche mit Margherita Sarfatti und kam zu dem Schluß, Mussolini sei Hitler vorzuziehen. Viele ihrer Freunde, darunter auch Pfitzner und Schönberg, waren so entsetzt über die möglichen Auswirkungen des Nationalsozialismus, daß sie bereits planten, ins Ausland zu gehen. Alma sah keinen zwingenden Grund dafür – zumindest noch nicht. Franz arbeitete auf dem Land intensiv und ungestört und konnte sich ganz auf seine Schriftstellerei konzentrieren. Im Augenblick schien für die Werfels keine Notwendigkeit gegeben, ihren Status quo zu verändern.

Alma flüchtete sich aus den Unruhen und der furchtgeschwängerten Atmosphäre des Jahres 1932 zurück in den Schoß der römisch-katholischen Kirche. Sie beichtete bei Pater Engelbert Müller vom Stefansdom in Wien und hatte nun das Gefühl, wieder in der Kirchengemeinde geborgen zu sein. Mit der fünfzehnjährigen Manon fuhr sie zur Kur und verbrachte dort ruhige Tage, während Franz in Venedig arbeitete. Später wollte sie ihrem Mann nach Italien folgen, aber ihre Gegenwart schien Franz in seinem Arbeitseifer zu bremsen, und so fuhr sie mit Manon nach Wien zurück. Sie wohnte der Einsetzung von Kardinal Innitzer bei und gab im Anschluß daran ein Essen für einige geistliche Würdenträger, die an dem Ritual teilgenommen hatten. Einer von ihnen war der Theologieprofessor Johannes Hollnsteiner, ein Enddreißiger, gutaussehend, artikuliert und von vielen als Wiens nächster Kardinal betrachtet. Alma und Hollnsteiner begannen von da an viel

Vor dem Diner – rechts Alma Mahler.
Gemälde von Karl Moll

Oskar Kokoschka, Maler und Graphiker, in seinem Wiener Atelier

Unten:
Der Schriftsteller Franz Werfel mit seiner Frau Alma in Wien, 1929

Auguste Rodin,
französischer
Bildhauer

Alma Mahler-Werfel,
Karikatur von Dolbin

Zeit miteinander zu verbringen. Franz war erfreut darüber, daß seine Frau einen so gutaussehenden und intellektuellen Gesprächspartner gefunden hatte. Alma nannte Johannes ›den Inbegriff eines Priesters‹[1], wollte angeblich von ihm nur Rituale und Segnungen der Kirche verstehen lernen.

Nach seiner Rückkehr nach Wien besuchte Franz die Schriftsteller H. G. Wells und Sinclair Lewis, der sich bei Dorothy Thompson aufhielt. Sie waren unter den ersten Journalisten, die von den Nazis vertrieben wurden. Bis zum Morgengrauen saß Werfel mit den Kollegen beisammen. Franz hörte hier aus erster Hand über Hitlers Greueltaten, vertrat aber gegenüber Alma immer noch die Meinung, Hitler könne doch nicht ganz bösartig sein. Werfel tat alles, um das Unausweichliche nicht wahrhaben zu müssen, das seinen Tribut von ihm, von seiner Familie und natürlich von Alma fordern würde. Der Vater Franz Werfels brach zusammen, als Hitlers Macht in alarmierendem Ausmaß zunahm. Franz fuhr sofort nach Prag und war einigermaßen entsetzt über die antisemitischen Parolen, die er überall am Weg sah. Es war an der Zeit, daß er und Alma sich eine Fluchtroute ausdachten, entweder nach Italien, Frankreich, England oder Amerika. Alma war sich nicht sicher, ob das ein Zeichen von Werfels Stärke oder seiner Schwäche war. Sie schrieb in ihr Tagebuch: »Mahler muß verstanden haben, was ich meinte, als ich ihm sagte, ich würde ihn nur so lange lieben, bis jemand Stärkerer des Weges käme – worauf er erwiderte: ›Also kann ich beruhigt sein, denn ich kann mir niemand Stärkeren vorstellen.‹ Ist das echte Stärke oder nur eine eingebildete?... Ich glaubte wirklich, mich nie wieder zu verlieben! Was für ein Unsinn! Ich war mir Mahlers Schwächen bewußt. *Aber – sie – waren – doch – MAHLERS – Schwächen?*«[2]

Unterstützt von Johannes, ihrem neuen Vertrauten, blieb Alma ruhig, als Werfels Bücher verbrannt und Mahlers Musik geächtet wurde. Sie sah zu, wie ihr Freund Julius Tandler, der kürzlich Gesundheitsbeauftragter der Stadt Wien geworden war, in allen Spitälern die Kreuze entfernen ließ und die Priester nur zu den Besuchsstunden zu den Kranken ließ.

Alma war eigentlich mehr über ihr Interesse an Hollnsteiner irritiert. »Er ist so frei«, schrieb sie. »Er mußte nie das Wort ›Sünde‹ in den Mund nehmen. Er sieht die Dinge nicht so – aber ich, muß ich päpstlicher als der Papst sein? Wir sind beide gebunden, er an die Kirche und ich an Werfel, den ich so sehr liebe... der in meinem Denken so tief verankert ist. J. H. hat mir gestern die Messe auseinandergesetzt, und jedes Wort aus seinem Mund ist Musik für mich. Hollnsteiner hält Hitler für so eine Art Luther, wenn auch in großem Abstand. Weiter sprach er über das Sonderbare, daß die Geburt Christi erst am Anfang des sechsten Jahrhunderts vom 6. Januar auf den 24. Dezember verlegt worden sei.«[3]

Während Alma wieder in den Schoß der Kirche zurückgekehrt war, hatte sie sich auch erneut verliebt. Sie schrieb: »J. H. ist achtunddreißig und hat sich noch nie einer Frau hingegeben. Er will nur Priester sein und *ist* es auch. Er erscheint mir so ganz anders, und das erfüllt mich mit Freude. Er sagte: ›Ich war noch nicht einmal in der Nähe einer Frau. Sie sind die erste, und Sie werden die letzte sein.‹ Ich verehre diesen Mann und würde vor ihm niederknien. Alles in mir will sich ihm unterwerfen, aber ich muß immer meine Wünsche verleugnen. Das ist der erste Mann, der mich erobert hat.«[4]

Von diesem Zeitpunkt an begann Alma ihre eigenen Tagebücher zu zensieren. Sie schrieb, daß sie mit Franz lange Gespräche über Hollnsteiner geführt habe, und daß Franz eifersüchtig sei, sie aber seine Gründe nicht gelten lassen könne. »Er glaubt nicht wirklich an eine Untreue«, schrieb sie und fügte wohl aus Gründen des Selbstschutzes hinzu: »Da ist keine.«[5] Die Wiener bemerkten, daß Alma mit erstaunlicher Häufigkeit die Messe besuchte und daß Hollnsteiners Wagen regelmäßig vor dem Werfelschen Herrenhaus auf der Hohen Warte parkte. Es war auch weitgehend bekannt, daß Hollnsteiner eine kleine Wohnung hatte, in die er sich oft mit Alma nach der Messe zurückzog.

Alma schrieb: »Wenn ich das schwierige, unverständliche Schaffen eines Hollnsteiner betrachte, für den es egal ist, ob er schläft oder ißt, und wenn ich sehe, daß dieses Pflichtgefühl gegenüber Gott in seinem Denken dominiert, dann muß ich den krassen Unterschied zwischen den Reinrassigen und den Mischrassen eingestehen. Wenn ich Hitler betrachte, der vierzehn Jahre im Dunkel zugebracht hat... weil seine Zeit noch nicht gekommen war, sehe ich in ihm auch einen echten deutschen Idealisten, etwas, was für die Juden undenkbar ist.« Alma plapperte nach, was sie von Johannes gehört hatte, ebenso wie sie früher Oskars Gedanken niedergeschrieben hatte. Jahre später strich sie den letzten Satz durch und schrieb über Hitler: »Leider ist er dumm!«[6]

Zu Beginn der dreißiger Jahre fand Alma, »alle Juden lieben als mittelmäßige Menschen italienische Musik. Deutsche Musik läßt sie kalt.«[7] Sie wußte ganz gut, daß das nicht wahr war. Sie konnte Gustavs Zuneigung zu Wagners Musik doch wohl nicht vergessen haben – aber Franz liebte Verdi. Sie war innerlich hin- und hergerissen. Alma wußte, daß sie in einem Dilemma war. Sie schrieb: »Hollnsteiner ist entweder ein Engel oder ein Schurke. Aus Gründen der Selbstachtung habe ich beschlossen, ihn als Engel zu betrachten... Ich werde Werfel nie verlassen, und je mehr Schaden man ihm zufügt, desto weniger werde ich ihn verlassen! Fünfzehn Jahre kann man aus einem Leben nicht einfach wegstreichen, besonders wenn ein Mensch so unablässig gut und rein und edel ist, wie er es war.«[8]

Sie wollte sich selbst einreden – und ganz gewiß auch andere Leute glauben machen, daß ihre Beziehung zu Johannes rein geistig war und in Zusammenhang mit ihrer Rückkehr zur Kirche stand. Ihre ältere Tochter machte Franz schließlich darauf aufmerksam, wie sehr Alma Johannes ergeben war. Werfel lächelte nur, zuckte die Achseln und meinte, das wäre sicherlich Almas letzter Versuch.

Zu Beginn des Jahres 1934 arbeitete Franz in Santa Margherita in Italien, während Alma sich in Wien aufhielt. Sie wurde Augenzeuge von Generalstreiks, von der Besetzung, von Ausschreitungen sogar in der Nachbarschaft ihres Hauses und von der endgültigen Machtübernahme der Nazis. Kurt von Schuschnigg, der Justizminister, der bald darauf Kanzler werden sollte, bot Alma und Manon sein Haus an, in dem sie ganz sicher sein würden. Alma lehnte dankend ab. Sie wollte zu Franz, sobald sie wieder ohne Gefahr reisen könnte. Immer noch glaubte sie, mit den Ausschreitungen und den Schießereien würde es bald ein Ende haben. Als unmittelbar vor ihrer Eingangstür eine Straßenschlacht tobte, öffnete sie eine Flasche Champagner. Sie hatte immer Freunde um sich und fühlte sich sicher.

In diesen Wochen erkannte Alma, daß mindestens zwei Männer, die ihr Haus so gerne besuchten, nicht an *ihr* interessiert waren. Sie kamen, um der achtzehnjährigen Manon, ihrer kleinen Mutzi, den Hof zu machen. Alma konnte es kaum fassen, daß erwachsene Männer dieses Kind begehren konnten. Aber schließlich mußte sie sich eingestehen, daß Manon schön, begabt und klug war. Das Mädchen wollte Schauspielerin werden, und ihr diesbezügliches Talent war schon vielen aufgefallen. Sie las fließend in mehreren Sprachen und brachte der Literatur großes Verständnis entgegen. Alma wollte aus Manon eine Sprachlehrerin machen, ein sehr geeigneter Beruf für eine junge Frau. Sie schien vergessen zu haben, daß sie vor ihrer Heirat mit Mahler eine Pianistin oder eine Dirigentin hatte werden wollen. Für ihre Tochter hingegen konnte sie sich keine aufregendere Zukunft als ein Klassenzimmer vorstellen.

Die Gestalt Verdis ließ Werfel immer noch nicht los. Er übersetzte ›*Die Macht des Schicksals*‹ ins Deutsche. Er und Alma fuhren nach Venedig und sahen sich dann im April 1934 die neue Version der Oper in Mailand an. Bei ihrer Abreise erschien ihnen Manon blaß und schwach. Sie machten sich jedoch noch keine Gedanken. Erst bei ihrer Rückkehr war klar, daß Manon ernsthaft krank war. In sechs Tagen würde Bruno Walter ›*Das Lied von der Erde*‹ in Wien dirigieren, und Alma wollte natürlich dabei sein. Als die Zeit für die Abreise gekommen war, ging es Mutzi besser, und sie bat Alma zu fahren. Das Mädchen hatte ihrer Mutter allerdings nichts von ihren schweren Kopfschmerzen gesagt, und daß sie vier Aspirin auf einmal geschluckt hatte. Alma und Franz fuhren nach Wien zu der Aufführung. Alma kehrte jedoch danach so schnell wie möglich wieder zurück. Manon war in einem schlechten Zustand. Sie rief Ärzte herbei und verständigte Franz und ihre Mutter. In wenigen Stunden war eine Lähmung der Beine eingetreten, die sich dann auf den restlichen Körper ausweitete. Es war Kinderlähmung. Alma hatte wieder das Gefühl, einen ihr sehr lieben Menschen zu verlieren.

Die Ärzte entschieden, daß Manon nach Wien gebracht werden sollte. Der Abtransport über die Kanäle Venedigs gestaltete sich einigermaßen schwierig. Die österreichische Regierung hatte ihr den früheren Krankenwagen des Kaisers Franz Joseph zur Verfügung gestellt. Die Bahnreise war sehr bedrückend, nur Manon lachte, neckte ihre Eltern und blieb optimistisch. In Wien setzte unter der liebevollen Pflege der Großeltern und der Hausärzte eine Besserung ein, und Manon kam wieder etwas zu Kräften. Man fürchtete eine Epidemie und stellte Manon unter strengste Quarantäne. Nach wochenlanger Isolierung ließ man endlich wieder Besucher zu ihr. Sie zog sich an und fuhr im Rollstuhl im Haus umher. Zu den Besuchern zählten Carl Zuckmayer, der Schauspieler Werner Krauss und ihr Schauspiellehrer Franz Horch. Alma und Franz studierten mit ihr die Hauptrolle von ›Macht des Schicksals‹ in der deutschen Version ein, zogen sie rollengerecht an und führten das Stück im Musiksalon auf. Alma begleitete am Klavier. Walter Gropius schickte seiner Tochter ein Buch, und sie schrieb ihrem ›lieben kleinen Papa‹, daß sie sich besser fühle.

Manon hatte wenige gleichaltrige Freunde. Eine Freundin war Kathy Scherman, die Tochter von Harry und Bernadine Scherman aus New York. Sie waren gute Freunde von Lincoln Schuster vom Verlag Simon & Schuster, der damals Werfels Verleger in Amerika war. Schuster war vor einigen Jahren in Österreich gewesen und hatte Manon für Kathy gehalten, weil sich die beiden Mädchen so ähnlich sahen. Er sah zu, daß die beiden sich Briefe schrieben – in Französisch, der einzigen Sprache, die sie beide beherrschten. Als Kathys Eltern im Sommer 1934 durch Österreich und Ungarn reisten, wurde Kathy zu Alma, Franz und Manon auf die Hohe Warte eingeladen. Die Anwesenheit des Mädchens brachte eher Alma Trost als der geschwächten Manon, aber immerhin saß Kathy an Manons Bett, und die beiden plauderten in französisch über die Schule, über Freunde und Freundinnen und besonders über ihre Katzen. Alma wollte Kathy etwas bieten, wollte, daß sie Spaß hatte wie sonst auch ihre Manon. So lud sie englischsprechende Freunde zum Abendessen und zu musikalischen Soirees ein, nahm Kathy mit in die Oper, spielte Bridge mit ihr und führte Franz, Kathy und einen angeheuerten Begleiter zum Tanzen in ein Lokal, wo Zigeunermusik gespielt wurde. Alma hielt Kathy für viel zu dünn, also bekam die Dienerschaft den Auftrag, schon frühmorgens um sieben zum Frühstück Schlagsahne und Leberpastete aufzufahren. Danach sollte Kathy immer mit Alma ein kleines Schnapserl zu sich nehmen, ein Ansinnen, das Kathy weit von sich wies. Ein Schnaps zwischen dem Frühstück und dem Mittagessen war in Wien nichts Besonderes, aber für ein junges Mädchen aus Amerika war es höchst unpassend.

Alma brauchte ihr ›Glaserl‹ am Morgen. Fünfzehn Jahre lang – nachdem Gustav in einem Brief an Anna Moll erwähnt hatte, Alma hätte das Trinken aufgegeben – war das Thema in Tagebüchern und Briefen tabu gewesen. Nach Mahlers Tod nahm Alma ihre Gewohnheit, nach dem Frühstück einen Benedictine zu trinken, wieder auf. Sie trank nur Liköre, Wein oder Bier – das aber über den ganzen Tag verteilt. Manchmal war sie beschwipst, nie richtig betrunken. Viel davon, was man dem Alkohol zuschrieb, war später auf ihr schlechtes Hörvermögen und ihr zunehmendes Alter zurückzuführen. Dem Benedictine allerdings sprach sie reichlich zu. Eines Tages, noch vor ihrer Krankheit, rannte Manon aufgeregt zu Anna und rief: »Schnell, den Benedictine, die Mami hat Durst!«

Als Manon nur mehr die Hände bewegen konnte, engagierten Alma und Franz – viel zu spät – einen Therapeuten, der ihr früher vielleicht schon hätte helfen können, ihre Beweglichkeit zurückzuerlangen. Kein Fortschritt war zu sehen. Nun mußte sich Alma überlegen, was sie wohl tun würde, wenn Manon fürs ganze Leben gelähmt bliebe und sie ihre Tochter pflegen müßte.

Im Frühjahr 1935 verschlechterte sich der Zustand Manons. Sie mußte wieder ins Bett und verlor allen Mut. Am Ostermontag sagte sie mit schwacher Stimme zu ihrer Mutter: »Laßt mich ruhig sterben, ich werde doch nicht mehr gesund... und meine Schauspielerei, die redet ihr mir doch nur aus Mitleid ein. Mami, du kommst darüber hinweg, wie du über alles hinwegkommst – wie jeder über alles hinwegkommt.«[9] Sie schlief ein und starb.

Zu den ersten Kondolenzbesuchern gehörte Johannes Hollnsteiner. Auch Alban und Helene Berg kamen. Berg schrieb sein Violinkonzert, das er für Louis Krasner gedacht hatte [mit Auszügen an Bachs Kantate No. 60, die Oskar zu seiner Bachmappe inspiriert hatte], um und widmete es Manon, ›Dem Andenken eines Engels‹. Johannes Hollnsteiner hielt die Grabrede. Manon wurde neben Gustav Mahler und ihrer Halbschwester Maria begraben.

In ihrem Tagebuch sinnierte Alma über das Leben ihrer Kinder nach:

»Die Art – der Moment des Gezeugt-Empfangen-Werdens und des Geboren-Werdens ist ausschlaggebend für das Leben der Menschen. Meine vier Kinder kamen vollkommen verschieden auf die Welt. Meine Älteste, Maria, kam unter schweren Krämpfen und Lebensgefahr meiner- und ihrerseits, als Steißgeburt auf die Welt. Sie lag lange wie tot, ganz blau, und damit begann ihr kurzes, dramatisches Sein, das ebenso dramatisch und stürmisch endete... Anna Mahler kam an einem schönen Junitag, mittags um zwölf Uhr an. Die Luft war still, die Vögel sangen... Man legte sie auf Polster – es war nicht nötig, sich um sie zu kümmern. Der Arzt hatte an mir zu tun, weil die Geburt zu vehement war. Anna winselte leise, und ich liebte sie gleich allzusehr. Dann kam meine ewig holde Manon – viele Jahre später. Ich trug sie zehn Monate... Es war eine langsame und schwere Geburt... bis endlich das wunderschöne, schwarzlockige Kind auf der Welt war, das ich mit heiliger Scheu betrachtete. Ihr ganzes asthenisches Wesen, ihr Zaudern, ihre übergroße Ruhe, lag im Wesen dieser Geburt.

Und zuletzt – mein Sohn.

Vom Schicksal war er nicht fürs Leben bestimmt, da ich in Zweifel und Streit mit Gropius lebte. Seine Geburt war fast unser beider Tod, und sein Tod nach zehn Monaten wiederum fast mein Tod.«[10]

Franz und Johannes versuchten Alma zu trösten, aber sie ließ niemanden an sich heran. Wenn einer der beiden Männer es mit der Philosophie versuchte, antwortete Alma, daß Gott offensichtlich ganz furchtbar sei. Wenn einer von beiden es mit Liebe versuchte, dachte sie nur daran, wie schwach doch die Menschen wären und wie vergänglich das Vergnügen. Ihr Vater, ihr erstgeborenes Kind, ihr einziger Sohn, ihr erster Ehemann, ihre wunderschöne und begabte dritte Tochter, so viele Freunde und Liebhaber – alle waren sie tot. Manon hatte recht gehabt: Mami würde darüber hinwegkommen, wie sie es immer getan hat. Die Worte ihrer sterbenden Tochter klangen laut in Almas Ohren. Was hätte sie nicht alles für und mit all den Menschen tun können, die jetzt nicht mehr waren.

Sie beschloß zu handeln und fuhr nach Venedig, um das Haus zu verkaufen. Sie hoffte, damit die Erinnerung an Manon und an die Tragödie aus ihrem Leben zu verdrängen. Nach ihrer Rückkehr auf den Semmering hatte sie das Gefühl, sie könnte das Landhaus und ihre anderen Lebensstätten von den alten Bindungen loslösen, von den Schatten Manons, Oskars, Johannes' und all den übrigen. Alma wollte momentan nur schlafen.

12

Flucht

Alma hatte sich einige Sprichwörter zu Herzen genommen: ›Spiele, um die Götter zu bezaubern‹ von ihrem Vater, ›Nicht der Mörder, sondern der Ermordete ist schuldig‹ von ihrer Korfureise und später im Zusammenhang mit Oskar und Franz, und jetzt ›Jeder Mensch weiß alles‹. Letzteres war ihrer Ansicht nach so zu deuten, daß sie, wenn sie in jenen frühen Jahren von Gustav hatte frei sein wollen, gewußt hatte, daß er sterben würde, daß sie fast seinen Tod herbeigewünscht hatte. Es bedeutete auch, daß Martin, ihr illegitimer Sohn, für ihre Sünden gestorben war. Und sie glaubte auch, daß jeder, mit dem sie Kontakt hatte, auf irgendeiner Ebene sein eigenes Schicksal und die Reaktionen der anderen Menschen kannte. Ihre Liebhaber hatten genau gewußt, welche Bedeutung sie auf ihr Leben und umgekehrt haben würde.

Alma ging noch einen Schritt weiter und folgerte, daß ihr in ihrem Leben alle schönen Dinge genommen würden: Manon, ihre eigene Jugend und Schönheit, die leidenschaftlichen Beziehungen, die sie gehabt hatte, ihre wunderschönen Häuser, ihr Einfluß auf kultivierte und kreative Männer. Alma sah das als Zeichen – Resignation erfaßte sie. Einst hatte sie ihren Musiksalon und ihr goldenes Abendkleid, um ihre Schönheit zu unterstreichen, jetzt hielt sie nach Kompromissen Ausschau, die ihr den Glanz und das Vergnügen bringen sollten, die sie ihrer Meinung nach erwarten konnte. Sie ließ sich ihr Haar bleichen. Ihre Kleider waren schwarz. Sie trug jeden Tag einfache, gerade geschnittene Kleider, die alle vom Schneider aus dem gleichen Schnitt nach ihren Maßen angefertigt wurden. Diese hatten lange Ärmel, einen V-Ausschnitt und waren um die Mitte weit geschnitten, um die nicht ganz schlanke Taille zu überspielen. Der Rockschnitt ließ ihre immer noch wohlgeformten Beine erahnen. Zu den Kleidern besaß Alma eine Reihe von losen Jacken aus Seide oder Brokat, die den damals populären Bettjäckchen ähnlich sahen. Darunter trug sie rosa Seidenunterröcke, auf deren fadenscheinige Stellen sie mit passendem Garn Blümchen aufstickte, wenn sie sich ausnahmsweise finanziell einschränkte. Sie trug schwarze Schuhe mit Keilabsatz, in denen sie auch noch nach reichlichem Alkoholgenuß festen Halt hatte. Ihre Strümpfe waren von feiner, glatter Qualität. Sie haßte Korsetts und trug nur eines, wenn es absolut sein mußte. Nie trug sie Schlüpfer. Gerne fragte sie andere Frauen, ob sie welche trügen, und prahlte dann damit, daß sie keine trage, nie welche getragen hatte und auch nie welche tragen werde.

Sechs Monate nach Manons Tod fuhren Alma und Franz im Herbst 1935 nach New York, um an den Vorbereitungen zu ›*Der Weg der Verheißung*‹ teilzunehmen, das Max Reinhardt ein Jahr zuvor bei Werfel bestellt hatte. Es sollte eine Art Matthäus-Passion werden, die das ganze Alte Testament enthalten sollte. In der Manhattan Opera war die Aufführung mit der Musik von Kurt Weill geplant. Gleichzeitig erschien in Amerika Werfels Buch ›*Die vierzig Tage des Musa Dagh*‹. Der Erfolg des Romans, der in achtzehn Sprachen übersetzt wurde und allein in Amerika 200000mal verkauft wurde, garantierte Alma und Franz ein beruhigendes finanzielles Ruhekissen. Alma betrachtete ihre Rückkehr nach Amerika als eine Reise in ihre Vergangenheit und baute ihre Hoffnungen auf ihren Erinnerungen von vor dreißig Jahren auf, als sie als Gustav Mahlers Frau nach New York gekommen war. Dabei dachte sie weniger an die Probleme, vor denen sie standen, oder gar an die letzten Tage, die er hier verbrachte. Vielmehr erinnerte sie sich an ihre Spaziergänge in der Stadt, an ihre Einkaufsbummel und die Aufführungen in der Metropolitan Opera und in der Carnegie Hall. Damals hatte sie Menschen kennengelernt, die ihr zu Freunden wurden, sie wurde hofiert und verehrt.

In New York war nichts mehr so, wie es Alma in Erinnerung hatte. Schlechter Whisky auf dem Schiff hatte zudem Werfel arg zugesetzt. Ben Huebsch von Viking Press holte sie als Vertreter von Werfels neuem Verleger am Schiff ab. Er fuhr sie ins Waldorf Astoria; die Hotelzimmer gingen diesmal auf ihre eigene Rechnung. Das konnten sich die Werfels bei der Ankunft noch nicht leisten. Hinzu kam, daß das halbe Theater auseinandergenommen werden mußte, um Werfels Stück auf die Bühne bringen zu können. Die Produzenten beruhigten sie, sie hafteten für alles, aber noch ehe ein Stück Dekoration oder Kostüme da waren, waren schon mehr als 500000 Dollar verbraucht. Dann traten auch noch die neuerdings stark gewordenen Gewerkschaften auf den Plan und brachten das ganze Projekt beinahe an den Rand des Scheiterns. Alma hatte weder Verständnis für den Aufwand noch für die Forderungen der Sponsoren. Die Leute, die ihre Ersparnisse in derartige Projekte steckten, waren Narren, mit denen sie nichts zu tun haben wollte. Franz Werfel und Reinhardt arbeiteten bis zum Umfallen, um Termine und Versprechungen bezüglich des ›*Weg der Verheißung*‹ einhalten zu können, doch bei den Verzögerungen in allen Bereichen war das einfach unmöglich.

Der einzige ausgleichende Trost, den Alma und Franz erfuhren, kam nach dem Erscheinen von ›*Musa Dagh*‹. Die armenische Gemeinde New Yorks nahm das Buch mit großem Wohlwollen auf. Werfel wurde in großartigster Weise gefeiert. Es gab einen feierlichen Weihnachtsgottesdienst und ein Weihnachtsessen, der Sohn des verstorbenen Hugo von Hofmannsthal und seine Frau – eine geborene Astor – luden ihn zu sich ein, und am 5. Januar 1936 fand im Hotel Pennsylvania ein Essen statt, bei dem sich 300 Armenier in Hochachtung von ihren Sitzen erhoben, als Werfel eintrat. Auch die Deutsch- und Österreichstämmigen, die von Manons Tod und den Schwierigkeiten mit Werfels Stück gehört hatten, sandten Einladungen und Gunstbezeigungen. Auf diese

Weise konnten sich die Werfels während der Feiertage wenigstens nicht einsam fühlen.

Alma verfiel in tiefe Depressionen, als sie aus der Zeitung erfuhr, daß Alban Berg am Heiligen Abend an Blutvergiftung gestorben war. Wieder hatte sie jemanden verloren, den sie zu ihrer Familie zählte. Das jüdische Forum lud Werfel zu einem Essen mit zweitausend Personen im Hotel Astor ein, bei dem Albert Einstein eine Rede hielt, aber Alma fühlte sich als fünftes Rad am Wagen und wollte nach Hause. Sobald die Inszenierung des Stückes stand, planten die Werfels ihre Heimreise. In Paris wurden sie von einer Gruppe Armenier empfangen, die den Mann feiern wollten, der ein nicht mehr existierendes Volk mit seinem Roman geehrt hatte.

Von Paris fuhren Alma und Franz weiter nach Locarno, wo Johannes Hollnsteiner einen Gedenkgottesdienst zum Jahrestag von Manons Tod hielt. Nach all der Aufmerksamkeit, die man Franz gezollt hatte, nach den Prüfungen der letzten Monate und den Erinnerungen an ihre eigene Vergangenheit, mit der sie konfrontiert war, fühlte sich Alma allein gelassen und vergessen. »Meine Ehe ist keine Ehe mehr. Ich lebe unglücklich neben Werfel, dessen Monologe keine Grenzen mehr kennen. Es ist immer *seine* Absicht, *seine* Worte, *seine, seine, seine!* Er hat vergessen, wie wichtig einmal *meine* Worte für ihn waren.«[1] Nun, im Alter von siebenundfünfzig Jahren, erinnerte sich Alma nicht mehr, wie ähnlich die Worte, die sie jetzt in ihr Tagebuch schrieb, denen aus ihrer Ehe mit Gustav und ihrer Beziehung zu Oskar waren.

Alma und Franz blieben acht Tage in Locarno, damit, wie sie schrieb, »Franz sich wiederfinden konnte, nach all dem Entsetzlichen des letzten Jahres. Er war unendlich gut, wie seit langem nicht. Auch Werfel träumt Tag und Nacht von Manon – auch ihm kann sie nie verlorengehen.«[2] Sie fuhren nach Wien zurück, wo sie am 2. Juni schrieb: »Ausgedörrt ist mein Herz. Ich liebe niemanden und nichts mehr... höchstens noch mein kleines Stück Leben. Die Arbeiten der Männer, die mir nah waren, sind mir nicht mehr das Wichtigste.

Auch brauchen sie mich nicht mehr. Ich bin momentan allein in Wien.«[3]

Franz war auf dem Semmering, um an seinem Roman ›Höret die Stimme‹ zu arbeiten. Alma bekam das Manuskript von Bruno Walters Buch über Mahler in die Hand. ›Mahler erscheint darin wie eine banale Konglomeration von Stilen‹, dachte sie und stellte fest, daß seine Charakterisierung ›ganz ohne Mitgefühl‹ ausgefallen sei. Und was noch schlimmer war:

»Ich komme einfach nicht vor... Noch immer hassen sie mich, die Tatsache, daß ich eine reine, schöne Christin bin... Es genügt Herrn Walter und Konsorten nicht, daß ich in meiner Jugend sehr begabt war. Sie wollen, daß ich auch noch im Alter produktiv bin. Aber wie ähnlich sind wir uns doch letzten Endes alle. Die paar Jahre vor und nach unserem Leben sind rasch vorbei, und sie hinterlassen nur Leere. Eltern hat man, um sie zu belügen. Männer hat man, um sie zu betrügen. Kinder hat man, um sie zu verlieren. Seele hat man, um sie zu vertieren. Gott, o Gott! Was liebst du so das Böse!«[4]

Alma und Franz verbrachten Weihnachten in Mailand und beschlossen, das Haus auf der Hohen Warte aufzugeben. Franz behauptete, er hätte ohnehin nie so richtig darin arbeiten können und zöge ein Hotelzimmer seinem riesigen Studio unter dem Dach vor. Beide wollten die Sommer auf dem Semmering und die Winter in Italien verbringen. Alma gefiel es in Paris besser als Franz, und sie zog immer wieder die Möglichkeit in Erwägung, nach Amerika zu gehen. Das war allerdings als letzte Möglichkeit gedacht und lag eigentlich damals noch in weiter Ferne.

Zu Beginn des Jahres 1937 hatte Alma alle Hände voll zu tun, fast zehntausend Bücher, fünftausend Noten, Möbel, Klaviere, Kunstwerke und alles andere, das sich in den achtundzwanzig Räumen und Gängen angesammelt hatte, zu verpacken. Kurz vor ihrem Auszug gaben sie noch einmal ein großes Fest, von dem die Presse ausführlich berichtete. Auch die Gästeliste war abgedruckt – sie enthielt Namen von Kabinettsministern, Botschaftern, Prinzen und Prinzessinnen, Grafen und Gräfinnen, Baronen und Baroninnen, Schauspielern und Sängern vom Burgtheater und von der Oper, Priester, Komponisten, Verleger, Schriftsteller und so weiter – eine seltsame, fast anachronistisch anmutende Mischung aus einer Zeit, in der bei politischen und gesellschaftlichen Schichten weniger Aufmerksamkeit auf Religion oder sonstige Zugehörigkeit gelegt wurde. Wenige verließen das Fest nüchtern, einige gingen erst am nächsten Tag. Es war eine ungewöhnliche Zeit, um ein solches Fest zu geben. Alma war so froh, dieses Haus, das sie für ein Unglückshaus hielt, zu verlassen, daß sie gleich weiterpackte. Sie wollte die Tragödien hinter sich lassen und einen neuen Anfang machen.

Sie und Franz zogen auf den Semmering, wo sie von ihrer Mutter und von Oskar träumte. Am 23. Juli schrieb sie ihm einen Brief:

»Nun bist Du fünfzig Jahre alt – ohne mich – und es ist mir so, als ob wir diese Zeit doch zusammen gelebt hätten – wenn auch räumlich getrennt...

Ich weiß von Dir vieles und Du von mir. Du weißt auch, daß mein Leben einen Todesstoß bekommen hat durch den unüberwindlichen Verlust meines Kindes Manon. Du hast dieses wunderbare Geschöpf kaum gekannt. Sie wuchs in der Krankheit weit über uns alle hinaus. Und wenn Alban Berg ihr als Engel sein letztes Werk widmete, so war sie es wirklich geworden.

Ich habe keine Freude mehr seitdem, und wenn ich noch immer hoffnungsvoll oder zukunftsfreudig wirken sollte, so trügt der Schein. So, Du weißt nun über mich, so bitte ich Dich, laß mich von Deinem Leben nun wissen... Ich bin am frühesten Morgen erwacht, und ein erdumfangender Regenbogen ging von meinem Tag über die Rax in ein fernes Tal. Da fühlte ich, daß Du mir verziehen hast. Ich bitte Dich heute, laß alle unguten Empfindungen gegen mich, reiche mir Deine Hände – ich will nichts von Dir, als daß wir uns wieder eine Einheit wissen, die wir im Innersten nie aufgehört haben zu sein.«[5]

Im Juli fuhr Werfel nach Paris, um Vorträge zu halten und an einer Diskussion über die ›*Zukunft der Literatur*‹ teilzunehmen. Seine Abende verbrachte er mit James Joyce in Lokalen, in denen die beiden inbrünstig zusammen Verdiarien schmetterten. Alma war sehr beeindruckt vom Text seines Vortrags, so daß sie ihn auszugsweise niederschrieb. Franz sprach von der Beklemmung, die er bei der ›Barbarisierung des Lebens‹ in der modernen Literatur empfand. Dann fuhr er fort mit etwas, was ihm noch bedenklicher erschien:

»Ich meine damit den Totalitätsanspruch gewisser Staaten und ihrer nationalen Ideologien, die sich kraft der modernen technischen Machtmittel in bisher unvorstellbarer Weise durchsetzen konnten. Eine völlige Verkehrung der Werte hat stattgefunden. Während in klassischer Zeit die Literatur und Philosophie auf das politische Geschehen einwirkte und mit ihren Ideen unablässig in die Wirklichkeit drängte, sind es nun in unserer Epoche die zur Diktatur gelangten politischen Parteien, die ihr erstarrtes ›Gedankengut‹, wie sie es euphemistisch nennen, zum unverletzlichen, unwandelbaren Dogma erheben und gegen die leiseste Opposition mit Waffengewalt verteidigen. Der Primat der Politik vernichtet den Geist, indem er den Herrn zum Sklaven macht. Das geistige Leben von mehr als zweihundert Millionen Europäern leidet unter dieser namenlosen Entwürdigung, und leidet hoffnungslos, da das Bewußtsein von der technischen Übergewalt der bewaffneten Ideologien selbst die Kraft zur inneren Empörung lähmt. Zeiten der Unterdrückung gab es immer. Doch auch noch in den schlimmsten hatte der freie Gedanke Einsamkeit und Stille genug, um dann und wann zu seiner eigenen Wahrheit heimkommen zu können. Heute ist es anders. Im Lawinendonner der Propaganda von Radio, Tagespresse, Film, der keine Sekunde lang aussetzt, hört der Gedanke sich selbst nicht mehr, wird unsicher, schwach und resigniert endlich. Das ärgste aber ist es, daß dieses Übel nicht nur auf die ›totalen‹ Teile Europas beschränkt bleibt, sondern sich infektiv ausbreitet und im Geistesleben aller Völker eine sonderbare Anarchie erzeugt, die aus Zweifel, Unlust und Verwirrung gemischt ist.«[6]

Diese Worte erschienen Alma so vernünftig, daß sie sie als Beispiel von Werfels Weisheit und kluger Einsicht kopierte. Allerdings gab es einige Punkte, in denen sie anderer Meinung war. In Paris wurde er als Rebell angesehen und in eine Position erhoben, die ihn zum internationalen Sprecher für seine Sache hätte avancieren lassen. Aber obwohl er durchaus gewillt war, seine Meinung artikuliert zu vertreten, hatte er kein Interesse, sich intensiver für die Politik zu engagieren. Er hatte Angst. Er wußte, daß er und seine Familie vielleicht nicht in ihre Wohnung zurückkehren könnten, aber er wollte zurück und in Frieden arbeiten. Die Reaktion auf seinen Aufenthalt in Paris machte ihm klar, wie hoch die Wellen der Emotion in ganz Europa wogten. Wieder einmal wunderte sich Alma, wie sehr sich ihr Mann von den Vorgängen außerhalb seines Arbeitszimmers abkapseln konnte. Eigentlich war es Franz, dessen Arbeit, Leben und Familie ernsthaft bedroht war; und doch war es Alma, die da nicht mehr ruhig zusehen konnte. Ihre Diskussionen über Politik gingen weiter. Franz warf Alma Engstirnigkeit und Doktrinärtum vor, wenn sie den Faschismus für den Weg zur Freiheit hielt. Sie konnte sein Argument von der Macht des einfachen Mannes nicht verstehen. Es war immer Franz, der ihren Auseinandersetzungen ein Ende machte, indem er aufstand, mit den Achseln zuckte und aus dem Zimmer ging.

Alma suchte im Alter von fast sechzig Jahren, da so viele für sie wichtige Menschen aus ihren früheren, strahlenderen Zeiten nicht mehr waren, nach einem neuen Lebensinhalt. Sie wandte sich wieder der Musik zu und fand Freude an etwas, das weder Gustav noch seine Tochter Anna konnten: dem Improvisieren auf dem Klavier. Anna, die von Paul von Zsolnay inzwischen geschieden war, der auch ihr Kind aufzog, kam, um Weihnachten mit Alma und Franz auf dem Semmering zu verbringen. Sie hatte mit einer über zwei Meter großen Frauenskulptur bei der Pariser Weltausstellung

1937 den Ersten Preis gewonnen. Alma freute sich über die Entschlossenheit und den Erfolg ihrer Tochter, obwohl sie wußte, daß die jetzt dreiunddreißigjährige Anna nicht glücklich war. Franz hatte schon immer gesagt, Anna habe kein Glück mit Männern. Sie verlangte etwas von ihnen, was sie nicht geben konnten: Trost, Mitgefühl, Zärtlichkeit, kindliche Aufmerksamkeit. Alma war der Ansicht, Annas Männer wären ihrer nicht wert. Sie hätte Männer gebraucht, die ihren Horizont erweiterten und ihr beachtliches Talent förderten.

Ihr eigenes, unsicheres Schicksal bereitete Alma Sorgen. Würde sie mit Franz gehen, ihre Häuser zurücklassen müssen, um der Naziherrschaft zu entkommen? Würde Franz so erfolgreich sein, daß sie sich aussuchen könnten, wo und wie sie ihr weiteres Leben gestalten wollten? Was würde aus ihr persönlich werden – würde sie Frau Werfel, die Witwe Mahlers oder eine alte Frau ohne Bedeutung in einer sich rasch verändernden und unberechenbaren Welt sein? Ein Chiromant las aus ihrer Hand, daß sie mit Anfang sechzig in ein anderes Land, vielleicht sogar in einen anderen Kontinent ziehen würde. Dort würde sie mit dem Mann leben, mit dem sie schon seit etwa ihrem dreißigsten Lebensjahr ein gemeinsames Leben führte, aber sie würde dort nicht lange mit ihm beisammen sein. Nach sechsjährigem Exil würde sie für kurze Zeit nach Wien zurückkehren und dann wieder dorthin gehen, woher sie gekommen war. Alma wußte sofort, daß der Chiromant über Franz sprach, obgleich sie sich wünschte, es wäre Oskar gewesen. Dieser hatte sich erneut bei ihr beklagt, daß er seinen letzten Brief nicht beantwortet hatte. Sie träumte von ihrem ›bösen Genius‹ und fragte sich in ihrem Tagebuch wieder einmal, warum sie nicht gesehen hatte, daß er der Mann war, den sie liebte. Er war der einzige, der sowohl ihre Fantasie als auch ihre Erinnerung beherrschte. Sie versuchte sich einzureden, Gustav sei der wichtigste Mann in ihrem Leben gewesen, doch war es Oskar, der ihr ständig gegenwärtig war und blieb.

Nach den Feiertagen am Jahresende 1937 fuhren Alma und Franz nach Mailand, wo sie wie immer im Grand Hotel die

Zimmer bekamen, die Verdi bewohnt hatte. Abends gingen sie in die Scala und fuhren dann weiter nach Neapel und Capri. Während ihres Aufenthalts in Italien fuhr Kanzler Schuschnigg nach Berchtesgaden, um mit Hitler zusammenzutreffen. Der Anschluß Österreichs an das Deutsche Reich stand unmittelbar bevor. Franz konnte nicht mehr nach Hause zurück, und so mußten sie sich schließlich jetzt doch mit der politischen Realität auseinandersetzen. Sie machten sich mit dem Gedanken vertraut, sofort ins Exil zu gehen. Von Neapel aus fuhr Alma allein zurück nach Wien, um zu Hause alles Nötige zu regeln. Der restliche ihr noch verbliebene Idealismus war geschwunden. Als sie in ihrer Heimatstadt aus dem Zug stieg, stand niemand zur Begrüßung bereit. Bevor sie mit ihren Eltern, ihrer Tochter und Johannes Hollnsteiner sprach, wollte sie Zeit haben, um sich ihre Stadt noch einmal so anzusehen, wie sie sie geliebt hatte.

Nach einem Spaziergang über die Ringstraße und durch die schmalen Gassen, die sie so gut kannte, machte sie alles für das Lebewohl bereit. Ihre Tochter Anna meinte, Alma hätte gar keine andere Wahl als das Exil. Johannes fand, Alma übertreibe – es würde nur einige Wochen oder Monate dauern, und alles wäre wieder wie vorher. Alma hob ihr ganzes Geld ab – nie wieder würde sie es bei einer Institution deponieren. Sie nähte die Hundert-Schilling-Noten in den Hüftgürtel ihrer langjährigen Dienerin Schwester Ida, und die beiden Frauen vereinbarten, sich wieder zu treffen, wenn sie beide sicher über die Grenze in der Schweiz waren. Alma packte nur einen Handkoffer, einige Kleider und die Dinge, ohne die sie nicht leben konnte, bis sie sicher in einem anderen Land sein würde.

Johannes Hollnsteiner entwickelte plötzlich politische Theorien, die naiver waren als Almas eigene. Alma und ihre Tochter gingen in Kaffeehäuser und Bars, um neueste Gerüchte zu hören und den Ausgang des Plebiszits zu erfahren, das Schuschnigg angeordnet hatte. Es wurde einfach abgesagt. Am 11. März 1938 wußten Alma und Anna, daß Eile geboten war. Alma besuchte noch einmal Johannes und verbrachte ihre letzte Nacht in Wien. Hollnsteiner erwartete unter den Nazis ein böses Schicksal. Er würde nicht Kardinal von Wien werden – er wurde in ein Konzentrationslager gebracht. Später verließ er die Kirche, heiratete, wurde Vater und starb in noch jungen Jahren.

Am 13. März fuhren Alma und Anna mit dem Zug nach Prag, wo sie Franz' Schwester Hanna Fuchs-Robettin abholte und unterbrachte. Von Prag ging es weiter über Budapest, Zagreb und Triest nach Mailand, wo sie Franz erwartete. Die Züge waren hoffnungslos überfüllt, und von den Zugfenstern sahen die beiden entlang der gesamten Route Zeichen von Hitlers Triumph. Alma verließ ihr Heimatland teils erleichtert, teils bedauernd. Es gab einiges in Wien, das sie nicht mehr sehen wollte, aber sie ließ auch die Orte und Menschen zurück, die in ihrem Leben eine so wichtige Rolle gespielt hatten.

Carl Moll, seine Tochter Maria (Almas Halbschwester) und ihr Mann Eberstaller – selbst Anna Moll –, sie alle hatten sich der Nazi-Ideologie zugewandt. Für ihre eigene und für Almas Zukunft konnte das allerdings nur positiv sein. Bis zu einem gewissen Grad stimmte sie auch mit ihnen überein. Die Vorstellung, daß sie diejenige sein würde, die ins Exil gehen mußte, behagte ihr gar nicht. Aber schließlich war es nicht mehr zu übersehen, daß die Politik, die da auf sie zukam, nicht nur für sie und Franz verderblich sein würde, sondern auch dem Andenken Gustavs, für viele ihrer Freunde und für Millionen anderer Menschen im ganzen Kontinent. Während der letzten Tage, in denen sie von Wien Abschied genommen hatte, trug Alma zu ihrer eigenen Sicherheit sichtbar ein Hakenkreuz, das ihr die Eberstallers gegeben hatten. Eigentlich war es ihr ziemlich egal, sie wollte nur so schnell wie möglich ihre Angelegenheiten regeln und dann zu Franz zurück. Sie gab Moll eine Rechtsvollmacht über ihren Besitz einschließlich einiger Kunstwerke, die vorübergehend einem Museum zur Verwahrung übergeben wurden. Trotz der dubiosen Machenschaften, in die Moll verwickelt gewesen war, galt er in der Kunstwelt immer noch als angesehener Kunstkenner und Schätzer. Er hatte Alma in der Vergangenheit so viel geholfen, daß sie seine Integrität in dieser Krisenzeit keinen Augenblick anzweifelte.

Während der Abwesenheit seiner Frau versuchte Franz, an seiner deutschen Übersetzung von Verdis ›*Don Carlos*‹ weiterzuarbeiten. Außerdem gab es noch einiges bezüglich des Erscheinens von ›*Höret die Stimme*‹ in Amerika mit dem Verlag zu regeln. Allerdings war er so um seine Frau besorgt, daß er nichts Rechtes zustande brachte. Eine genaue Berichterstattung über die Ereignisse war unmöglich. Alma hatte ihm nur verschlüsselte Briefe geschrieben, damit sie durch die Zensur gingen. Er wußte lediglich, daß es ihr gutging und sie viel zu tun hatte, konnte sich aber keine genaueren Vorstellungen machen. Franz war am Bahnhof, als der ziemlich verspätete Zug einrollte. Schon in den ersten Minuten nach der Ankunft stellten sie sich die Frage, die ihre nächsten Monate bestimmen sollte: Wohin gehen wir?

In Mailand wollten sie nicht bleiben. Italien gefiel ihnen längst nicht mehr so wie früher. Als Franz' jüngere Schwester Mizzi, die in Zürich verheiratet war, sie zu sich einlud, nahmen sie dankbar an. Aber Zürich sagte ihnen nicht so recht zu, und so begannen sie mit den langwierigen Formalitäten, die zur Einreise nach Frankreich nötig waren. Sie wollten sich in oder in der Nähe von Paris niederlassen. Es sollte mehr als einen Monat dauern, bis sie schließlich ihre wenigen Habseligkeiten in dem kleinen Hotel Royal Madeleine in der Nähe des Louvre auspackten. Sie schliefen lange, genossen ihre Zweisamkeit und fühlten sich zu Hause.

In Paris führten sie ein fast normales Leben. Anna war nach London zurückgegangen, wo sie sicher war und gute Arbeitsbedingungen hatte. Franz begann allmählich wieder zu schreiben. Alma nahm Mengelbergs Einladung zum Mahler-Fest in der ersten Maiwoche in Amsterdam an. Dort wurde sie gefeiert, als Witwe Mahlers interviewt und mußte auch als Emigrantin berichten, was über Hitlers Absichten hier nicht zu erfahren war und wie die Situation im Osten war. Ein holländischer Verleger, Albert de Lange, sprach sie wegen eines Buches mit Erinnerungen an Gustav Mahler an. Das war ein Projekt, das sie bereits mit Paul von Zsolnay in Wien besprochen hatte, wo eine Realisation jetzt unmöglich geworden war. Die ruhige Atmosphäre in Holland und das Interesse, das man ihrem verstorbenen Mann hier entgegenbrachte, überzeugten Alma, de Langes Angebot anzunehmen. [Dieses Buch erreichte jedoch nie eine hohe Auflage, was besonders schade ist, gilt es doch als das genaueste, das unter Almas Namen erschienen ist. Wahrscheinlich ist es auch das einzige, bei dessen Entstehen sie eine größere Rolle gespielt hat].

Von Amsterdam ging Alma mit Franz nach London. Die beiden suchten bei Anna unterzukommen. Die Bildhauerin kannte sich in der Stadt bestens aus, aber die Unterkunft war nicht das, was sich Alma vorstellte. Sie war so unglücklich, daß sie so etwas wie einen ›Nervenzusammenbruch‹ erlitt, während Franz unterwegs war, um sich mit Verlegern und Freunden zu treffen und Sehenwürdigkeiten und Museen zu besichtigen. In nur wenigen Tagen verbesserten sich seine zuvor minimalen Englischkenntnisse so weit, daß er englische Zeitungen lesen und sich in Restaurants und Geschäften unterhalten konnte. Alma tat sich da schwerer. Sie sehnte sich nach ihrem Klavier, ihren Büchern, der warmen Sonne des beginnenden Sommers und nach Freunden, mit denen sie in ihrer Muttersprache reden konnte. Ihr Mann war sehr sprachbegabt; ihre Tochter war praktisch zweisprachig. Anna sprach sogar lieber Englisch und versuchte auch, ihre Mutter dazu zu überreden. Alma war damals daran ganz und gar nicht interessiert, und die Werfels kehrten nach drei Wochen wieder nach Paris zurück.

Diesmal brachte sie Franz im schönsten Hotel der Umgebung unter, im Henri Quatre in St.-Germain-en-Laye, während sie selbst wieder in das Royal Madeleine zog, wo Freunde und kulturelle Aktivitäten nicht weit entfernt waren. Sie hörte sich Furtwängler als Dirigent von ›Tristan‹ an und fand die Aufführung gelungen, soweit dies mit dem damals schlechten Pariser Orchester möglich war. Sie besuchte

Museen und hatte Freunde, mit denen sie sich unterhalten konnte. Während es in London für den späten Frühling zu kühl war, war es in Paris drückend heiß und feucht. Alma beschloß, es wäre Zeit für ein neues Domizil, und fuhr an die französische Riviera, um ein kleines Haus zu finden. Es sollte weder zu groß noch sehr imposant sein. Sie wußte, es würde schwierig werden, Personal zu bekommen und dort Freunde zu gewinnen.

In Sanary-sur-Mer fand sie um den 1. Juli herum den idealen Platz – einen alten Wachtturm, den sich ein Maler sehr kultiviert, wenn auch einfach, hergerichtet hatte. Der Turm war ideal für sie und Franz. Sie unterzeichnete den Mietvertrag und feierte den Nachmittag mit Anna Marie [›Buschie‹] Maier-Graefe, die Witwe des Kunsthistorikers, die ihre Nachbarin in diesem Ort sein würde, in dem Krieg und Unterdrückung noch weit entfernt schienen.

Während die beiden Frauen in Vorfreude auf gemeinsame sonnige Tage schwelgten, läutete das Telefon. Werfel war schwer erkrankt. Alma kehrte sofort nach Paris zurück. Es war sein Herz – ein langwieriger Genesungsprozeß war vorauszusehen. Ein englischer Arzt, den man in das Hotel geholt hatte, sagte zu Werfel, er sei in Lebensgefahr. Die Angst war daraufhin bei Franz schlimmer als die eigentliche Krankheit. Ständig mußte Alma um ihn herum sein. In der Nacht schlief sie auf einem Holzdiwan in seinem Zimmer. Alma war sicher, daß die vielen Zigaretten die Ursache für seine Herzattacke waren, und so grübelte sie nach, wie sie ihn vom Rauchen fernhalten könnte, wenn er wieder arbeitete. Nach einem Monat der Sorge und Pflege verlor Alma die Geduld. Franz hielt sie vom Leben fern und machte ihr tägliches Dasein ungemütlich.

Als die Werfels ihren Wachtturm in Südfrankreich bezogen, bekam Franz das oberste Rundzimmer, während sie in einem feuchten, muffigen Raum unten Bach spielte. Obgleich er immer noch glaubte zu sterben, begann er schließlich an einem neuen Roman zu arbeiten, der zu seinen schönsten zählt: ›*Der veruntreute Himmel*‹. Er kam zügig voran, aber als der Sommer zur Neige ging, sah Alma über die grauen Fluten und fühlte sich heimatlos, mit dem Geschick der Juden verbunden und dazu verurteilt, dieses Schicksal zu teilen, das nicht das ihre war.

Trotz seiner geschwächten Gesundheit paßte sich Franz wieder schneller den Gegebenheiten an als Alma und hatte Spaß daran, französisch zu sprechen und die neue Umgebung zu erforschen. Er lernte eine Gruppe von politischen Journalisten kennen und versuchte sich in diesem Metier. Alma konnte dafür keine Begeisterung aufbringen. Ihrer Ansicht nach sollte er bei seinen Leisten bleiben. »Werfel und ich, wir haben beide eine Schlappe erlitten. Er glaubte in seiner Jugend an die Weltrevolution durch den Bolschewismus, und er konnte nicht vorauswissen, was daraus geworden ist. Ich glaube an die Welterlösung durch den italienischen Faschismus, und auch ich konnte nicht wissen, was später daraus geworden ist.«[7]

Anna Moll lag im Sterben. Alma wollte sie so gerne noch einmal sehen, die Frau, die eine so wichtige Rolle in ihrem Leben, in dem ihrer Ehemänner, ihrer Kinder und ihrer Freunde gespielt hat. Es war unmöglich. Wäre sie damals nach Wien gefahren, so wäre sie nie wieder vor dort weggekommen. Über das Telefon erfuhr sie lediglich, daß ihre Mutter noch atmete. Sie fühlte sich so hilflos und entfremdet. Ende November 1938 starb Anna Moll. Carl legte ihr ein Bild von Alma mit in den Sarg. Danach mußte er ständig beaufsichtigt werden, weil er sich umbringen wollte.

In den letzten Wochen des Jahres 1938 nahm Werfel eine Einladung, in Zürich zu sprechen, an, und Alma fuhr zu Anna nach London. Zwar fand sie die Stadt und das Land nicht so gräßlich wie beim letzten Mal, aber die feuchte Kälte war für sie unerträglich. Alma und Franz verbrachten den folgenden Winter nicht am Meer, sondern in Paris. Alma bekam eines ihrer wertvollsten und liebsten Besitztümer wieder, die Partitur von Bruckners Dritter Symphonie. Zum letzten Mal hatte Alma sie gesehen, als sie sie aus dem Marmorzimmer auf der

Hohen Warte nahm und sie zusammen mit vielen anderen Schätzen aus der Zeit mit Gustav Mahler in die Obhut ihrer ihr entfremdeten Halbschwester Maria und deren Ehemann gab. Hitler, der Bruckner ebenso verehrte wie Wagner, hatte versucht, die Partitur zu kaufen, und hatte Eberstaller als Mittelsmann eingeschaltet. Dieser sah es als Ehre an, dem Führer die Kostbarkeit zu besorgen. Die gute Schwester Ida hatte jedoch allen ein Schnippchen geschlagen. Sie hatte die Partitur in einfaches braunes Packpapier gewickelt und sie der Frau eines Musikkritikers nach Paris mitgegeben, ohne zu sagen, was das mysteriöse Päckchen enthielt. Erst als sie sicher in Paris angelangt waren, öffneten der Musikkritiker und seine Frau das Päckchen und sandten den Inhalt unverzüglich der rechtmäßigen Eigentümerin mit den besten Wünschen zu. Als Hitler erfuhr, daß er die begehrte Partitur nicht bekommen würde, entzog er Moll und den Eberstallers die Privilegien, die ihnen zugesagt worden waren.

Einfach die Partitur in der Hand zu halten, bewirkte schon, daß Alma sich getröstet und wieder mit ihrer Vergangenheit verbunden fühlte. Ereignisse und Gedanken aus vergangenen Jahren gaben ihr ihre eigene Identität zurück. Diese Erkenntnis schloß Franz aus. Nach einer durchzechten Nacht, in der sie und Franz zuviel getrunken hatten, schrieb sie in ihr Tagebuch: »Es ist unglaublich, wie schwach die jüdische Rasse ist. Ich bin beschwipst, aber davon merkt man nichts. Wenn *er* beschwipst ist, ist er vergiftet und krank.«[8] Franz vertrug keinen Alkohol mehr. Alma war stolz, daß sie so viel vertragen konnte, und führte das auf ihr Christentum zurück.

Sie traf ihre Freundin Margherita Sarfatti wieder, die als Mussolinis Geliebte ungekrönte Königin Italiens war, jetzt aber bettelarm im Exil lebte. Alma hatte Mitleid mit der Frau, und so war sie häufig bei den improvisierten Salons zu Gast, die Alma in ihrem kleinen Hotelzimmer gab. Zu diesen Einladungen kamen auch Franz Lehár und seine Frau, Bruno Walter und seine Frau und Fritz von Unruh. Sie alle waren jetzt für immer oder zumindest für längere Zeit in Paris.

Ein freudiges Wiedersehen gab es für Alma mit dem Komponisten von ›*Louise*‹. »Als Charpentier kam«, schrieb sie, »erwartete ich ihn am Aufzug. Wir umarmten einander, als ob wir es immer so getan hätten. Dann sahen wir uns an und hatten beide Tränen in den Augen. Mein kleines Zimmer im Hotel Royal Madeleine ist durch die ungeheuren Mengen von Blumen, die er mir knapp vor seinem Kommen geschickt hatte, in einen blütenduftenden Palast verwandelt. Als ich ihm erzählte, daß ich ein Buch über Gustav Mahler geschrieben habe, in dem auch er eine große Rolle spiele, rief er: ›Oh, das ist gut, da kommen wir alle zu unserem Recht.‹«[9]

Die Baronesse Bendstetten lud Alma ein, sie eines Nachmittags in den Modesalon Mainboucher zu begleiten. Alma spürte gleich nach ihrem Eintreffen dort, daß sie sich in dieser Umgebung nicht wohl fühlen konnte. Ganz besonders abstoßend fand sie, daß der Schoßhund Pipi der Baronesse überall herumrannte und es sich auf den exquisiten Stühlen und Sofas bequem machen durfte. Während die Baronesse sechs oder acht ›créations‹ anprobierte, nahm sich Alma des Hundes an. Aus den Nebensalons hörte sie, wie Kleider um fünftausend Francs, und manchmal noch mehr, gekauft wurden. So viel Geld für ein Kleid auszugeben, erschien ihr unmoralisch. Sie sah an sich herunter und kam sich in dem Kleid, das sie aus Wien im Koffer mitgebracht hatte, ziemlich schäbig vor.

Alma verließ den Modesalon, rief ein Taxi und gab dem Fahrer die Adresse eines Emigranten-Zuckerbäckers, von dem sie gehört hatte. Der Chauffeur meinte, das müßte ein Irrtum sein. Eine Dame, die gerade aus dem Salon Mainboucher kam, konnte kaum etwas in diesem anderen Teil von Paris zu tun haben. Alma blieb beharrlich und fand inmitten eines armseligen Flüchtlingsviertels den gesuchten Mann, einen Juden aus Dresden, der aus seiner Heimat vertrieben worden war, weil er mit einer arischen Frau zusammenlebte. Alma sprach mit ihnen deutsch. Sie schienen es kaum glauben zu wollen, daß Alma von ihnen Kuchen und Gebäck kaufen wollte – sie paßte so gar nicht in die Umgebung. Sie gab jedoch eine große Bestellung auf, und als die Schokoladendatteln und die Streuselkuchen geliefert wurden, fühlten sich Alma und Franz wie bei einem königlichen Festmahl.

Hitler war kurz davor, in die Tschechoslowakei einzumarschieren. Alma telefonierte mit Franz' Schwester Hanna, um sie eindringlich darauf hinzuweisen, daß die Familie Werfel das Land so schnell wie möglich verlassen sollte. Hanna verstand die verschlüsselte Nachricht, aber Rudolf Werfel war immer noch zu schwach, um zu reisen. Als letztes noch in Prag verbliebenes Kind mußte Hanna bei ihrem Vater bleiben. Alma und Franz waren machtlos und fuhren wieder an die Riviera. Aber auch dort hatte sich das politische Klima verschlechtert, und sie waren in Gefahr. Alma war dafür, das Land sofort zu verlassen. Franz redete ihr das aus – er wollte arbeiten und hatte die ewige Umzieherei satt. So kamen sie überein, bis zum Herbst zu warten.

Im September 1939 trat England in den Krieg ein. Von diesem Tag an konnten Alma und Franz ihr kleines Haus nicht verlassen, ohne kontrolliert und durchsucht zu werden. Mit den diensthabenden Gendarmen konnte man sich für Geld arrangieren. Die Polizeikontrollen auf den Straßen waren da schon strenger und unangenehmer. Außerdem machten sich die Dorfbewohner einen Spaß daraus, die Leute, die öfter von der Polizei durchsucht wurden, anzupöbeln. Oft genug kam Franz, wenn er zum Mittagessen oder zum Kaffee außer Haus ging, mit beschmutzter und zerrissener Jacke nach Hause. Die Werfels redeten sich ein, ihnen könne nichts passieren – ihre Papiere waren schließlich in Ordnung, und sie taten nichts Unrechtes. Franz nahm die Sache jedoch sehr mit, und er schien seine Energie und seine Hoffnung zu verlieren. Alma bestand darauf, in eine andere Stadt, in ein anderes Land zu übersiedeln. »Vielleicht kann mir Amerika wieder Kraft geben«, schrieb sie in ihr Tagebuch. »Ich brauche sie.«[10]

Das Familienoberhaupt der Werfels erholte sich ein wenig und konnte nach monatelanger Wartezeit mit Hanna und ihrer Familie nach Vichy entkommen. Es war sogar schwierig geworden, eine Erlaubnis für die kurze Strecke von Sanary-sur-Mer nach Vichy zu erhalten, aber Franz wollte unbedingt seinen kranken Vater sehen. Als er und Alma endlich fahren konnten, war der Zug so überfüllt, daß sie sich nur mit Mühe und Not noch hineinzuquetschen vermochten. An jeder Station wurden die Papiere von großschnäuzigen Beamten kontrolliert. Die Stimmung war gereizt. In Vichy angekommen, sahen sie, daß Rudolf Werfel einen weiteren Schlaganfall erlitten hatte. Er war in einem sehr schlechten Zustand, wenn auch nicht in unmittelbarer Lebensgefahr. Nach einem kurzen Besuch fuhren sie in ihr sogenanntes Zuhause zurück und fragten sich, was wohl als nächstes passieren würde. Alma hatte eine Pistole bei sich. Das war streng verboten, und so vergrub sie sie im Garten, was sie einerseits schützte, andererseits aber wieder schutzlos machte.

Wieder einmal verschoben sie die Pläne zu einer endgültigen Übersiedlung und beschlossen, am Ende des Jahres nach Paris zurückzukehren. Immer mehr Freunde und Bekannte hatten in dieser Stadt Zuflucht gesucht. Zu Beginn des Jahres 1940 ging es Alma gar nicht gut, aber sie versuchte das zu verbergen, um für Franz eine Stütze zu sein. Nach dem Winter glaubte sie, ohne größere Gefahr nach Sanary-sur-Mer zurückfahren zu können. Ostern besuchte Alma einen Gottesdienst und dachte an Johannes. »Soll die Rettung von diesem armen, abgehärmten, alten Priester in seiner schmutzigen Soutane kommen, der so traurig und ernst ist, das Opfer einer armen, unheiligen Existenz?« fragte sie sich. Und sie dachte über Musik nach: »Die meisten jüdischen Melodien beginnen mit einer Dissonanz, so wie der Hochzeitsmarsch aus [Mendelssohns] ›Sommernachtstraum‹ und die Barcarole aus [Offenbachs] ›Hoffmanns Erzählungen‹. Das ist, weil sie ihren Messias noch nicht erlebt haben. Ihre Schlüsse steigen deshalb zu Verheißungen auf. Wir beginnen mit einem C-Dur-Akkord [Meistersinger-Vorspiel], zeigen Konflikte auf und endigen in Christus, der war und ist...! Gibt es ihn wirklich?«[11]

Nach Gerüchten über eine unmittelbar bevorstehende Gefahr kehrten Alma und Franz sofort nach Paris zurück. Als der Krieg in Frankreich ausbrach, waren sie wieder im Hotel Royal Madeleine. Hausdurchsuchungen waren an der Tagesordnung. Am 10. Mai 1940 gab es den ersten Fliegeralarm, und alle Besucher flüchteten mitten in der Nacht in den Keller des Hotels, um dort die Entwarnung abzuwarten. Alma war mehr verärgert als erschrocken. Sie mußte ohne Öl, Butter und Seife auskommen, Dinge, die sie immer für selbstverständlich gehalten hatte, selbst im Ersten Weltkrieg. Wieder einmal flüchteten sie sich in ihren Wachtturm und besuchten auf dem Weg dorthin nach einmal Franz' Vater in Vichy. Alma versuchte immer wieder, Franz dazu zu überreden, das Land zu verlassen. Schließlich konnte es doch nicht mit diesem rastlosen Hin und Her weitergehen. Er weigerte sich noch immer, aber als Alma hörte, daß Belgien seinen militärischen Widerstand aufgegeben hatte, packte sie alle ihre Habseligkeiten einschließlich der Bruckner-Partitur und einigen von Gustavs Notenblättern, die noch in ihrem Besitz waren, zusammen. Sie fuhren nach Marseille und wollten von dort aus direkt nach Amerika.

Täglich gingen sie in das Konsulat, um Visa zu bekommen, mit denen sie Frankreich verlassen und über den Atlantik flüchten konnten. Es gab keinen Hoffnungsschimmer, keine Hilfe, keine Papiere. Der Premier Paul Reynaud appellierte über das Radio um Hilfe und sagte, die Situation sei ernst, aber nicht hoffnungslos. Alma und Franz fiel dabei sofort der Ausspruch ein, der so typisch für die Resignation der Wiener ist: ›Die Situation ist hoffnungslos, aber nicht ernst.‹

Diesmal *war* die Situation hoffnungslos. Als die Werfels erfuhren, daß Hitler in Paris einmarschiert war, wollten sie von Marseille nach Bordeaux, dem vorübergehenden Sitz der französischen Regierung. Dort glaubten sie schneller an die Papiere ranzukommen, um nach Biarritz zu fahren, von da über die lange Brücke nach Hendaye, und dann nach Spanien. Für eine horrende Geldsumme erklärte sich ein Fahrer bereit, sie über Avignon und Toulouse nach Bordeaux zu bringen. Die Nacht verbrachten sie in einem schäbigen Landgasthaus in Narbonne. Am zweiten Tag kamen sie aufgrund von Straßensperren und ständigen Kontrollen nur bis Carcassonne. Der Fahrer war hochbeglückt, daß er nicht weiterfahren konnte. Franz erfuhr, daß um zwei Uhr früh ein Zug nach Bordeaux gehen würde. Entschlossen ließ er all ihr Gepäck bis auf ihre Reisetaschen in die Gepäckwagen verladen, und sie warteten die endlos scheinenden Stunden bis zur Ankunft des Zuges. Die Waggons waren so überfüllt, daß sie sich kaum hineinquetschen konnten. Keiner wußte, ob ihr Gepäck auch im Zug war. Am Bahnhof in Bordeaux herrschten so chaotische Zustände, daß es ausgeschlossen und hoffnungslos war, nach ihren Habseligkeiten zu forschen.

Alles, einschließlich der Bruckner-Partitur, schien verloren, aber in Bordeaux lag ihre letzte Hoffnung. Zuerst galt es, ein Dach über dem Kopf zu haben, und am nächsten Tag wollten sie sich um die Papiere kümmern. Während Franz einen letzten Versuch machte, über den Verbleib des Gepäcks etwas in Erfahrung zu bringen, sprach Alma mit einem stark geschminkten jungen Mädchen, das mit einem Make-up-Köfferchen neben ihr stand. Alma bot ihr Geld, und so gab das Mädchen ihr die Adresse eines verlassenen Freudenhauses, dessen Zimmer zwar etwas unkonventionell, aber doch bequem eingerichtet waren. Franz und Alma nahmen dankbar an und machten sich dann auf die Suche nach etwas Eßbarem. Die Restaurants in der Umgebung waren entweder zum Bersten voll oder geschlossen. Schließlich ergatterten sie Brot, hartgekochte Eier und etwas Wein. Das war ein geradezu lukullisches Nachtmahl.

Bald war ihnen klar, daß sie in Bordeaux keinen Schritt weiterkämen. Also suchten sie sich wieder einen Fahrer, der sie für eine erkleckliche Summe nach Biarritz fahren sollte. Sie rechneten mit dem Schlimmsten, aber die Fahrt verlief fast reibungslos. In den überfüllten Straßen von Biarritz trafen sie alte Freunde, die Rat und Hilfe anboten. Franz fuhr täglich nach Bayonne. Dort, hatte man ihnen gesagt, sollten sie es wegen der Visa versuchen. Doch während er in der langen Warteschlange stand, erfuhr er, daß die Deutschen in wenigen Stunden hier sein würden. Angeblich sollte der portugiesische Konsul in Hendaye sehr kulant sein. Alma und Franz fuhren dorthin, aber besagter Konsul war inzwischen nach St.-Jean-de-Luz versetzt worden. Sie fuhren ihm nach, doch wieder gab es eine schlechte Nachricht. Der Konsul hatte inzwischen den Verstand verloren, hatte alle ihm ausgehändigten Pässe ins Meer geworfen und war geflohen. Franz, der die letzte Zeit so entschlossen und sogar hoffnungsvoll gewesen war, warf sich aufs Bett und weinte hemmungslos.

Danach hieß es, sie sollten nach Pau fahren, aber auch dort konnte man auf keine Hilfe hoffen. Ohne geschlafen oder gegessen zu haben, fuhren sie weiter nach Lourdes, wo sie völlig erschöpft und übermüdet am 27. Juni 1940 ankamen. Wieder mußten sie sich zunächst ein Dach über dem Kopf und etwas zu essen suchen. Dies schien ziemlich aussichtslos, bis sich schließlich die Wirtin erbarmte und ein junges Ehepaar aus einem Zimmer herausholte, damit sich die älteren Flüchtlinge ein wenig ausruhen konnten. Die Unterkunft war nur eine winzige Kammer, die ihnen aber fast komfortabel erschien. Sie fielen auf das schmale Bett und wollten nur noch schlafen. Es schien Jahre her zu sein, daß sie Kleider wechseln oder ein Bad nehmen konnten, ganz zu schweigen von den Eitelkeiten, die sie immer für absolut unerläßlich erachtet hatten.

Gut ausgeruht, gingen sie am nächsten Morgen aus – Franz, um sich rasieren zu lassen, Alma, um in Buchläden zu stöbern. Sie kaufte Bücher und Traktätchen über Bernadette Soubirous, die heilige Bernadette. Sie las sie eigentlich mehr aus touristischem Interesse als aus religiösen Gründen, zeigte sie Franz und packte sie dann in ihre Tasche.

Weiter ging die Suche. Jeden Morgen bildeten sich vor der Polizeistation, nicht weit von dem Haus entfernt, in dem Bernadette gewohnt haben soll, lange Schlangen, und jeden Nachmittag wurden die Flüchtlinge in ihre Hotels geschickt und auf den nächsten Tag vertröstet. Um sich die Wartezeit zu vertreiben, fuhren Alma und Franz nach Massabielle, ein wenig außerhalb des Dorfes, zu der Grotte, wo der kleinen Bernadette die Jungfrau Maria erschienen war. Das Wunder von Lourdes faszinierte sie, obwohl sie wußten, daß sie selbst auf ein Wunder warteten. Je näher die Nazis kamen, um so aussichtsloser schien ihre Lage.

Nach zwei langen Wochen bekamen Alma und Franz ein größeres Zimmer mit zwei separaten Betten, so wie sie es gewohnt waren. Doch ansonsten tat sich für weitere zwei Wochen gar nichts. Es war Ende Juli, als Alma plötzlich die Nachricht erhielt, für sie lägen Pakete am Postamt bereit. Sie ging sie holen in der Hoffnung, es wären ihre wertvollen Partituren dabei. Statt dessen waren es Koffer mit ihren Kleidern, die in ihrer Situation fast ebenso willkommen waren. Endlich konnten sie sich wieder einmal umziehen und fühlten sich danach wie umgewandelt. Am 3. August erhielten sie die entsprechenden Papiere, um wieder nach Marseille zurückkehren zu können.

Dort angekommen, begaben sie sich direkt zum Hotel de Louvre et de la Paix, das sie aus besseren Zeiten in guter Erinnerung hatten. Vor dem Eingang sahen sie große blitzblanke Automobile stehen. Da wußten sie gleich, daß die deutsche Besatzungsmacht dort Einzug gehalten hatte. Der Hotelier, ein alter Bekannter, auf den sie sich verlassen konnten, bestätigte ihren Verdacht und führte seine Gäste rasch über den Lastenaufzug in leere Zimmer. Flüsternd versicherte er ihnen, daß die Besatzer bald aus dem Haus sein würden. Die hohen Offiziere waren tatsächlich bald verschwunden, aber die mit niedrigerem Rang blieben. Alma, Franz und die anderen nichtmilitärischen Gäste mußten aus dem Haus schleichen, wenn sie nicht eine Festnahme riskieren wollten.

In Marseille wimmelte es wie in jeder anderen Stadt auf ihrem Weg vor Menschen. Nahrungsmittel waren knapp und teuer. Viele Flüchtlinge hätten sich Unterkunft und Essen auch gar nicht leisten können, selbst wenn es verfügbar gewesen wäre. Sie hatten weder Pässe noch Papiere und überhaupt keine Ahnung, was aus ihnen werden würde. Alma und Franz hatten zumindest ihre Zimmer und Papiere. Franz ging wieder täglich zum tschechischen Konsulat. Die Menschenschlangen schienen immer gleich lang zu bleiben.

Die Flüchtlinge, die jeden Tag anstanden, kannten sich schon, und es gab jede Menge Gerüchte. Franz blieb nicht anonym. Als bekanntestes Mitglied dieser kleinen Gruppe wurde er immer freundlich begrüßt. Er konnte nicht länger so tun, als ob er keine Angst hätte. Die Wochen vergingen ohne nennenswerte Fortschritte. Ab und zu gönnten sich Alma und Franz einen Tag an der Küste, wo die politischen Gefahren noch weit entfernt schienen. Abends dachten sie sich dann kühne Fluchtpläne aus, die sich am nächsten Morgen als absolut unsinnig entpuppten. Alma und Franz fühlten sich wie Delinquenten, die auf den Tod warteten.

Eines Tages kam – aus heiterem Himmel – ein Koffer an, der Almas Partituren enthielt. Ihr ehemaliger Gastgeber in Lourdes hatte ihn ihnen nachgeschickt. Die verschlungenen Wege der Flüchtlinge waren geheimnisvoll, aber effizient. Kurz darauf kam – wieder aus heiterem Himmel – ein Telegramm für Franz und Alma Werfel, daß ihre Visa für Amerika per Eilpost an das Konsulat in Marseille geschickt worden waren. Sofort begaben sich sich dorthin und mußten wieder lange warten. Schließlich bedeutete man ihnen, man wisse weder von einem Kabel noch von ihren Visa etwas. Alma und Franz ließen jedoch nicht locker, und nach langer Herumsucherei war plötzlich das Gewünschte da. Wieder war eine Hürde genommen.

Sie nahmen sich ein Taxi und fuhren ins Hotel zurück in dem guten Gefühl, zwar noch keinen endgültigen Sieg, doch aber beachtliche Fortschritte auf ihr Ziel hin gemacht zu haben. Zunächst war ihnen nach Feiern zumute, bis ihnen bewußt wurde, daß sie keine Chance hatten, von einem französischen Hafen ein Schiff zu bekommen. Also brauchten sie sowohl ein Visum für Spanien als auch eines für Portugal, ehe sie in Lissabon an Bord eines Schiffes gehen konnten. Zumindest war die unmittelbare Gefahr gebannt. Die Visa für Amerika in ihren tschechischen Pässen würden sie schützen. Aber sie würden immer noch Papiere für zwei zusätzliche Länder brauchen. Mit Spanien wollten sie anfangen.

13

In Amerika – dankbar und unglücklich

Noch lag einiges vor ihnen. Die Sonne brannte unbarmherzig vom Himmel, und Franz litt in seinem schlechten Zustand sehr darunter. Alma bestach den Pförtner im spanischen Konsulat. Er verschwand für kurze Zeit, kam zurück und führte sie unverzüglich dem Konsul vor, der ihnen die Visa aushändigte und ihnen Glück wünschte.

Nächste Station war das portugiesische Konsulat. Alma versuchte denselben Trick, der jedoch hier nicht funktionierte. Man schickte sie wieder an das Ende einer langen Schlange. Stundenlang warteten sie in der brütenden Hitze. Die Sonne stieg immer höher. Plötzlich kam eine junge Schriftstellerin, Hertha Pauli, die in Wien für Paul von Zsolnay geschrieben hatte, auf sie zu. Alma und Franz waren ihr schon in Paris und Lourdes begegnet, aber sie hatte keinen Paß und konnte so auch kein Visum bekommen. Sie bemerkte, wie Franz die Hitze zusetzte. Nach einer kurzen Begrüßung entschuldigte sich Hertha, kam nach kurzer Zeit wieder zurück und lud die Werfels zu Tee oder Champagner ein. Sie hatte es fertiggebracht, daß der Konsul Alma und Franz am selben Tag um vier Uhr nachmittag empfangen wollte. Die junge Frau hatte den Konsul einfach angerufen, sich als Frau Werfel vorgestellt und ihn im Gespräch davon überzeugt, daß es nicht angebracht sei, einen so bedeutenden Mann wie Franz Werfel in drückender Hitze so lange warten zu lassen. Der Konsul war sofort nur allzu bereit, einen Schriftsteller zu empfangen, den er verehrte. Am Abend hatten Alma und Franz alle erforderlichen Papiere beisammen.

Erst jetzt trat der Amerikaner, der geschickt worden war, um den Flüchtlingen zu helfen, auf den Plan. Varian Fry war ein Repräsentant des Rettungskomitees und fand Alma und Franz im Hotel unter dem Namen Mahler registriert. Alma war anfangs von Fry ganz und gar nicht angetan, aber seine ruhige Gelassenheit und seine Bestimmtheit sollten sich schon bald als ermutigend erweisen. Er versprach, so bald wie möglich für die Werfels einen Schiffsplatz zu besorgen. Während sie auf weitere Instruktionen warteten, kam noch ihr restliches Gepäck an. Auch hier hatte wieder das unsichtbare Netz der Flüchtlinge untereinander funktioniert. Fry ließ sie schließlich wissen, daß ihre Abreise für den Morgen des 12. September geplant sei. Alma packte wieder einmal die Habseligkeiten zusammen. Inzwischen war ihr Gepäck auf eine ungeheure Menge von Koffern und Taschen angewachsen. Franz verbrannte indes seine Schriften und Skizzen, Blatt für Blatt, in einem Hotelaschenbecher. Frühmorgens bei Anbruch des Abreisetages trafen sich Franz und Alma mit Thomas Manns Sohn Golo, Thomas Manns Bruder Heinrich und dessen Frau Nelly.

Fry brachte einen zweiten Amerikaner mit, einen jungen Mann, der ihnen in schwierigen Situationen Beistand leisten sollte. Die Gruppe fuhr mit einem Zug nach Perpignan und stieg dort in Richtung Cerbère, der letzten Grenzhaltestelle, um. Die Amerikaner hatten gehofft, daß die Flüchtlinge mit den amerikanischen Visa durch Spanien durchgelassen würden. Es stellte sich jedoch heraus, daß ihre tschechischen Pässe dort nicht gültig waren. Also wurde die Gruppe in ein leerstehendes Hotel mit Blick auf Cerbère einquartiert. Beim Frühstückstee wurde Kriegsrat gehalten. Man kam überein, es aufs Geratewohl und zu Fuß zu probieren. Das war sicherlich keine ideale Lösung, besonders in Anbetracht von Franz' schlechtem Gesundheitszustand und Heinrich Manns fortgeschrittenem Alter. Der jüngere Amerikaner würde ihr Begleiter sein, während Fry mit dem gesamten Gepäck im Zug vorausfahren wollte. Es war kein sehr langer Weg, aber sehr beschwerlich, besonders in der glühenden Mittagshitze.

Also beschloß man, sich schon sehr früh am Morgen auf den Weg zu machen. Als es soweit war, war Golo Mann unauffindbar. Er, der sonst so verläßlich war, hatte beschlossen, ein erfrischendes Bad im Meer zu nehmen. Die Werfels und die Manns warteten zwei Stunden auf ihn. Folglich stand die Sonne schon sehr hoch am Himmel, als sie sich auf den Weg machten.

Als sie vom Hotel durch das Dorf gingen, fiel Nelly plötzlich ein, daß es Freitag der dreizehnte war, und sie wollte durchaus umkehren und einen geeigneteren Tag abwarten. Es dauerte geraume Zeit, bis ihr die Freunde den Aberglauben ausreden konnten. Dann schlug ihr Begleiter vor, daß sich die Gruppe für den schwierigsten Teil des Aufstiegs teilen sollte. Franz und Alma waren als erste dran. Sie folgten ihrem Begleiter mit einem Gefühl der Resignation, das sie während ihrer Fluchtzeit entwickelt hatten. Das Schlimmste befürchteten sie wohl nicht mehr, doch dachten sie auch nicht daran, was aus ihnen werden sollte. Alma trug Sandalen und ein altes bequemes Kleid. In einer großen Tasche hatte sie Schmuck, die Bruckner-Partitur und das restliche Bargeld verstaut. Ihre Heimatlosigkeit war sie teuer zu stehen gekommen. Sie hatten keine Ahnung, wann oder woher sie wieder einmal Geld bekommen würden. Mehr als zwei Stunden ging es bergan, manchmal auf gut ausgetretenen Pfaden, dann wieder durch Gestrüpp und über Geröll ins scheinbare Nichts.

Oben angelangt, verließ sie ihr Begleiter, um die Manns zu holen. Noch ganz außer Atem und schweißüberströmt sahen sie, daß die spanische Grenzstation in Sichtweite war. Als sie sich ein wenig erholt hatten und von der kühlen Brise abgekühlt waren, begannen sie zu der weißen Hütte abzusteigen. Ein Soldat öffnete die Tür. Er sprach eine Sprache, die Alma und Franz nicht verstanden. Sie versuchten ihm ihr Anliegen mit Zeichen zu erklären, aber die einzige Sprache, auf die er einging, waren die Zigaretten, die sie ihm in die Taschen schoben. Er machte ihnen Zeichen, ihm zu folgen, führte sie um die Hütte herum, einen Weg entlang und – zurück zu einem französischen Grenzposten. Dorthin hatten sie nun gerade nicht gewollt. Müde und resigniert boten sie ihm Geld. Daraufhin führte er sie zum diensthabenden Offizier, der gelangweilt mit der Hand winkte, um sie durchzulassen. Alma und Franz kletterten über rostige Eisenketten und strebten erleichtert dem spanischen Zollhaus zu.

Der Soldat hatte die Flüchtlinge bei seinen Kollegen telefonisch angekündigt, und so wurden sie mit Wein und guten Wünschen empfangen. Die Zollbeamten schienen froh zu sein, wieder einmal jemanden da zu haben, bei dem sie gehörig auf Franco und auf Mussolini schimpfen konnten. Sie waren Katalanen und boten den Flüchtlingen Sitzplätze in ihrem Wartezimmer an, bis der andere Teil der Gruppe nachgekommen war. Stunden vergingen. Die Werfels machten sich nicht nur wegen des beschwerlichen Weges Sorgen, sondern auch, weil Heinrich Mann unter falschem Namen reiste. Golo wiederum war in Gefahr, weil er Thomas Manns Sohn war. Als sie endlich durch die Tür kamen, wären ihnen Alma und Franz am liebsten um den Hals gefallen, aber sie mußten ja so tun, als ob sie nur zufällige Weggenossen wären, die sich eben erst kennengelernt hatten. Weitere Geldspenden an die Beamten sicherten ihnen bequeme Zimmer in einem Gasthof nahe des Zollhauses.

Sie schliefen und warteten auf den nächsten Abschnitt ihrer Reise. Obgleich Alma und Franz glaubten, nichts befürchten zu müssen, weil ihre Papiere in Ordnung waren, hatte sie die Zeit gelehrt, immer mit dem Schlimmsten zu rechnen. Besonders gefährlich war, daß sie mit den Manns zusammen waren. Bei der Paßkontrolle saßen sie wie arme Sünder nebeneinander auf einer schmalen Wandbank und wagten nicht aufzusehen. Nur Golo hatte seelenruhig zu einem Buch gegriffen, als ob ihn das Ganze nichts anginge. Alma beneidete ihn. Nach einer scheinbar endlosen Zeit bekamen sie ihre Papiere mit dem begehrten Stempel zurück. Nun konnten sie ungehindert nach Port Bau an der Nordostküste Spaniens weitergehen. Fry wartete dort schon mit ihrem Gepäck und führte sie in Hotelzimmer. Der Bürgerkrieg hatte das

Land verwüstet und verarmt, aber die Flüchtlinge schliefen dankbar, bis es Zeit war, zum Zug nach Barcelona aufzustehen.

Von Barcelona galt es, Lissabon zu erreichen. Es war fast unmöglich, einen Platz für einen Linienflug zu bekommen. Als nach einigen Tagen des Wartens zwei Plätze zur Verfügung standen, ergriffen Heinrich und Nelly Mann die Gelegenheit, sich zu retten.

Alma, Franz und Golo Mann stiegen in einen klapprigen Zug nach Madrid. Von dort sollte es leichter sein, einen Flug nach Portugal zu buchen. Sie waren jetzt ganz auf sich gestellt. Frys Mission hatte nur gelautet, sie aus Frankreich rauszubringen. Am Flughafen bekamen sie rasch Plätze in einer Maschine nach Portugal. Als sie portugiesisches Land unter den Füßen hatten, kam so etwas wie ein Gefühl des Glücks und der Erleichterung auf.

Bei der Paßkontrolle gab es wieder die üblichen Wartezeiten. Als Werfel an die Reihe kam, reichte er dem Beamten seinen Paß zusammen mit einem Empfehlungsschreiben, aus dem hervorging, daß er ein bekannter Schriftsteller war. Der Beamte las jede Zeile sorgfältig durch, sah auf und sagte: »Sie kommen wohl aus einer jüdischen Familie?«[1] Franz antwortete nicht, deutete nur verwirrt auf Alma, die klopfenden Herzens danebenstand. Der Beamte sah sie an, kontrollierte noch einmal Pässe und Visa, lachte höhnisch und drückte ihnen schließlich den Einlaßstempel in ihre Pässe.

In Lissabon war von Krieg nichts zu spüren, und so genossen sie die zwei Wochen des Wartens, bis sie an Bord der Nea Hellas gehen konnten, des letzten Linienschiffes, das von Lissabon nach New York fahren sollte. Die Passage auf dem griechischen Schiff kostete sie, wie Alma verärgert feststellte, genausoviel wie eine Überfahrt auf der Queen Elizabeth. Aber sie hatten keine andere Wahl. Als es soweit war, daß sie es sich in ihrer Kabine gemütlich gemacht hatten, die Schiffssirene heulte und die Küste Europas immer weiter in die Ferne rückte, waren sie zum ersten Mal seit einem Jahr außer unmittelbarer Gefahr.

Radiosender in New York und London hatten bekanntgegeben, Franz Werfel, der berühmte Schriftsteller, und seine Frau Alma Mahler, die Witwe des Komponisten, seien vermißt und wahrscheinlich ums Leben gekommen. Als die New Yorker Presse dann verriet, daß sich die beiden zusammen mit Heinrich, Nelly und Golo Mann als Passagiere auf der Nea Hellas befänden, die am 13. Oktober 1940 in New York einlaufen würde, versammelten sich Freunde, Bekannte, Journalisten und Neugierige am Pier. Langsam verließen die Manns das Schiff. Heinrich war während der gesamten Überfahrt seekrank gewesen. Alma wäre am liebsten gerannt und hätte den Boden geküßt, so glücklich und erlöst fühlte sie sich. Vielleicht war es ihr schon immer vorbestimmt gewesen, in Amerika zu leben. Sie hatte noch Geld auf der Bank von New York liegen, also konnten sie und Franz ohne größere finanzielle Engpässe gleich damit beginnen, ihr neues Leben aufzubauen. Sie stiegen im Hotel St. Moritz ab, wo sie gemütliche Zimmer bezogen, wieder genug zu essen und zu trinken hatten, sich ein wenig Luxus leisten und Freunde besuchen konnten.

Während der ersten sechs Wochen versuchten sie zunächst einmal, wieder den Anschluß an das Leben zu finden. Sie hatten das Gefühl, auf einem U-Boot gelebt zu haben, und waren nun nach dem Aufenthalt dabei, wieder Kontakte mit Menschen, Orten und Dingen aufzunehmen. Für Franz bedeutete das, in einem neuen Land zu arbeiten. Für Alma, so glücklich sie auch war, wieder in New York zu sein, war es schwierig. Mit ihren einundsechzig Jahren fand sie vieles in New York verändert, daß sie es kaum wiedererkannte. Sie sprach fast kein Englisch, und die Menschen, die sie aus der Zeit mit Gustav Mahler kannte, waren entweder tot oder nicht mehr da. Sobald sich Franz wieder an seinen Schreibtisch gesetzt hatte, fühlte sie sich verloren und unnütz, weit entfernt von allem, was sie als ein ausgefülltes Leben hätte betrachten können.

Eines der ersten Lebenszeichen, die sie erhielt, war eine Nachricht von ihrer Tochter, der es in London gutging. Die

Nachricht wurde von einer jungen Künstlerin namens Kathe Berl überbracht, die einige Zeit mit Anna in London das Atelier geteilt hatte und dann nach New York gegangen war. Durch Anna hatte Kathe Oskar Kokoschka und andere Künstler kennengelernt. Alma lud sie zu sich ein und erwartete eine Frau reiferen Alters. Als Kathe eintraf, sah Alma sie an und rief dann aus: »Du meine Güte, und ich habe Sie Madame genannt!« Sie hieß die junge Frau wie eine Tochter willkommen. Jahrelang war sie für Alma Freundin und zugleich Ersatztochter; dabei spielte sie öfter die eine gegen die andere aus, ein Umstand, der zu Feindseligkeit zwischen den beiden jungen Frauen führte.

Alma fand, sie sei in einem Alter, in dem sie das Recht hatte, so zu sein, wie es ihr paßte, selbst wenn es autoritär war. Wer etwas dagegen hatte, konnte dahin gehen, wo der Pfeffer wächst. Sie war der Ansicht, die Menschen sollten entsprechend ihren Normen Leistungen bringen: Ein Dirigent mußte auch ein Komponist sein [heutzutage ist das eher eine Seltenheit], ein Architekt sollte seine Zeit nicht damit vergeuden, die Arbeit eines Dekorateurs zu machen. Alma sagte zu Kathe, sie und Franz täten ihr leid, weil sie als Juden gedemütigt worden seien. Kathe erwiderte darauf, sie fühle sich nicht gedemütigt und wüßte nicht, wieso sie das sein sollte. Alma beendete das Gespräch mit einem Blick der Verachtung, als ob sie sagen wollte, daß allein Demütigung Vergebung bringen könnte.

Alma trug weiterhin ihre schwarzen Kleider mit den losen Jacken darüber und die Schuhe mit Keilabsatz. Lediglich der Schmuck wurde mehr. Sie trug lange Halsketten und baumelnde Ohrringe. Ihr Make-up wurde rosiger, akzentuiert von einem kräftig-roten Lippenstift. Ihr gelb gefärbtes Haar nahm sie oben am Kopf zusammen und legte es in Locken. Sie war schon eine auffallende Erscheinung, wenn sie so durch die Straße von Manhattan ging. Ständig stand eine Flasche Benedictine bereit, aber im allgemeinen trank sie nicht mehr, als sie vertragen konnte. Die Leute, die sagten, sie sei betrunken gewesen, wußten wahrscheinlich nichts von ihrem eingeschränkten Hörvermögen. Diejenigen, die davon wußten und auch erkannten, daß es sich im Alter verschlechterte, gestehen ein, daß sie gelegentlich einmal beschwipst war.

Einige Tage nach ihrem ersten Zusammentreffen begegnete Kathe zufällig Alma und Franz bei Brentano's, der großen Buchhandlung. Franz war freudig dabei, die Stadt zu entdecken, und führte Kathe zu der kleinen Abteilung mit deutschsprachigen Büchern. Dort nahm er einen von ihm verfaßten Gedichtband heraus, kaufte das Buch, signierte es und schenkte es Kathe mit den Worten: »Das ist das Beste, was ich je geschrieben habe.«

Zwei Tage nach Weihnachten packten Alma und Franz wieder und fuhren mit dem Zug nach Kalifornien. Dort wollten sie sich eventuell für immer niederlassen. Alma hatte in New York zu viele traurige Erinnerungen wiedergefunden – Orte und Dinge, die Gustavs Tod erneut in ihr aufsteigen ließen. Darüber hinaus hatte sie die Kälte gründlich satt, und das Klima sollte ja in Kalifornien angeblich ideal sein. Die Filmindustrie in Hollywood eröffnete ganz neue Möglichkeiten für Franz. Obgleich sie beide noch nie im Westen der Vereinigten Staaten gewesen waren – sie machten sich nicht einmal eine genaue Vorstellung von der Größe des Landes –, wußten sie doch, daß Freunde vor ihnen diesen Weg gegangen waren. Und so fuhren sie den Manns, den Schönbergs und anderen guten Bekannten entgegen. Die bereits Etablierten waren immer bereit, den Neuankömmlingen behilflich zu sein. Freunde fanden für Alma und Franz in Los Angeles ein kleines Haus in der Los Tilos Road Nr. 6900, gleich bei der Highland Avenue. Im Sommer konnte man dort die Freiluftkonzerte von der Hollywood Bowl mithören. Als die Werfels am 30. Dezember eintrafen, war das Haus bezugsfertig und mit allem liebevoll eingerichtet. Sogar ein Butler stand zu Diensten.

Als Alma und Franz auf das Jahr 1941 und das neue Haus anstießen, tat Alma dies mit gemischten Gefühlen. Sie vermißte die Stadt nun doch. Manchmal glaubte sie, sie wäre lieber in New York geblieben. Momentan allerdings war es wohl besser, daß Franz arbeiten konnte und ihnen nicht kalt war. Franz war begeistert von den Bäumen, den Vögeln, dem Garten und der Freiheit. Alma fand schließlich auch Leute, mit denen sie deutsch sprechen konnte, sie ging in die Stadt oder auch einmal in ein Konzert. Allmählich mußte sie sich eingestehen, daß die neue Umgebung doch Vorteile gegenüber einem Hotelzimmer oder einer Wohnung in New York hatte.

Schon vier Tage nach ihrem Einzug begann Franz zu arbeiten. Er wollte ein Gelübde erfüllen, das er in Lourdes in all seiner Verzweiflung abgelegt hatte. Wenn Gott ihnen zur Freiheit verhelfen würde, so hatte er damals geschworen, so würde er etwas über das Kind schreiben, das in der französischen Stadt ein Wunder erlebt hatte. Daraus wurde ›*Das Lied von Bernadette*‹, noch immer sein bekanntestes Buch. Während er unermüdlich arbeitete und die vollgeschriebenen blauen Hefte sich auf seinem Schreibtisch stapelten, war Alma zufrieden.

Sie verbrachten ruhige Tage miteinander. Der Tagesablauf gestaltete sich nach Franz' Arbeitspensum, ganz so wie es Alma in ihrem Zusammenleben mit Gustav Mahler gelernt hatte. Alma wollte den Frieden, der sie umgab, nur mit wenigen Freunden genießen. Dazu gehörten Max Reinhardt und die Schönbergs. Alma und Franz kauften sich ein altes Auto, benutzten es aber recht wenig. Man geht in Los Angeles nicht spazieren oder in ein Kaffeehaus, wie man das in Wien, Paris oder Sanary-sur-Mer tut. Die meisten ihrer Bekannten waren jüdischer Abstammung, aber das störte Alma jetzt weniger als früher. Das ›jüdische Problem‹ war in weite Ferne gerückt.

In einem Brief aus Österreich erfuhr Alma, daß Johannes Hollnsteiner aus der Kirche ausgetreten war, Nazi wurde und schließlich geheiratet hatte. Alma versuchte, diese Vorgänge in ihrem Tagebuch zu erklären. Sie hatte immer gewußt, daß er unzuverlässig und unsicher war. Allerdings bedrückte es sie, daß dieser Mann, einst der ›Inbegriff eines

Priesters‹, sowohl sie als auch seinen Gott verlassen hatte. Dafür fühlte sie sich verantwortlich. Auch Franz, der Jude, der über eine katholische Heilige schrieb, sagte zu der Angelegenheit, Hollnsteiner habe ihn in seinem Glauben wankend gemacht.

Die Briefe von Freunden und Bekannten aus Europa waren selten und sehnlichst erwartet. Im Juli 1941 schrieb Hanna Fuchs-Robettin in englischer Sprache: »Unsere Eltern sind in Marseille und warten auf portugiesische Visa... Der arme alte Papa ist sehr schwach... und möchte zu den Kindern in Amerika.«[2] Hanna plante ebenfalls, mit ihrer Familie nach Amerika zu kommen. Rudolf Werfel starb kurz nachdem der Brief geschrieben worden war. Durch Frys Intervention war er der schlimmsten Verfolgung entgangen und hatte seine letzten Lebenswochen in Freiheit verbringen können. Franz war dankbar und setzte sich nun mit seiner Zeit und mit Geld für das Rettungskomitee von Varian Fry ein. Unterdessen trafen Hanna und ihr Mann Herbert während eines London-Aufenthalts mit Anna Mahler zusammen. Herbert wurde Repräsentant von Werfels Werken im englischsprachigen Teil des Kontinents.

Im Sommer 1941 beendete Werfel seinen Roman ›Das Lied von Bernadette‹. Schon bald danach hatte er die Filmrechte für die damals beträchtliche Summe von 50000 Dollar verkauft, und der Book-of-the-Month-Club bekundete sein Interesse an dem Buch. Alma und Franz sahen optimistisch in die Zukunft, als sie im September nach New York fuhren, um Freunde zu besuchen und Gespräche mit Werfels Verleger zu führen. Im Osten der USA sprach man jedoch fast ausschließlich von Hitlers Eroberungen. Einige Leute befürchteten sogar, er werde versuchen, Amerika in seine Gewalt zu bringen.

Franz engagierte sich weiter in Flüchtlings- und Hilfsorganisationen. Dadurch kam er in Kontakt mit einer Reihe von Aktivisten und alten Freunden und hatte das Gefühl, etwas für seine verfolgten Landsleute getan zu haben. Alma interessierte sich nicht dafür. Sie wollte nun wieder lieber nach

Kalifornien, wo der Krieg weit weg war. Nach einigen Wochen in New York kehrten die Werfels nach Los Angeles zurück und bewarben sich um die amerikanische Staatsbürgerschaft.

Kalifornien war so etwas wie ein Zuhause für sie geworden. Kaum waren sie jedoch zurück, schon erfuhren sie, daß der Mann, der den ›Bernadette-Film‹ produzieren wollte, bankrott war. Der Book-of-the-Month-Club hatte außerdem plötzlich Bedenken, daß das Buch zu katholisch war und das amerikanische Massenpublikum deshalb nicht dafür zu begeistern sein würde. Alma war verzweifelt. Ihr gefiel das Buch so sehr, und sie glaubte, Franz habe damit nur die Kraft und Wirksamkeit eines Glaubens, welcher Art auch immer, darstellen wollen. Sie konnte nicht verstehen, daß irgend jemand es als zu katholisch empfinden würde. Sie war stolz, daß ihr Mann so etwas geschrieben hatte. Entgegen den Behauptungen vieler Leser und Geistlicher war ›Bernadette‹ nicht Ausdruck von Werfels Übertritt zum Katholizismus. Alma erinnerte sich, wie wenig Gustavs Übertritt zum Katholizismus diejenigen beeindruckt hatte, die ihn dafür strafen wollten, daß er als Jude auf die Welt gekommen war. Deshalb hatte sie auch nie den Versuch unternommen, Franz zum Katholizismus zu bekehren. Eigentlich beneidete sie ihren Mann, der so viel geleistet hatte, während sie praktisch nichts machte.

Almas Hoffnungen schwanden dahin. »Und nun sitzen wir da... haben unser Leben auf größeren Stil eingerichtet, haben fast kein Geld und gar kein Kapital. Wir haben unser altes Auto verkauft und kein neues, denn alles ist jetzt sequestriert. Und kriegen wir das neue, so kostet das wieder ein Vermögen, oder vielmehr *das* Vermögen... Die Natur ist leer und monoton. Die Natur *erschafft* Menschen. Sie sind nun schon zweihundert Jahre hier, und alles, was sie geschaffen haben, ist das bißchen indianische Kultur, und selbst das verleugnen sie. Dazu noch die Tankstellen und Schönheitssalons – sie haben sie dorthin gebaut, wo es besser wäre, wenn die Autos schnell fahren dürften. Italien ist eigentlich unsere Heimat. Österreich war nur ein ärmliches Vorspiel, oder zumindest ist es das seit dem Krieg geworden. Italien ist homogen und läßt die Menschen seit Jahrtausenden auf seinem gesegneten Land ruhen. Die Menschen, die eine so geglückte Mischung von Kultur und Natur weiterleben lassen, sind die einzigen, die seit der Zeit der alten Griechen wirklich Erfüllung gefunden haben.«[3]

Im März 1942 nahm der Book-of-the-Month-Club ›Bernadette‹ an. Franz befand sich in jenem Stadium der Arbeitsunlust, das unweigerlich nach der Vollendung jedes bedeutenden Werkes kommen muß. Alma glaubte, ihr Mann »müßte eine neue Liebe oder ein ähnliches Erlebnis haben. Das wäre wohl ein großer Schmerz für mich, da ich mich ganz und gar an ihn verloren habe und mir nichts anderes mehr wünsche... oder wünschen kann.«[4]

Nach dem Erfolg von ›Bernadette‹ wurden Alma und Franz in die Filmkreise Hollywoods eingeladen. Bei einer Party waren Luise Rainer, die die Titelrolle in der Verfilmung von Werfels Roman übernehmen wollte, und ihr Mann Clifford Odets anwesend. Zu den Gästen zählte auch Erich Maria Remarque, zu dem Alma eine herzliche Freundschaft entwickelte. Das war ein Mann, mit dem sie reden und trinken konnte. Er war mit seiner Flasche Wodka zufrieden, während sie einen Benedictine bevorzugte. Das trug ihr bei Remarque den Titel ›Königin des D. O. M. Benedictine‹ ein, und er fügte hinzu: »Ein Spielzeug ohne Alkohol ist künstlich.«[5]

Im Juni 1942 fuhren Alma und Franz nach New York, um die Familie Werfel zu besuchen. Alma brachte nicht sehr viel Geduld mit ihr auf. Ihre verwitwete Schwiegermutter schien nur mehr bemitleidenswert, und dieses Gefühl aufzubringen, war Alma noch nie leichtgefallen. Franz' Schwester Mizzi benahm sich gräßlich. Vielleicht, so dachte Alma, muß diese Familie immer jedem das Leben schwermachen. Ihr war der Spaß an dieser Reise jedenfalls gründlich vergangen. Kurze Zeit darauf kaufte sie allerdings ein Haus neben dem ihren, damit ›Mama Werfel‹ den Winter in der kalifornischen

Sonne verbringen konnte. Alma fühlte Leben in sich aufsteigen, als sie auf einmal wieder im Mittelpunkt von Klatsch und Gerede war, was sie an ihre Zeit in der Wiener Gesellschaft erinnerte. Eines Tages saß sie mit Golo Mann beim Mittagessen im Beverly Wilshire Hotel. Sie mochte diesen jungen Mann und wollte ihn ein wenig aus der Reserve locken, die ganz untypisch war für seine große, berühmte und schwierige Familie. Remarque saß in der Nähe, und sobald er Alma gesehen hatte, kam er an den Tisch und ließ eine Flasche alten französischen Cognac aus seinem Zimmer holen. Er setzte sich zu Alma und Golo und riß sofort das Gespräch an sich, was Alma an ihrem Vorhaben hinderte, dem scheuen Golo etwas Selbstvertrauen zu vermitteln.

Thema des Gesprächs war Gerhart Hauptmann. Als Golo sich etwas abfällig über ihn äußerte, meldete sich Alma empört zu Wort. Golo mußte sie und Remarque für Nazi-Sympathisanten halten, da sie Männer wie Hauptmann und Richard Strauss so heftig verteidigten. Alma ging aber nicht von politischen, sondern von praktischen Erwägungen aus. Gott sei Dank, so argumentierte sie, sei Hauptmann nicht hierhergekommen. Hier hätte er mit seinen achtzig Jahren von wohltätigen Sammlungen leben müssen. Seine Werke waren hier kaum bekannt und nicht ins Englische übersetzt. Ähnlich verhielt es sich mit Richard Strauss. Von Aufführungen an der Met alleine konnte er nicht leben. Golo sah es wie viele der jüngeren Emigranten als eine moralische Notwendigkeit an, Deutschland in dieser Zeit zu verlassen. Alma war der Meinung, wer konnte und mußte, hatte Deutschland verlassen. Aber die, die geblieben wären, würde sie nicht verdammen.

An ihrem dreiundsechzigsten Geburtstag erinnerte sich Alma an die Worte der Dichterin Annette Kolb, die, als man sie fragte, wie sie sich als Flüchtling in Amerika fühle, geantwortet hatte: »Dankbar und unglücklich.«[6] Kurz darauf, im September 1942, zogen Franz und Alma nach Beverly Hills, in den North Bedford Drive Nr. 610, in ein eher unscheinbares Haus in vornehmer Umgebung. Hier hatten sie Läden und Restaurants in der Nähe und waren nicht auf das Auto angewiesen. Alma kaufte einen neuen Steinway-Flügel und ein Radio, wie sie am Semmering eines von den Zsolnays gehabt hatten. Das Haus hatte Platz genug für Franz, Alma und den Butler, aber keinen für Gäste. Das war genau die Größe, die sich Alma vorgestellt hatte. Einst war dieses Haus für die Schauspielerin May Robson gebaut worden. Größere Umbauten waren nicht nötig. Der Umzug ging schnell und ohne Probleme über die Bühne.

Nun, da sie wußte, sie würden in Amerika bleiben, wollte sie auch einige Erinnerungsstücke von ihrem Land, von ihren Freunden und ihrer Familie um sich haben. Freunde, oft aber auch amerikanische Militärangehörige, brachten ihr im Laufe der Zeit eine beträchtliche Anzahl von Dingen aus Wien oder vom Semmering mit. Bücher, Dokumente, Geschirr, Serviertabletts und was sonst noch alles in Koffern zu verstauen war, machten ihren Weg über den großen Teich. Es war jedesmal ein kleines Fest, wenn eine solche Sendung in Beverly Hills ankam. Sie wußte ja gar nicht mehr, was noch in ihrem Besitz war, was eventuell zerstört, gestohlen oder auf andere Weise verschwunden war.

Franz arbeitete mit seinem Freund Friedrich Torberg an einem Drehbuch über Zora Pasha, einer abenteuerlustigen Frau, von der man ihm während der Ägyptenreise erzählt hatte. Das Projekt war vielversprechend, und Franz arbeitete mit Feuereifer daran. Es wurde jedoch nichts daraus, und Franz wanderte rast- und ruhelos umher. Sie hatten eine kleine Siamkatze, die jedoch bald umkam. Franz trauerte sehr um das kleine Tier. Alma klagte wieder, daß ihr alles Schöne und Liebenswerte in ihrem Leben genommen werde.

Aus London kam von Anna Mahler, die auf die Vierzig zuging, die Nachricht, daß es ihr gutging und sie mit viel Erfolg ihre Bildhauerei betreibe. Sie hatte die Affäre mit einem Architekten, der dubiose Geschäfte gemacht hatte, beendet und war ihre vierte Ehe mit dem Dirigenten Anatole Fistoulari eingegangen. Alma fand es lustig, daß Anna wieder in die Kreise der Musik zurückgekehrt war, der Beruf ihres Schwiegersohnes beeindruckte sie allerdings nicht. »Jeder kann mit einem Stock herumfuchteln.«⁷

   Als Franz an einem neuen Stück mit dem Titel ›Jacobowsky und der Oberst‹ zu arbeiten begann, zog wieder Optimismus in das Haus ein. Zwar fühlte er sich nicht besonders wohl, doch Alma und Reinhardt ermutigten ihn bei dem neuen, vielversprechenden Projekt. Reinhardt hatte so etwas wie die Patenschaft für das Stück übernommen. Mit dem Untergang Frankreichs als Hintergrund ging es in der Farce um einen hochrangigen polnischen Offizier und einen kleinen polnischen Juden. Im März 1943 war die Arbeit an dem Stück so weit fortgeschritten, daß Franz und Alma eine Reise nach New York unternehmen konnten. Dort gab es für sie immer etwas zu tun – Unterredungen mit Verlegern und Agenten, und dann die vielfältigen kulturellen und gesellschaftlichen Ereignisse, überhaupt das ganze Milieu, das so verschieden war von dem in Kalifornien. Auf dem Heimweg hatten sie einen kurzen Aufenthalt in Chicago und besuchten das dortige Aquarium. Alma war der Anblick der ziel- und ruhelos umherschwimmenden Fische unangenehm.

In Beverly Hills versuchte Alma ihrem Mann etwas Arbeit abzunehmen, damit er sich nicht mit lästigen Verwaltungstätigkeiten herumschlagen mußte. Die einfacheren Dinge konnte sie für ihn erledigen, auch wenn sie dabei manchmal für Verwirrung sorgte. Einmal hatte sie zuviel Benedictine getrunken und konnte ein Ferngespräch am Telefon nur schlecht verstehen. Später stellte sich heraus, daß sie unabsichtlich die Rechte für ›Bernadette‹ mehrfach verkauft hatte. Alma gab nie zu, daß sie etwas nicht gehört hatte, und gestand auch nie ihre Schwerhörigkeit ein. Als sie, Franz und Kathe Berl eines Abends vor ihrem Haus in den Hollywood Hills saßen und den fernen Klängen aus der Hollywood Bowl lauschten, drehte sich auf einmal der Wind und trug die Klänge auch für die schärfsten Ohren unhörbar davon. Franz und Kathe wußten sofort, was passiert war und meinten, das wäre, als ob Gott die Lautstärke zurückgedreht hätte. Da atmete Alma dankbar auf und sagte: »Ich dachte schon, ich wäre die einzige, die auf einmal nichts mehr hört.«

Das Mißgeschick mit den Rechten von ›Bernadette‹ mußten Freunde und Bekannte wieder ins Lot bringen. Zu ihnen zählten Gustav Arlt von der University of California in Los Angeles und seine Frau Gusti sowie Adolph Klarmann von der University of Pennsylvania und seine Frau Isolde. Größere Probleme zogen jedoch mit dem neuen Stück ›Jacobowsky‹ herauf. Franz schrieb fleißig weiter, und Reinhardt plante die Aufführung in New York. Sam Behrman übernahm die Bühnenbearbeitung und gab sie dann an Odets weiter. Letztlich mußte Franz noch selbst vieles umschreiben, was ihm gar nicht behagte, weil er es nicht gewohnt war, für die amerikanische Bühne zu arbeiten. Außerdem war sein Kopf voll mit Gedanken an einen utopischen Reisebericht, woraus später ›Der Stern der Ungeborenen‹ werden sollte.

Während sich die Arbeit also mühsam dahinschleppte, mußte Franz die bittere Erfahrung machen, daß sich die Urheberrechtsgesetze in den Vereinigten Staaten erheblich von denen unterschieden, die er aus Österreich kannte. Anders als Goethe mit den ›Leiden des jungen Werther‹ hatte er hier nicht das Recht, Geschichten, die ihm ein anderer erzählt hatte, aufzuschreiben und daraus ein eigenes, wenn auch fiktives Werk zu machen. Der Sohn Reinhardts war einer von mehreren, die bekanntgaben, verschiedene Episoden und Charaktere aus Franz Werfels neuem Stück stammten von jemand anderem und wären Geschichten entnommen, die dem Autor erzählt worden seien. Auf dem Höhepunkt des ganzen Aufruhrs kam sich Franz vor, als hätte er nicht autorisierte Biographien von Menschen geschrieben, die ihm zufällig über den Weg gelaufen seien. Er übergab die Sache einem Anwalt, was ihn letzten Endes mehr kostete, als Jacobowsky und sein verdammter Oberst seiner Meinung nach wert waren. Die Prozesse nahmen ihm außerdem noch sehr viel kostbare Zeit, die er dringend zum Umschreiben des Stückes, zu dem die Proben im Herbst beginnen sollten, gebraucht hätte.

Alma machte sich große Sorgen um Franz und versuchte ihn so gut es ging aus der Kritik herauszuhalten. Sie stellte einen Tagesplan auf mit Arbeits- und Ruhezeiten. Im wesentlichen funktionierte das so, daß sie Franz alles aus dem Weg räumte, wenn er arbeiten wollte. Wenn er ruhen wollte, dann ruhte der gesamte Haushalt. Wenn er essen wollte, wurde eben eine Mahlzeit serviert. Alma lud selten Freunde ein, wenn Franz mitten in einem Projekt steckte. Aber wenn ihm nach Gesellschaft zumute war, dann holte sie sofort die Schönbergs, die Reinhardts, die Manns, Erich Korngold und seine Frau, die Künstlerin Fritzi Massary, den Schriftsteller Bruno Frank und seine Tochter (Massarys Tochter), den Schriftsteller Alfred Neumann und fast immer Gustav und Gusti Arlt herbei. Auch einige Freunde von der Ostküste, die häufig in Kalifornien weilten, waren mit von der Partie. Da waren beispielsweise Marlene Dietrich und ihr Mann Hermann Kesser, ebenfalls ein Schriftsteller. Ganna Walska, eine langjährige Bekannte Almas, die Joseph Fraenkel geheiratet hatte, tauchte ebenfalls eines Tages in Beverly Hills auf. Nach dem Tode ihres Mannes hatte sie heimlich einen Indologen geheiratet, der auf blanken Holzbrettern schlief und nach ihrer Scheidung nach Tibet ging.

Die Sommerhitze des Jahres 1943 lag drückend über der Stadt, und Franz kam mit dem ›Jacobowsky‹ nicht recht weiter. Alma schlug vor, er sollte sich im kühleren, grüneren Santa Barbara einmieten. Lotte Lehmann, die berühmte Sängerin, half ihr, Zimmer im Biltmore zu bekommen, und nannte ihr auch einen Arzt, der jederzeit zur Verfügung stünde, wenn Franz ihn brauchte. Alma war die treibende Kraft hinter diesem Tapetenwechsel, aber sie war dabei so geschickt vorgegangen, daß Franz sich ständig bei ihr entschuldigte, sie zurückgelassen zu haben. Er hatte es in Santa Barbara ruhig und angenehm, lebte in einem Häuschen und konnte ungestört arbeiten. Alma vertrieb sich die Zeit inzwischen recht angenehm. Überrascht vernahm sie, daß das Stück keine Farce mehr war, sondern sich zu einem ernsten Theaterstück gewandelt hatte. Franz schickte ihr das Manuskript und wollte ihre Meinung dazu hören. Sie war voll des Lobes und gab es an den neuen Sekretär ihres Mannes, Albrecht Joseph, weiter, zu dessen Aufgaben es gehörte, den handgeschriebenen, vielfach ausgebesserten Text in Reinschrift zu übertragen. Dieser junge Mann leistete unschätzbare Arbeit und war zudem ein interessanter und aufgeschlossener Zeitgenosse. Dieselbe Arbeit hatte er auch schon beim ›Doktor Faustus‹ für Thomas Mann geleistet.

Franz verlängerte seinen Aufenthalt in Santa Barbara. Im August besuchte ihn Alma, froh, der Hitze und der Gesellschaft von Beverly Hills zu entkommen. Kurz zuvor hörte sie bei den Schönbergs Eduard Steuermann Schönbergs neues Klavierkonzert spielen. Leopold Stokowski wollte das Werk zur Aufführung bringen, und der Komponist bestand auf mindestens fünfundvierzig Proben. Alma hatte sich mehr als drei Jahre für Schönberg eingesetzt, aber dieser Forderung stand sie verständnislos gegenüber. »Ich glaube nicht, daß Beethoven eine einzige Probe brauchte, um sein eigenes Werk kennenzulernen«, schrieb sie in ihr Tagebuch. »Dieses mathematische Hirn ist weit von der Musik entfernt und führt sie doch auf fremde und neue Bahnen. Oskar Kokoschkas Genius war tausendmal größer, und seine Zauberkraft war einmalig.«[8]

Almas Ausbildung bei Zemlinsky hatte sie nur mit den frühesten Werken Schönbergs bekannt gemacht, nicht mit der Methode, die er als Zwölftonmusik bezeichnete. Ihr mangelndes Verständnis für die spätere Musik ihres Freundes mag ihr verziehen sein, aber ihr Vergleich zwischen Schönberg und Kokoschka war rein gefühlsmäßig und entbehrt jeglicher Vernunftsgründe.

Als Alma die Vorbereitungen einer Bekannten anläßlich der Hochzeit ihrer Tochter beobachtete, packte sie das kalte Grauen. »Amerika ist schrecklich. Es raubt der Welt alle Poesie!«[9] Wann immer sie sich nach Wien sehnte, dachte sie daran, was ihr der Handleser vorhergesagt hatte: Nach sechs Jahren würde sie nach Wien zurückkehren, würde nicht bleiben wollen und Franz nicht bei sich haben. Bis zu Almas vierundsechzigstem Geburtstag blieben sie in Santa Barbara und kehrten dann nach Beverly Hills zurück.

Eines Abends, als sich Alma besonders deprimiert fühlte, zählte ihr der Komponist Korngold all die wichtigen Ereignisse auf, deren Entstehung sie in ihrem Leben miterleben durfte: Richard Strauss' ›*Elektra*‹, Gustav Mahlers ›*Das Lied von der Erde*‹, Igor Strawinskys ›*Petruschka*‹ und ›*Sacre du printemps*‹, Arnold Schönbergs ›*Pierrot Lunaire*‹. Alma fehlte in dieser Liste noch Pfitzners ›*Palestrina*‹ und Charpentiers ›*Louise*‹. Sie fühlte sich mit einemmal wohler. Das waren die Dinge, die zählten, nicht die Kriege und Unruhen.

Am Abend des 12. September gab es anläßlich Franz' dreiundfünfzigstem Geburtstag und der Fertigstellung des ›*Jacobowsky*‹ eine kleine Feier. In der Nacht erlitt Franz nach reichlichem Alkohol- und Nikotingenuß einen schweren Herzanfall. Alma ließ sofort Dr. Wolff rufen, der ihm Digitalis gab. Der Arzt bestätigte Almas Meinung, daß Franz das Rauchen aufgeben müsse. Als man ihm sagte, er hätte eine schwere Nikotinvergiftung, lachte er nur. Torberg und Remarque kamen ihn besuchen, aber weder Alma noch Franz hatten das Verlangen, irgend jemanden zu sehen. Dr. Wolff schlug vor, sie sollten wieder nach Santa Barbara gehen. Kaum waren sie zwei Tage dort, als Franz sich wieder schlechter fühlte und er einen zweiten Herzanfall erlitt. Wieder kam der Arzt und brachte zur Konsultation weitere Kollegen mit. Franz erhielt Sauerstoff und Morphium, aber es dauerte ganze drei Tage, den Patienten zu beruhigen und die Schmerzen zu lindern. Dazu kam dann auch noch die Nachricht vom Tode Max Reinhardts und Paul Stefans. Alma hatte das Gefühl, der Tod sei eine ansteckende Krankheit. Deshalb stellte sie auch nie ein Foto von einem lebenden Menschen neben das eines verstorbenen. Sie gab fast alle Hoffnung auf. Franz schien weder zu Kräften zu kommen noch den Willen dazu zu haben. Alma schrieb: »Die Emigration ist eine schwere Krankheit an sich ... und daß unsere Freunde alle so früh dahingingen, ist nicht zu verwundern.«[10]

Die Ärzte warteten mit der notwendigen Röntgenuntersuchung bis zur dritten Novemberwoche. Während dieser Untersuchung erlitt er einen weiteren Herzanfall, der die Ärzte in Schrecken versetzte. Alma wollte ohne ihn auch nicht mehr weiterleben. Er war der Inhalt ihres Daseins, und sie pflegte ihn mit liebevoller Hingabe, aber sie schrieb: »Abends ist er müde und morgens riecht er, wie es eine Ehefrau nie miterleben müssen sollte.«[11]

Franz schämte sich seine Inkontinenz, konnte aber nichts dagegen tun. Sein Zustand besserte sich nicht. Am 14. Dezember war die nächste Attacke. Cyril Fischer, ein Priester aus Wien, den sie in Santa Barbara kennengelernt hatten, schrieb Alma und fragte sie, ob sie »der Engel sein würde, der Franz Werfel zum Christentum führen werde«.[12] Alma fühlte sich nicht wie ein Engel. Sie notierte in ihrem Tagebuch: »Die Ehe ist eigentlich wie ein Ei, in dem zwei Menschen von der Welt umgeben und gleichzeitig getrennt sind.«[13]

Am 23. Dezember wurde die Premiere des ›*Bernadette*‹-Films mit all dem Glanz und Glimmer des Hollywoods der vierziger Jahre begangen. Franz und Alma schickten alle Freunde und Bekannten, einschließlich des theaterbegeisterten Butlers und des Chauffeurs August Hess, zu der Gala. Die Werfels blieben zusammen zu Hause. Franz ging es etwas besser. Er konnte sprechen und lachen und interessierte sich wieder für Musik und die Welt um sich herum. Auch Alma fühlte sich wieder wohler, seit Freunde wie Torberg und die Arlts vorbeikamen und sich auch um Franz kümmerten, so daß sie ein wenig Freizeit hatte. Den Silvesterabend verbrachten sie mit den Arlts. Zum Feiern war ihnen allerdings weniger zumute.

Am 1. Januar 1944 schickte Anna ein Telegramm mit Glückwünschen und der Hoffnung, daß sie im neuen Jahr mit ihrer kleinen Tochter Marina Fistoulari zu Besuch kommen könne. Als sie das las und all die Erinnerungen wieder in ihr aufstiegen, brach Alma in Tränen aus. Sie sah diesem Besuch mit gemischten Gefühlen entgegen. Zumindest Franz schien endlich auf dem Weg der Besserung zu sein und seinen Lebenswillen wiedergefunden zu haben. Im Februar beunruhigten ihn wieder einmal die immer noch vorhandenen Diskrepanzen um ›Jacobowsky‹. Alma versuchte allen Ärger von ihm fernzuhalten, aber sein Geist war so agil und neugierig, daß sie ihm die Wahrheit nicht vorenthalten konnte. Manchmal schienen ihn all die Komplikationen bei der Produktion des Stückes sogar zu amüsieren.

Der Frühling zog ins Land, und Franz benötigte nicht mehr ständige Pflege. Jetzt, da die unmittelbare Todesgefahr gebannt schien, erinnerte sich Alma an all die anderen Zeiten, in denen sie geglaubt hatte, sie könne ohne einen anderen Menschen nicht weiterleben. Sie spielte Bach und begann sich wieder sorgfältig zu kleiden und zu pflegen. Sie war gesund. Sie würde Franz wahrscheinlich überleben, wie sie so viele andere überlebt hatte.

14

Jahre der Ungewißheit

Zu Beginn des Jahres 1944 befand sich Franz auf dem Wege der Besserung. Marlene Dietrich und ihr Mann hatten bei Carroll Righter ein Horoskop Franz Werfels in Auftrag gegeben. Der Astrologe wußte nur, daß die Person, über die er schrieb, am 10. September 1890 in Prag geboren war. Diese Person, schrieb Righter, müsse besonders im Zeitraum zwischen dem August 1943 und dem November 1944, und dabei speziell im Januar 1944, auf seine Gesundheit achten. Dieser Monat war bereits vorbei, als Franz das Horoskop las.

»Sie haben eigentlich das Horoskop eines Genies, was sich in Ihrem Idealismus, der Ihr Wesen beherrscht, ausdrückt. Es ist kein leichter Idealismus, sondern einer, der seine größte Wirksamkeit darin erfährt, daß er sich der ›Sünden der Welt‹ bewußt ist, und dem unselige Zustände in der Welt so zu Herzen gehen, daß er gezwungen ist... ob durch Vorträge, schriftliche Werke oder andere intellektuelle Medien ist unwichtig... diese Tatsachen der Öffentlichkeit preiszugeben... Der Verfasser dieser Zeilen hat noch nie ein solches Charakterbild vor sich gehabt. Es zeugt einerseits von einem großherzigen und großzügigen Idealisten, der souverän und erhaben alle Probleme angeht und bewältigt – so etwa eine Mischung von Florence Nightingale und Lancelot!! Und dann, gewissermaßen in einem Atemzug, sehe ich wieder den Urtyp eines Pedanten, der es mit allen Details unendlich genau nimmt und oft einmal auch den Wald vor lauter Bäumen nicht sieht!! Dieser scheinbare Widerspruch kann durchaus positiv genutzt werden, WENN Sie besagte Übergenauigkeit dazu benützen, jedes geäußerte Wort sorgfältig daran zu messen... Aber um die beiden Gegenpole in ein Gleichgewicht zu bringen, bedarf es eines Ausmaßes an Unterscheidungsvermögen, das ein einzelner Mensch kaum haben kann... Sie wären gut beraten, jemanden in Ihrer Nähe zu haben – sei es nun ein Sekretär oder eine Ihnen nahestehende Person –, der Ihre Inspiration für lange Zeit in sich bewahrt, sie neben Ihre Ideen stellt und sie in direkte Beziehung zum Leben bringt. Diese Person muß Ihnen Beständigkeit geben und Ihnen zeigen, wie sich Ihre Gedanken praktisch anwenden lassen.«[1]

Die Analyse erstreckte sich noch gut zwei Jahre in die Zukunft.

Franz war fasziniert, besonders als er las, daß er eine verhängnisvolle Zeit bereits hinter sich hatte. Alma fand es ganz interessant, war jedoch nicht überzeugt. Franz' Krankheit hatte auch an ihrem Wohlbefinden gezehrt, und ihr Mann schätzte einfach die Sorge und die Aufmerksamkeit nicht, die sie ihm hatte angedeihen lassen. Früher hatte er sie ständig umworben und jeden Tag aufs neue versucht, ihre Zuneigung zu gewinnen. Jetzt, da es ihm besser ging, hatte er die Tage und Wochen vergessen, die sie allein und ohne Hoffnung an seinem Bett verbracht hatte.

Alma bedauerte mehr noch als Franz Torbergs Entschluß, im Sommer 1944 von Los Angeles nach New York zu übersiedeln. Vor seiner Abreise zeigte er ihr ein Foto von Kokoschka. Lange betrachtete sie das so vertraute und doch so fremde Gesicht. Sie konnte nie ohne ein Gefühl des Bedauerns an ihn denken, aber auch das war schwächer geworden. Beim Anblick dieses Fotos hatte sie das Gefühl, daß ihre beiden Leben sich bestmöglich entwickelt hatten.

Stolz bekannte sie sich zur Zukunft und hatte wenig mit der Vergangenheit im Sinn, besonders, da sie jetzt eine neue Heimat in Amerika gefunden hatte. Franz erinnerte sie, einen neugewonnenen Freund, den Humoristen Ludwig Bemelmans, einzuladen, der mit ständig wechselnden Freundinnen aufzutauchen pflegte. Alma billigte Ludwigs Lebensstil nicht, aber sie mochte den närrischen Kauz gerne, und er brachte sie zum Lachen.

Aus Wien kamen gute Nachrichten. Nach sieben Jahren der Ächtung sollte wieder eine Symphonie von Mahler aufgeführt werden. Anläßlich des Ereignisses wollte man im Konzerthaus eine Gedenktafel enthüllen. Alma und Franz schöpften neue Hoffnung. Vielleicht würden damit auch wieder mehr Tantiemen ins Haus kommen. Franz begann allmählich wieder seine Arbeit am Schreibtisch und vervollständigte den ›Stern der Ungeborenen‹, sein größtes Werk.

Ende August kam Kathe Berl aus New York zu Besuch. Alma wollte Leben ins Haus bringen und Freunde einladen, aber sie konnte Franz nicht dazu überreden, nach Santa Barbara zu fahren, ehe sie nicht alle zusammen Almas fünfundsechzigsten Geburtstag in Beverly Hills gefeiert hatten. Schließlich erklärte er sich doch dazu bereit, wenn auch mit dem unguten Gefühl, an seinem Geburtstag, dem 10. September, von seiner Frau getrennt zu sein. Es gab einen tränenreichen Abschied, denn er war felsenfest davon überzeugt, Kathe nie mehr wiederzusehen. Seine Befürchtungen waren unbegründet. An seinem Geburtstag packten Alma und Kathe ein Festessen mit Zwetschgenknödel, die Franz seit seiner Kindheit so sehr liebte, in den Wagen und ließen sich von August nach Santa Barbara fahren.

Im Herbst wurde es wieder ruhig im Hause Werfel, und das nicht nur wegen Franz' Gesundheitszustand und Almas Fürsorge. Die Freunde ringsum wurden älter und gingen nicht mehr viel aus. Franz arbeitete vier bis fünf Stunden am Tag zusammen mit seinem Sekretär. Danach gab es Mittagessen. Wenn Franz nachmittags ruhte, lud Alma gelegentlich Al Joseph zu einem Gläschen ein. Er jedoch lehnte dankend ab – nachmittags trank er prinzipiell keinen Alkohol. »Ach ja, Sie sind ja Jude«, bemerkte Alma. Sie glaubte, *ihre* Bemerkungen über Juden seien anders als die anderer Menschen. Schließlich sprach sie ja über eine große Gruppe von Menschen, nicht über Einzelpersonen.

Alma war gerne in Gesellschaft von Franz' jüngerem Mitarbeiter, aber als Trinkkumpan brauchte sie ihn nicht unbedingt. Jeden Tag verkonsumierte sie jetzt eine Flasche Benedictine. Sie bestellte ihr Lieblingsgetränk kartonweise. Die Angestellten im benachbarten Spirituosenladen kannten Alma und ihren Butler August sehr gut. North Bedford Drive Nr. 610 war ein guter Kunde.

Anna und Anatole telegrafierten um Geld, aber Alma weigerte sich, den Fistoularis noch mehr zu schicken, als sie es ohnehin schon getan hatte. Sie hatte eine Rechnung von dreitausend Österreichischen Schillingen für angebliche Elektroarbeiten im Haus an der Hohen Warte bekommen und fühlte sich übervorteilt. Alma versuchte die Originalpartitur von Mahlers ›*Das Lied von der Erde*‹ zu verkaufen, aber niemand wollte die von ihr geforderten 7500 Dollar bezahlen. Angesichts des finanziellen Engpasses dachten Franz und Alma, sie müßten nach New York gehen. Im April 1945 schrieb Alma an den Geschäftsführer des St.-Moritz-Hotels und ließ die Zimmer 1516 bist 1519 für eine bestimmte Zeit im Herbst reservieren. In seiner Antwort ließ der Geschäftsführer durchblicken, daß die bestellte Hotelsuite vielleicht doch etwas zu überdimensioniert für zwei Personen sei. Drei Zimmer müßten wohl doch ausreichend sein. Alma verschob die Entscheidung darüber auf einen späteren Zeitpunkt.

Im Sommer arbeitete Franz im ruhigen Santa Barbara. Bei ihm war sein Arzt, der ihm auch Freund und Gesellschafter war. ›*Der Stern der Ungeborenen*‹ war fast fertig, und obgleich Franz immer noch skeptisch war in bezug auf den Wert des Werkes, hatte er wieder Lebensmut und blickte optimistisch in die Zukunft. Alma ging es nicht besonders gut. Sie plagte sich wochenlang mit einem Fieber herum, dessen Ursache abgesehen von ihrem allgemeinen Erschöpfungszustand die Ärzte nicht herausfinden konnten. Sie machte zwei Penicillinkuren. Alma dachte darüber nach, was wohl geworden wäre, hätte es diese neue ›Wunderdroge‹ schon zu Gustavs Zeiten gegeben. Doch *ihr* half sie nicht. Einer der Ärzte vermutete in ihren Zähnen die Ursache für ihr Fieber. Also ließ sie sich sieben Zähne ziehen, die sich als kerngesund herausstellten und ihr für den Rest ihres Lebens gute Dienste hätten leisten können.

Allmählich besserte sich ihr Zustand. Sie fühlte sich wohler, als sie im Sommer allein war und Franz gut versorgt wußte. Er schrieb ihr oft, wie sehr er sie vermisse und wie schlecht er sich vorkomme, weil es sie alleine in Beverly Hills zurückgelassen hatte. Jeden Tag wollte er zwanzig Seiten an seinem neuen Roman schreiben, und abends ging er fast täglich mit seinem Freund ins Kino. Alma konnte dem Film ganz allgemein nicht viel abgewinnen. Sie hatte Schwierigkeiten mit der englischen Sprache und konnte manchmal nicht hören und nicht verstehen, was gesprochen wurde. Doch wenn sie wirklich einmal alles mitbekam, dann war sie von der Geschichte so gefangen, daß sie ständig um ihren Lieblingsschauspieler Erroll Flynn bangte, ob er wohlbehalten das nächste Abenteuer überstehen würde.

Alma fuhr am 10. August zu Besuch nach Santa Barbara und war zufrieden, daß sie dort nicht gebraucht wurde, ja vielleicht sogar etwas störend wirkte. August hatte sie chauffiert, und als sie am 13. wieder nach Hause fuhr, dachte sie beruhigt daran, wie glücklich und gesund Franz in dem kleinen Bungalow auf dem Hotelgelände war. Am Morgen nach der Rückkehr brachte der Postbote mit Sonderzustellung einen Umschlag, in dem sich folgendes Gedicht befand:

An Alma (Nach dem Abschied)

Wie ich dich liebe, hab' ich nicht gewußt,
Bevor mich überfiel das rasche Scheiden.
Ich bin ganz blutarm von soviel Erleiden
Warum wird man bewußt erst durch Verlust.

Was gestern du berührt hast, starrt nun leer.
Die Dinge sind wie tief gekränkte Tiere
Mein Leben nicht, das *deine* war das ihre,
Und darum haben sie kein Leben mehr.

> Ich geh' herum, zusammengefaßt und scheu,
> Aus Angst vor meines Herzens Überschwellen.
> Im Haus versuch' ich mich blind zu stellen,
> Denn Zeit ist treulos, aber Raum ist treu.
>
> Im Raum hier nebenan dein Leben schwang,
> Hier atmetest du, rufend, lachend, sprechend,
> Und ich, und ich – wie ist das herzzerbrechend –
> Nahm's an, nahm's hin und fühlte mich nicht bang.[2]

Das Gedicht machte Alma angst, aber es war trotzdem besser für beide, wenn Franz in Santa Barbara blieb. Am 17. August rief er an, um die Vollendung von ›Stern der Ungeborenen‹ zu verkünden. Sie freute sich über die Nachricht, und auch darüber, daß er jetzt glücklich und innerlich stark wieder nach Hause zurückkehren konnte. Alma versuchte ihren Mann zu überreden, er solle jemanden bitten, ihn in der Kühle des Abends nach Beverly Hills zu fahren. Franz bestand aber darauf, daß er am nächsten Tag von August abgeholt werden wollte. Als der Wagen am späten Vormittag am Bedford Drive vorfuhr, war Franz aschgrau im Gesicht und ging sofort ins Bett.

Alma war verzweifelt. Da schien es ihm in Santa Barbara so viel besser gegangen zu sein, und nun sah sie sich wieder mit den Qualen des Gebrechens konfrontiert. Dr. Wolff war sofort zur Stelle und verordnete Morphium. Damit waren Almas schlimmste Befürchtungen bestätigt. Sie blieb an seinem Bett, bis er eingeschlafen war, dann bemerkte sie plötzlich, wie er Schweißausbrüche bekam. Er beklagte sich, kein Gefühl in den Extremitäten zu haben. Dr. Wolff war nicht auffindbar, aber Alma gelang es schließlich, einen seiner Mitarbeiter, Julius Bauer, herbeizuholen, der auch gleich einige Kollegen mitbrachte. Einer der Ärzte blieb die ganze Nacht bei Franz, und so konnte Alma sich ein wenig ausruhen. Am Morgen war Franz' Fieber gestiegen, und das Ärztekonsilium trat wieder zusammen. Für die nächsten Tage wurde strengste Bettruhe verordnet. In dieser Zeit kam Werfel wieder so weit zu Kräften, daß er an einigen seiner Gedichte feilen konnte.

Am 25. August ging er mit Alma, Bruno Walter und dessen Tochter Lotte zum Abendessen aus. Die Walters hatten das Nachbarhaus am Bedford Drive gekauft und kamen einige Minuten vor der verabredeten Zeit. Wie immer setzte sich Bruno dann ans Klavier. Er spielte Melodien aus Smetanas ›Verkaufter Braut‹. Die fröhlichen Klänge lockten Franz zu ein paar schüchternen Tanzschritten. Danach verbrachten sie alle zusammen einen heiteren und unbeschwerten Abend.

Müde und glücklich kehrten sie nach Hause zurück. Am Sonntagmorgen, dem 26. August, saßen Franz und Alma bis zum Mittagessen in der Sonne. Danach hielt Franz einen kurzen Mittagsschlaf. Dann zog er sich an und begann zu arbeiten. Alma ging in ihr Zimmer, um ein Buch zu lesen. Einige Stunden später wollten sie nach ihm schauen und ihn fragen, ob er Tee oder Gesellschaft wünsche. Sie fand Franz tot neben seinem Schreibtisch.[3]

Innerhalb weniger Minuten waren die Arlts zur Stelle. Alma massierte Franz' Körper und legte den Sauerstoffapparat an, den er immer bei seinem Bett hatte. Es war nichts mehr zu machen. Sie hatte ihr liebes Mannkind verloren. Alma hielt seine Brieftasche mit einigen kleinen Marien-Medaillons, Erinnerungen an Bernadette, Briefen von seiner Mutter und von ihr in den Händen. Der Arzt gab ihr ein Beruhigungsmittel. Dann wurde der Leichnam abtransportiert.

Franz Werfels Begräbnis fand am Morgen des 29. August in Pierce Brothers Bestattungsinstitut in Beverly Hills statt. Einen Gottesdienst hatte er nicht gewollt, und so wurde es ein rein weltliches Begräbnis. Alma sorgte dafür, daß er genauso beerdigt wurde, wie er es bei der Hauptfigur F. W. im ›Stern der Ungeborenen‹ beschrieben hatte – in Smoking und Seidenhemd, die Brille wie immer in der Brusttasche, ein weiteres Seidenhemd und einige Smoking-Taschentücher dabei. Die Grabrede hielt ihr Freund Georg Moenius, ein Franziskanerpater.

Am Tag des Begräbnisses kam Al Joseph, einer der Sargträger, bei Alma vorbei, um zu fragen, ob er sie zum Bestattungsinstitut mitnehmen könne. Es war spät, alle Trauergäste waren schon versammelt, und so drängte Joseph die Witwe, sich zu beeilen. »Ich gehe nicht«, sagte sie.

Sie war intensiv damit beschäftigt, Pater Moenius' Grabrede, die ihr nicht gefiel, umzuschreiben. Joseph versuchte zu erklären, daß die Trauerfeierlichkeiten nicht verschoben werden konnten, weil bereits die Trauergäste des nächsten Begräbnisses warteten. Alma änderte weiter an der Rede. Im Bestattungsinstitut spielte Bruno Walter ein kurzes Klavierstück von Schubert, um die Wartezeit zu überbrücken. Unter den Trauergästen waren Igor Strawinsky und seine Frau, die Schönbergs, Otto Preminger, die Familie Mann und Herr und Frau Klemperer. Die Trauergemeinde wartete weiter. Nichts geschah. Einige schlugen vor, jemand sollte Walter ablösen, aber selbst die besten Musiker unter den Anwesenden wollten nicht nach einem Maestro Walter spielen. Die Minuten gingen dahin, und die Stille wurde immer bedrückender. Die Trauergemeinde für das nächste Begräbnis wartete bereits ungeduldig vor der kleinen Kapelle. Weitere zwanzig Minuten vergingen. Walter spielte dasselbe Stück bereits zum dritten Mal. Endlich kam Pater Moenius – ohne Alma – und begann mit den Trauerfeierlichkeiten. Allgemein machte sich schon fast ein Gefühl der Erleichterung breit. Die Grabrede begann: »Während wir hier auf Erden sind, schütteln sich Franz Werfel und Karl Kraus im Himmel die Hände.« Das war ziemlich unpassend. Kraus hatte Franz in seiner Jugend unterstützt, aber Alma hatte den Journalisten immer verachtet. Und mit dem Himmel hatte sie sowieso nichts im Sinn.

Am Tag nach den Feierlichkeiten brachten die Arlts Alma an Franz' Grab im Rosedale-Friedhof. Pater Moenius kam noch einmal, um die sterblichen Überreste in Gegenwart der Witwe zu segnen.

15
Die letzten Jahre

Alma nahm Beruhigungsmittel und schlief in dem Krankenbett, das man Franz für seine letzten Lebensmonate hingestellt hatte. Die Arlts waren die meiste Zeit bei ihr, erledigten alles Notwendige und sahen zu, daß August seine Arbeit verrichtete. Ende Oktober 1945 gelang es den Arlts, Alma davon zu überzeugen, daß ihr ein Tapetenwechsel guttäte. Die drei fuhren zusammen nach New York, wo sich Alma allerdings noch einsamer und ängstlicher fühlte. Vor allem vor den Schwarzen hatte sie Angst, aber auch die Unpersönlichkeit der Straßen in Manhattan beunruhigte sie in diesen Wochen. Sie war froh, wieder nach Hause zurückkehren zu können.

In Beverly Hills hatte sie wenigstens Bruno Walter als Nachbar und Gustav und Gusti Arlt, die sie anrufen konnte, wenn sie Hilfe brauchte oder ihr nach Gesellschaft zumute war. Von Erinnerungen an Franz umgeben, fühlte sie sich zu Hause. Plötzlich verkündete Hedda Hopper, die Klatschtante im Rundfunk, Alma würde demnächst Bruno Walter heiraten. Die angebliche Braut kochte vor Wut und ließ der Presse mitteilen, daß sie nie etwas Absurderes und Geschmackloseres gehört hätte. Bruno kam zum Gartenzaun und hörte sich ihre Zornesausbrüche an. Dann sagte er: »Aber wäre das denn so schlimm?«

Aus Wien erreichten sie schlechte Nachrichten. Schwester Ida, Almas treue Dienerin, die einen ehemaligen Nazi namens Wagner geheiratet hatte, schrieb, Almas Besitz sei größtenteils von Bomben zerstört. So seien beispielsweise Gustavs und Franz' Schreibtische und die darin aufbewahrten Papiere und Manuskripte unwiederbringlich verloren.

Erst als sie im Januar 1946 wieder einmal nach New York fuhr, um Bruno Walter Mahlers Vierte Symphonie dirigieren zu hören, kam ihr das ganze Ausmaß ihrer Einsamkeit so richtig zum Bewußtsein. Vor der Carnegie Hall stapfte sie nach der Aufführung alleine durch Eis und Schnee auf der Suche nach einem Taxi, das sie in ihr Hotelzimmer bringen sollte. Dort saß sie im Dunkeln und hing ihren Gedanken nach. Eigentlich hatte sie Gustavs Musik nie so recht gemocht, hatte sich nie sonderlich für Franz' Schriftstellerei interessiert, war aber immer und immer noch von Oskars Arbeit beeindruckt. Er war der Mensch, der wirklich zählte, und sie wollte ihn finden und zu ihm gehen. Sie fühlte sich ein wenig besser, tat aber nichts, um mit Kokoschka in Kontakt zu kommen, außer den gelegentlichen Briefen und Telegrammen, die sie nun schon seit mehr als dreißig Jahren austauschten.

Im Alter von siebenundsechzig Jahren mußte Alma nun damit fertig werden, allein zu leben, ohne Eltern, Kinder, Ehemann und sehr wahrscheinlich auch ohne Liebhaber. Die Zeitungen und Radiostationen in der ganzen Welt hatten von Werfels Tod berichtet, und Alma erhielt viele Briefe und Telegramme – mehr noch als nach Gustavs Tod. Das half ihr allerdings auch nicht, wenn sie abends ins Bett ging, ohne jemandem ›gute Nacht‹ sagen zu können. Ihr ständiger Gefährte in dieser Zeit war der Diener August, wegen seines guten Aussehens auch der ›schöne August‹ genannt. Er hatte einen weltentrückten Charme und Theaterambitionen. Als Dichter und Komponist bezeichnete er sich selbst am liebsten, und er trat mit einem deutschsprachigen Ensemble in Los Angeles in Operetten auf. Seine mangelhafte Bildung brachte Alma zur Raserei. »Wieso haben Sie das nicht gewußt?« schrie sie ihn des öfteren an. Er wuße aber sehr wohl, wie er sie zu behandeln hatte. Trotz Streitereien, die an Liebesgezänk erinnerten und sogar zu vorübergehenden ›Scheidungen‹ führten, bat Alma ihn immer wieder, in ihre Dienste zurückzukehren. Sie bezahlte ihn gut, und als sie sich schließlich endgültig trennten, kaufte er sich ein Haus in Los Angeles und lebte von seinen Ersparnissen.

Willi Haas, ein Freund aus Werfels Kindertagen, der als Gefährte des Helden in ›Stern der Ungeborenen‹ unsterblich geworden ist, schrieb Alma, um sie nach Indien einzuladen, wo er ihr ein Zimmer in einer paradiesischen Villa an der Malabar-Küste anbot.[1] Das klang verlockend, aber es gab zu viel Geschäftliches zu erledigen. Adolph Klarmann war Franz' Testamentsverwalter. In seinem Letzten Willen hatte Franz alles Alma vermacht, und nach ihrem Tod sollte Anna alles bekommen. Der Krieg hatte diese relativ einfache Verfügung kompliziert. Die amerikanischen Rechte von Franz' Werken gehörten Alma, Schwierigkeiten gab es hingegen mit den Rechten im Ausland. Franz' ältere Schwester, Hanna Fuchs-Robettin, hielt es für unzulässig, daß Franz seine engsten Familienangehörigen nicht bedacht haben sollte. Sie wollte die ausländischen Rechte für sich selbst, ihre Schwester Mizzi Rieser und Mutter Werfel gerichtlich erzwingen. Sie verfolgte auch verbissen ihr Ziel, bis sich herausstellte, daß Zsolnay klugerweise alles, was in seiner Machtbefugnis stand, auf Almas Namen übertragen hatte, wo es auch unter den unsicheren politischen Verhältnissen in Österreich sicher war. Bei den unschönen Auseinandersetzungen war Alma durch den New Yorker Anwalt Rudolf Motner vertreten, der alles zu Almas vollster Zufriedenheit erledigte. Niemals mehr würde sie sich finanzielle Sorgen machen müssen.[2]

Bei den praktischen Dingen des täglichen Lebens konnte sie weiterhin auf die Hilfe und die Freundschaft der Arlts zählen. Gustav Arlt verhandelte mit der Bibliothek der University of California in Los Angeles, an die Franz' Papiere übergeben werden sollten. Alma arbeitete sich mit einem Sekretär durch die vielen willkürlich angehäuften Notizbücher und losen Blätter hindurch und versuchte die Handschrift ihres verstorbenen Mannes zu entziffern. Sie gab sich ganz diesem Projekt hin und fühlte sich so ihrem Mann nahe. Entgegen ihren späteren Behauptungen hat sie aber weder irgendein Werk Werfels vollendet noch wesentliche Korrekturen vorgenommen.

Im Juni 1946 bekam Alma die amerikanische Staatsbürgerschaft. Das Ereignis wurde mit Champagner gefeiert. Allmählich erfaßte sie wieder eine gewisse Rastlosigkeit. Der literarische Nachlaß Werfels war soweit geordnet. Alma war über die schlechte Kritik, die ›Stern der Ungeborenen‹ bekommen hatte, verärgert und gekränkt. Die Kritiker hatten einfach vom Autor der ›Bernadette‹ etwas anderes erwartet. Zum ersten Mal wollte Alma von der Erinnerung an Franz wegkommen. Sie setzte sich ans Klavier, und als sie sich die rechte Hand verletzte, schickte ihr Kathe Berl die Etüden von Scrjabin für die linke Hand, die sie mit Begeisterung und Freude spielte. Sie spielte auch Chopin und Improvisationen von Opern, unter anderem ›Manon Lescaut‹. Aber das alles füllte sie nicht aus.

Alma buchte einen Platz im Schlafwagen nach New York, wo sie im Rundfunk kurz über Werfel sprechen sollte. Selbst als sie sich ›Tristan‹ in der Metropolitan Opera anhörte, waren ihre Gedanken bei Werfel. Nach ihrer Rückkehr kam sie zu dem Schluß, daß Beverly Hills nicht der Ort wäre, an dem sie alleine glücklich leben könnte. Sie befaßte sich ernsthaft mit dem Gedanken, nach Wien zurückzukehren. Schließlich wollte sie ohnehin dort nach dem Rechten sehen und retten, was noch zu retten war.

In einem Brief an Walter Gropius deutete sie an, auf unbestimmte Zeit, vielleicht für immer, nach Europa zurückzugehen. Er antwortete im September 1946 von seinem Wohnsitz in Cambridge im Staat Massachusetts aus und entschuldigte sich, ihr beim Tod Werfels nicht kondoliert zu haben. Er hatte sich um diese Zeit mit seiner Frau in Mexiko und in den Rocky Mountains aufgehalten, und das erste, was er gehört hatte, war die Nachricht, daß Alma drauf und dran war, Bruno Walter zu heiraten. »Nein«, schrieb er, »böse konnte ich Dir deshalb nicht sein; schließlich ist ein wichtiger Teil meines Lebens mit Dir verbunden ... und Mutzi bleibt etwas, das wir gemeinsam hatten [selbst wenn wir den letzten Teil unseres Lebens nicht gemeinsam verbracht haben].«[3]

Im September wurde sie von Mengelberg aus London gebeten, ihm beim Verkauf der Partituren von Mahlers Vierter Symphonie und dem letzten Satz vom ›Lied der Erde‹ behilflich zu sein. Sie war strikt dagegen, da sie sich nicht vorstellen konnte, daß der Dirigent wirklich so dringend Geld benötigte, daß er diese Partituren verkaufen mußte. Immer wieder schob sie ihre Reise wegen wichtiger Geschäfte in Amerika auf. Sie weigerte sich, Werfels frühe Gedichte veröffentlichen zu lassen mit der Begründung, diese ›sehr unreifen Werke‹ würden seinem Ruf schaden. Als sie sich entschloß, einige von Gustavs Papieren und Fotografien der Bibliothek in Wien anzubieten, wußte sie sehr wohl, daß es für diese Bibliothek sehr schwer sein würde, derartiges Material zu erwerben. Sie hatte keine Ahnung, was eigentlich von ihrem Besitz in Wien noch vorhanden war.

Im Spätsommer 1947 brach Alma nach Europa auf.[4] Auf dieser Reise schien von Anfang an alles schiefzugehen. Ihr Flugzeug mußte auf Neufundland außerplanmäßig zwischenlanden. Mit Platos Werken in Taschenbuchausgabe und einer Flasche Benedictine vertrieb sie sich den Tag bis zum Weiterflug. Bei ihrer Ankunft in London wurde sie von Anna, Anatole und Marina begrüßt. Alma war schockiert, wie abgehärmt ihre dreiundvierzigjährige Tochter aussah und wie häßlich ihre Enkelin war. Rasch verließ sie London wieder, nachdem sie sich vergewissert hatte, daß es Anna soweit gutging, sie mit ihrer Arbeit erfolgreich und mit ihrer Familie glücklich war.

In Wien nahm sie sich ein bescheidenes Zimmer im Hotel Krantz und wanderte durch die Stadt. Sie hatte von den Bombenangriffen gehört, war aber entsetzt, daß die Oper, das Burgtheater und der Stephansdom nur mehr Ruinen waren. Als nächstes wollte sie alte Freunde aufsuchen. Schwester Ida schien ein resigniertes Leben als Frau Wagner zu führen. Die meisten Leute, die Alma gekannt hatte, waren entweder tot oder nicht mehr in Wien. Und die wenigen, die sie wiederfand, waren niedergeschlagen und abgehärmt. Die einzige alte Freundin, deren Leben sich kaum verändert zu haben schien, war die verwitwete Helene Berg, die die Kriegsjahre in Österreich geblieben war, sich den Befragungen der Gestapo über Alban und sein Werk gestellt hatte und jetzt in ihrer privaten Welt des Okkultismus lebte. Im Gespräch mit der Frau, deren Leben ihrem einst so ähnlich war, erkannte Alma, daß Helene die Realität hinter sich gelassen hatte. Und das wollte nun Alma wiederum nicht.

Dann begann sie mit der mühsamen und enttäuschenden Suche nach ihren Besitztümern. Je länger sie damit beschäftigt war, die verschiedenen Fäden zusammenzuweben, desto mehr wurde ihr klar, daß sie in Wien nicht mehr leben könnte. Die Bitterkeit und der Antisemitismus waren mit dem Krieg nicht verschwunden, und man warf ihr immer noch vor, daß sie zweimal Juden geheiratet hatte. Sie lief von Amt zu Amt, ärgerte sich über zahllose arrogante Beamte und fand schließlich heraus, daß Carl Moll nach dem Tod ihrer Mutter den gesamten Besitz übernommen und die Kunstwerke, die Alma ihm treuhänderisch überlassen hatte, entweder weggegeben oder verkauft hatte. Er wollte Geld zur Verfügung haben, um mit seiner Tochter und seinem Schwiegersohn fliehen zu können. Alle drei nahmen sich jedoch das Leben, als die Russen in Wien einmarschierten.

Alma hatte das Gefühl, durch eine Wüste voller Leichen zu wandern. Das Haus am Semmering war an die Russen verkauft und ›umdekoriert‹ worden. Oskars Wandgemälde über dem Kamin hatte man übertüncht. Ihr Haus an der Hohen Warte war von amerikanischen Bomben fast völlig zerstört worden. Das Mollsche Haus in der Nachbarschaft dagegen blieb unversehrt. Es hätte eigentlich Alma gehören sollen, aber ihre Halbschwester hatte das Testament ihrer Mutter verbrannt, und nun hatte Alma Gelegenheit, es zum Gegenwert von nur wenigen hundert Dollar zu kaufen. Sie wußte, wie wertvoll das von Hoffmann entworfene Haus war und konnte sich noch so gut vorstellen, wie Gustav zur Eingangstür hinaufsprang und in die Diele eilte, um seine junge Braut abzuholen. Alma betrachtete das Haus lange, dann drehte sie sich um und kehrte nie mehr dorthin zurück.

Am meisten ärgerte sie, daß Moll das Munch-Gemälde verkauft hatte, das Walter ihr zur Geburt Manons geschenkt hatte. Wenn sie schon nichts anderes bekommen konnte, so wollte sie doch alles dransetzen, die ›Mitternachtssonne‹ wieder zurückzuerhalten. Zu dieser Zeit wußte sie jedoch schon, daß sie in Wien keine leichten Siege erringen würde. Über London flog sie nach Amerika zurück in dem sicheren Bewußtsein, ihre Heimat nie wiedersehen zu wollen. Alma nahm sich amerikanische Rechtsanwälte, aber sie hatte praktisch keine Chance, etwas zu erreichen. Als sie Moll und ihrer Stiefschwester eine Generalvollmacht über ihre Besitzungen einschließlich des Hauses am Semmering und der Verfügungsgewalt über verschiedene Kunstwerke gegeben hatte, glaubte sie, diese Abmachungen seien nur so pro forma, da sie ohnehin bald wieder in Wien sein würde. Mit dieser schriftlichen Vollmacht hatte sie jedoch jeden Anspruch auf ihr Eigentum aufgegeben. Carls Handlungen bewegten sich im Rahmen der Legalität. Alma versuchte mit moralischen Gründen zu argumentieren, aber in den Augen vieler Wiener Beamter war das, was sie getan hatte, nämlich Mahler und Werfel zu heiraten, sehr viel verachtenswerter als Carl Molls Handlungsweise.

Alma war voll Bitterkeit, die nicht mehr von ihr weichen wollte. Ihre Familie und ihr Heimatland hatten sie aus etwas hinausgedrängt, das ihr rechtmäßig zustand. Nun saß sie alleine in ihrem Hause in Beverly Hills und würde bald siebzig werden.

Unnötigerweise machte sich Alma finanzielle Sorgen. Ähnlich wie damals beim unabsichtlichen mehrfachen Verkauf der Rechte von ›*Bernadette*‹ versuchte sie die Partitur von Bruckners Dritter Symphonie bei drei Händlern gleichzeitig zu verkaufen. Sie forderte von jedem mindestens fünftausend Dollar. Keiner willigte ein. Einige Monate später wollte sie Franz' Manuskript von ›*Musa Dagh*‹ an die armenische Kirche von New York, wo Werfel geehrt und gefeiert worden war, verkaufen, aber natürlich konnte man auch dort die finanziellen Mittel nicht aufbringen, die Alma verlangte. Wie schon in Wien schien sie mit ihren Besitztümern nur Ärger und Enttäuschungen zu erleben.

Zu Beginn des Jahres 1948 verbrachte Anna einen Monat bei ihrer Mutter in Beverly Hills. Die beiden Frauen fanden wieder zueinander und erneuerten ihre Beziehung, die durch Trennung und gescheiterte Hoffnungen am Erlöschen gewesen war. Durch die Anwesenheit ihrer Tochter bekam Alma wieder Interesse am Geschehen um sich herum. Als Anna nach London zurückfuhr, beschloß Alma aktiv zu bleiben. Sie suchte eine Herausforderung und fand sie.

Thomas Mann hatte seinen Roman ›Doktor Faustus‹ veröffentlicht, ein geniales Werk von überaus großer Bedeutung. Der in dem Roman vorkommende Komponist Adrian Leverkühn arbeitete mit der Zwölftontechnik, wie sie Schönberg entwickelt hatte. Als Thomas Manns Roman erschien, war diese Art der Musik bereits weit über den kleinen Kreis von Schönberg-Schülern hinaus verbreitet. Aber für viele war Manns Romanheld Schönberg und kein anderer. Obgleich der Schriftsteller viele lebende Personen in seinem Werk vorkommen ließ, hatte er niemals den Komponisten erwähnt, der ihm offensichtlich als Vorbild für seinen Hauptakteur gedient hatte. Alma, die mit Schönberg und Mann befreundet war, war glücklich, hier vermitteln zu können.

Es gibt viele Berichte über diesen legendären literarischen Streit. Eine der besten Beschreibungen der Rolle, die Alma dabei spielte, ist in den Leserzuschriften der Zeitschrift ›Saturday Review‹ zu Beginn des Jahres 1949 nachzulesen. Schönberg schrieb damals:

»Thomas Mann hat sich meines literarischen Eigentums bedient... Er tat dies ohne meine Erlaubnis und sogar ohne mich davon in Kenntnis zu setzen... Die Vermutung eines Kritikers, er habe diese Informationen über diese Technik von Bruno Walter und Strawinsky bekommen, ist wahrscheinlich falsch, denn Walter weiß nichts über die Zwölftonkompositionstechnik, und Strawinsky hat kein Interesse daran... Ich habe von diesem Mißbrauch zufällig erfahren. In einer Zeitschrift, die ich in die Hand bekam, stand eine Kritik über ›Dr. Faustus‹, worin die Zwölftontechnik erwähnt wurde. Danach erzählte mir Mrs. Alma Mahler-Werfel, sie habe das Buch gelesen und sei entsetzt darüber gewesen, daß er meine ›Theorie‹ verwendet hätte, ohne mich als Urheber zu nennen... Als Mrs. Mahler-Werfel diesen Mißbrauch entdeckte, sagte sie Mann, daß dies meine Technik sei, worauf er antwortete: ›Oh, merkt man das? Dann wird Herr Schönberg vielleicht böse sein!‹ Es war keine leichte Sache für Mrs. Mahler-Werfel, ihn davon zu überzeugen, daß er etwas tun müsse, um das wiedergutzumachen. Schließlich schrieb ich ihm einen Brief und zeigte ihm die möglichen Konsequenzen, die daraus entstehen könnten, wenn er meine Schöpfung einer anderen Person zuschriebe, auf... Mrs. Mahler-Werfel mußte sich weiter intensiv einsetzen, um zu erreichen, daß Thomas Mann in jede Kopie von ›Dr. Faustus‹ einen Hinweis drucken ließ, in dem er mich als Urheber der Zwölftontechnik nannte.«[5]

Mann antwortete auf Schönbergs ausführlichen Brief, er sei ›erstaunt und bekümmert‹ über die ganze Angelegenheit. Schönbergs Zorn, so schrieb der Schriftsteller, sei von ›vorwitzigen Skandaltreibern‹[6] entfacht worden. Man hätte ihn ohne irgendeinen Druck davon überzeugen können, den Verdienst, der dem Komponisten zustünde, auch entsprechend zu würdigen. Ob Alma vielleicht eine jener ›vorwitzigen Skandaltreiber‹[7] war, tut hier nicht viel zur Sache. Sie war jedenfalls mitten in einer Intrige von Wiener Ausmaßen, und ihr Adrenalinspiegel stieg.

In diesem Sommer dirigierte Eugene Ormandy Gustavs Achte Synphonie in der Hollywood Bowl. Er lud Alma zu den Proben und zu der Aufführung ein. Sie genoß es, wieder einmal als Witwe Mahlers aufzutreten, und stand mit Rat und Tat bereitwillig zur Seite. Am 31. August 1948, ihrem neunundsechzigsten Geburtstag, riß der Strom der Gratulanten am Bedford Drive den ganzen Vormittag nicht ab. Mittags gab es eine kleine Feier bei den Arlts, und abends kam ein Essen für sechzig Personen in Almas Wohnzimmer. Erich

Korngold widmete ihr seine Violinsonate, und Thomas Mann schrieb ihr in das mitgebrachte Buch: ›Für Alma, die Persönlichkeit... von ihrem alten Freund und Bewunderer.‹[8]

Alma war schon lange nicht mehr so zufrieden gewesen. Sie verbrachte ihre Tage damit, die Briefe und Papiere zu sichten, die sich im Laufe der Zeit angesammelt hatten. Sie wollte sie ordnen und ein Buch über ihr Leben schreiben. Wenn ihr Noten in die Hände fielen, dann ging sie zum Klavier und spielte sie, obwohl der Arzt ihr geraten hatte, nicht zu lange am Klavier zu sitzen. Sie spielte nämlich so kraftvoll, daß es für sie zu anstrengend werden konnte. Zusammen mit einem Sekretär kopierte sie in fünf Monaten die Briefe, die ihr Franz im Laufe von drei Jahrzehnten geschrieben hatte. Ihre eigenen Briefe an ihre Ehemänner und Liebhaber verbrannte sie. Einige ihrer persönlichen Briefe waren im Krieg verbrannt, aber sie hatte immer noch Koffer, Schachteln und Schubladen voll mit Erinnerungsstücken aus ihrem bewegten Leben. Ganz besonders hatte sie alles gesammelt, was ihr über Oskar in die Finger kam. Während sie an diesem Projekt arbeitete, erhielt sie die Nachricht von Pfitzners Tod. Seine Witwe schickte ihr die letzten Fotos von ihm und ein Foto von seiner Totenmaske. Franz' Totenmaske war irgendwo in einer Schuhschachtel verstaut. Alma wußte nicht genau wo. Das war auch noch etwas, was erledigt werden mußte. Zusammen mit den Möbeln und den Büchern aus seinem Arbeitszimmer würde auch die Totenmaske an die Bibliothek der University of California in Los Angeles gehen.

Sie hatte nicht viele Besucher. Remarque schaute ab und zu vorbei, und der Komponist und Pianist Benjamin Britten kam zusammen mit dem Tenor Jan Peerce nach der Vorstellung zum Abendessen. Der schwarze Koch John, der die meiste Zeit damit zubrachte, Wettformulare auszufüllen, übertraf sich an diesem Abend selbst und zauberte in Windeseile ein Essen auf den Tisch, für das ein anderer Tage zur Vorbereitung gebraucht hätte. Almas Gäste konnten seine Künste gar nicht genug loben.

Im Sommer 1949 besuchte Anna ihre Mutter in der Absicht, für immer nach Kalifornien zu ziehen. Sie hatte sich von Fistoulari getrennt. Sowohl das Klima als auch die Lebensbedingungen waren für Annas Arbeit an großformatigen Skulpturen in Los Angeles besser als in London. Mutter und Tochter fanden immer mehr Gemeinsamkeiten. Eigentlich waren sie sich sogar sehr ähnlich.

Zu ihrem siebzigsten Geburtstag erhielt Alma einen Brief von Oskar:

»Meine liebe Alma!

Du bist noch immer ein wildes Geschöpf, geradeso wie damals, als Du zuerst von ›Tristan und Isolde‹ hingerissen warst und einen Federkiel benutztest, um Deine Bemerkungen über Nietzsche in Dein Tagebuch zu kritzeln, in derselben fliegenden, unleserlichen Schrift, die ich nur entziffern kann, weil ich Deinen Rhythmus kenne. Bitte Deine Freunde, die Deine Geburtstagsfeier vorbereiten, Dich nicht an ein dummes, zufälliges, vergängliches Kalenderjahr zu binden. Sage ihnen, Dir statt dessen ein lebendes, unvergängliches Denkmal zu setzen, das heißt, einen wirklich amerikanischen Dichter zu finden, mit einem sechsten Sinn für Sprache, Auslegung, Rhythmus und Tonfall – einer, der die Gemütsskala von Zärtlichkeit bis zur lasterhaften Sinnlichkeit kennt, kann sie aus meinem ›Orpheus und Eurydice‹ herausschöpfen und ins Amerikanische [nicht ins moderne Englisch] übersetzen – damit wir der Welt sagen können, was wir beide mit uns und gegen uns getan haben und die lebende Botschaft unserer Liebe der Nachwelt übermitteln können.

Seit dem Mittelalter hat es nichts Gleichartiges gegeben, denn kein Liebespaar hat je so leidenschaftlich in sich hineingeatmet. So, da ist ein schöner Plan für Dich, und da er Zeit brauchen wird, solltest Du ruhig den Kalender vergessen. Ich weiß nicht mal, wann ich geboren bin, und will auch nicht daran erinnert sein. Ich freue mich darauf, den übersetzten ›Orpheus‹ zu inszenieren und gleichzeitig das Leben der jungen Generationen mit dem von uns angefachten Feuer zu erleuchten. Wir zwei werden immer auf der Bühne des Lebens sein, wenn widerliche Banalität, das triviale Bild der zeitgenössischen Welt, einer aus Leidenschaft geborenen Pracht weichen muß. Sieh Dir die öden und prosaischen Gesichter um Dich herum an – nicht eines hat die Spannung des Kämpfens mit dem Leben gekannt, des Genießens, selbst des Todes, des Lächelns über die Kugel im Schädel, das Messer in der Lunge. Nicht einer – außer Deinem Geliebten, den Du einst in Deine Geheimnisse einweihtest. Denke daran, daß dieses Liebesspiel das einzige Kind ist, das wir haben. Nimm Dich in acht und verbringe Deinen Geburtstag ohne Katzenjammer.

Dein Oskar«[9]

Im Jahre 1950 verließ Anna mit Marina London und zog in das kleine Haus, das Alma für sie in Beverly Glen, nahe der Universität, an der sie unterrichten würde, gekauft hat. Alles schien bestens, bis Anna dann die Nachteile erfahren mußte, die ein Leben in so unmittelbarer Nähe ihrer Mutter mit sich brachte. Drei Jahrzehnte waren sie weit voneinander entfernt gewesen, und sie hatte ihre Mutter meist nur an ihrem Geburtstag besucht. Manchmal erlaubten die Umstände nicht einmal das. In Los Angeles stand Anna nun plötzlich in Almas Diensten, mußte mit den Forderungen einer alten Frau fertig werden, die Angst vor dem Alleinsein hatte und auf jeden und alles eifersüchtig zu sein schien. Alma verlangte von Anna die Aufmerksamkeit, die sie auch von ihren Ehemännern und Liebhabern erwartet hatte. Zu jeder Tages- und Nachtzeit rief sie ihre Tochter an, jammerte ihr vor, sie sei so einsam, und bestand darauf, daß sie ihr Gesellschaft leiste. Sie schickte aber dann nicht etwa John oder August mit dem Wagen, sondern erwartete, daß Anna Marina anzog und den Bus über den Sunset und den Santa Monica Boulevard zu Almas Haus nahm. Mehr als einmal aber hatte sie jedoch, wenn Anna abgehetzt am Bedford Drive angelangt war, inzwischen schon zwei oder drei andere Leute gefunden, die sie ebenfalls mit derselben Dringlichkeit herbeizitiert hatte.

Anna war ihrer Mutter in geschäftlichen Angelegenheiten eine große Hilfe und überredete sie auch, Mahlers unvollendete Zehnte Synphonie zu veröffentlichen. Im April 1950 unterzeichnete sie einen entsprechenden Vertrag mit Associated Music Publishers. In diesem Monat fuhr Alma auch wieder einmal nach New York. Sie war jetzt fast sicher, daß sie den Rest ihrer Tage in New York verbringen wollte. Dort gab es für sie einfach mehr Anregungen. Die Autos und Veranden von Südkalifornien genügten ihr nicht mehr. Sie fuhr mit dem festen Entschluß, so bald wie möglich in den Osten der USA zu übersiedeln, nach Beverly Hills zurück.

Am Abend des 13. Juli 1951 starb Arnold Schönberg. Alma und Anna fuhren sofort zu der Witwe und den Kindern. Die beiden Mahler-Frauen konnten für andere und auch für sich gegenseitig eine große Hilfe sein, aber es kam sofort wieder zu Spannungen. Eine Liebesbeziehung bahnte sich zwischen Anna und Franz' ehemaligem Sekretär Albrecht Joseph an. Alma tat alles in ihren Kräften Stehende, um dieser Freundschaft ein Ende zu bereiten. Schließlich war der junge Mann Jude, und sie war außerdem davon überzeugt, daß er hinter Annas Geld her war. Sie erzählte jedem der beiden die schlimmsten Schauermärchen über den anderen. Anna und Al kannten aber beide Alma gut genug, um diese nicht ernst zu nehmen. Im Jahre 1983 waren sie noch immer glücklich verheiratet.

Anna hatte nichts dagegen, daß ihre Mutter nach New York umziehen wollte. Als Alma erfuhr, daß sie durch den Verkauf des Hauses in Beverly Hills beträchtlichen Gewinn machen konnte, kaufte sie das Haus Nr. 120 East an der 73. Straße mit zwei Wohnungen, die sie vermietete, und einer dritten für sich selbst. Monate vergingen, bis Alma schließlich endgültig in Manhattan war. Dort fühlte sie sich allerdings so zu Hause, wie sie es früher nur in Wien gewesen war.

Am Ende des Ganges ihrer neuen Wohnung lagen die Küche und das Badezimmer. Zwei Räume waren so eingerichtet, daß sie die Bereiche repräsentierten, die ihr Leben bestimmten. Und danach wurden sie auch benannt: die Welt der Worte und die Welt der Musik. Ihr Wohnzimmer war die Welt der Worte. Es war vom Boden bis zur Decke voll mit Büchern, mit den Klassikern, die sie durch Max Burckhard kennengelernt hatte, alle Werke Franz Werfels und alles von Plato bis George Bernard Shaw. Die meisten Bilder in diesem Raum waren von Oskar Kokoschka, so auch sein Porträt von ihr, das über einem prächtigen alten Sekretär hing. Sie hatte so wenig Platz an den Wänden für ihre vielen Kunstwerke, daß sie sie an nicht benützten Türen anbringen und auf die mit Büchern vollgestopften Regale stellen mußte. Möbel gab es ansonsten wenig, und was da war, war von unterschiedlicher Qualität. Es gab eine Couch, auf der ein Gast zur Not schlafen konnte. In ihrem Schlafzimmer – der Welt der Musik gewidmet – standen ein Schreibtisch, ein Bett, ein Blüthner-Klavier, die Wiege, die Makart für sie nach ihrer Geburt gemacht hatte, barocke Figuren, die sie 1947 aus Wien mitgebracht hatte, eine Skizze von Ludwig Bemelmans zu seinem Roman ›*Now I Lay Me Down to Sleep*‹ und einen Safe, in dem sie ihre wertvollsten Stücke eingeschlossen hatte. Auch einige Bilder ihres Vaters, die sie wieder aufgetrieben hatte, gab es da, und Fotografien von ihrer Familie – die Toten immer säuberlich getrennt von den Lebenden. Gustavs Bild hatte einen Ehrenplatz auf dem Klavier. Beim Umzug hatte sich Alma von vielem getrennt – unter anderem auch von ihren zwei Gemälden von Paul Klee. Für das bessere von beiden hatte man ihr nur achtzig Dollar geboten, also hatte sie es Strawinsky geschenkt. Das andere gab sie einem befreundeten Priester.

Im Herbst beschloß Alma noch einmal nach Europa zu reisen. Nach Wien wollte sie allerdings nicht mehr zurück. Die letzten beiden Monate des Jahres 1952 verbrachte sie in Paris und die beiden ersten des Jahres 1953 in Rom. Die Heimreise trat sie mit dem Schiff an. Dabei lernte sie Thornton Wilder kennen, mit dem sie eine herzliche Freundschaft schloß. Sie blieben in brieflichem Kontakt, und er besuchte sie, wann immer er in New York war. »Es ist ein großes Vergnügen, mit Alma Mahler-Werfel zu scherzen«, bekannte er. Er nannte sie den ›Inbegriff von bejahendem Selbstvertrauen und Mut‹.[10]

Alma hatte zwar die Idee einer Autobiographie nicht aufgegeben, aber andere hatten das Projekt in die Hand genommen. Es ist schwierig zu sagen, wieviel Einfluß Alma auf die beiden in Englisch und in Deutsch erschienenen sogenannten Autobiographien gehabt hat. Am Ende der englischen Ausgabe steht ein Zitat von Wilder: ›There is a land of the living, and a land of the dead, and the bridge is love.‹ [›Es gibt ein Land der Lebenden und ein Land der Toten – verbunden durch die Brücke der Liebe‹, Anm. d. Übers.] ›And the Bridge Is Love‹ – so sollte auch der Titel der englischen Ausgabe ihrer Autobiographie lauten. Alma wollte ursprünglich den Titel ›*Mein Leben: Der schimmernde Weg*‹. Daraus wurde in der deutschen Version ganz schlicht ›*Mein Leben*‹.

Ein großer Wurf gelang ihr, als sie Schwester Ida, oder ›Schuli‹, wie sie sie nannte, nach New York locken konnte. Alma und ihr Diener August standen sich so nahe, daß er ihr zum Muttertag Gedichte schickte, aber in New York wollte er nicht leben. Schuli hingegen fungierte als Köchin, Haushälterin, Krankenschwester und auch als Tochter und Freundin. Alma war völlig von ihr abhängig.

Unter den Musikfreunden der Oststaaten der USA hatte der Name Mahler einen guten Klang. Alma wurde zu Proben, Konzerten und Empfängen in New York, Boston, Philadelphia und wo immer sonst noch Mahlers Werke aufgeführt wurden eingeladen. Sie ging viel aus. Wenn keine musikalische Veranstaltung oder keine Einladung in Sicht war, bemühte sie sich weiterhin darum, ihren Besitztümern in Wien nachzujagen oder Tantiemen von Werfels diversen Verlegern einzutreiben. Regelmäßig lud sie Leute zum Mittagessen ein – diese Tageszeit war ihr angenehmer als die späte Stunde, zu der die New Yorker ihr Abendessen einzunehmen pflegten. Außerdem war eine Einladung billiger. Sie probierte viele Restaurants aus und fand schließlich einige Lieblingslokale. Eines davon war Chambourg, wo sie freitags wegen der Bouillabaisse hinging. Bei Gino schmeckte ihr das italienische Essen, und mit dem Plaza lag man bei ihr immer richtig. Sehr viel aß sie allerdings nie. Sie hatte immer winzige Portionen auf ihrem Teller, und auch beim Dessert war sie sehr bescheiden. Die Kalorien nahm sie in Form von Benedictine ein.

Ganz selten sagten sich auch einmal Verwandte von Franz bei ihr an. Walter Gropius besuchte sie immer, wenn er in New York war. Als sich ihre Enkelin Alma, die inzwischen erwachsen war, zu Besuch anmeldete, zeigte sie sich zunächst gar nicht begeistert. Doch dann gestaltete sich die Anwesenheit der schlaksigen jungen Dame überraschend angenehm. Die beiden Almas verstanden sich recht gut. Die junge Frau erlitt jedoch plötzlich einen Ohnmachtsanfall. Ein schnell herbeigerufener Arzt diagnostizierte lächelnd, die Patientin sei gesund und schwanger. Alma Mahler war einigermaßen verdutzt. Der Vater war ein bekannter Wiener Politiker, der allerdings verheiratet war. Die junge Alma hatte mit ihm eine längere Liaison gehabt. Alma verfrachtete ihre Enkelin zu Anna nach Kalifornien, wo auch das Baby, ein Mädchen, geboren wurde. Die Urgroßmutter wollte allerdings von ihrer Urenkelin nichts wissen.

Im Herbst 1954 fuhr Alma nach Rom. Ihre Tochter Anna mußte sich um die Wiener Geschäfte kümmern. Dazu gehörte auch, dafür zu sorgen, daß die Mahler-Büste von Rodin wieder den ihr zustehenden Platz in der Oper bekam. Alma behauptete später, man hätte den schlechteren Sockel genommen, der eigentlich für Strauss gedacht war, aber letztlich ließ sich dann doch eine einigermaßen zufriedenstellende Lösung finden. Anna achtete auch darauf, daß Gustavs und Manons Gräber in Ordnung waren, was sowohl Alma als auch Walter Sorgen gemacht hatte. Aus Linz erhielt Alma einen Brief von Hollnsteiner, der an der Universität der Brucknerstadt lehrte. »Durch Dich, durch Deine Hand, wurde ich ein anderer Mensch«, schrieb er.[11] Alma wollte nichts von ihm wissen.

Mit verbissener Hartnäckigkeit kämpfte Alma in New York um die Erlaubnis, die Mieten in den von ihr vermieteten

Wohnungen erhöhen zu dürfen. Tage brachte sie damit zu, mit Rechtsanwälten, Behörden und Mietern zu verhandeln. Wenn ihr der Sinn nach Besuchern stand, nahm sie einfach das Telefon zur Hand und rief Freunde an, die dann aber auch zu kommen hatten. Als Uhrzeit nannte sie meist eine Stunde am späten Nachmittag. Das bedeutete dann nicht Tee oder Kaffee, sondern Cocktails. Wußte sie das Lieblingsgetränk eines Besuchers, so war das stets zur Hand. Zu essen gab es in ihrer Wohnung kaum einmal etwas, vor allem, weil so wenig Platz für Tische und Stühle vorhanden war, aber auch weil sich ihr Hörvermögen so weit verschlechtert hatte, daß sie direkt neben der Person sitzen mußte, mit der sie sich unterhielt. Ihr fünfundsiebzigster Geburtstag ging ziemlich lautlos über die Bühne. Ihre Kräfte ließen allmählich nach.

Jean und Walter Kerrs Bühnenbearbeitung von ›Bernadette‹ lief im Xavier-Theater an der 16. Straße West mehrere Wochen lang. Die Version für junge Theaterensembles hatte Franz' Zustimmung gefunden. Alma war zwar daran interessiert, aber nicht sehr beeindruckt. Momentan wollte sie wieder einmal lieber Alma Mahler als Alma Mahler-Werfel sein. Gustavs Musik war wieder gefragt, Franz' Ruhm hingegen am Dahinschwinden. Alma arbeitete weiter an dem, was als ihre Autobiographie erscheinen sollte. Sie wühlte sich durch Briefe und Notizbücher, um Informationen über Örtlichkeiten und Menschen aus ihrer Vergangenheit zu rekonstruieren. Das Endprodukt war ein in Deutsch getipptes Manuskript, das erzählende Abschnitte mit Auszügen aus ihren Tagebüchern verband. Auf Daten nahm sie keine Rücksicht. Alma konnte selbst nicht tippen und hatte keine Ahnung, was notwendig war, um ein Buch zusammenzustellen. Einmal zog sie in Erwägung, das Buch ›Jeder Mensch weiß alles‹ zu nennen, ließ jedoch diese Idee schon bald wieder fallen.

E. B. Ashton bearbeitete die englische Ausgabe der Autobiographie. Am letzten Tag, an dem noch etwaige Änderungen hätten vorgenommen werden können, war Anna in New York. Kathe Berl hatte sie besorgt herbeizitiert, da sie wußte, daß Alma dem Buch keine ernsthafte Aufmerksamkeit zollen würde. Sie fürchtete, es könnte ihr selbst schaden oder Schwierigkeiten mit anderen Personen, die in ihrem Leben eine Rolle gespielt haben, geben. Anna und Kathe trafen sich zur vereinbarten Zeit an der Ecke Lexington Avenue und 73. Straße. Sie wollten sich, ohne ständig von Alma unterbrochen zu werden, einmal ungestört unterhalten können. Anna hatte das Buch gelesen und versicherte Kathe, daß es harmlos war. Es war sogar noch harmloser als es hätte sein können, da Mrs. Scherman, Kathys Mutter, das Manuskript gelesen und ihren Mann entsetzt darauf hingewiesen hatte, daß eine Bearbeitung aus Gründen der Schicklichkeit eigentlich unumgänglich sei. Die englische Ausgabe hatte mit Almas eigentlichem Werk herzlich wenig zu tun. Die deutsche Ausgabe ›Mein Leben‹ kam dank der einfühlsamen Bearbeitung von Willi Haas der Wahrheit schon näher. Aber auch hier gab es noch Unstimmigkeiten. Alma, die ja die deutsche Version im Gegensatz zur englischen hatte lesen können, drohte, übrigens völlig unbegründet, die Verleger zu verklagen. Die Reaktion beim Leserpublikum auf beide Bücher war ermutigend, und Anna versuchte Alma dazu zu bewegen, mehr zu schreiben. Daraus wurde jedoch nichts.

Alma genoß ihr Leben in Musikkreisen. Im Jahre 1959 schrieb ihr Benjamin Britten und bat um Erlaubnis, ihr eines seiner ›besten und persönlichsten Werke‹, das Nocturno für Tenor und kleines Orchester, widmen zu dürfen.[12] Alma gab freudig ihre Zustimmung. Leonard Bernstein schrieb ihr jedesmal, wenn er eine Symphonie von Mahler dirigierte. Er war maßgeblich am wiedererwachten Interesse an Mahlers Musik beteiligt. Für Alma hatte das den Vorteil, daß auch wieder mehr Tantiemen ins Haus kamen. Sooft sie konnte, nahm sie an den Proben teil und besuchte auch häufig die Aufführungen. Sie war stets Ehrengast. Bei einem Abendessen im Haus von Leonard Bernstein war sie entsetzt über die Größe der Wohnung. Sie schien vergessen zu haben, daß sie in Wien einmal Herrscherin über 28 Zimmer gewesen war.

Im Dezember 1960, als Georg Solti seine ersten Aufführungen von Wagners ›Tannhäuser‹ an der Met gab, lud Alma ihn und seine Frau Hedi zum Tee ein. Die Soltis sagten zu, vermochten aber wegen der Proben nicht pünktlich zu kommen. Alma konnte Unpünktlichkeit nicht ertragen. Wenn ihre Gäste nicht zur verabredeten Zeit da waren, warf sie ihnen Rücksichtslosigkeit vor und bemerkte mit drohendem Unterton: »Ich habe gewartet.« Die Entschuldigung der Soltis ließ sie jedoch gelten. Als sie eintrafen, saß Alma mit einigen anderen Gästen im Wohnzimmer. Alma wies Mrs. Solti einen Platz bei den Frauen zu, während sie Georg Solti auf den Platz neben ihrem Stuhl dirigierte. Von diesem Augenblick an hatte sie nur noch Augen und Ohren für den Dirigenten. Ihre blauen Augen waren immer noch achtunggebietend, und sie brachte es nach wie vor fertig, einem Menschen – meist war es ein Mann, seltener eine Frau – das Gefühl zu geben, er sei der einzige auf der ganzen Welt.

Die Gerüchte, Derryck Cooke habe Mahlers Zehnte Symphonie neu bearbeitet, erbosten sie. Im Frühjahr 1961 schrieb sie an die British Broadcasting Corporation und verbat, daß weitere Aufführungen der Symphonie in ihrer verlängerten Version gesendet würden.

Ebenfalls im Februar schrieb Dr. Arthur Bookman an Alma und verwies sie an die Liga der Hörbehinderten. Dazu konnte sich Alma jedoch nicht aufraffen. Ihre Kräfte schwanden, und das gefiel ihr gar nicht. An ihrem achtzigsten Geburtstag, dem 31. August 1959, kritzelte sie auf ihr Kalenderblatt, sie hätte Sehnsucht nach Wien. Sie wünschte sich zurück nach Plankenburg, wo sie mit ihrem Vater und ihrer Mutter gelebt hatte. Im September 1962 lud Leonard Bernstein sie zu den Proben von Gustav Mahlers Achter Symphonie mit den New Yorker Philharmonikern ein. Ihr Interesse an derartigen Ereignissen schwand beträchtlich, als Oskar, der ›böse Geist‹, in New York auftauchte und anfragte, ob er sie besuchen dürfe. Alma dachte lange darüber nach und sagte schließlich nein. Sie wollte nicht, daß er sie als alte, schwache Frau sah. Er schickte ihr ein Telegramm: »Liebe Alma, in meiner Windsbraut in Basel sind wir auf ewig vereint.«

Am 31. August 1964 feierte Alma ihren fünfundachtzigsten Geburtstag. Sie hatte niedrigen Blutdruck und wahrscheinlich eine Art Diabetes. Da sie das für eine ›jüdische Krankheit‹ hielt, wies sie die Möglichkeit, an so etwas zu leiden, weit von sich. Obgleich sie auf der Zunge eine wunde Stelle hatte, die nicht heilen wollte, weigerte sie sich, zum Arzt zu gehen. Ärzte mochte sie überhaupt nicht, denn sie war der Ansicht, Krankheit sei schon an sich eine Schwäche. Auf dringendes ärztliches Anraten mußte sie auf ihren geliebten Benedictine verzichten. Wenn sie zum Mittagessen ausging, versuchte sie es mit Martini, ein schauderhaftes Getränk, wie sie sagte, das nach Terpentin schmeckt. An Sonntagnachmittagen lud sie Freunde ein, aber es wurden immer weniger, die dafür in Frage kamen. Allmählich verlor auch sie die Lust an solchen Einladungen. Sie puderte und schminkte sich aber noch jeden Morgen, legte Lippenstift auf, zog sich einen rosa Unterrock an, dessen fadenscheinige Stellen mit rosa Seidenblumen bestickt waren, ein schwarzes Kleid und eine Jacke darüber, aber nie einen Schlüpfer.

Almas Kräfte ließen nach, und gegen Ende des Jahres 1964 wurde ihre Tochter Anna aus Kalifornien herbeigeholt. Alma glaubte, sie hätte Kronprinz Rudolf von Österreich auf einem Berggipfel kennengelernt und er wollte ein Kind mit ihr haben. Sie glaubte, in Plankenburg zu sein. Eine Lungenentzündung fesselte sie ans Bett. Alma starb am Freitag, dem 11. Dezember 1964.

Nachwort

Durch das wiedererwachte Interesse an Gustavs Musik und auch durch ihr eigenes Zutun war Alma eine so bekannte Persönlichkeit, daß ihr Tod in der Presse ebensoviel Aufmerksamkeit erregte wie Franz' Tod – und Gustavs. Anna Mahler stellte einen Großteil des Materials für die Nachrufe.

Aus der ›New York Times‹ vom 12. Dezember 1964:

Alma M. Werfel
Witwe des Schriftstellers
Sie war auch mit Mahler und Gropius verheiratet

Mrs. Werfel, die einmal als das ›schönste Mädchen von ganz Wien‹ bezeichnet wurde, erinnert sich in ihrer Autobiographie, daß sie sich immer zu Genies hingezogen gefühlt habe. Einmal hatte sie ihrem ersten Mann, Mahler, gestanden, an einem Mann liebe sie vor allem seine Leistungen... Ihr Intellekt, von ihrem hochbegabten Vater gefördert, ergänzte ihre Schönheit in idealer Weise.

Die ›New York Telegram‹ berichtete über Almas Tod folgendermaßen:

Alma Werfel, 85
Witwe Mahlers

Mrs. Alma Werfel, 85, um die Jahrhundertwende ›die schönste Frau von ganz Wien‹, Witwe des Komponisten Gustav Mahler, starb gestern in ihrer Wohnung... Mrs. Werfel, geborene Alma Schindler, war die Tochter des österreichischen Landschaftsmalers Emil J. Schindler. Sie war in zweiter Ehe mit Walter Gropius, dem Architekten, und in dritter Ehe mit Franz Werfel, dem Schriftsteller und Dichter, verheiratet... Mahler starb im Jahre 1911, und seine Witwe sagte, sie hatte sich als nächste ›Feder für ihr Nest‹ den expressionistischen Maler Oskar Kokoschka ausgesucht.

Im Jahre 1915 hatte sie die Bekanntschaft mit Gropius aufgefrischt und ihn schließlich geheiratet. Die gemeinsame Tochter Manon starb als junges Mädchen. Während ihrer Ehe mit dem Architekten lernte sie Werfel kennen und verliebte sich in ihn.

Gropius willigte in die Scheidung ein, und seine geschiedene Frau lebte von da an mit Werfel zusammen. Im Jahre 1929 heirateten sie dann schließlich. Werfel starb 1945 im Alter von vierundfünfzig Jahren. Seine Frau war damals 65.

Während dieser Zeit gab es noch andere Männer in ihrem Leben.

Da waren zum Beispiel, laut Werfel, Gerhart Hauptmann, der deutsche Dramatiker und Dichter; Dr. Paul Kammerer, der Biologe; und Ossip Gabrilowitsch, der russische Pianist und Dirigent.

Ein Literaturkritiker, der ihre Autobiographie rezensierte, erwähnte, daß ihr ›Thomas Mann entging und, soweit der Leser das beurteilen kann, hatte sie nichts mit Richard Strauss‹.

Vor fünf Jahren fragte man Mrs. Werfel, womit sie sich mit ihren achtzig Jahren beschäftige.

»Die ganze Nacht lese ich Werke der griechischen Philosophen«, antwortete sie. »Tagsüber gehe ich manchmal zu Konzertproben. Abends gehe ich nie aus. Und nachmittags kommen Freunde zu mir zu Besuch.«

Wie es mit Genies stünde? »Ach nein, das ist eine traurige Angelegenheit. Es gibt so wenige. Leonard Bernstein, Thornton Wilder. Das ist aber auch schon alles. Es ist nicht mehr so, wie es einmal war.«

Ein wenig taktvoller Journalist hatte Alma in Los Angeles gefragt, wie sie es fertiggebracht hätte, so viele berühmte Männer als Liebhaber zu haben. Ach, antwortete sie, diese Männer waren keineswegs gute Liebhaber, keiner von ihnen habe da besondere Fähigkeiten gehabt. Aber sie hätte ihnen eben geschmeichelt, und so haben sie sich eben alle sehr wichtig gefühlt.

Die Legende der achtzigjährigen Alma nahm absurde Formen an.

Am 9. Januar 1965 druckte die ›*Dallas Morning News*‹ eine Geschichte von John Rosenfield ab:

>Alma Werfel gestorben
>Eine Galerie von Genies

Künstlerische Kreativität ist aus simplen Gründen der Logik gefühlsbestimmt. Gesunde Gefühlsbetontheit ist heterosexuellen Ursprungs und von romantischer Spannung. Sex und/oder Liebe bleiben selbst in unserer offenherzigen Zeit im Verborgenen. Die innersten Geheimnisse sind nur den Beteiligten wirklich bekannt; sie bleiben ein geschlossenes Buch hinter verschlossenen Türen.

»Alle waren Genies, Genies«, schwärmte einst Alma Werfel über die ihr offiziell angetrauten Ehemänner... Ihre Autobiographie [sic]... nennt noch weitere Genies – ohne Rücksicht auf den Klerus. Nach ihren eigenen Angaben gehörten zu ihren Liebhabern: Oskar Kokoschka, der Maler; Gerhart Hauptmann, der Dramatiker; Paul Kammerer, der Biologe, und Ossip Gabrilowitsch, der Pianist, Dirigent und spätere Ehemann von Clara Clemens, der Tochter von Mark Twain...

Die verstorbene Mrs. Werfel war ein Denkmal für die außergewöhnlichen Dinge des Lebens. Einmal für die Macht der romantischen Liebe, selbst in unserem Jahrhundert. Zum anderen für die romantische Liebe, die sich in künstlerische Ausdruckskraft sublimiert.

Und dann stand sie natürlich noch für die Weiblichkeit als Urzustand an sich.

Es gab unserer Meinung nach nie eine Rechtfertigung für

die durch Generationen aufrechterhaltene Behauptung, Alma sei lediglich eine Kopfjägerin, eine Sammlerin von Genies gewesen. Sie hatte in Wirklichkeit wesentlichen Anteil am Leben dieser Genies und wurde ein Teil von ihnen.

Wie riet doch eine amerikanische Mutter ihrer Tochter zynisch: »Heirate nur aus Liebe, aber sieh zu, daß man dich nur mit reichen Männern sieht.« Für das ›schönste Mädchen von Wien‹ gab es nur den Kosmos der Künste als Lebensraum. Sie kannte nur Genies.

Almas Totenfeier fand im Frank-E.-Campbell-Bestattungsinstitut an der Madison Avenue in Manhattan statt. Ein Gemälde, das ihren Vater zeigte, hing an der Wand hinter dem Sarg. Überreicher Blumenschmuck erfüllte den ganzen Raum. Die Feier selbst hatte beinahe ebenso paradoxe Züge wie die, die zwei Jahrzehnte früher für Franz abgehalten wurde. Die Musik kam vom Tonband, und sie war nicht von Gustav Mahler. Nur sehr wenige Leute konnten in dem kleinen Raum Platz finden. Die Trauerrede hielt Summa Morgenstern, ein lieber Freund Almas. Er sprach mit dem ausgeprägten jüdischen Akzent, den Alma nie gemocht hatte.

Nach der Feier gab es Meinungsverschiedenheiten wegen der Beisetzung der sterblichen Überreste. Einige behaupteten, Alma habe neben Franz ihre letzte Ruhestätte finden wollen. Andere wiederum, und die waren in der Mehrheit, glaubten, sie wollte neben Manon, Gustav und Maria begraben sein. Almas Sarg wurde in ihre Heimat gebracht, während Freunde in ihrer New Yorker Wohnung eine feierliche Totenwache hielten.

Oskar Kokoschka lebte bis 1979 in der Schweiz. In seinem Nachruf in der ›New York Times‹ hieß es, er wäre

eine auffallende Erscheinung im literarischen, künstlerischen, politischen und im Theater-Leben des 20. Jahrhunderts... ein Maler, Schriftsteller, Graphiker, Illustrator, Lehrer und Humanist.

Besonders berühmt wurde er für die eindringlichen Porträts seiner frühen Jahre, in denen er mit einem nervösen, starken Strich und ›expressiver‹ Verzerrung psychologische und emotionale Tiefe erreichte. Sein Spätwerk ist geprägt von mystisch-fantasievoll anmutenden Städteansichten, die Größe und Macht der Metropolis ausdrückten.

Der rebellische junge Mann erregte im kulturell brodelnden Wien vor dem Ersten Weltkrieg einiges Aufsehen, sowohl wegen der ›Dekadenz‹ seiner Kunst als auch als Verfasser zweier Stücke um Sex und Gewalt... Im Jahre 1912 begann er eine leidenschaftliche Liebesaffäre mit Alma Mahler, der Witwe des Komponisten Gustav Mahler, die drei Jahre dauern sollte. Die beiden lebten und reisten zusammen, und im Jahre 1913 schuf der Künstler eine allegorische Darstellung seiner Liebesbeziehung mit Alma, ein eindringliches, barockes Bild, auf dem die beiden Liebenden in einer Nußschale durch den Raum wirbeln...

Am Sonntag, dem Valentinstag des Jahres 1982, druckte die ›Washington Post‹ folgenden Text in der Kolumne ›Limelight‹ ab:

Alma Mater [sic]

Als Songschreiber und Entertainer Tom Lehrer sich Ende Dezember in unserer Stadt aufhielt, um die Produktion von ›Tomfoolery‹ in der Arena Stage zu beaufsichtigen, fragte man ihn, warum das Lied ›Alma‹ nicht im Programm sei.

»Oh«, antwortete er, »es gibt wohl so etwas wie einen Alma-Kult, aber bei den meisten bedürfte es doch zu vieler Erklärungen...« Also, das wär's dann wohl, was Alma betrifft.

Aber siehe da, wer hätte es gedacht, an der Eisenbahnbrücke am Ende der Arizona Avenue und der Canal Road hat jemand auf die vielen, meist unleserlichen Schmierereien gesprüht:

Gustav Mahler

Alma

Ja sicherlich, Gustav Mahler liebte sie, aber das taten auch Walter Gropius, Franz Werfel und, wie Lehrer sagt, fast alle bedeutenden kreativen Männer in Mitteleuropa! Alma Schindler Mahler Gropius Werfel war, so könnte man sagen, die Liz Taylor des Bauhaus.

Tom Lehrer schrieb den berühmt-berüchtigten Song kurz nach Almas Tod, als er Mathematikprofessor in Harvard war. Alma hätte sich sicherlich darüber amüsiert, und so soll der Song hier seinen Reiz im englischen Originaltext entfalten:

> The loveliest girl in Vienna
> Was Alma, the smartest as well.
> Once you picked her up on your antenna
> You'd never be free of her spell.
>
> Her lovers were many and varied
> from the day she began her... beguine.
> There were three famous ones whom she married
> And God knows how many between.
>
> Alma, tell us,
> All modern women are jealous,
> Which of your magical wands
> Got you Gustav and Walter and Franz?
>
> The first one she married was Mahler,
> Whose buddies all knew him as Gustav.
> And each time he saw her he'd holler,
> »Ach, that ist the Fräulein I must haff!«
>
> Their marriage however was murder.
> He'd scream to the heavens above,
> »I'm writing Das Lied von der Erde,
> And she only wants to make love.«

Alma, tell us,
All modern women are jealous,
You should have a statue in bronze
For bagging Gustav and Walter and Franz.

While married to Gus she met Gropius,
And soon she was swinging with Walter.
Gus died and her teardrops were copious.
She cried all the way to the altar.

But he would work late at the Bauhaus,
And only came home now and then.
She said, »Vat am I running, a chowhouse?«
It's time to change partners again.

Alma, tell us,
All modern women are jealous.
Though you didn't even use Ponds,
You got Gustav and Walter and Franz.

While married to Walt she'd met Werfel,
And he, too, was caught in her net.
He married her, but he was careful,
'Cause Alma was no Bernadette.

And that ist the story of Alma,
Who knew how to receive and to give.
The body that reached her embalma
Was one that had known how to live.

Alma, tell us,
How can they help being jealous?
Ducks always envy the swans
Who get Gustav and Walter – you never did falter –
With Gustav and Walter and Franz.

Anhang

Anmerkungen

Die zitierten Quellen sind in den Anmerkungen in Abkürzungen wiedergegeben. Die genauen Angaben dazu finden sich in der nachfolgenden Bibliographie. Unveröffentliches Material wird zu Beginn der Bibliographie genannt.

AM-W bezieht sich auf Alma, GM auf Gustav Mahler

Zu Kapitel 1

Einzelheiten aus Almas Jugend sind den beiden sogenannten Autobiographien ›And the Bridge Is Love‹ und ›Mein Leben‹ entnommen, wie auch Interviews der Autorin mit Anna Mahler (September 1981), Kathe Berl (1970–1971) und Anna Marie Maier-Graefe (November 1979).

1 Ausführliche Informationen über Jakob Emil Schindler und sein Werk sind in den Archiven der Stadt Wien zu finden.
2 Weitere Informationen über Gustav Klimt und das kulturelle Klima in Wien um die Jahrhundertwende, s. Strobl, ›Gustav Klimt: Drawings and Paintings‹; Janik und Toulmin, ›Wittgenstein's Vienna‹; Metropolitan Museum of Art, ›The Imperial Style: Fashions of the Habsburg Era‹; Schorske, ›Fin-de-Siècle Vienna. Politics and Culture‹.
3 Informationen über Almas Studienzeit und ihre Beziehung zu Alexander von Zemlinsky sind hauptsächlich ihren Tagebüchern und seinen Briefen an sie entnommen.
4 AM-W, ›And the Bridge Is Love‹, S. 14
5 Ibid.
6 Undatierter Brief von Zemlinsky an Alma
7 Ibid.

8   Undatierter Brief (1900), ibid.
9   Undatierter Brief (1901?), ibid.
10 Ibid.
11 Ibid.
12 Ibid.
13 Brief (wahrscheinlich aus dem Jahr 1901) vom Zemlinsky an Alma, in dem er ihre Bemerkung zitiert.

Zu Kapitel 2

Das Hintergrundmaterial zu diesem Kapitel stammt aus AM-W, ›Mein Leben‹ und ›And the Bridge Is Love‹ und aus La Grange, ›Mahler‹ vol. I. Weitere Informationen über Gustav Mahlers Leben s. Blaukopf, ›Mahler: A Documentary Study‹; Gartenberg, ›Mahler: The Man and His Music‹; Wiesmann, ›Gustav Mahler in Vienna‹.

1   La Grange, ›Mahler‹, S. 668
2   AM-W, ›Gustav Mahler: Erinnerungen und Briefe‹, S. 24
3   Ibid., S. 25
4   Ibid., S. 28
5   Ibid., S. 25
6   Ibid., S. 29
7   Ibid., S. 258
8   La Grange, ›Mahler‹, S. 675
9   AM-W, ›Gustav Mahler: Erinnerungen und Briefe‹, S. 259
10 Ibid., S. 260
11 Ibid., S. 261
12 Ibid., S. 262
13 La Grange, ›Mahler‹, S. 678
14 Ibid., S. 678f.
15 AM-W, ›Gustav Mahler: Erinnerungen und Briefe‹, S. 263ff.
16 Ibid., S. 265ff.
17 Ibid., S. 270
18 Ibid., S. 273
19 Ibid., S. 276
20 La Grange, ›Mahler‹, S. 684–690

Zu Kapitel 3

Die Informationen in diesem Kapitel stammen aus AM-W, ›Mein Leben‹ und aus ›And the Bridge Is Love‹ sowie aus den AM-W-Tagebüchern.

1 AM-W, ›Gustav Mahler: Erinnerungen und Briefe‹, S. 276
2 AM-W Tagebücher, 5. Januar 1901
3 Ibid., Anfang des Jahres 1901
4 Ibid.
5 AM-W, ›Gustav Mahler: Erinnerungen und Briefe‹, S. 73
6 Ibid., S. 81 ff.
7 AM-W Tagebücher
8 Ibid., Juli 1904
9 Ibid.
10 AM-W, ›Gustav Mahler: Erinnerungen und Briefe‹, S. 317
11 Ibid., S. 316
12 Ibid.
13 AM-W Tagebücher, Januar 1905

Zu Kapitel 4
1 Siehe AM-W, ›Gustav Mahler: Erinnerungen und Briefe‹, S. 375
2 Ibid., S. 383
3 Das Diagramm, Ibid., S. 383
4 GM, ›Gustav Mahler: Briefe‹, S. 320
5 Ibid.
6 AM-W, ›Gustav Mahler: Erinnerungen und Briefe‹, S. 411
7 GM, ›Gustav Mahler: Briefe‹, S. 325
8 Ibid., S. 337
9 Ibid., S. 340 f.
10 Ibid., S. 341
11 Ibid., S. 342 f.
12 AM-W, ›Gustav Mahler: Erinnerungen und Briefe‹, S. 416
13 Siehe GM, ›Gustav Mahler: Briefe‹, S. 356 f.
14 Ibid., S. 351 f.
15 Ibid., S. 354
16 Ibid., S. 357
17 AM-W, ›Gustav Mahler: Erinnerungen und Briefe‹, S. 191

18 GM, ›Gustav Mahler: Briefe‹, S. 362
19 AM-W, ›Gustav Mahler: Erinnerungen und Briefe‹, S. 436
20 Ibid., S. 441 f.
21 Ibid., S. 443
22 Ibid., S. 444
23 GM, ›Gustav Mahler: Briefe‹, S. 372

Zu Kapitel 5

Die Erinnerungen in diesem Kapitel sind AM-W, ›Mein Leben‹ und ›And the Bridge Is Love‹, sowie Gesprächen mit Kathe Berl und Anna Mahler entnommen.

1 GM, ›Gustav Mahler: Briefe‹, S. 375 f.
2 Ibid., S. 377
3 Ibid., S. 380
4 AM-W, ›Gustav Mahler: Erinnerungen und Briefe‹, S. 215
5 Ibid., S. 451 f.
6 Ibid., S. 453.
7 GM, ›Gustav Mahler: Briefe‹, S. 386
8 Ibid., S. 389
9 AM-W, ›Gustav Mahler: Erinnerungen und Briefe‹, S. 219
10 Ibid., S. 461
11 Ibid., S. 461 f.
12 Ibid., S. 466
13 Friedrich Rückert, ›Gedichte‹, Königstein 1983, S. 67
14 AM-W, ›Gustav Mahler: Erinnerungen und Briefe‹, S. 465
15 Ibid., S. 467
16 Ibid., S. 469 f.
17 Ibid., S. 223
18 Ibid., S. 473 f.

Zu Kapitel 6

1 Informationen über Mahlers Verhandlungen mit der Wiener Oper und entsprechende Einzelheiten stammen aus Blaukopf, ›Mahler: A Documentary Study‹, S. 268 ff.

2 GM, ›Gustav Mahler: Briefe‹, S. 399f.
3 Aus: ›New Yorker Staats-Zeitung‹, 21. Mai 1911
4 Blaukopf, ›Mahler: A Documentary Study‹, S. 270
5 AM-W, ›Gustav Mahler: Erinnerungen und Briefe‹, S. 124f.
6 GM, ›Gustav Mahler: Briefe‹,S. 401.
7 Dieses Zitat und die Informationen über Mahlers letztes Konzert stammen aus Blaukopf, ›Mahler: A Documentary Study‹, S. 271f
8 AM-W, ›Gustav Mahler: Erinnerungen und Briefe‹, S. 240f.
9 ›Neue Freie Presse‹ zitiert in Blaukopf, ›Mahler: A Documentary Study‹, S. 272
10 ›Neue Freie Presse‹, 12. Mai 1911, wie ibid. zitiert
11 ›Neues Wiener Tagblatt‹ (Wien), 13. Mai 1911, wie ibid. zitiert, S. 273
12 Informationen über Mahlers Finanzlage stammen aus Gesprächen mit Anna Mahler und aus Blaukopf, ›Mahler: A Documentary Study‹, S. 273f.

Zu Kapitel 7

Ein Großteil der Informationen über Almas Reaktion auf Mahlers Tod stammt aus Gesprächen mit Anna Mahler; siehe auch AM-W, ›And the Bridge Is Love‹ und ›Mein Leben‹.

1 AM-W, ›And the Bridge Is Love‹, S. 68
2 Ibid.
3 Undatierte Briefe (etwas Mitte des Jahres 1911 bis Anfang des Jahres 1912) von Paul Kammerer an Alma
4 Ibid.
5 Ibid.
6 Ibid.
7 Ibid.
8 Wegen weiterer Informationen über das Leben von Oskar Kokoschka s.: Gatl, ›Kokoschka‹, Hodin, ›Kokoschka: The Artist and His Time‹; Kokoschka, ›Mein Leben‹.
9 Kokoschka, ›Mein Leben‹, S. 60
10 Ibid., S. 62f.
11 Ibid., S. 128f.
12 Ibid., S. 72f.

13 Brief von Kokoschka an Alma vom 15. April 1912
14 Ibid., undatiert
15 Ibid.
16 Ibid.
17 Ibid., 30. April 1912
18 AM-W Tagebücher
19 Ibid.
20 Brief von Kokoschka an Alma, Sommer 1912
21 Ibid.
22 Ibid.
23 AM-W Tagebücher, 1913
24 Ibid., Anfang des Jahres 1913
25 Ibid.
26 Ibid., August 1913
27 Ibid., Herbst 1913
28 Brief von Kokoschka an Alma, Herbst 1913
29 Ibid.
30 Ibid., Anfang das Jahres 1914
31 Ibid.
32 Zitiert nach: ›Oskar Kokoschka: Das druckgraphische Werk 1906–1975‹, Salzburg 1976, S. 81
33 AM-W Tagebücher, 17. Mai 1914
34 Ibid., 20. Mai 1914
35 Ibid.
36 Ibid.
37 Kokoschka, ›Mein Leben‹, S. 139, 144
38 AM-W Tagebücher
39 Das Violinkonzert, das Alban Berg im Jahre 1935 komponierte und Almas Tochter Manon Gropius widmete, verwendete ebenfalls Motive aus der Bachkantate.

Zu Kapitel 8

Einzelheiten und Eindrücke über Almas Beziehung zu Walter Gropius und zu ihren Kindern stammen aus Interviews mit Kathe Berl und Anna Mahler.
1 AM-W Tagebücher, Anfang September 1914

2 Ibid., 6. Oktober 1914
3 Brief von Joseph Fraenkel an Alma, Ende 1914, Mahler-Werfel-Sammlung
4 AM-W Tagebücher, Ende 1914
5 Ibid., Oktober 1914
6 Ibid.
7 Brief von Kokoschka an Alma, Ende 1914
8 AM-W Tagebücher, 23. Dezember 1914
9 Brief von Kokoschka an Alma, undatiert (Dezember 1914/Januar 1915?)
10 AM-W Tagebücher, 15. Januar 1915
11 Kokoschka, ›Mein Leben‹, S. 145
12 AM-W Tagebücher, 2. Februar 1915
13 Ibid., Frühjahr 1915
14 Ibid.
15 Brief von Kokoschka an Alma, Frühjahr 1915
16 AM-W Tagebücher, Frühjahr 1915
17 Ibid., 19. August 1915
18 Ibid., 16. September 1915
19 Brief von Kokoschka an Alma, 7. November 1915
20 Kokoschka, ›Mein Leben‹, S. 130f.
21 AM-W Tagebücher, Januar 1916
22 Kokoschka, ›Mein Leben‹, S. 131
23 Ibid., S. 160f.
24 AM-W Tagebücher, Sommer 1916
25 Ibid., Herbst 1916
26 Ibid.
27 Ibid.
28 Ibid.
29 AM-W, ›And the Bridge Is Love‹, S. 92

Zu Kapitel 9

Eindrücke und einige Einzelheiten über Franz Werfel und sein Werk stammen aus Interviews mit Anna Mahler, Kathe Berl und Albrecht Joseph wie auch aus Briefen der Mahler-Werfel-Sammlung und aus AM-W, ›Mein Leben‹ und ›And the Bridge Is Love‹.

1 AM-W Tagebücher, Herbst 1916
2 AM-W, ›*And the Bridge Is Love*‹, S. 97
3 AM-W Tagebücher, 1. Januar 1918
4 Ibid., 5. Januar 1918
5 Ibid.
6 Brief von Werfel an Alma, 18. Januar 1918
7 Ibid., Januar 1918
8 AM-W Tagebücher, 6. Februar 1918
9 Einzelheiten der Ereignisse während dieses Besuches stammen aus dem Tagebuch, das Franz angeblich auf Almas Geheiß hin führte und das in AM-W, ›*And the Bridge Is Love*‹., S. 102 ff., wiedergegeben ist.
10 In der Mahler-Werfel-Sammlung
11 Ibid.
12 Werfel, ›*Stern der Ungeborenen*‹, S. 420–423
13 Einzelheiten der Diskussion über den Namen des Kindes stammen aus Briefen von Franz an Alma
14 Einzelheiten aus der Konfrontation mit Gropius stammen aus AM-W, ›*And the Bridge Is Love*‹, S. 119–122
15 AM-W Tagebücher, August 1918
16 Ibid., September 1918
17 Ibid.
18 Ibid.
19 Brief von Franz an Alma, Herbst 1918
20 ›*Neues Wiener Journal*‹, 21. November 1918; auch AM-W, ›*And the Bridge Is Love*‹, S. 127

Zu Kapitel 10

Einige Einzelheiten aus dem Familienleben sind Gesprächen mit Anna Mahler, Albrecht Joseph und Kathe Berl entnommen.

1 AM-W Tagebücher, 9. Januar 1919
2 Ibid., Anfang 1919
3 Ibid.
4 Ibid.
5 Ibid., 2. Februar 1919
6 Ibid., Februar 1919

7 Kokoschka, ›Mein Leben‹, S. 191f.
8 AM-W Tagebücher, Frühjahr 1919
9 Ibid.
10 Ibid.
11 Brief von Franz an Alma, Frühjahr 1919
12 AM-W Tagebücher, Sommer 1919
13 Brief von Kokoschka an Alma, Sommer 1919
14 AM-W Tagebücher, Sommer 1919
15 Brief von Franz an Alma, Sommer 1919
16 AM-W Tagebücher, Juli 1919
17 Ibid.
18 AM-W ›Mein Leben‹, S. 179
19 AM-W Tagebücher, Spätsommer/Frühherbst 1919
20 Ibid., November 1919
21 Erinnerungen an Almas Besuch in Amsterdam stammen aus AM-W, ›And the Bridge Is Love‹, ›Mein Leben‹ und den Tagebüchern
22 Manuskript des Gedichts in der Mahler-Werfel-Sammlung
23 Bemerkung in einem undatierten Brief von Franz an Alma
24 Ibid., Herbst 1920
25 Ibid.
26 Erinnerungen an Almas Zusammentreffen mit Kokoschka sind aus den AM-W-Tagebüchern
27 Die Geschichte von dem elektrischen Licht stammt aus den AM-W-Tagebüchern
28 Ibid., Dezember 1926

Zu Kapitel 11

Ein Großteil der Informationen in diesem Kapitel stammt aus Interviews mit Anna Mahler und Albrecht Joseph, aus den Tagebüchern von AM-W und auch aus AM-W, ›Mein Leben‹ und ›And the Bridge Is Love‹.

1 AM-W Tagebücher, Anfang 1932
2 Ibid., Frühjahr 1932
3 Ibid.
4 Ibid.

5 Ibid.
6 Ibid.
7 Ibid.
8 Ibid.
9 Ibid., auch AM-W, ›And the Bridge Is Love‹, S. 227
10 AM-W Tagebücher, Mai/Juni 1935

Zu Kapitel 12

Das Material zu diesem Kapitel stammt aus Gesprächen mit Kathe Berl und Anna Mahler, aus den AM-W-Tagebüchern und zum Teil auch aus AM-W, ›Mein Leben‹ und ›And the Bridge Is Love‹.
1 AM-W Tagebücher, April 1936
2 Ibid., April/Mai 1936
3 Ibid., 2. Juni 1936
4 Ibid., Sommer 1936
5 AM-W, ›And the Bridge Is Love‹, S. 233
6 Ibid., S. 233f.
7 AM-W Tagebücher, Sommer 1938
8 Ibid., Anfang 1939
9 Ibid.
10 Ibid., Frühjahr 1939
11 Ibid., April 1940

Zu Kapitel 13

Das Material zu diesem Kapitel fand sich in Fry, ›Surrender on Demand‹, in Gesprächen mit Kathe Berl und Luise Rainer, den AM-W-Tagebüchern, in AM-W, ›Mein Leben‹ und ›And the Bridge Is Love‹.
1 AM-W, ›And the Bridge Is Love‹, S. 168
2 Brief von Hanna Fuchs-Robettin an Franz, Juli 1941, Mahler-Werfel-Sammlung
3 AM-W Tagebücher, Herbst 1941
4 Ibid., März 1942
5 Ibid., Mai/Juni 1942
6 Ibid., August 1942
7 Interview mit Kathe Berl

8　AM-W Tagebücher, August/September 1943
9　Ibid.
10　Ibid., September 1943
11　Ibid., November 1943
12　Brief von Cyril Fischer an Alma, Mitte Dezember 1943
13　AM-W Tagebücher, Dezember 1943

Zu Kapitel 14

Die Informationen zu diesem Kapitel lieferten Interviews mit Albrecht Joseph, Anna Mahler und Kathe Berl sowie die AM-W-Tagebücher.

1　Horoskop und Analyse von Carroll Righter, Januar 1944, Mahler-Werfel-Sammlung
2　Manuskript in der Mahler-Werfel-Sammlung
3　Einzelheiten von Franz Werfels Tod stammen aus AM-W, ›And the Bridge Is Love‹, S. 294ff.

Zu Kapitel 15

Das Material zu diesem Kapitel stammt aus Gesprächen mit Kathe Berl, Anna Mahler, Albrecht Joseph, Anatole Fistoulari, Georg Solti und Leonard Bernstein, außerdem aus AM-W-Tagebüchern und verschiedenen Kontoauszügen aus der Mahler-Werfel-Sammlung.

1　Brief von Willi Haas in der Mahler-Werfel-Sammlung
2　Brief von Hanna Fuchs-Robettin in der Mahler-Werfel-Sammlung
3　Brief von Gropius an Alma, September 1946
4　Einzelheiten über Almas Reise s. AM-W, ›And the Bridge Is Love‹, S. 298ff.
5　›The Saturday Review‹, Januar 1949
6　Ibid.
7　Ibid.
8　AM-W, ›And the Bridge Is Love‹, S. 303
9　Ibid., S. 304f.
10　AM-W Tagebücher, etwa 1953
11　Ibid., Herbst 1954

12 Brief von Benjamin Britten an Alma, 1959, Mahler-Werfel-Sammlung

Zum Nachwort

Hier verwendetes Material ohne Quellenangabe stammt aus Interviews, die die Autorin geführt hat.

Zeittafel

1879	*31. August: Alma Maria Schindler als Tochter des Malers Jakob Emil Schindler und seiner Frau Anna von Bergen in Wien geboren.*
	7. Oktober: ›Zweibund‹. Geheimes Verteidigungsbündnis zwischen dem Deutschen Reich und Österreich-Ungarn (1883 Beitritt Rumäniens).
1880/81	Burenaufstand (Erster Südafrikanischer Krieg).
1880	3. Juli: Regelung der Marokkofrage auf der Internationalen Konferenz von Madrid.
1881/82	Ägyptischer Aufstand.
seit 1881	Sozialgesetzgebung Bismarcks in Deutschland.
1881	*Geburt der Stiefschwester Grete.*
	9. Februar: Feodor M. Dostojewski gestorben.
	13. März: Zar Alexander II. bei einem Attentat tödlich verletzt. Nachfolger auf dem russischen Thron wird sein Sohn Alexander III.
	18. Juni: ›Dreikaiservertrag‹. Geheimes Neutralitätsabkommen zwischen dem Deutschen Reich, Österreich-Ungarn und Rußland auf drei Jahre.
	Anton Bruckners 4. Sinfonie in Wien uraufgeführt.
	In Berlin-Lichterfelde fährt die erste elektrische Straßenbahn.
1882	20. Mai: ›Dreibund‹. Geheimes Verteidigungsbündnis zwischen dem Deutschen Reich, Österreich-Ungarn und Italien.
	26. Juli: Richard Wagners ›Parsifal‹ uraufgeführt.
	Britische Truppen besetzen Ägypten.
	Robert Koch entdeckt den Tuberkel-Bazillus.
1883	13. Februar: Tod Richard Wagners in Venedig.

	14. März: Karl Marx in London gestorben.
	18. Mai: Walter Gropius in Berlin geboren.
	3. Dezember: Geburt Anton Weberns in Wien.
	Vulkanausbruch auf der Insel Krakatau/Sundastraße.
1884/85	Gründung deutscher ›Schutzgebiete‹ (Kolonien).
1884	*Jahresanfang: Vater Jakob Emil Schindler erwirbt Grundbesitz in Plankenburg bei Tulln.*
	Frühjahr: ›Nationalliberale Partei‹ Deutschlands und ›Liberale Vereinigung‹ schließen sich zur ›Deutschen Freisinnigen Partei‹ zusammen.
	Dezember 1884–Februar 1885: Kongo-Konferenz in Berlin.
	Anton Bruckners 7. Sinfonie wird in Leipzig uraufgeführt.
1885/86	Bulgarische Krise. Unruhen auf dem Balkan. Russische Intervention in Bulgarien.
1885	9. Februar: Alban Berg in Wien geboren.
	2. August: Gustav Mahler wird Kapellmeister in Prag.
	Erste Kraftwagen und Krafträder werden gebaut.
	Friedrich Nietzsche: ›Also sprach Zarathustra‹ (1883 bis 85).
1886–1888	*Gustav Mahler neben Arthur Nikisch Zweiter Kapellmeister am Stadttheater Leipzig.*
1886	*1. März: Oskar Kokoschka geboren.*
	31. Juli: Franz Liszt in Bayreuth gestorben.
1887	12. Februar: Mittelmeerabkommen zwischen Großbritannien und Italien (am 24. März Beitritt Österreich-Ungarns).
	20. Februar: Erneuerung des ›Dreibundes‹ Deutschland–Österreich–Italien.
	18. Juni: ›Rückversicherungsvertrag‹. Geheimes Neutralitätsabkommen zwischen Rußland und dem Deutschen Reich auf drei Jahre.
	12./16. Dezember: ›Orient-Dreibund‹ zwischen Großbritannien, Italien und Österreich-Ungarn.
	Rudolf Hertz weist die elektromagnetischen Wellen nach.

1888–1891	*Gustav Mahler Direktor der Königlich-ungarischen Oper in Budapest.*
1888	9. März: Tod des deutschen Kaisers Wilhelm I.
	15. Juni: Kaiser Friedrich III. nach 99tägiger Regierungszeit gestorben. Wilhelm II. wird deutscher Kaiser.
	Fridtjof Nansen durchquert Grönland.
	Friedrich Nietzsche: ›Der Antichrist‹.
1889/90	Kolonialverträge zur Abgrenzung der Interessen zwischen dem Deutschen Reich, Frankreich und den USA.
1889	*Jakob Emil Schindler erhält von Kronprinz Rudolf den Auftrag, Adria-Landschaften zu malen.*
	Familie Schindler und Carl Moll reisen in den Süden.
	31. Januar: Kronprinz Rudolf und Mary von Vetsera werden in Mayerling erschossen aufgefunden.
	20. November: Uraufführung von Gustav Mahlers 1. Sinfonie (›Der Titan‹) in Budapest.
	Gustave Eiffel errichtet den Eiffelturm für die Pariser Weltausstellung.
	Gründung der Zweiten Internationale in Paris.
	Richard Strauss: ›Don Juan‹; ›Tod und Verklärung‹.
	Gerhart Hauptmann: ›Vor Sonnenaufgang‹, Drama.
1890/91	Arbeiterschutzgesetze in Deutschland.
1890	20. März: Kaiser Wilhelm II. zwingt Bismarck zum Rücktritt.
	Der deutsch-russische ›Rückversicherungsvertrag‹ wird nicht verlängert.
	1. Juni: ›Helgoland-Sansibar-Vertrag‹. Das unter deutscher ›Schutzherrschaft‹ stehende Sultanat Sansibar kommt an Großbritannien im Tausch gegen Helgoland, das dem Deutschen Reich zugeschlagen wird.
	10. September: Franz Werfel in Prag geboren.
	26. Dezember: Tod Heinrich Schliemanns in Neapel.
	In Deutschland wird das ›Sozialistengesetz‹ aufgehoben.
1891–1904	Bau der Transsibirischen Eisenbahn.
1891–1897	*Mahler Erster Kapellmeister am Stadttheater Hamburg.*
1891	Frank Wedekind: ›Frühlingserwachen‹, Schauspiel.

1892	*Beginn der intensiven Beschäftigung mit Musik.*
	Erste Urlaubsreise der Familie Schindler nach Sylt.
	9. August: Tod des Vaters auf Sylt.
	18. August: Beistandspakt zwischen Frankreich und Rußland.
	Anton Bruckners 8. Sinfonie in Wien uraufgeführt.
	Gerhart Hauptmann: ›Die Weber‹, Drama.
1893–1896	Nordpolfahrt Fridtjof Nansens.
1893	6. November: Peter Iljitsch Tschaikowsky gestorben.
	Gerhart Hauptmann: ›Der Biberpelz‹, Komödie.
1894/95	Chinesisch-japanischer Krieg.
1894	*Erster kurzzeitiger Besuch einer Schule.*
	4. Januar: Der ›Zweibund‹ Frankreich–Rußland tritt in Kraft.
	24. Juni: Der französische Staatspräsident Sadi Carnot wird in Lyon ermordet.
	1. November: Zar Alexander III. gestorben. Sein Sohn Nikolaus II. folgt auf den Thron.
	Aussöhnung zwischen Wilhelm II. und Bismarck.
	Louis Lumière konstruiert einen Kinematographen.
	In Frankreich findet das erste Automobilrennen statt.
	Anton Bruckners 5. Sinfonie in Graz uraufgeführt.
	Theodor Fontane: ›Effi Briest‹.
1895	*Max Burckhard fördert Alma Schindlers Interesse an klassischer und neuerer Literatur.*
	5. August: Friedrich Engels in London gestorben.
	13. Dezember: Uraufführung von Gustav Mahlers 2. Sinfonie in Berlin.
	Wilhelm Conrad Röntgen entdeckt die nach ihm benannte elektromagnetische Strahlung.
	Richard Strauss: ›Till Eulenspiegels lustige Streiche‹.
	Arthur Schnitzler: ›Liebelei‹, Schauspiel.
	Frank Wedekind: ›Erdgeist‹, Tragödie (1898 uraufgeführt).
1896	3. Januar: Die ›Krüger-Depesche‹ Kaiser Wilhelms II. führt zu Spannungen zwischen Großbritannien und dem Deutschen Reich.

9. August: Otto Lilienthal bei einem Gleitflug tödlich verunglückt.

11. Oktober: Anton Bruckner in Wien gestorben.

Italienisch-abessinischer Krieg. Abessinien wird unabhängig.

Die Ersten Olympischen Spiele der Neuzeit, angeregt durch Pierre de Coubertin, werden in Athen abgehalten.

Stiftung des Nobel-Preises.

Richard Strauss: ›Also sprach Zarathustra‹.

1897 *Mutter Anna Schindler heiratet in zweiter Ehe Carl Moll.*

Gustav Mahler tritt zum Katholizismus über.

3. April: Johannes Brahms in Wien gestorben.

Herbst: Alma Schindler wird durch Alexander von Zemlinsky in Kompositionslehre unterrichtet. Sie lernt bei ihm Arnold Schönberg kennen.

Oktober: Sigmund Freud beschreibt den ›Ödipuskomplex‹.

8. Oktober: Gustav Mahler zum Direktor der Wiener Hofoper ernannt.

Gründung der Wiener Sezession (Josef Hoffmann, Gustav Klimt, Carl Moll, Kolo Moser und Otto Wagner).

Guglielmo Marconi erfindet die drahtlose Telegrafie (1901 erste Nachrichtenübermittlung über den Atlantik).

Theodor Fontane: ›Der Stechlin‹, Roman.

um 1898/99 *Kontakte Alma Schindlers zur Wiener Sezession.*

Freundschaft mit Gustav Klimt.

Stiefschwester Maria geboren.

Umzug in die Wiener Theresianumgasse.

1898 10. Februar: Bertolt Brecht geboren.

6. März: China verpachtet Kiautschou auf 99 Jahre an das Deutsche Reich.

25. April–10. Dezember: Krieg der USA gegen Spanien.

Juli–November: Faschoda-Zwischenfall am oberen Nil zwischen Frankreich und Großbritannien.

30. Juli: Otto von Bismarck gestorben.

30. August: Britisch-deutscher Angola-Vertrag.

	10. September: Kaiserin Elisabeth von Österreich in Genf von Luigi Lucheni ermordet.
	20. September: Theodor Fontane gestorben.
	Rußland besetzt Port Arthur, Großbritannien erobert den Sudan.
	Marie und Pierre Curie entdecken das Element Radium.
1899–1940	Planung und Bau der Bagdad-Bahn.
1899–1902	Zweiter Burenkrieg in Südafrika.
1899	3. Juni: Johann Strauß (Sohn) in Wien gestorben.
	14. November: Samoa-Vertrag zwischen Großbritannien und dem Deutschen Reich.
	Erste Haager Friedenskonferenz. Bildung des Internationalen Schiedsgerichtshofes. Landkriegsordnung (verabschiedet 1907).
	Joseph Olbrich entwirft die Kuppel für den Sezessions-Bau in Wien.
	Anton Bruckners 6. Sinfonie uraufgeführt.
	Arnold Schönberg: ›Verklärte Nacht‹, Streichsextett.
	Richard Strauss: ›Ein Heldenleben‹.
	Karl Kraus gründet ›Die Fackel‹.
1900	*Beziehung zu Alexander von Zemlinsky.*
	22. Januar: Zemlinskys Oper ›Es war einmal‹ hat an der Wiener Hofoper unter der musikalischen Leitung Gustav Mahlers Premiere.
	Frühjahr/Sommer: Boxeraufstand in China.
	2. Juli: Start des ersten Zeppelin-Luftschiffes.
	29. Juli: Humbert I. von Italien in Monza ermordet. Viktor Emanuel III. wird italienischer König (bis 1946).
	25. August: Friedrich Nietzsche in Weimar gestorben.
	16. Oktober: Im ›Jangtse-Abkommen‹ einigen sich Großbritannien und das Deutsche Reich über die jeweiligen Ansprüche in China.
	Weltausstellung und Olympische Spiele in Paris.
	Max Planck begründet die Quantentheorie.
	Sigmund Freud: ›Die Traumdeutung‹ (erschienen 1899, datiert auf 1900).
	Arthur Schnitzler: ›Der Reigen‹, Schauspiel.

1901–1904	Südpol-Expedition Robert Falcon Scotts.
1901	22. Januar: Königin Victoria von Großbritannien gestorben. Nachfolger auf dem Thron wird Edward VII.
	27. Januar: Giuseppe Verdi in Mailand gestorben.
	Herbst: Familie Moll zieht in den Bezirk Hohe Warte.
	7. November: Erste Einladung bei Gustav Mahler.
	25. November: Uraufführung von Mahlers 4. Sinfonie in München.
	27. November: Mahler erstmals zu Besuch im Hause Moll.
	21. Dezember: Offizieller Heiratsantrag an Alma Schindler.
	23. Dezember: Verlobung.
	Gustav Mahlers ›Klagendes Lied‹ in Wien uraufgeführt.
	Gründung des Internationalen Gewerkschaftsbundes in Amsterdam.
	Hans Pfitzner: ›Die Rose vom Liebesgarten‹, Oper.
	Thomas Mann: ›Buddenbrooks‹, Roman.
1902	*12. Januar: Wiener Erstaufführung der 4. Sinfonie Mahlers.*
	9. März: Gustav Mahler und Alma Schindler heiraten in Wien.
	Dreiwöchige Reise nach Sankt Petersburg, wo Mahler Konzerte dirigiert.
	12. Juni: Uraufführung der 3. Sinfonie in Krefeld. Das Ehepaar Mahler ist bei dem Konzert anwesend.
	Sommeraufenthalt in Maiernigg.
	29. September: Émile Zola gestorben.
	3. November: Geburt der Tochter Maria Anna.
1903–1906	Forschungsfahrt Roald Amundsens ins nördliche Polargebiet.
1903	*21. Februar: Aufführung von Wagners ›Tristan und Isolde‹. Alfred Roller gestaltet das Bühnenbild, Gustav Mahler dirigiert.*
	24. März: Gustave Charpentiers ›Louise‹ hat in Wien Premiere.
	Herbst: Begegnung mit Gerhart Hauptmann.
	17. Dezember: Erster Motorflug der Brüder Orville und Wilbur Wright.

	Ernest Rutherford und Frederick Soddy erklären die Radioaktivität als Zerfallsprozeß von Atomkernen.
	Anton Bruckners 9. Sinfonie in Wien uraufgeführt.
	Arnold Schönberg: ›Pelleas und Melisande‹, sinfonische Dichtung.
	Gerhart Hauptmann: ›Rose Bernd‹, Schauspiel.
	Hugo von Hofmannsthal: ›Elektra‹, Tragödie.
1904/05	Russisch-japanischer Krieg.
1904	*Freundschaft mit Hans Pfitzner.*
	Frühjahr: Familie Mahler in Abbazia.
	8. April: ›Entente cordiale‹ zwischen Frankreich und Großbritannien.
	1. Mai: Anton Dvořák in Prag gestorben.
	15. Juni: Geburt der Tochter Anna Maria.
	18. Oktober: In Köln wird die 5. Sinfonie unter Mahlers musikalischer Leitung uraufgeführt.
	Richard Strauss: ›Sinfonia domestica‹.
	Sigmund Freud: ›Zur Psychopathologie des Alltagslebens‹.
1905/06	Erste russische Revolution.
	Erste Marokkokrise.
1905	*Durch Vermittlung Alma Mahlers wird Hans Pfitzners ›Rose vom Liebesgarten‹ an der Wiener Hofoper aufgeführt.*
	März: Aufenthalt in Abbazia.
	31. März: Kaiser Wilhelm II. vor Tanger. Beginn der Marokkokrise.
	Juni: Alma Mahler mit den Kindern und Mutter Anna Moll in Maiernigg.
	24. Juli: Vertrag von Björkö. Verteidigungsbündnis zwischen Kaiser Wilhelm II. und Zar Nikolaus II.
	Albert Einstein stellt die Spezielle Relativitätstheorie auf (Allgemeine Relativitätstheorie 1915).
	Gustav Mahlers ›Kindertotenlieder‹ in Wien uraufgeführt.
	Claude Debussy: ›La Mer‹.
	Richard Strauss: ›Salome‹, Oper.
	Heinrich Mann: ›Professor Unrat‹, Roman.
	Christian Morgenstern: ›Galgenlieder‹.

1906	Januar–April: Algeciras-Konferenz. Die Souveränität Marokkos wird bestätigt.
	27. Mai: Mahlers 6. Sinfonie in Essen uraufgeführt.
	Arnold Schönberg: 1. Kammersinfonie.
	Robert Musil: ›Die Verwirrungen des Zöglings Törleß‹, Roman.
1907	*12. Juli: Tod der Tochter Maria Anna.*
	14. Juli: Beerdigung.
	Zusammenbruch Alma Mahlers.
	Ende Juli: Bei Gustav Mahler wird eine akute Herzerkrankung festgestellt.
	Aufenthalt des Ehepaars Mahler in Schluderbach/Tirol.
	Krise an der Wiener Hofoper.
	15. Oktober: Mahler dirigiert zum letzten Mal an der Hofoper. Er löst seinen Vertrag. Felix von Weingartner wird sein Nachfolger in Wien.
	Fahrt nach Sankt Petersburg. Igor Strawinsky bei der Aufführung der 5. Sinfonie anwesend.
	In Helsinki Begegnung Mahlers mit Jan Sibelius.
	Erholungsurlaub Alma Mahlers am Semmering.
	24. November: Gustav Mahler dirigiert im Musikverein seine 2. Sinfonie.
	9. Dezember: Alma und Gustav Mahler reisen von Wien ab.
	Zweite Haager Konferenz.
1908	*1. Januar: Mahler dirigiert an der New Yorker Metropolitan Opera Wagners ›Tristan und Isolde‹.*
	Konzert-Tournee nach Boston und Philadelphia.
	Schwächeanfall Alma Mahlers.
	April/Mai: Rückreise nach Europa.
	Begegnung mit Dr. Joseph Fraenkel aus New York.
	Sommeraufenthalt in Toblach. Maiernigg wird verkauft.
	Letzter Besuch bei Max Burckhard in St. Gilgen.
	Sommer: Jungtürkische Revolution.
	Olympische Sommerspiele in London.
	19. September: Mahlers 7. Sinfonie in Prag uraufgeführt.
	Oktober: Österreich-Ungarn annektiert Bosnien und die Herzegowina. In der Folge Bosnische Krise (1909).

28. Oktober: ›Daily Telegraph-Affäre‹. Eine Äußerung Kaiser Wilhelms II., die der ›Daily Telegraph‹ veröffentlicht, belastet das britisch-deutsche Verhältnis.

Spätherbst: Das Ehepaar Mahler reist zusammen mit Tochter Anna erneut nach New York.

Wiedersehen mit Dr. Fraenkel.

Zusammentreffen mit Enrico Caruso in New York.

Mahler beginnt mit der Komposition der 9. Sinfonie, nachdem er das ›Lied von der Erde‹ abgeschlossen hat.

1909 *Differenzen an der ›Met‹ mit Arturo Toscanini.*

Jahresanfang: Mutter Anna Moll in New York.

Februar: Alma Mahler erleidet eine Fehlgeburt.

9. Februar: Französisch-deutsches Marokko-Abkommen.

6. April: Robert Edwin Peary gelangt als erster in unmittelbare Nähe des Nordpols.

Konzerte Mahlers in Paris und Amsterdam. Auguste Rodin porträtiert den Komponisten in Paris.

Mai: Nervenkrise Alma Mahlers. Erholung in Levico.

25. Juli: Louis Blériot überfliegt den Ärmelkanal.

Herbst: Dritte Amerikareise des Ehepaars Mahler zusammen mit Tochter Anna.

Gustav Mahler wird Chefdirigent der Philharmonic Society of New York.

Konzerte in Brooklyn, Philadelphia und Buffalo.

Zunahme der gesellschaftlichen Kontakte.

Erste Arbeit an der 10. Sinfonie.

Ossip Gabrilowitsch heiratet Clara Clemens, Tochter von Mark Twain (Samuel Langhorne Clemens).

Arnold Schönberg: ›Erwartung‹ (1924 uraufgeführt); ›Fünf Orchesterstücke‹ (Uraufführung 1912).

Richard Strauss: ›Elektra‹, Oper.

1910/11 *Walter Gropius baut die Fagus-Werke in Alfeld.*

1910 6. März: Die linksliberalen Parteien Deutschlands schließen sich zur ›Fortschrittlichen Volkspartei‹ zusammen.

April: Rückkehr nach Europa.

Konzerte in Paris, Leipzig und Köln.
Aufenthalt des Ehepaars Mahler in Rom.
6. Mai: Edward VII. von Großbritannien gestorben. Nachfolger auf dem englischen Thron wird Georg V.
Ab Ende Mai: Alma Mahler zur Kur in Tobelbad. Sie lernt Walter Gropius kennen.
Gespräche zwischen Gustav Mahler und Sigmund Freud in Leyden.
12. September: Uraufführung der 8. Sinfonie in München.
Herbst: Gustav Mahler veranlaßt die Veröffentlichung von fünf Liedern Alma Mahlers bei der Universal Edition.
Vierte Amerikareise.
Eröffnungsprogramm für die Konzertsaison der Philharmonic Society und Tournee nach Pittsburgh und Buffalo.
20. November: Leo Tolstoi gestorben.
Familie Mahler erwirbt ein Haus in Breitenstein/Semmering.
König Emanuel II. von Portugal gestürzt. Portugal wird Republik.
Japan annektiert Korea.
Maurice Ravel: ›Daphnis et Chloé‹.
Igor Strawinsky: ›L'Oiseau de feu‹.
Rainer Maria Rilke: ›Die Aufzeichnungen des Malte Laurids Brigge‹, Roman.

1911/12	Italienisch-türkischer Krieg.
1911	*Freundschaft mit Ferruccio Busoni.*

Januar: Auseinandersetzungen Mahlers mit der Philharmonic Society.
21. Februar: Mahler dirigiert zum letzten Mal ein Konzert.
April: Alma Mahler fährt mit dem Todkranken nach Paris. Aufnahme in die Klinik André Chantemesse.
Mahler wird von Professor Chvostek nach Wien ins Sanatorium Löw überwiesen.
18. Mai: Gustav Mahler gestorben.
Beisetzung auf dem Grinzinger Friedhof im Grab der Tochter Maria Anna.
1. Juli: Das deutsche Kanonenboot ›Panther‹ wird nach

Agadir entsandt (›Panthersprung nach Agadir‹). – Zweite Marokkokrise.
Herbst: Umzug mit der Tochter in die Elisabethstraße.
Ab November: Affäre mit Paul Kammerer.
20. November: Bruno Walter führt das ›Lied von der Erde‹ zum ersten Mal auf.
14. Dezember: Roald Amundsen erreicht den Südpol; Robert Falcon Scott trifft dort einen Monat später ein.
Alma Mahler lehnt einen Heiratsantrag Dr. Joseph Fraenkels ab.
Bela Bartók: ›Herzog Blaubarts Burg‹, Oper.
Richard Strauss: ›Der Rosenkavalier‹, Oper.
Igor Strawinsky: ›Petruschka‹.
Gerhart Hauptmann: ›Die Ratten‹, Schauspiel.
Hugo von Hofmannsthal: ›Jedermann‹, Schauspiel.
Franz Werfel: ›Der Weltfreund‹, Gedichte.

1912/13 Balkankrise.
1912 *Freundschaft mit dem Komponisten Franz Schreker.*
Frühjahr: Oskar Kokoschka als Porträtmaler bei Carl Moll.
Beginn der engen Beziehung zu Kokoschka.
April: Alma Mahler mit Lili Leiser in Paris.
14./15. April: Untergang der ›Titanic‹ im Nordatlantik.
26. Juni: Uraufführung von Mahlers 9. Sinfonie durch Bruno Walter in Wien.
Sommer: Fahrten nach Holland und – mit Kokoschka – in die Schweiz.
Oktober 1912–Frühjahr 1913: Erster Balkankrieg.
Max Burckhard gestorben.
Arnold Schönberg: ›Pierrot lunaire‹; ›Gurrelieder‹.
Richard Strauss: ›Ariadne auf Naxos‹, Kammeroper.
Gerhart Hauptmann erhält den Nobelpreis für Literatur.

1913 *Oskar Kokoschka versucht, Alma Mahler zur Eheschließung zu bewegen.*
29. Juni–10. August: Zweiter Balkankrieg.
August: Reise nach Tre Croci/Dolomiten mit Kokoschka.
Sigmund Freud: ›Totem und Tabu‹.

Igor Strawinsky: ›Le Sacre du printemps‹.
Franz Werfel: ›Wir sind‹, Gedichte; ›Die Versuchung‹, dramatisches Prosagedicht.

1914–1919 Erster Weltkrieg.

1914 28. Juni: Der österreichische Thronfolger Franz Ferdinand und seine Frau Sophie werden in Sarajewo bei einem Attentat getötet.

23. Juli: ›Begehrnote‹. Österreichisches Ultimatum an Serbien.

28. Juli: Österreich-Ungarn erklärt Serbien den Krieg.

1./3. August: Kriegserklärung des Deutschen Reiches an Rußland und Frankreich.

4. August: Großbritannien erklärt dem Deutschen Reich den Krieg.

15. August: Eröffnung des Panamakanals.

Dezember: Alma nimmt Briefkontakt zu Walter Gropius auf.
›Die Windsbraut‹, Gemälde von Oskar Kokoschka.
Der Preis der Mahler-Stiftung wird an Arnold Schönberg vergeben.

1915 *Kokoschka als Soldat bei der Kavallerie. Schwere Verwundung.*

Februar 1915–Januar 1916: Kampf um die Dardanellen.

7. Mai/19. August: Deutsche U-Boote versenken die Passagierschiffe ›Lusitania‹ und ›Arabic‹.

23. Mai: Italien tritt an der Seite der ›Tripel-Entente‹ Frankreich–Großbritannien–Rußland in den Krieg gegen Österreich-Ungarn ein.

Frühjahr: Alma Mahler bei Walter Gropius in Berlin.
Gropius geht wieder an die Front.
Alma arrangiert ein Schönberg-Konzert in Wien.

18. August: Walter Gropius und Alma Mahler heiraten.
Der Preis der Mahler-Stiftung geht an Julius Bittner.
Richard Strauss: ›Eine Alpensinfonie‹.
Franz Werfel: ›Einander‹, Gedichte.

1916 22. April: Werfels Euripides-Bearbeitung ›Die Troerinnen‹ wird in Berlin uraufgeführt.

11. Mai: Max Reger gestorben.

5. Oktober: Tochter Manon Gropius geboren.

21. November: Kaiser Franz Joseph I. von Österreich-Ungarn gestorben. Auf den Thron folgt sein Großneffe Karl I.

Die ›Unabhängige Sozialdemokratische Partei‹ (USPD) Deutschlands spaltet sich von der SPD ab.

1917 *Bekanntschaft mit Franz Blei.*

8.–14. März: Russische Märzrevolution (nach dem damals in Rußland gebräuchlichen Julianischen Kalender ›Februarrevolution‹).

14. März: Zar Nikolaus II. dankt ab und wird gefangengenommen.

6. April: Kriegserklärung der USA an das Deutsche Reich.

16. September: In Rußland wird die Republik ausgerufen.

Herbst: Alma lernt Franz Werfel kennen.

7. November: (nach dem Julianischen Kalender 15. Oktober): Sieg der russischen ›Oktoberrevolution‹.

8. November: Lenin wird Regierungschef der Russischen Republik.

Dezember: Britische Truppen besetzen Palästina.

Hans Pfitzner: ›Palestrina‹, musikalische Legende.

1918 *Walter Gropius wird nach Berlin berufen.*

Januar: Beginn der Beziehung zu Franz Werfel.

8. Januar: In seinen ›Vierzehn Punkten‹ fordert US-Präsident Woodrow Wilson Selbstbestimmungsrecht für alle Völker und Errichtung eines Völkerbundes.

6. Februar: Gustav Klimt gestorben.

3. März: Friede von Brest-Litowsk zwischen Rußland und dem Deutschen Reich.

26. März: Claude Debussy gestorben.

Juli: Vorzeitige Geburt des Sohnes Martin Carl Johannes.

17. Juli: Die Zarenfamilie wird in Jekaterinburg erschossen.

Ende Oktober/Anfang November: Meuterei der deut-

schen Hochseeflotte in Kiel und Wilhelmshaven. Die Unruhen greifen auf weitere Städte über.
7. November: Revolution in München.
November/Dezember: Revolution in Berlin. Die Deutsche Republik wird ausgerufen.
9./28. November: Kaiser Wilhelm II. verzichtet auf den Thron.
11. November: Der österreichische Kaiser Karl I. dankt ab.
Jahresende: Gründung der deutschen ›Revolutionären Kommunistischen Arbeiterpartei‹.
Igor Strawinsky: ›L'Histoire du soldat‹.
Karl Kraus: ›Die letzten Tage der Menschheit‹, Drama.
Heinrich Mann: ›Der Untertan‹, Roman.

1919 *Walter Gropius gründet das Bauhaus in Weimar.*
6.–15. Januar: Spartakusaufstand in Berlin.
15. Januar: Karl Liebknecht und Rosa Luxemburg werden ermordet.
Frühjahr: Sohn Martin gestorben.
März: Besuch in Weimar bei Walter Gropius zusammen mit Tochter Manon.
2.–6. März: Erster Kongreß der Kommunistischen Internationale (›Komintern‹) in Moskau.
29. April: Völkerbundsverfassung.
28. Juni: Der Versailler Vertrag zwischen den Alliierten und Deutschland beendet den Ersten Weltkrieg.
Herbst: Tochter Anna verlobt sich mit Rupert Kollner.
Der englische Physiker Ernest Rutherford erbringt den Nachweis einer Kernreaktion (erste Element-Umwandlung).
John Alcock und Arthur Whitten-Brown überfliegen den Atlantik von Neufundland nach Irland.
Joe Engl, Joseph Massolle und Hans Vogt führen erstmals Tonfilme vor.
Hermann Hesse: ›Demian‹, Roman.
Franz Werfel: ›Die Mittagsgöttin‹, Zauberspiel; ›Der Gerichtstag‹, Gedichte.

1920–1922	Griechisch-türkischer Krieg.
1920	*Jahresanfang: Reise nach Italien mit Manon und Franz Werfel.*

März–Mai: Kommunistische Aufstände im Ruhrgebiet.

13.–17. März: Kapp-Putsch in Deutschland.

Besuch in Amsterdam bei Willem Mengelberg, der ein Mahler-Fest veranstaltet.

Die Scheidung von Walter Gropius wird eingeleitet.

Dr. Joseph Fraenkel gestorben.

Franz Werfel: ›Nicht der Mörder, der Ermordete ist schuldig‹, Erzählung.

1921   *Venedig-Reise.*

Besuch Hans Pfitzners, Maurice Ravels, Alfredo Casellas, Francis Poulencs und Darius Milhauds.

Jahresanfang: Tochter Anna heiratet Rupert Kollner.

15. Oktober: Franz Werfels Drama ›Der Spiegelmensch‹ in Leipzig uraufgeführt. Spätere Inszenierungen in Wien erzielen wenig Erfolg.

Hans Pfitzner: ›Von deutscher Seele‹, Chorwerk.

Hugo von Hofmannsthal: ›Der Schwierige‹, Lustspiel.

1922   *Erwerb eines Hauses in Venedig.*

Tochter Anna trennt sich von Rupert Kollner. Sie heiratet später den Komponisten Ernst Křenek und läßt sich wiederum scheiden.

16. April: Deutsch-russischer Sondervertrag v. Rapallo.

24. Juni: Ermordung des deutschen Außenministers Walther Rathenau durch Rechtsradikale.

28. Oktober: Marsch der Faschisten auf Rom.

30. Oktober: Benito Mussolini wird italienischer Ministerpräsident.

18. November: Marcel Proust gestorben.

30. Dezember: Gründung der UdSSR.

Arnold Schönberg entwickelt die ›Zwölftontechnik‹.

Oswald Spengler: ›Der Untergang des Abendlandes‹ (1918–22).

James Joyce: ›Ulysses‹, Roman.

1923	11. Januar: Französische und belgische Truppen besetzen das Ruhrgebiet.
	8./9. November: Putschversuch Adolf Hitlers und Erich Ludendorffs in München.
	Wohnung zeitweise in Venedig und am Semmering, gemeinsam mit Franz Werfel.
	Erste Rundfunkübertragungen in Deutschland.
	Sigmund Freud: ›Das Ich und das Es‹.
	Rainer Maria Rilke: ›Duineser Elegien‹.
1924	*Reise mit Werfel in den Nahen Osten.*
	21. Januar: Lenin (Wladimir Iljitsch Uljanow) gestorben.
	3. Juni: Tod Franz Kafkas.
	27. Juli: Ferruccio Busoni gestorben.
	Erste Olympische Winterspiele in Chamonix.
	Ernst Křenek richtet nach den von Gustav Mahler hinterlassenen Skizzen zwei Sätze der 10. Sinfonie ein und führt sie in Wien auf.
	Thomas Mann: ›Der Zauberberg‹, Roman.
	Franz Werfel: ›Verdi, Roman der Oper‹.
1925	*Alma – und zeitweise auch Werfel – in Nervi.*
	Enge Freundschaft mit Alban Berg und seiner Frau Helene.
	26. April: Nach dem Tod Friedrich Eberts wird Generalfeldmarschall Paul von Hindenburg zum deutschen Reichspräsidenten gewählt.
	26. Mai: Werfels Drama ›Juarez und Maximilian‹ in Wien uraufgeführt.
	16. Oktober/1. Dezember: Vertrag von Locarno. Garantie der deutschen Westgrenze. Deutschland verzichtet auf das Elsaß und Lothringen.
	14. Dezember: Alban Bergs Oper ›Wozzeck‹ in Berlin erfolgreich uraufgeführt. Alma und Werfel bei der Vorstellung anwesend.
	Verlegung des Bauhauses nach Dessau.
	Erste Fernsehvorführungen in Deutschland, Großbritannien und den USA.
	Lion Feuchtwanger: ›Jud Süß‹, Roman.

	Franz Kafkas Roman ›Der Prozeß‹ erscheint.
1926	Mai: Nordpolflug Richard E. Byrds. – Roald Amundsen überfliegt den Pol mit dem Luftschiff ›Norge‹.
	8. September: Deutschland wird in den Völkerbund aufgenommen.
	29. Dezember: Rainer Maria Rilke gestorben.
	Jahresende: Prager Aufführung des ›Wozzeck‹ in Anwesenheit Almas und Werfels.
	Alban Berg: ›Lyrische Suite‹.
	Paul Hindemith: ›Cardillac‹, Oper (Neufassung 1952).
	Franz Kafkas Roman ›Das Schloß‹ wird veröffentlicht.
1927	4.–23. Mai: Weltwirtschaftskonferenz in Genf.
	20./21. Mai: Charles Lindbergh überquert den Atlantik erstmals im Alleinflug von New York nach Paris.
	Max Born, Werner Heisenberg und Pascual Jordan entwickeln die Theorie der Quantenmechanik.
	Hermann Hesse: ›Der Steppenwolf‹, Roman.
1928	27. August: ›Briand-Kellogg-Pakt‹. Internationale Ächtung des Krieges.
	31. August: Bert Brechts ›Dreigroschenoper‹ in Berlin uraufgeführt.
	Alexander Fleming entdeckt das Penicillin.
	Franz Werfel: ›Der Abiturententag‹, Roman.
1929–1932	Weltwirtschaftskrise.
1929	*6. Juli: Alma heiratet Franz Werfel.*
	Hochzeitsreise in den Nahen Osten.
	15. Juli: Hugo von Hofmannsthal gestorben.
	22. Juli: ›Genfer Konvention‹ über die Behandlung von Kriegsgefangenen.
	25. Oktober: ›Schwarzer Freitag‹ an der New Yorker Börse.
	Tochter Anna heiratet in dritter Ehe den Verleger Paul von Zsolnay.
	Alfred Döblin: ›Berlin Alexanderplatz‹, Roman.
	Thomas Mann erhält den Nobelpreis für Literatur.
	Erich Maria Remarque: ›Im Westen nichts Neues‹, Roman.

Franz Werfel: ›Barbara oder die Frömmigkeit‹, Roman.

1930 Clyde Tombaugh entdeckt den Planeten Pluto.

Lion Feuchtwanger: ›Erfolg‹, Roman.

Ödön von Horváth: ›Geschichten aus dem Wiener Wald‹, Schauspiel.

Robert Musil: ›Der Mann ohne Eigenschaften‹, Roman (Folgebände 1933 und 1943).

Joseph Roth: ›Hiob‹, Roman.

1931 *Jahresanfang: Umzug in das neue Haus auf der Hohen Warte.*

14. April: Der spanische König Alfons XIII. dankt ab. Spanien wird zum zweiten Mal Republik.

21. Oktober: Arthur Schnitzler gestorben.

Tochter Anna trennt sich von Zsolnay.

Japan annektiert die Mandschurei.

Bau des Empire State Building in New York.

Igor Strawinsky: ›Psalmensinfonie‹.

Bert Brecht: ›Die heilige Johanna der Schlachthöfe‹, Schauspiel.

1932 *Hinwendung zur römisch-katholischen Kirche.*

Beginn einer engen Freundschaft mit dem Theologieprofessor Johannes Hollnsteiner.

Februar: Erste Internationale Abrüstungskonferenz in Genf.

Hermann Broch: ›Die Schlafwandler‹, Roman.

Gerhart Hauptmann: ›Vor Sonnenuntergang‹, Schauspiel.

Joseph Roth: ›Radetzkymarsch‹, Roman.

1933 30. Januar: Reichspräsident Paul von Hindenburg beruft Adolf Hitler zum deutschen Reichskanzler.

2. Februar–14. Oktober: Zweite Internationale Abrüstungskonferenz.

27. Februar: Reichstagsbrand.

24. März: ›Ermächtigungsgesetz‹ in Deutschland. In der Folge Gleichschaltung der Länder (April), Verbot der Gewerkschaften (Mai) und Selbstauflösung der Parteien (Juni/Juli).

15. Juli: ›Viererpakt‹ Deutschland/Frankreich/Großbritannien/Italien.
19. Oktober: Deutschland tritt aus dem Völkerbund aus.
Das Bauhaus in Dessau wird aufgelöst.
Arnold Schönberg geht über Frankreich in die USA.
Richard Strauss: ›Arabella‹, Oper.
Lion Feuchtwanger: ›Die Geschwister Oppermann‹, Roman.
Franz Werfel: ›Die vierzig Tage des Musa Dagh‹, Roman.

1934 26. Januar: Deutsch-polnischer Nichtangriffs- und Freundschaftsvertrag.
April: Tochter Manon erkrankt in Venedig an Kinderlähmung.
30. Juni: ›Röhm-Putsch‹ in Deutschland.
25. Juli: Ermordung des österreichischen Bundeskanzlers Engelbert Dollfuß.
2. August: Tod des deutschen Reichspräsidenten Paul von Hindenburg. Hitler wird ›Führer und Reichskanzler‹.
18. September: Die UdSSR wird in den Völkerbund aufgenommen.
Paul Hindemith: ›Mathis der Maler‹, Sinfonie (gleichnamige Oper 1935).

1935 13. Januar: Deutschland erhält das Saargebiet zurück.
Ostern: Tochter Manon gestorben.
Alban Berg widmet der verstorbenen Manon sein Violinkonzert (›Dem Andenken eines Engels‹).
11.–14. April: Konferenz von Stresa zwischen den Regierungschefs Frankreichs, Großbritanniens und Italiens.
2./16. Mai: Beistandspakt der UdSSR mit Frankreich und der Tschechoslowakei.
18. Juni: Britisch-deutsches Flottenabkommen.
September: ›Nürnberger Gesetze‹. Grundlage für die Judendiskriminierung in Deutschland.

Herbst: Das Ehepaar Werfel in New York zur Aufführung von Franz Werfels ›Weg der Verheißung‹.
24. Dezember: Alban Berg in Wien gestorben.
Verkauf des Hauses in Venedig.
Werner Egk: ›Die Zaubergeige‹, Oper.
Heinrich Mann: ›Die Jugend des Königs Henri Quatre‹, Roman.

1936–1939 Spanischer Bürgerkrieg.

1936 20. Januar: Georg V. von Großbritannien gestorben. Nachfolger als englischer König wird Edward VIII. Nach seiner Abdankung am 11. Dezember besteigt Georg VI. den Thron.
7. März: Adolf Hitler kündigt den Locarno-Vertrag. Deutsche Truppen besetzen die entmilitarisierte Rheinlandzone.
Ostern: Aufenthalt in Locarno. Gedenkgottesdienst für Tochter Manon.
30. September: General Francisco Franco y Bahamonde wird spanischer Staatschef.
25. Oktober: ›Achsenvertrag‹ Deutschland–Italien.
25. November: Deutsch-japanischer ›Antikomintern-Pakt‹ (1937 Beitritt Italiens; weitere Staaten schließen sich an).
Etwa Jahresende: Das Haus auf der Hohen Warte wird aufgegeben.
Wohnung in Mailand.

1937 6. Mai: In Lakehurst wird das Zeppelin-Luftschiff ›Hindenburg‹ bei der Landung durch einen Brand zerstört.
7. Juli: Überfall Japans auf China.
28. Dezember: Maurice Ravel gestorben.
29. Dezember: Der unabhängige Staat Irland (Éire) wird geschaffen.
Pariser Weltausstellung: Tochter Anna Mahler wird für eine ihrer Skulpturen mit einem Ersten Preis ausgezeichnet.
Alban Bergs Oper ›Lulu‹ in Zürich uraufgeführt.
Carl Orff: ›Carmina burana‹.

	Franz Werfel: ›Höret die Stimme‹, Roman.
1938	*Alma und Franz Werfel in Mailand. Weiterfahrt nach Neapel und Capri.*

Ab März: Alma Mahler-Werfel verläßt Österreich, um ins Exil zu gehen. Fahrt nach Prag, Budapest, Zagreb, Triest und Mailand, wo sich ihr Mann aufhält. Einladung nach Zürich. Weiterreise über Paris und Amsterdam nach London zu Tochter Anna. Rückkehr nach Paris.
Kauf eines renovierten Wachtturms in Sanary-sur-Mer.
Erneute Herzerkrankung Franz Werfels.
Genesungsaufenthalt in Südfrankreich.
12.–14. März: ›Anschluß‹ Österreichs an das Deutsche Reich.
29. September: ›Münchner Abkommen‹ zwischen Chamberlain, Daladier, Hitler und Mussolini. Deutsch besiedelte Teile Böhmens, Mährens und Schlesiens werden dem Deutschen Reich zuerkannt.
30. September: Deutsch-britische Nichtangriffserklärung.
1. Oktober: Deutsche Truppen marschieren ins Sudetenland ein.
November: Mutter Anna Moll gestorben.
9. November: ›Reichskristallnacht‹ in Deutschland.
6. Dezember: Deutsch-französische Nichtangriffserklärung.
Winter: Aufenthalt in Paris. Besuch Franz Lehárs, Bruno Walters, Fritz von Unruhs und Gustave Charpentiers.
Walter Gropius wird Professor an der Harvard-Universität/USA.
Otto Hahn, Lise Meitner und Fritz Straßmann führen im Experiment die erste Kernspaltung durch.
Werner Egk: ›Peer Gynt‹, Oper.
Bert Brecht: ›Leben des Galilei‹ (1943 in Zürich uraufgeführt).
Heinrich Mann: ›Die Vollendung des Königs Henri Quatre‹, Roman.

1939–1945	Zweiter Weltkrieg.

1939	15./23. März: Deutsche Truppen marschieren in die Tschechoslowakei und ins Memelgebiet ein.

28. März/2. April: General Francos Einheiten besetzen Madrid. Ende des Spanischen Bürgerkrieges.
6. April/25. August: Britisch-polnisches Bündnis.
22. Mai: ›Stahlpakt‹ Deutschland–Italien.
23. August: ›Hitler-Stalin-Pakt‹. Deutsch-russischer Nichtangriffsvertrag.
1. September: Deutscher Angriff auf Polen.
3. September: Großbritannien und Frankreich erklären Deutschland den Krieg.
23. September: Sigmund Freud in London gestorben.
28. September: Deutsch-russischer Grenz- und Freundschaftsvertrag.
Jahresende: Paris-Aufenthalt.
Bruno Walter emigriert in die USA.
Bert Brecht: ›Mutter Courage und ihre Kinder‹, Schauspiel (1941 in Zürich uraufgeführt).
Franz Werfel: ›Der veruntreute Himmel‹, Roman (zunächst unter dem Titel ›Der gestohlene Himmel‹).

um 1940	*Die geistig behinderte Schwester Grete wird während der Naziherrschaft in Deutschland getötet.*
1940	*Emigration in die USA.*

April/Mai: Deutschland greift Dänemark, Norwegen, die Niederlande, Luxemburg, Belgien u. Frankreich an.
14. Juni: Deutsche Truppen besetzen Paris.
22. Juni: Waffenstillstand zwischen dem Deutschen Reich und Frankreich.
Das Ehepaar Werfel gelangt nach Bordeaux, Bayonne und Pau.
27. Juni: Besuch in Lourdes.
3. August: Rückkehr nach Marseille.
12. September: Beginn der Reise über Spanien und Portugal in die USA, zusammen mit Heinrich und Golo Mann.
27. September: ›Dreimächtepakt‹ Deutschland/Italien/Japan (weitere Staaten schließen sich an).
13. Oktober: Ankunft in New York.

Dezember: Alma und Franz Werfel ziehen nach Los Angeles. Freundschaft mit Kathe Berl.
Lion Feuchtwanger: ›Exil‹, Roman.

1941 *In Los Angeles Kontakte zu Arnold Schönberg und Max Reinhardt.*
Franz Werfels Roman ›Das Lied der Bernadette‹ entsteht (erschienen in Stockholm).
13. Januar: James Joyce in Zürich gestorben.
April/Juni: Deutscher Angriff auf Jugoslawien, Griechenland und die UdSSR.
7. Mai: Stalin wird Regierungschef der Sowjetunion.
4. Juni: Tod des ehemaligen deutschen Kaisers Wilhelm II. in Doorn/Niederlande.
Sommer: Franz Werfels Vater in Marseille gestorben.
14. August: Churchill und Roosevelt verkünden die ›Atlantik-Charta‹.
September: Aufenthalt in New York.
7. Dezember: Japanischer Überfall auf die US-Flotte in Pearl Harbor/Hawaii.
8. Dezember: Die USA und Großbritannien erklären Japan den Krieg.
11. Dezember: Kriegserklärung Deutschlands und Italiens an die USA.

1942 *Alma und Franz Werfel lernen Erich Maria Remarque kennen. Freundschaft Almas mit Remarque.*
16. *März: Alexander von Zemlinsky in Larchmont/New York gestorben.*
Juni: Besuch bei den Angehörigen Werfels in New York.
September: Umzug nach Beverly Hills.
4. November: Britischer Sieg von El Alamein.
18. November 1942–2. Februar 1943: Schlacht um Stalingrad.
Franz Werfel befreundet sich mit Friedrich Torberg.
In Chicago geht der von Enrico Fermi entwickelte erste amerikanische Kernreaktor in Betrieb.
Bert Brechts ›Furcht und Elend des Dritten Reiches‹ hat in New York Premiere.

	Anna Seghers: ›Das siebte Kreuz‹, Roman.
1943	*Kauf eines Sommerhauses in Santa Barbara.*

Franz Werfel erleidet kurz hintereinander zwei Herzanfälle.
14.–26. Januar: Konferenz von Casablanca. Treffen Churchill–Roosevelt.
30. Oktober: Max Reinhardt in New York gestorben.
November/Dezember: Erneute Herzanfälle Werfels.
28. November–1. Dezember: Churchill, Roosevelt und Stalin auf der Konferenz von Teheran.
23. Dezember: Premiere des Films ›Das Lied der Bernadette‹.
Paul Stefan gestorben.
Bert Brechts Schauspiel ›Der gute Mensch von Sezuan‹ in Zürich uraufgeführt.
Hermann Hesse: ›Das Glasperlenspiel‹, Roman.

1944 *Frühjahr: Werfels Gesundheitszustand bessert sich. Arbeit am ›Stern der Ungeborenen‹.*
5. Juni: Landung der Alliierten in Frankreich.
20. Juli: Graf Stauffenbergs Attentat auf Hitler mißlingt.
1. August–3. Oktober: Polnischer Aufstand gegen die deutsche Besatzung.
25. August: Befreiung von Paris. General Charles de Gaulle bildet eine provisorische Regierung.

1945 *Finanzielle Schwierigkeiten.*
Alma leidet unter allgemeiner Erschöpfung und Fieberanfällen.
4.–11. Februar: Churchill, Roosevelt und Stalin auf der Konferenz von Jalta.
25. April: Gründung der ›Vereinten Nationen‹ in San Francisco.
28. April: Benito Mussolini von einem Freischärler-Kommando erschossen.
30. April: Selbstmord Adolf Hitlers.
7./9. Mai: Gesamtkapitulation der deutschen Streitkräfte.
16. Juli: In Alamogordo/New Mexico wird die erste Atombombe gezündet.

2. August: ›Potsdamer Abkommen‹. Aufteilung Deutschlands in Besatzungszonen.

6./9. August: Die USA werfen über Hiroshima und Nagasaki Atombomben ab.

17. August: Werfel beendet in Santa Barbara den ›Stern der Ungeborenen‹. Körperlicher Zusammenbruch.

26. August: Franz Werfel in Beverly Hills/Kalifornien gestorben.

29. August: Beerdigung in Beverly Hills. Igor Strawinsky, Arnold Schönberg, Otto Preminger, Otto Klemperer und die Familie Mann nehmen an den Trauerfeierlichkeiten teil.

15. September: Anton von Webern in Mittersill/Österreich gestorben.

26. September: Tod Bela Bartóks in New York.

20. November 1945–1. Oktober 1946: ›Nürnberger Prozesse‹ gegen die ›Hauptkriegsverbrecher‹.

Flucht und Vertreibung der Deutschen aus den Ostgebieten.

Erster Weltgewerkschaftskongreß in London.

1946–1954	Indochina-Krieg.
1946	*Alma Mahler-Werfel erhält die amerikanische Staatsbürgerschaft.*
	6. Juni: Gerhart Hauptmann gestorben.
	2./18. Juni: Italien wird Republik.
	Richard Strauss: ›Metamorphosen‹.
	Hermann Hesse wird mit dem Nobelpreis für Literatur ausgezeichnet.
1947	1. Januar: Die britische und die amerikanische Zone Deutschlands werden zur Bizone zusammengeschlossen.
	5. Juni: ›Marshall-Plan‹ der USA zum Wiederaufbau Europas.
	15. August: Indien wird unabhängig. Abtrennung des selbständigen Staates Pakistan.
	Spätsommer: Reise nach Europa.
	Besuch in London bei Tochter Anna und Enkelin Marina.

Aufenthalt in Wien. Bemühungen, den eigenen Besitz zu sichern.
Rückkehr in die USA.
Max Horkheimer/Theodor W. Adorno: ›Die Dialektik der Aufklärung‹.
Thomas Mann: ›Doktor Faustus‹, Roman.

1948 *Jahresanfang: Tochter Anna zu Besuch in Beverly Hills.*
30. Januar: Mohandas (Mahatma) Gandhi ermordet.
17. März: Brüsseler Fünf-Mächte-Vertrag. Die ›Westunion‹ wird geschaffen.
16. April: Entstehung der ›Organization for European Economic Cooperation‹ (OEEC).
15. Mai: Der Staat Israel wird gegründet.
21. Juni: Währungsreform in den deutschen Westzonen.
Juni 1948–Mai 1949: Berlin-Blockade durch die UdSSR.
1. September: In Bonn tritt der Parlamentarische Rat zusammen.
10. Dezember: Internationale Deklaration der Menschenrechte.
Norbert Wiener begründet die Kybernetik.
Bert Brecht: ›Herr Puntila und sein Knecht Matti‹, Schauspiel.

1949 *Besuch Erich Maria Remarques und Benjamin Brittens.*
25. Januar: Bildung des osteuropäischen ›Rates für gegenseitige Wirtschaftshilfe‹ (COMECON).
4. April: Der ›Nordatlantikpakt‹ (NATO) wird geschlossen.
18. April: Ausrufung der Republik Irland. Völlige Unabhängigkeit des irischen Staates. Austritt aus dem Commonwealth.
22. Mai: Hans Pfitzner in Salzburg gestorben.
23. Mai: Vorläufiges Grundgesetz der Bundesrepublik Deutschland.
Sommer: Tochter Anna erneut zu Besuch in Kalifornien.
3. August: Bildung des Europarates in Straßburg.
8. September: Richard Strauss in Garmisch gestorben.

12./15. September: Theodor Heuss wird erster deutscher Bundespräsident, Konrad Adenauer Bundeskanzler.
21. September: Gründung der Volksrepublik China.
7. Oktober: Verfassung der Deutschen Demokratischen Republik.
31. Oktober: Die Bundesrepublik tritt der OEEC bei.
Werner Egk: ›Abraxas‹, Ballett.

1950–1953 Koreakrieg.

1950 *Tochter Anna und Enkelin Marina ziehen nach Beverly Glen.*
12. März: Heinrich Mann in Santa Monica/Kalifornien gestorben.
April: Alma läßt Mahlers unvollendete 10. Sinfonie im Druck veröffentlichen.
4. November: Europäische Konvention zum Schutz der Menschenrechte und Grundfreiheiten.

1951 18. April: Gründung der Europäischen Gemeinschaft für Kohle und Stahl (›Montan-Union‹).
13. Juli: Arnold Schönberg in Los Angeles gestorben.
Benjamin Britten: ›Billy Budd‹, Oper.
Igor Strawinsky: ›The Rake's Progress‹, Oper.

1952 *Alma Mahler-Werfel zieht nach New York/Manhattan.*
6. Februar: Georg VI. von Großbritannien gestorben. Elisabeth II. folgt auf den Thron.
26. Mai: Deutschlandvertrag zwischen den Westmächten und der Bundesrepublik.
27. Mai: In Paris wird der Vertrag über die ›Europäische Verteidigungsgemeinschaft‹ (EVG) unterzeichnet.
November/Dezember: Reise nach Paris.
In den USA wird die erste Wasserstoffbombe gezündet.

1953 *Januar/Februar: Rom-Aufenthalt.*
Auf der Rückreise in die USA Begegnung mit Thornton Wilder.
5. März: Stalin (Jossif Wissarionowitsch Dschugaschwili) gestorben.
2. Juni: Königin Elisabeth II. von Großbritannien wird in der Westminster Abbey gekrönt.

	17. Juni: Aufstand in Ost-Berlin.
1954–1962	Algerienkrieg.
1954	25. Januar–18. Februar: Viermächte-Konferenz. Treffen der Außenminister Eden, Bidault, Dulles und Molotow in Berlin.

1954–1962 Algerienkrieg.

1954
17. Juni: Aufstand in Ost-Berlin.
25. Januar–18. Februar: Viermächte-Konferenz. Treffen der Außenminister Eden, Bidault, Dulles und Molotow in Berlin.
Herbst: Rom-Reise.
Oktober 1954/Mai 1955: ›Pariser Verträge‹. Gründung der ›Westeuropäischen Union‹ (WEU).
Benjamin Britten: ›The Turn of the Screw‹, Oper.
Arnold Schönbergs ›Moses und Aron‹ als Oratorium aufgeführt (szenische Präsentation 1957).

1955
5. Mai: Das Besatzungsstatut erlischt. Volle Souveränität der Bundesrepublik Deutschland.
9. Mai: Die Bundesrepublik tritt der NATO bei.
14. Mai: ›Warschauer Pakt‹. Militärbündnis der Ostblockländer.
18.–23 Juli: Gipfelkonferenz in Genf.
12. August: Thomas Mann in Zürich gestorben.
9.–13 September: Staatsbesuch Konrad Adenauers in der UdSSR.

1956
Suez-Krise.
14. August: Bert Brecht in Berlin gestorben.
23. Oktober: Ungarischer Aufstand.
Ernst Bloch: ›Das Prinzip Hoffnung‹ (1954–56).

1957
1. Januar: Das Saarland kommt zur Bundesrepublik Deutschland.
25. März: Gründung der ›Europäischen Wirtschaftsgemeinschaft‹ (EWG).
4. Oktober/3. November: Die UdSSR startet die ersten künstlichen Erdsatelliten (Sputnik I und II).
Werner Egk: ›Der Revisor‹, Oper.
Paul Hindemith: ›Die Harmonie der Welt‹, Oper.
Igor Strawinsky: ›Agon‹, Ballett.
Max Frisch: ›Homo faber‹, Roman.

1958
27. März: Nikita Sergejewitsch Chruschtschow wird Regierungschef der UdSSR (bis 1964).
13. Mai: Militärputsch in Algerien.

	1. Juni: Charles de Gaulle wird französischer Ministerpräsident (ab Januar 1959 Staatspräsident).
	Gründung des Europäischen Parlaments in Straßburg.
1959	*Benjamin Britten widmet Alma Mahler-Werfel das Nocturno für Tenor und kleines Orchester.*
	13. September: Heinrich Lübke wird deutscher Bundespräsident.
	14. September: Erste Mondlandung eines unbemannten Flugkörpers der UdSSR.
	20. November 1959/4. Januar 1960: Die ›Europäische Freihandelszone‹ (EFTA) wird gegründet.
	Günter Grass: ›Die Blechtrommel‹, Roman.
1960	*Alma Mahler-Werfels Autobiografie ›Mein Leben‹ erscheint.*
	16. August: Zypern wird unabhängig.
	Martin Walser: ›Halbzeit‹, Roman.
1961	20. Januar: John F. Kennedy wird Präsident der USA.
	12. April: Erster bemannter Raumflug (Juri Gagarin, UdSSR).
	Max Frisch: ›Andorra‹, Schauspiel.
	Uwe Johnson: ›Das dritte Buch über Achim‹, Roman.
1962	17. Februar: Bruno Walter in Beverly Hills gestorben.
	Alma besucht die Proben zu Gustav Mahlers 8. Sinfonie (New Yorker Philharmoniker unter der Leitung von Leonard Bernstein).
	Oktober: Kuba-Krise.
	Benjamin Britten: ›War Requiem‹.
	Friedrich Dürrenmatt: ›Die Physiker‹, Komödie.
1963	Januar: Die Aufnahme Großbritanniens in die EWG scheitert am Einspruch Frankreichs.
	16. Oktober: Ludwig Erhard zum deutschen Bundeskanzler gewählt.
	22. November: US-Präsident John F. Kennedy wird in Dallas/Texas ermordet.
	28. Dezember: Paul Hindemith gestorben.
	Werner Egk: ›Die Verlobung in San Domingo‹, Oper.
	Heinrich Böll: ›Ansichten eines Clowns‹, Roman.
	Günter Grass: ›Hundejahre‹, Roman.

1964   *31. August: Feier des 85. Geburtstages.*
            21. September: Malta wird unabhängig.
            11. Dezember: Alma Mahler-Werfel in New York gestorben.
            Die USA greifen in den Vietnamkrieg ein.
            Max Frisch: ›Mein Name sei Gantenbein‹, Roman.
            Peter Weiss: ›Die Verfolgung und Ermordung Jean Paul Marats‹, Schauspiel.

Ausgewähltes Literaturverzeichnis

Das unveröffentlichte, in diesem Buch verwendete Material, stammt aus der Mahler-Werfel Sammlung in der Charles Patterson Van Pelt Bibliothek der University of Pennsylvania in Philadelphia. Diese umfangreiche Sammlung enthält Almas Tagebuch, Erinnerungsstücke und Fotografien, wie auch Briefe an Alma von Alexander von Zemlinsky, Paul Kammerer, Oskar Kokoschka, Walter Gropius, Franz Werfel, Arnold Schönberg, Alban und Helene Berg, Franz Schreker, von ihren Rechtsanwälten und Beratern und von anderen. Ein Großteil des schriftlichen Materials in diesem Archiv ist von nicht namentlich bekannten Helfern in deutscher Sprache mit der Schreibmaschine transkribiert worden. Stichproben haben gezeigt, daß diese Transkriptionen sorgfältig gehandhabt wurden unter Berücksichtigung schwer leserlicher Handschriften, des schlechten Papierzustandes und der Tatsache, daß Alma selbst sich nicht mehr dazu äußern kann.

Bayer, Herbert/Gropius, Walter und Ilse (Hg.), *Bauhaus*, New York 1938

Blaukopf, Kurt, *A Documentary Study*, zusammengest. u. hg. v. Mahler, New York 1976

Fry, Varian, *Auslieferung auf Verlangen*, Frankfurt/M. 1997

Gartenberg, Egon, *Mahler: The Man and His Music;* New York 1978

Gatl, Giuseppe, *Kokoschka*, London 1971

Hodin, J. P., *Kokoschka: The Artist and His Time*, Greenwich, Conn. 1966

Janik, Allan/Toulmin, Stephen, *Wittgenstein´s Vienna*, New York 1973

Kokoschka, Oskar, *Mein Leben,* München 1971

La Grange, Henry-Louis de, *Mahler,* Bd. 1, Garden City, New York 1973

Mahler, Alma, *Gustav Mahler. Erinnerungen und Briefe,* Amsterdam 1949

Mahler-Werfel, Alma, *Mein Leben,* Frankfurt a. M. 1960, Weitere Ausg. (= Fischer Taschenbücher. 545) 31. Auflg., Frankfurt a. M. 1997

Mahler-Werfel, Alma, *Erinnerungen an Gustav Mahler,* Mahler, Gustav, *Briefe an Alma Mahler,* hg. v. D. Mitchell, Berlin/Frankfurt a. M., 2. Aufl., 1971, Weitere Ausg. (= Ullstein-Bücher. 3526), Berlin 1978

Mahler-Werfel, Alma (in Zusammenarbeit mit E. B. Ashton), *And the Bridge Is Love,* New York 1958

Mahler, Gustav: *Briefe,* Neuausgabe erweitert und revidiert von Herta Blaukopf. Wien/Hamburg 1982 (Bibliothek der Internationalen Gustav-Mahler-Gesellschaft)

The Metropolitan Museum of Art, *The Imperial Style: Fashions of the Habsburg Era,* New York 1980

Monson, Karen, *Alban Berg,* Boston 1979

Schorschke, Carl E., *Wien. Geist und Gesellschaft im Fin de Siècle,* München 2. Aufl. 1997

Sorell, Walter, *Three Women: Lives of Sex and Genius,* Indianapolis/New York 1975 (Alma Mahler-Werfel, Gertrude Stein, Lou Andreas-Salomé)

Spielmann, Heinz, *Oskar Kokoschka: Die Fächer für Alma Mahler,* mit einem Vorwort v. Lise Lotte Möller, Hamburg 1969

Strobl Alice, *Gustav Klimt – Zeichnungen und Gemälde,* Salzburg 15. Aufl. 1976

Werfel, Franz, *Stern der Ungeborenen,* Frankfurt a. M. 1946

Werfel, Franz, *Die vierzig Tage des Musa Dagh,* Wien/Berlin 1933

Wiesmann, Sigrid (Hg.), *Gustav Mahler in Vienna,* übers. v. Anne Shelley, New York 1976

Wingler, Hans M., *Das Bauhaus. 1919–1933 Weimar, Dessau, Berlin und die Nachfolge in Chicago seit 1937*, 3. Aufl. Köln 1975

Weitere Literaturhinweise über Gustav Mahler bringt die Heyne Biographie Nr. 75:

Wessling, Berndt W., *Gustav Mahler. Prophet der neuen Musik*, München 1980.

Personenregister

Adler, Guido 61, 110f.
Altenberg, Peter 151
Arlt, Gustav 288f., 292, 300, 302, 304, 310
Arlt, Gusti 288f., 292, 300, 302, 310
Ashton, E. B. 318

Bach, Joh. Sebastian 130, 171, 175, 262, 293
Bauer, Julius 299
Bauer-Lechner, Natalie 61
Baumfeld, Maurice 132f.
Beethoven, Ludwig van 24, 27, 47, 66, 83, 89
Behrman, Sam 288
Bemelmans, Ludwig 295, 315
Bendstetten, Baronesse 265
Berg, Alban 26, 99, 188, 192, 229–232, 247, 252, 254
Berg, Helene 188, 230f., 247, 307
Berl, Kathe 279f., 287, 296, 305, 318f.
Berliner, Arnold 78, 84ff., 90, 97, 99, 127, 142
Bernadette, hl. 270, 300
Bernstein, Leonard 319f., 323

Bittner, Julius 142, 181, 192
Blei, Franz 188–192, 215
Bookman, Dr. Arthur 320
Brahms, Johannes 24, 26, 103, 124
Britten, Benjamin 311, 319
Bruckner, Anton 24, 83, 237, 263f., 269
Burckhard, Max 20f., 32, 36f., 39ff., 50, 52, 57f., 73f., 98f., 315
Busoni 137, 139, 193

Campbell, Frank E. 325
Caruso, Enrico 85, 100
Casella, Alfred 220
Cassirer, Paul 151
Chantemesse, André 140f.
Charpentier, Gustave 73, 265
Chrostek, Prof. Franz 141f.
Clemenceau, Georges 33
Clemenceau, Paul 33, 36, 127
Clemenceau, Sophie 33, 36ff., 127
Clemens, Clara 103, 324
Conried, Hans 84f., 92, 101
Cooke, Derryck 320
Corning, Dr. Leon 95

Cudenhove, Conntress Gretl 185f.

Dehissy, Claude 114
Dehmel, Richard 21
Dietrich, Marlene 289, 294
Dirzstay, Baron 215
Draskowitsch, Nora 185f.
Dukas, Paul 114

Eberstaller 259, 264
Ehrenstein 193
Einstein, Albert 252
Elisabeth, Kaiserin 22

Fauré, Gabriel 114
Fischer, Cyril 292
Fischer, Edwin 67
Fistoulari, Antatole 286, 297, 306, 312
Fistoulari, Marina (Enkeltochter) 292, 306, 313
Floege, Emilie 25
Flynn, Erroll 298
Fraenkel, Dr. Joseph Gustov 96, 100, 102, 109, 135, 137ff., 143f., 174, 187, 211, 217, 222, 289
Franco, General 275
Frank, Bruno 289
Franz Josef, Kaiser 22, 230, 245
Freud, Dr. Sigmund 121
Freund, Emil 131
Fry, Varian 274ff., 282
Fuchs-Robetin, Herbert 282
Furtwängler 261

Gabrilowitsch, Ossip 10, 81, 89, 91, 95f., 103, 119, 323f.
Gatti-Casazza, Frances Alda 136, 138
Gatti-Casazza, Giulio 101, 136
Gebauer, »Schwester« Ida 219ff., 258, 264, 302, 306, 316
Goethe, Johann Wolfgang von 17, 47, 97, 105, 157, 175
Gropius, Manon (Tochter) 187f., 194, 205f., 208, 210, 215f., 218, 220f., 223, 225f., 229, 235, 237f., 240, 244–250, 252, 254, 308, 317, 323, 325
Gropius, Martin Carl Johannes (Sohn) 203f., 208, 210f., 213, 215f., 235, 249
Gropius, Walter 9, 12, 118, 120, 176–179, 181f., 184–187, 191f., 194–197, 202–208, 212, 215–222, 224ff., 228, 245, 248, 305, 308, 317, 323, 327
Gutheil-Schoeder, Sängerin 38

Haas, Willy 220, 304, 319
Hauptmann, Gerhart 10, 75, 81, 180, 202, 232, 240, 285, 323f.
Hauptmann, Margarethe (geb. Marschalk) 75, 240
Hess, August 292
Hinrichsen, Heinrich 78
Hitler, Adolf 240ff., 258f., 264, 266, 268, 282
Hoffmann, Josef 33, 142

Hoffmannsthal, Hugo von 37, 251
Hollnsteiner, Prof. Johannes 240–243, 247 f., 252, 258, 267, 281 f., 317
Hopper, Hedda 302
Horch, Franz 245
Huetsch, Ben 251

Innitzer, Kardinal 240

Joseph, Albrecht 290, 296, 300 f., 314
Joyce, James 255

Kafka, Karl 220
Kammerer, Paul 144–148, 188, 323 f.
Kerr, Jean und Walter 318
Kesser, Hermann 289, 294
Kierkegaard 205
Klarmann, Adolph 288, 304
Klarmann, Isolde 288
Klee, Paul 315
Klemperer, Otto 99, 301
Klimt, Gustav 22 f., 25, 27, 36 ff., 57, 73, 149, 173, 188, 190, 194
Klinger, Max 66
Kneisel, Franz 135
Kokoschka, Oskar 10, 148 ff., 153–190, 193, 204, 211–217, 220, 227 f., 233, 235, 239 f., 243, 247 ff., 252, 254, 279, 290, 295, 303, 307, 311, 312 f., 315, 323 ff.
Kolb, Annette 285

Kollner, Rupert 218 f., 225
Korngold, Erich 289, 291, 311
Krasner, Louis 247
Kraus, Karl 151, 301
Krauss, Clemens 238
Krauss, Werner 245
Křenek, Ernst 26, 228, 233
Kubelik, Jan 36

Labor, Josef 19
Lange, Albert de 260 f.
Lehár, Franz 264
Lehmann, Lotte 289
Lehrer, Tom 326 f.
Leverkühn, Adrian 309
Lewis, Sinclair 241
Leiser, Lili 155 f., 158 f., 161 f., 170, 176, 178 ff., 229
Libman, Emanuel 137
Lipiner, Clementine 61
Lipiner, Siegfried 61
Liszt, Franz 13 f., 34
Loos, Adolf 149, 151, 178, 185
Lortzing, Albert 77
Löhr, Fritz 61
Löhr, Uda 61
Lueger, Karl 22
Luther, Martin 242

Maeterlinde 43
Mahler, Anna Maria »Gucki« (Tochter) 9, 11, 75–78, 80, 82 f., 84, 87 f., 90, 96, 100, 102 ff., 107 f., 112 f., 130, 132, 134 f., 139 ff., 143 f., 146, 154, 158 f., 164, 167 f., 170, 181, 183, 188, 191, 194 f., 202,

208, 218, 221 f., 225 f., 228, 230, 233, 236, 238 f., 243, 246 f., 256–263, 279, 282, 286, 292, 297, 306, 309, 312, 314, 319, 321, 323

Mahler, Bernhard 34

Mahler, Frank 63

Mahler, Gustav 9, 16, 33 ff., 39–42, 44–49, 51, 57–78, 80 ff., 84–127, 129–132, 134–144, 147, 152, 154, 157 ff., 161, 163 f., 168, 173 f., 176, 179 f., 182, 186 f., 192, 195, 208, 211, 221 f., 224, 227, 237 ff., 241, 243 f., 246 f., 249 f., 252 f., 256–260, 264 f., 268, 278, 280 f., 283, 291, 296 f., 302 f., 306 ff., 310, 314–320, 322 f., 325 ff.

Mahler, Justine (verh. Rosé) 35, 45 ff., 59–62, 68, 73, 82, 141 f., 175 f.

Mahler, Maria »Putzi« (Tochter) 71 f., 76, 78, 80, 82 f., 84, 86 ff., 94, 102, 142, 154, 235, 247, 325

Makart, Hans 13, 315

Mankiewicz, Henriette 61

Mann, Golo 274–278, 280, 284, 289, 301

Mann, Heinrich 274–278, 301

Mann, Nelly 274–278, 280, 289, 301

Mann, Thomas 127, 274, 290, 309 ff., 323

Massary, Fritzi 289

Matsch, Franz 22

Mendelssohn-Bartholdy 267

Mengelberg, Willem 104, 114, 191 f., 221, 260, 306

Mildenburg, Anna von 35, 62, 69, 90

Miehand, Dorius 227

Moenius, Pater Georg 300 f.

Moll, Anna, geb. von Bergen, 1. Ehe verh. Schindler, (Mutter) 14 ff., 18, 21, 25, 29 f., 29 ff., 43, 49, 58 f., 62, 66, 70, 80, 82, 86 f., 96, 98–102, 104, 113, 115 ff., 119 f., 126, 138, 141, 146, 167 f., 192, 211, 229, 237, 254, 259, 263

Moll, Carl 14, 17 ff., 21 f., 25, 27, 29 f., 40, 43, 49, 62, 66, 82, 87, 98, 101, 103, 107, 115, 126, 129, 131, 139, 141 f., 148 f., 151, 161, 192, 229, 237 f., 257, 259, 263 f., 307 f.

Moll, Maria 21, 259, 264

Montenuovo, Fürst 90

Morgenstern, Summa 325

Moser, Kolo 67, 149, 181

Motner, Rudolf 304

Mozart, Amadeus 18, 24, 27, 71, 103, 130, 214

Müller, Pater Engelbert 240

Munch, Edvard 187, 308

Mussolini 233, 240, 264, 276

Neumann, Alfred 289

Nietzsche, Friedrich 21, 32, 41

Nikisch, Arthur 35

Ochs, Siegfried 175, 181, 185, 219
Odets, Clifford 284, 288
Offenbach, Jacques 37, 267
Olbrich, Josef 22
Ormandy, Eugene 310
Osthaus, Karl 194

Palkovska, Olda 240
Pauli, Hertha 273
Peerce, Jan 311
Pfitzner, Hans 68, 74, 76, 79, 81f., 119, 129, 175, 180, 193, 227, 291, 311
Plato 116, 123, 306, 315
Posse, Dr. 213f.
Poulenc, Francis 227
Preminger, Otto 301

Rainer, Luise 284
Ravel, Maurice 227
Reinhardt, Max 82, 127, 250f., 281, 287f., 291
Reininghaus, Karl 173, 176
Remarque, Erich Maria 284f., 291
Reynand, Paul 268
Righter, Carroll 294
Rilke, Rainer Maria 21
Robson, May 286
Rodin, Auguste 103, 238, 317
Roller, Alfred 73, 82, 93, 102, 112, 127, 151
Roosevelt, Theodore 109
Rosé, Arnold 47, 59f., 62, 68, 73, 82, 141, 152, 176
Rosenfield, John 324

Rückert, Friedrich 71, 123
Rudolf, Kronprinz 17

Sarfetti, Marherita 233, 240, 264
Schermann, Bernadine und Harry 245, 319
Schermann, Kathy 245f., 319
Schindler, Grete 15ff., 21
Schindler, Jakob Emil (Almas Vater) 13–16, 18, 20, 323
Schirmer, Ernest Charles 109
Schönberg, Arnold 10, 76, 94, 124, 129, 179ff., 188, 212, 222, 227, 280f., 289, 290f., 301, 309f., 314
Schratt, Katharina 22
Schreker, Franz 148, 160, 192
Schubert 18, 24, 83, 130, 301
Schumann, Robert 19
Schuschnigg, Kurt von 243f., 258
Schuster, Lincoln 245
Seide, Anton 35
Sembnich, Marcella 101
Shaw, George Bernard 315
Sibelius, Jan 90
Solti, Georg 319f.
Solti, Hedi 320
Spiegler, Albert 61, 191
Spiegler, Nina (Nanna) 61
Spiering, Theodore 137
Stefan, Paul 291
Stokonski, Leopold 290
Strauß, Johann 18, 24
Strauß, Pauline 73, 82, 106, 240

Strauss, Richard 69, 73, 82, 106, 130, 192, 219, 240, 285, 291, 317, 323
Strawinsky, Igor 90, 291, 301, 309, 315
Swedenborg 205
Szell, George 220

Tandler, Julius 241
Thompson, Dorothy 241
Tiffany, Louis Comfort 109
Torberg, Friedrich 286, 291f., 295
Toscanini, Arturo 101
Trake, Georg 166
Trentini, Albert von 185, 219
Tschaikowsky 63, 72, 108
Twain, Mark 103, 324

Unruh, Fritz von 219, 264
Untermeyer, Mrs. Minnie 139

Verdi, Giuseppe 191, 228, 243f., 257
Verne, Jules 224
Wagner, Cosima 35
Wagner, Julius 180
Wagner, Richard 19, 35, 47, 89, 90, 172, 228, 237, 243
Walska, Ganna 289
Walter, Bruno 39, 61, 76, 78, 90, 97, 101, 108, 141, 144, 164, 244, 253, 264, 300ff., 305, 309
Walter, Lotte 300
Webern, Anton von 26

Weill, Kurt 250
Weingartner, Felix 86
Wellesz, Egon 26, 192
Wells, H. G. 241
Werfel, Franz 9, 11, 188–198, 202–213, 215–233, 235–257, 259–264, 266–284, 286–306, 308, 311, 314f., 318, 323, 327
Werfel, Mizzi 204, 209, 260, 284, 304
Werfel, Rudolf 189, 266f., 282
Werfel Fuchs-Robetin, Hanna 195, 231, 259, 266, 282, 304
West-Roosevelt, Mrs. 109
Wilder, Thornton 315f., 323
Winterhalter, Franz Xaver 22
Wittgenstein, Karl 22
Wittgenstein, Ludwig 22
Wolff, Dr. 291, 299
Wolff, Louise 84
Wright, Frank Lloyd 182

Zemlinsky, Alexander von 10, 26–33, 36, 39, 42f., 45, 50, 52, 58, 62, 74ff., 79, 85, 90, 94, 119, 124, 129, 231, 290
Zimmermann, Albert 13
Zuckerkandl, Bertha 33, 36ff., 46, 82, 91, 176, 207, 216.
Zuckerkandl, Emil 33, 36, 46, 82
Zuckmayer, Carl 245
Zsolnay, Alma (Enkeltochter) 236
Zsolnay, Paul von 229, 233, 236, 238, 256, 261, 273, 304

Österreich

Nachbarland im Herzen Europas, Heimat der Habsburger

Hellmut Andics
Die Frauen der Habsburger
19/277

Martin Schäfer
Sissi
Glanz und Tragik einer Kaiserin
19/430

Franz Herre
Maria Theresia
Die große Habsburgerin
19/435

Sigrid-Maria Größing
Amor im Hause Habsburg
Eine Chronique scandaleuse
19/767

19/767

HEYNE-TASCHENBÜCHER